Studienbücher Außenpolitik und Internationale Beziehungen

Herausgegeben von
Wilfried von Bredow, Lahntal, Deutschland

Weitere Bände in dieser Reihe http://www.springer.com/series/12342

Thomas Jäger
(Hrsg.)

Die Außenpolitik der USA

Eine Einführung

 Springer VS

Herausgeber
Thomas Jäger
Universität zu Köln
Köln, Deutschland

Studienbücher Außenpolitik und Internationale Beziehungen
ISBN 978-3-531-13834-3   ISBN 978-3-531-93392-4   (eBook)
DOI 10.1007/978-3-531-93392-4

Die Deutsche Nationalbibliothek verzeichnet diese Publikation in der Deutschen Nationalbiblio-
grafie; detaillierte bibliografische Daten sind im Internet über http://dnb.d-nb.de abrufbar.

Springer VS
© Springer Fachmedien Wiesbaden GmbH 2017

Gedruckt auf säurefreiem und chlorfrei gebleichtem Papier

Springer VS ist Teil von Springer Nature
Die eingetragene Gesellschaft ist Springer Fachmedien Wiesbaden GmbH
Die Anschrift der Gesellschaft ist: Abraham-Lincoln-Str. 46, 65189 Wiesbaden, Germany

Inhaltsverzeichnis

Autorinnen und Autoren

Katharina Berninger ist wissenschaftliche Mitarbeiterin am Lehrstuhl für Internationale Politik und Außenpolitik an der Universität zu Köln und Redakteurin der *Zeitschrift für Außen- und Sicherheitspolitik.*

Dr. Josef Braml ist geschäftsführender Herausgeber des Jahrbuchs *Internationale Politik* der Deutschen Gesellschaft für Auswärtige Politik (DGAP).

Dr. Matthias Dembinski ist Projektleiter im Leibniz-Institut Hessische Stiftung Friedens- und Konfliktforschung (HSFK).

Verena Diersch ist wissenschaftliche Mitarbeiterin am Lehrstuhl für Internationale Politik und Außenpolitik an der Universität zu Köln und Redakteurin der *Zeitschrift für Außen- und Sicherheitspolitik.*

Prof. Dr. Andreas Falke ist Inhaber des Lehrstuhls für Auslandswissenschaft (Englischsprachige Gesellschaften) an der Universität Erlangen-Nürnberg sowie Direktor des Deutsch-Amerikanischen Instituts (DAI) in Nürnberg.

Prof. Dr. Stefan Fröhlich ist Professor für Internationale Beziehungen an der Universität Erlangen-Nürnberg und Senior Fellow an der Transatlantic Academy des GMF in Washington.

Prof. Dr. Peter Hoeres ist Inhaber des Lehrstuhls für Neueste Geschichte an der Julius-Maximilians-Universität Würzburg.

Prof. Dr. Thomas Jäger ist Inhaber des Lehrstuhls für Internationale Politik und Außenpolitik an der Universität zu Köln und Herausgeber der *Zeitschrift für Außen- und Sicherheitspolitik.*

Dr. Patrick Keller ist Koordinator für Außen- und Sicherheitspolitik der Konrad-Adenauer-Stiftung und Adjunct Scholar am American Enterprise Institute in Washington D.C.

Stephan Liedtke ist wissenschaftlicher Mitarbeiter am Lehrstuhl für Internationale Politik und Außenpolitik an der Universität zu Köln und Redakteur der *Zeitschrift für Außen- und Sicherheitspolitik.*

Sascha Lohmann ist Lehrbeauftragter am Otto-Suhr-Institut für Politikwissenschaft an der Freien Universität Berlin und Stipendiat der Friedrich-Ebert-Stiftung in der Forschungsgruppe Amerika der Stiftung Wissenschaft und Politik (SWP).

Prof. Dr. Detlef Nolte ist Direktor des Instituts für Lateinamerika-Studien am German Institute of Global and Area Studies (GIGA) in Hamburg und lehrt als Politikwissenschaftler an der Universität Hamburg.

Dr. Michael Paul ist Senior Fellow der Stiftung Wissenschaft und Politik (SWP) und Projektleiter des Streitkräftedialogs der SWP.

Simon Ruhnke ist Pressesprecher des Bundessprachenamtes und hat als wissenschaftlicher Mitarbeiter am Lehrstuhl für Internationale Politik und Außenpolitik an der Universität zu Köln gearbeitet.

Prof. Dr. Dr. h.c. Werner Weidenfeld ist Direktor des Centrums für angewandte Politikforschung der Ludwigs-Maximilians-Universität München (CAP) und Rektor der Alma Mater Europaea der Europäischen Akademie der Wissenschaften und Künste in Salzburg.

Einleitung: Die vielfältigen Einflussfaktoren in der amerikanischen Außenpolitik

Thomas Jäger

Es hat gute Gründe, weshalb weltweit darauf geachtet und genau beobachtet wird, was in den USA geschieht. Denn die USA sind der mächtigste Staat der Welt, sie verfügen über eine militärische Projektionsmacht, wirtschaftliche Stärke und kulturelle Ausstrahlung, die in dieser Kombination von keinem anderen Staat der Welt erreicht wird. Was in den USA geschieht – welche Partei die Wahlen gewinnt, wie stark das wirtschaftliche Wachstum ausfällt und wie der Dollar im Verhältnis zu anderen Währungen steht, welche sicherheitspolitische Strategie eingeschlagen wird und wie intensiv sich die USA in internationalen Verhandlungen und Organisationen engagieren – all das betrifft andere Staaten direkt und meistens ziemlich stark. Was immer die amerikanische Regierung zudem in den Beziehungen zu anderen Staaten unternimmt oder auch unterlässt, es hat nachhaltige Wirkung.

Die Vereinigten Staaten von Amerika ragen in den internationalen Beziehungen schon seit Jahrzehnten über andere Staaten heraus. Und auch wenn der relative Abstand zu den nachfolgenden Großmächten in den letzten 15 Jahren etwas abgenommen hat, sind die USA noch immer die herausgehobene Macht in der Staatenwelt. Das ist vor allem deshalb der Fall, weil sie über einen Mix an überragenden Fähigkeiten verfügen, wohingegen andere Großmächte entweder nur militärisch oder nur ökonomisch bedeutsam sind. Die USA haben von allem besonders viel. Sie verfügen über das stärkste und schlagkräftigste Militär der Welt, sind nuklear abschreckungsfähig und können ihre militärische Macht in alle Regionen projizieren. Sie sind eine der größten Wirtschaftsmächte und

T. Jäger (✉)
Universität zu Köln, Köln, Deutschland
E-Mail: thomas.jaeger@uni-koeln.de

© Springer Fachmedien Wiesbaden GmbH 2017   1
T. Jäger (Hrsg.), *Die Außenpolitik der USA,* Studienbücher Außenpolitik und
Internationale Beziehungen, DOI 10.1007/978-3-531-93392-4_1

beherbergen die Weltreservewährung, den amerikanischen Dollar. Der amerikanische Markt ist für alle Produzenten wichtig und gleichzeitig ist die Ökonomie der USA immer wieder innovativ und setzt Standards, die weltweit Geltung finden. Die kulturelle Anziehungskraft der USA hat in den letzten Jahrzehnten zwar in manchen Ländern nachgelassen, ist aber immer noch sehr hoch, der Einfluss über traditionelle und soziale Medien ist enorm. Derzeit ist zudem die Mehrzahl der internationalen Organisationen dem westlichen Norm- und Regelwunsch erwachsen. Die USA haben gerade im Vergleich mit den anderen Großmächten die meisten Verbündeten. Sie verfügen aber nicht nur über enorme Fähigkeiten, die Regierung und die amerikanischen Unternehmen haben auch weltweit eigene Interessen. Wie die politische und wirtschaftliche Ordnung in anderen Regionen der Welt gestaltet ist, interessiert die amerikanischen Akteure deshalb sehr. Sie sind hier auf ihren eigenen Vorteil bedacht. Die Regierung sucht nach Kooperation und Verbündeten. Die amerikanischen Unternehmen suchen Marktzugang und Ressourcen. Wenn weltweite Interessen und die Fähigkeiten, diese umzusetzen, zusammenkommen, entsteht Weltmachtpolitik.

Wenn in den USA etwas Wichtiges passiert, wirkt sich das auf die internationalen Beziehungen und auf viele andere Staaten direkt aus. Und alles, was von den USA aus auf die internationalen Beziehungen wirkt, ist für andere Staaten – nicht immer für alle gleich, aber doch immer für einen Großteil – bedeutsam.

Die amerikanische Außenpolitik hat deshalb nicht nur auf die Innenpolitik in anderen Staaten direkten Einfluss, sondern auch auf viele bi- und multilaterale Beziehungen. Sie beeinflusst die Verhandlungsprozesse in internationalen Organisationen und handelt, soweit es ihr notwendig erscheint, auch hin und wieder unilateral auf eigene Faust. Sie ist für alle Regionen von Bedeutung und zielt auf alle Politikbereiche, Sicherheit, Handel, Normsetzung und die Ausgestaltung der politischen Systeme. Die USA sind eine globale und umfassende Macht. Andere Staaten sind zwar nicht bedeutungslos. Aber meistens gilt deren Relevanz nur in bestimmten Politikfeldern und für bestimmte Regionen. Für die amerikanische Außenpolitik ist das anders. Sie agiert umfassend und weltweit.

Deshalb ist es wissenschaftlich so faszinierend und politisch so relevant, sich mit der amerikanischen Außenpolitik zu befassen. Denn die Wirkungen der amerikanischen Außenpolitik auf andere Staaten rufen auch umgekehrte Handlungen hervor. Weil nämlich andere Regierungen dem amerikanischen Einfluss unterliegen oder ihn für eigene Interessen nutzen möchten, versuchen sie gleichzeitig und in Konkurrenz zueinander, selbst Einfluss auf die US-Außenpolitik zu gewinnen. Bei wichtigen internationalen Vorhaben ist es unerlässlich, sich der Unterstützung Washingtons zu versichern. Gleichviel ob es darum geht, die Klimapolitik international in einem Vertragswerk zu verhandeln oder die Sicherheit der osteuropäischen

Staaten zu gewährleisten, ob es um die Sicherung von Handelsrouten und Schiff-fahrtswegen geht oder um die Stabilität des weltweiten Finanzsystems – ohne die USA sind diese Aufgaben nicht zu bewältigen. Washington ist diplomatisch, für den Außenhandel und für die Rüstungskonkurrenz die erste Adresse. Entsprechend ausgestattet sind die Botschaften der anderen Staaten und entsprechend groß ist weltweit die Aufmerksamkeit für das, was in den USA geschieht. Die Regierungen anderer Staaten und (wenn sie klug beraten sind) auch die Unternehmen versuchen, zu erfahren, wie die politischen Entscheidungen im politischen System der USA getroffen werden, wer auf welche Weise Einfluss nehmen kann und welche Prak-tiken dabei erfolgreich angewendet werden. Denn das ist die Voraussetzung dafür, selbst Zugang zu den Entscheidungsträgern zu erlangen.

Auch im internationalen Konfliktmanagement sind die USA unersetzlich. Des-halb haben andere Staaten häufig ein Interesse daran, dass sich die USA enga-gieren. (In Parenthese: Es gibt aber auch eine Reihe von Fällen, in denen das Engagement die Konfliktintensität steigert und dann geht es darum, andere Staaten herauszuhalten). Das heißt nicht, dass die USA internationale Krisen alleine lösen können. Dazu reichen auch ihre Ressourcen nicht aus, aber ohne sie kommt die internationale Schlagkraft weder diplomatisch, noch militärisch oder polizeilich und schon überhaupt nicht ökonomisch und finanziell zusammen, um Lösungen für internationale Krisen konstruktiv anzugehen. Deshalb ist es für andere Staaten relevant, ob sich die USA als internationale Macht verstehen oder sich aus dem Management der Krisen und ihrem internationalen Engagement zurückziehen.

So wie die USA jedoch mit anderen Staaten für internationale Ordnung sor-gen können, wenn sie dies anstreben, so können sie diese Ordnung auch zerstören und Chaos stiften. Das bekommen sie sogar alleine hin. Denn kein anderer Staat und keine internationale Organisation, auch keine Koalition aus anderen Staaten können die USA daran hindern, etwas umzusetzen, was sie als in ihrem Inter-esse liegend ansehen. Die Kriege in Afghanistan und im Irak waren besonders drastische Beispiele für eine Politik, die ordnungspolitisch erfolgreich sein sollte (der Irak als Modell einer Demokratie im islamischen Mittleren Osten!) und dann in einer politischen, militärischen und ökonomischen Katastrophe endete. Das wurde vorab oft prognostiziert. Aber niemand konnte die amerikanische Regie-rung daran hindern – jedenfalls kein anderer Staat und keine Staatengruppe.

Es hätte jedoch auch vor den militärischen Einsätzen in Afghanistan und im Irak die Möglichkeit gegeben, die amerikanische Regierung von ihren Plänen abzubringen, denn es gibt Kräfte, die tatsächlich dazu in der Lage sind.

Man stelle sich einmal vor – entgegen der realen historischen Entwicklung, also kontrafaktisch –, die amerikanische Öffentlichkeit wäre im September 2001 direkt nach den Anschlägen von 9/11 demonstrierend auf die Straße gegangen, um gegen militärische Maßnahmen zu protestieren und in den Umfragen hätten sich 85 % der Befragten aus beiden großen Parteien gegen militärische Antworten auf die Terroranschläge ausgesprochen. Hätte die Regierung von George W. Bush dann den Krieg in Afghanistan begonnen und ihn in den Irak getragen? Genauso wäre es für die Regierung schwieriger gewesen, wenn alle amerikanischen Wirtschaftsunternehmen dafür geworben hätten, keine militärische Gewalt anzuwenden, weil das nur zu wirtschaftlichen Nachteilen führen würde. Und wenn diese Forderung mit der öffentlichen Meinung im Einklang gestanden hätte, wäre der Effekt noch verstärkt worden. Wenn zudem die Medien nach 9/11 nicht in nationale Hysterie verfallen wären und einen bestimmten Patriotismus zur Pflicht erklärt hätten, sondern kritisch über die Lage berichtet hätten – wäre dann der Spielraum der Regierung nicht geringer gewesen?

Das sind alles hypothetische Fragen und kontrafaktische Überlegungen, denn es kam anders. Die Medien agierten wie gleichgerichtet, die Öffentlichkeit unterstützte die Regierung wie seit Langem nicht, die Wirtschaft versprach sich Aufträge im Irak (der ja über genügend Ölreserven verfügt, um bezahlen zu können) und die Regierung wollte diese Kriege führen. Aber ebendiese Fragen zielen schon in eine Richtung unseres Einführungsbandes, denn amerikanische Außenpolitik hat viel mit amerikanischer Innenpolitik zu tun. Die Analyse von Außenpolitik reicht tiefer als die Beschreibung der internationalen Wirkungen von Außenpolitik selbst. Denn Außenpolitik unterliegt gleichzeitig internationalen wie innenpolitischen Restriktionen. Innenpolitische Faktoren – staatliche Institutionen, Einfluss nehmende Unternehmen, wirksame Normen und die Öffentlichkeit – begrenzen den Handlungsspielraum einer Regierung ebenso wie internationale Restriktionen – die Machtverteilung in den internationalen Beziehungen, die Bündnisse und internationale Organisationen sowie das Völkerrecht.

Deshalb ist es wichtig zu wissen, welche Faktoren in welcher Weise auf die amerikanische Außenpolitik einwirken können, um zu verstehen, warum eine bestimmte Politik ausgeführt wird und warum Alternativen dazu verworfen wurden oder sich nicht durchsetzen konnten. Denn nur wenn man alle möglicherweise wirksamen Faktoren kennt, kann man nach ihrer Wirkung in einer bestimmten historischen Lage fragen. Warum wurde so entschieden? Warum wurden die Entscheidungen auf diese Art und Weise umgesetzt?

Das bedeutet nicht, dass immer alle Faktoren gleichermaßen, gleichgerichtet und gleich stark wirken. Manchmal spielt die amerikanische Öffentlichkeit eine größere Rolle, manchmal wird sie weniger beachtet; manchmal können sich Wirtschaftsinteressen sichtbar durchsetzen, manchmal reiben sie sich in Konkurrenz um Einfluss gegenseitig auf; manchmal haben einzelne Amtsträger einen bestimmenden Einfluss, manchmal scheinen sie vor der Entscheidung zurückzuschrecken. Für die Analyse, das Forschungsdesign und insbesondere die Forschungsfrage bei der Betrachtung amerikanischer Außenpolitik sind die vielfältigen Faktoren zu beachten.

Amerikanische Außenpolitik kann auf verschiedenen Wegen studiert werden. Häufig werden geschichtliche Ereignisse chronologisch behandelt, teilweise an Präsidentschaften geknüpft. Solche Geschichten der amerikanischen Außenpolitik sind ein guter Zugang und sehr empfehlenswert. Doch bricht sich die Geschichte nicht immer an einzelnen Administrationen. Denn mehrfach sind die Übergänge zwischen Präsidenten weit stärker von Kontinuität geprägt als die Präsidentschaften selbst. Da wirken dann andere Faktoren. Da aber geschichtliche Kräfte auf politische Entscheidungen einwirken und diese einer gewissen Pfadabhängigkeit folgen können, ist es sinnvoll zu wissen, wie sich frühere amerikanische Administrationen verhalten haben. Nicht nur, weil die amerikanische Öffentlichkeit und häufig auch die politische Führung hier Orientierung suchen, sondern auch, weil Verhaltensweisen noch in der Bürokratie relevant sein können und so über den Tag ihrer Einsetzung hinauswirken. Ein solcher historischer Ansatz ist sinnvoll und es gibt eine Reihe von zeitgeschichtlichen Darstellungen der amerikanischen Politik, auf die hierfür zurückgegriffen werden kann.

Unser Band wählt einen anderen Ansatz. Er beginnt erst einmal damit zu verstehen, von welchen Akteuren amerikanische Außenpolitik überhaupt gestaltet wird, welche Akteure hierbei in welchen Politikfeldern relevant sind, welche politikfeldspezifischen Bedingungen auf die amerikanische Politik wirken und welche von ihr beeinflusst werden. Und sie stellt dar, wie sich die wichtigsten Beziehungsgeflechte entwickelt haben. Das ist der Gang des folgenden Einführungsbandes, der Akteure, Politikfelder und Beziehungen systematisch darstellt und auffächert, sodass ein umfassendes Bild der Faktoren und Beziehungsgeflechte entsteht, die in den konkreten Lagen auf die amerikanische Außenpolitik einwirken können und von ihr beeinflusst werden.

Die Einführung beginnt mit den vielen Akteuren, die Einfluss auf die Konzeption, Ausgestaltung und Umsetzung der amerikanischen Außenpolitik nehmen und den öffentlichen Diskussionsprozess hierüber prägen.

Dazu gehören der Präsident, die Legislative mit beiden Kammern und die Ministerien, die als bürokratischer Apparat Wissen und Handlungsfähigkeit organisieren. Eine besondere Stellung nehmen hierbei die Dienste ein, wovon es in den USA gleich 16 gibt, die zugleich zusammenarbeiten wie konkurrieren. Sie stellen das Wissen über die Entwicklungen in der Welt bereit.

Politik und Wirtschaft hängen in den USA eng zusammen. Wirtschaftsunternehmen und -verbände nehmen nachhaltigen Einfluss auf die Politik, auch auf die Außenpolitik. Der Lobbyismus ist zum Verständnis des politischen Systems und der außenpolitischen Entscheidungen von nicht zu überschätzender Bedeutung. Die Wirtschaftsinteressen treffen nicht zuletzt mit ihren Spenden auf Politiker, die ständig Geld für ihre Wahlkämpfe benötigen.

Der Präsident muss für seine Außenpolitik nicht nur in der Legislative Zustimmung finden, sondern auch in der öffentlichen Meinung. Das geschieht in sehr unterschiedlichen Weisen und bezieht insbesondere auch die Medien ein, die – nicht nur, aber auch – als Scharnier zwischen Politik und Öffentlichkeit agieren. Die amerikanische Öffentlichkeit wird konstant und intensiv befragt, was sie zu welchen Angelegenheiten meint. Und sie ist es, die alle zwei Jahre das Parlament und alle vier Jahre den Präsidenten wählt. Das ist eine machtvolle Stellung.

Die amerikanische Außenpolitik basiert auf Normen, die in den außenpolitischen Debatten widergespiegelt und verändert werden. Das Selbstverständnis der USA ist tief verwurzelt, denn seit Gründung der USA hat es – bei allen tief reichenden Konflikten – keinen politischen Systemwechsel gegeben.

Schließlich haben internationale Organisationen eine besondere Bedeutung für die amerikanische Außenpolitik, weil sie in ihnen und durch sie handelt. Die internationale Ordnung ist nur multilateral stabil zu halten, das wissen auch die amerikanischen Regierungen (die manchmal so tun, als sei es nicht so). Wer also die internationalen Organisationen prägt, hat durch sie Einfluss auf die Ausgestaltung der internationalen Ordnung.

Nach den Akteuren folgt eine Darstellung und Analyse wichtiger Politikfelder, wobei die amerikanische Außenpolitik und die internationale Verflechtung gleichermaßen deutlich werden.

Jedes Politikfeld hat seine eigenen Bedingungen. Sie wirken auf die Handlungsfähigkeiten ein, bestimmen, wie sich Akteure aufstellen und durchsetzen können und worauf sie zu achten haben. Vier Politikfelder werden in aller Breite und Tiefe dargestellt und entfaltet: die Sicherheitspolitik, Währungspolitik, Handelspolitik und Energiepolitik. Auf ihnen wird sich mitentscheiden, welche Ordnung die internationalen Beziehungen zukünftig erfahren werden und welcher Handlungsspielraum sich der amerikanischen Außenpolitik dabei eröffnen kann.

Im letzten Teil werden die Entwicklungen und gegenwärtigen Herausforderungen wichtiger multilateraler Beziehungen – die intraamerikanischen, transpazifischen und transatlantischen – nachgezeichnet und erschlossen. Denn die amerikanische Außenpolitik ist eingebunden in die Entwicklung in anderen Regionen, auf die sie reagieren, die sie aber auch aktiv mitgestalten. Die bilateralen Beziehungen zwischen den USA und Deutschland beschließen diesen Einführungsband.

Damit werden wichtige Faktoren zur Erklärung von amerikanischer Außenpolitik vorgestellt, nämlich die Handelnden, die Eigenheiten der jeweiligen Politikfelder und die Einbindung in ein weiter gefasstes Beziehungsgeflecht. Nicht für alle Analysen konkreter amerikanischer außenpolitischer Entscheidungen und Umsetzungen sind alle Faktoren gleichermaßen bedeutend. Das hängt von den jeweiligen Umständen und den korrespondierenden Handlungen anderer Akteure, Staaten, Unternehmen und zivilgesellschaftlichen Organisationen, ab. Mit den genannten Faktoren ist aber ein breites Bündel an Einwirkungen erschlossen, mit denen die Analyse amerikanischer Außenpolitik auch für konkrete aktuelle Politik erfolgen kann. Exemplarisch kann man fragen:

- Welche Rolle spielt der Präsident in einer konkreten Lage?
- Welche Mitsprache hat die Legislative?
- Welche Ministerien sind beteiligt und welche Interessen vertreten sie?
- Handelt es sich um einen klandestinen Politikbereich, in dem die Dienste agieren?
- Welche wirtschaftlichen Interessen stehen hinter außenpolitischen Entscheidungen?
- Wie berichten Medien darüber?
- Welche Haltungen bestehen in der öffentlichen Meinung hierzu?
- Handelt es sich um überlieferte amerikanische Haltungen?
- Welche Bedeutung haben internationale Organisationen dabei für die amerikanische Außenpolitik?

Diese und ähnliche Fragen können an außenpolitische Entscheidungen und Handlungen der USA gestellt werden, an historische Fälle und aktuelle Prozesse. Die einzelnen Akteure und Wirkkräfte können in verschiedenen Fällen unterschiedliche Bedeutung haben. Aber um das herauszufinden, müssen die Fragen ja erst einmal gestellt werden.

Gleiches gilt für die Politikfelder, denn nicht für alle Bereiche gelten die gleichen Bedingungen. Es ist sinnvoll, diese konstitutiven Bedingungen der verschiedenen Politikfelder zu erfassen, um zu wissen, welche Handlungsmöglichkeiten überhaupt bestehen, aus welchen Handlungsoptionen die Entscheider also letztlich auswählen können.

In welche Beziehungsgeflechte mit anderen Staaten und weiteren Akteuren diese Entscheidungen eingepasst sind und wie diese auf die amerikanische Außenpolitik wirken, sind weitere Fragen, die in jeder Analyse der amerikanischen Außenpolitik bedacht werden müssen.

Die Absicht dieser Einführung ist es, ein Grundverständnis der amerikanischen Außenpolitik zu vermitteln und die Akteure, Politikfelder und Beziehungen vorzustellen, die von Bedeutung sind. Ohne das große Engagement der vielen Autorinnen und Autoren wäre dies nicht möglich gewesen. Ihr Fachwissen und die Bereitschaft, dieses für unsere Einführung auf Papier zu bringen, tragen den gesamten Band. Dafür sei ihnen sehr, sehr herzlich gedankt.

Ein besonderer Dank geht an den Herausgeber der Reihe „Studienbücher Außenpolitik und Internationale Beziehungen", Prof. Dr. Dr. Wilfried von Bredow, und für die wie stets angenehme, konstruktive und professionelle verlagsseitige Betreuung an Dr. Jan Treibel.

Die tatkräftige und unerlässliche Unterstützung von Helena Fabricius, Mira Böing und Christan Merten – ganz herzlichen Dank dafür! – hat das Manuskript schließlich in die Form gebracht, die nun vorliegt und hoffentlich dazu anregt und ermuntert, sich mit amerikanischer Außenpolitik wissenschaftlich zu befassen.

Teil I
Akteure

Der amerikanische Präsident

Thomas Jäger

1 Einleitung

Das amerikanische Präsidentenamt gilt zu Recht als eine der mächtigsten politischen Positionen weltweit. Das hängt *erstens* damit zusammen, dass die USA seit vielen Jahrzehnten unangefochtene Weltmacht sind und über erhebliche Machtmittel verfügen. Diese stehen dem Präsidenten zur Verfügung. *Zweitens* verfügt der Präsident über eine hohe Legitimation, weil er direkt gewählt ist. *Drittens* hat er in der politischen Auseinandersetzung mit der Legislative erhebliche Einflusschancen, seine Politik auch durchzusetzen.

Gleichwohl kann er in der Außenpolitik nicht schalten und walten wie er will, sondern muss für seine Politik werben und andere davon überzeugen: die eigene Partei, die Legislative, die Öffentlichkeit – und andere Regierungen und Gesellschaften, wenn die USA internationale Führung übernehmen wollen.

Der amerikanische Präsident wird unabhängig von der Legislative vom Volk – über ein Wahlleutekollegium – gewählt. Er ist Staatsoberhaupt, Regierungschef und Oberkommandierender der Streitkräfte in einer Person und spielt auch noch eine gewichtige Rolle im legislativen Prozess der USA. Dies bedeutet eine besonders starke Legitimation, um seine politischen Aufgaben zu erfüllen, die sich ihm als oberste Autorität der Exekutive *(Chief Executive)* und Oberbefehlshaber der Streitkräfte *(Commander-in-Chief)* stellen. Dazu gehören auch außenpolitische Planungen, Entscheidungen und Umsetzungen.

T. Jäger (✉)
Universität zu Köln, Köln, Deutschland
E-Mail: thomas.jaeger@uni-koeln.de

© Springer Fachmedien Wiesbaden GmbH 2017
T. Jäger (Hrsg.), *Die Außenpolitik der USA,* Studienbücher Außenpolitik und Internationale Beziehungen, DOI 10.1007/978-3-531-93392-4_2

Auf dem Gebiet der Außenpolitik nimmt der Präsident eine Vorrangstellung ein, die ihm vom Kongress hin und wieder streitig gemacht wird. Meistens aber akzeptiert die ebenfalls unabhängig gewählte Legislative die führende Stellung des Präsidenten. Mehr noch: sie fordert ihn in vielen Fällen zu strikterem und entschlossenerem Handeln auf. In den letzten hundert Jahren, als die USA mehr und mehr in internationalen Krisen engagiert waren, kontinuierlich vitale außenpolitische Interessen verfolgten und mit dem Zweiten Weltkrieg endgültig zur unangefochtenen Weltmacht aufstiegen, was sie auch nach dem Ende des Ost-West-Konflikts blieben, entwickelte sich das Präsidentenamt zum politischen Kraftzentrum in den USA und sicherte dies durch einen immer größeren bürokratischen Unterbau ab.

Mit der Einrichtung der Geheimdienste, die *Central Intelligence Agency* wurde 1947 gegründet, wurden die Fähigkeiten verbessert; mit der angestrebten Straffung der Kompetenzen im *Department of Homeland Security* (DHS) im Jahr 2002 sollten Sicherheitsmaßnahmen effektiver umgesetzt werden können. Damit sind die USA historisch einen weiten Weg gegangen, denn die Exekutive wurde durch die Dienste und das DHS außen- und sicherheitspolitisch so gestärkt, dass sie auch tief in die eigene Gesellschaft einwirken kann. Das wollten die Vertreter einer schwachen Regierung immer verhindern. Für sie waren die USA vor allem ein Garant gesellschaftlicher Freiheit. Aus ihrer Sicht entwickelten sich die USA nunmehr zu einem Sicherheitsstaat.

Das Amt des amerikanischen Präsidenten ist ausgesprochen machtvoll. Und gleichzeitig sind die Präsidenten derart in die Machtteilung und -verschränkung verstrickt, dass sie *erstens* nur unter vielen Restriktionen agieren können und *zweitens* für die Umsetzung den bürokratischen Riesenapparat der Exekutive erst einmal in Gang setzen müssen. Auch wenn der Präsident in vielen, wenn auch nicht allen außenpolitischen Belangen der letzte Entscheidungsträger ist, seine Entscheidungen werden durch vielgestaltige Umstände konditioniert und deren Umsetzung trifft auf andere Akteure – die Bürokratie und die Legislative, beide in politikpraktischer Verbindung zu gesellschaftlichen Interessen- und Lobbygruppen, insbesondere auch international agierenden Unternehmen –, die jeweils eigene und damit auch andere Interessen verfolgen.

2   Machtteilung und -verschränkung

Historisch lässt sich die Entwicklung der politischen Machtfülle des Präsidentenamtes nur in der Auseinandersetzung mit dem zweiten Machtzentrum, dem Kongress, verstehen. Präsident und Kongress ringen von Beginn an um die Prärogative im politischen System. In diesem Wettstreit hat die Exekutive in den letzten Jahrzehnten insbesondere auch aufgrund der außenpolitischen Rolle der USA an Gewicht gewonnen. Die Exekutive nutzte ihren Informationsvorsprung und die konzentriertere Handlungsfähigkeit, um gegenüber der Legislative an Einfluss zu gewinnen. Dabei ist es die Grundidee des politischen Systems der USA, diesen Wettstreit auf Dauer zu stellen, ihn nicht zu entscheiden, sondern aus dem widerstreitigen Miteinander Legitimation, Dynamik und Kontrolle der politischen Macht zu generieren. Das klingt unrealistisch in einer Zeit, in der die Legitimation der politischen Ordnung schwach ausfällt. In Nicht-Krisenzeiten liegen derzeit die Zustimmungswerte zu Präsidenten eher um die 50 %, die Zustimmung zum Kongress liegt schon länger unter 20 %. Zudem hat eine populistische Dynamik die USA erfasst. Die Kontrolle der Exekutive fällt hauchdünn aus, wie die Veröffentlichungen der von Edward Snowden entwendeten Dokumente ausweisen, insbesondere im Vergleich zur Kontrolle der Bürger. Nicht auszuschließen ist, dass die Dynamik zwischen Präsident und Kongress die Entwicklung wieder in eine andere Richtung drängen kann, wie dies in der Vergangenheit schon geschehen ist. Eine Garantie gibt es aber nicht, dass es so kommt.

Hinter dem Wettbewerb zwischen Exekutive und Legislative steht auch ein Verfassungsstreit, wer von beiden die Prärogative in der Außenpolitik hat – Präsident oder Kongress. Art. II der Verfassung, in dem die Kompetenzen des Präsidenten aufgelistet sind, ist jedenfalls so unscharf, dass sich ein Vorrang des Präsidentenamtes für die Außenpolitik nicht herauslesen lässt. Die Vertreter dieser politischen Ambition sehen in der Rolle des Oberbefehlshabers und den damit verbundenen Aufgaben die zentrale Begründung für die Dominanz des Präsidenten.

Zudem ist das Präsidentenamt die einzige nationale Institution. 535 Repräsentanten und Senatoren können aufgrund ihrer Unterschiedlichkeit diese Aufgabe nicht erfüllen. Die Exekutive – das ist der Präsident. Historisch haben sich das Amt und die Exekutive auch erst in den letzten Jahrzehnten zu dem großen Apparat entwickelt, den sie heute darstellen. Doch immer noch konzentrieren sich sowohl die Entscheidungsgewalt als auch die öffentliche Wahrnehmung auf den Präsidenten. Solange er sich in Krisen nicht äußert, haben „die USA" nicht gesprochen.

Die Machtteilung und -verschränkung bleibt auch beim Vorrang der Exekutive in der Außenpolitik bestehen, obwohl sie in bestimmten Phasen sehr asymmetrisch ausgebildet ist.

Imperiale Präsidentschaft nannte Arthur M. Schlesinger einen Zustand des politischen Systems, in dem die konstitutionelle Balance zugunsten des Präsidentenamtes verschoben wird und die politische Verantwortlichkeit des Präsidenten eingeschränkt wird. In einer imperialen Präsidentschaft wird er nicht mehr zur Verantwortung gezogen, kann sein Verhalten intransparent gestalten und auf diese Weise seinen autonomen Machtbereich immer weiter ausdehnen. Schlesinger stellte diese Interpretation im Anschluss an die Präsidentschaft von Richard Nixon an. Danach dachten viele Beobachter, dass die Überdehnung der Amtsanmaßung dazu geführt hätte, dass die Balance auf Dauer wieder hergestellt sei und insbesondere der Kongress seine Kontrollaufgaben wieder wirksamer übernehmen würde. Doch mit der Präsidentschaft von George W. Bush wurde das Konzept wieder zur Interpretation herangezogen, weil die Exekutive ohne entsprechende Kontrolle, intransparent und autonom handelte.

Schlesinger ging davon aus, dass der Ausgangspunkt der imperialen Präsidentschaft in der Außenpolitik liegt. Außenpolitische Interessen und internationale Konfliktlagen führen dazu, dass sich der Präsident der Kontrolle entziehen möchte – Nixon in Vietnam (und bei Watergate), Bush im Irak. Darüber hinaus wird seitens der Exekutive angestrebt, die eigene Kontrolle über den politischen Gegner, aber auch die gesamte Gesellschaft zu intensivieren. Bushs Diktum von 2001: „wer nicht für uns ist, ist gegen uns", brachte dieses manichäistische Weltbild präzise auf den Punkt. Die Ermächtigung zur Gewaltanwendung durch den Einsatz der amerikanischen Streitkräfte *(Authorization for Use of Military Force)* nach den Anschlägen vom 11. September 2001 wurde dann auch im Repräsentantenhaus mit 420 zu einer Stimme und im Senat einstimmig mit 98 zu 0 verabschiedet. Die daraus abgeleitete Autorität und Legitimation nutzte der Präsident weit und intransparent aus und der Kongress wurde seiner ausgleichenden Aufgabe für einige Zeit nicht mehr gerecht.

3   Die Wahl des Präsidenten

Die Ausgestaltung des Machtgefüges hängt wesentlich davon ab, wer zum Präsident gewählt wird. Seine persönlichen Merkmale spielen eine große Rolle *(personal president);* ebenso aber auch die institutionelle Organisation seines Amtes *(institutional presidency),* wozu die um das Weiße Haus angesiedelten Behörden und Institutionen zählen.

Präsident der Vereinigten Staaten wird, wer in der Wahl – die am Dienstag nach dem ersten Montag im November alle vier Jahre stattfindet – die Mehrheit der Wahlmänner und -frauen *(Electoral College)* auf sich vereinigt. Diese werden in den einzelnen Bundesstaaten nach dem Prinzip bestimmt, dass der Kandidat, der die Mehrheit der Stimmen der Bevölkerung erhält, alle Wahlleute des Bundesstaates auf sich vereinigt. Wie immer gibt es im politischen Systen der USA auch hier ein paar Ausnahmen. 538 Stimmen sind zu vergeben; 270 muss ein Kandidat mindestens erhalten. In jedem Staat kommt die Anzahl an Wahlmännern und -frauen dadurch zustande, wie dieser durch Senatoren und Kongressabgeordnete repräsentiert wird. Hinzu kommen drei Stimmen aus Washington D.C. Falls keiner der Kandidaten die Mehrheit von 270 Stimmen erhält, wählt das Repräsentantenhaus einen Kandidaten aus den drei Meistgewählten. Der Senat wählt den Vizepräsidenten. Dazu müssen die Kandidaten geborene amerikanische Staatsbürger *(natural born citizens)*, mindestens 35 Jahre alt sein und seit 14 Jahren ihren Wohnsitz in den USA haben. Niemand darf seit 1951 (22. Zusatzartikel) öfter als zweimal zum Präsidenten gewählt werden. Offiziell ins Amt eingeführt wird der Präsident seit 1933 stets am 20. Januar.

Von Politik und insbesondere von Außenpolitik müssen die Kandidaten nicht unbedingt etwas verstehen. Da es häufig Gouverneure oder Senatoren sind, die als Kandidaten antreten, verfügen sie gewöhnlich über einige innenpolitische Erfahrung. Selten kommen Präsidenten ins Amt, die wie Präsident H.W. Bush zuvor breite außenpolitische Erfahrung gesammelt haben: er war Botschafter bei den Vereinten Nationen, Gesandter in China und Direktor der CIA, bevor er zuerst Vizepräsident unter Ronald Reagan und dann selbst Präsident wurde. Deswegen spielen die außenpolitischen Berater des Präsidenten (unten dazu mehr) eine sehr wichtige Rolle, gerade zu Beginn seiner Amtszeit.

Um Präsident zu werden, müssen sich die Kandidaten Jahre vor der Wahl auf den Weg machen, Unterstützer gewinnen, Spenden sammeln (pro Kandidat kann gut mit einer Mrd. US-Dollar gerechnet werden), Wahlkampfteams in den einzelnen Bundesstaaten aufbauen, hunderte von Bürgerversammlungen *(Town Hall Meetings)* abhalten und ihre Aufmerksamkeit den Problemen des ländlichen Iowa, wo die Wahlen traditionell beginnen, zuwenden. Das heißt, Präsidenten haben, sobald sie ins Amt kommen, einen sehr langen Wahlkampf hinter sich und müssen dann von einem Tag auf den anderen nicht nur ihr Auftreten ändern, sondern sich auch mit ganz anderen Problemen beschäftigen. Während fast alle Kandidaten im Wahlkampf beteuern, sich vor allem um die inneren Probleme des Landes kümmern zu wollen, holen sie die außenpolitischen Krisen bald ein. Das hat zwei Gründe: Der eine ist, dass die USA als Weltmacht in allen relevanten Krisen gefordert sind und über einen großen außenpolitischen Apparat verfügen, der Diplomatie, Sicherheit und Handel abdeckt. Die USA streben dabei an, ihre Ordnung auch international durchzusetzen, indem sie beispielsweise anderen Staaten einen erweiterten Sicherheitsschirm anbieten oder Unternehmen und Staaten dadurch unter Druck setzen, dass sie ihnen drohen, ihnen den Zugang zum Dollar zu verwehren (hierzu der Beitrag über die Währungspolitik). Die USA spielen in den wichtigen internationalen Institutionen der Weltwirtschaftsordnung, dem Internationalen Währungsfonds und der Weltbank sowie der Welthandelsorganisation eine herausgehobene Rolle (hierzu den Beitrag über die internationalen Organisationen) und sind die mit großem Abstand stärkste Nation in dem wichtigen sicherheitspolitischen Bündnis NATO (hierzu den Beitrag über die Sicherheitspolitik). Es gibt aber noch einen anderen Grund. Der amerikanische Präsident ist innenpolitisch durch die Gewaltenteilung und -verschränkung relativ schwächer als in der Außenpolitik. Da seine politische Statur wesentlich aus Prestige gespeist wird, ist es für ihn ungünstig, dass er schwächer ist, als es sein mediales Image vermuten lässt. International aber kann er stark auftreten, was sich *erstens* imagepolitisch gut verkaufen lässt und ihn *zweitens* ins Zentrum weltpolitischer Konflikte stellt.

4 Präsident und Kongress

Die beiden machtvollen Institutionen im politischen System der USA, Exekutive und Legislative, sind vollständig voneinander getrennt. Niemand darf beiden Institutionen angehören (der einzigen Ausnahme werden wir uns weiter unten widmen). Sie werden separat gewählt und agieren verschränkt, weil sie im Gesetzgebungsprozess aufeinander angewiesen sind. Sie können sich nicht gegenseitig auflösen oder absetzen (siehe hierzu auch den Beitrag über den Kongress). Sie müssen miteinander auskommen, wenn sie politisch etwas bewegen wollen. Richard E. Neustadt hat dies formuliert als „a government of separated institutions *sharing* powers" (Neustadt 1960, zit. n. Neustadt 1990; Hervorhebung im Original).

Einmal im Jahr tritt der Kongress zusammen, um den Bericht zur Lage der Nation *(State of the Union)* zu hören. Es ist die einzige Gelegenheit, bei der der Präsident zu beiden Häusern des Kongresses spricht; er hat in den Debatten der beiden Kammern der Legislative kein Rederecht und nimmt auch an den Aussprachen nicht teil.

In der *State of the Union* legt der Präsident dar, wie die Lage der USA sich nach seiner Einschätzung gerade darstellt, wie es sicherheits- und außenpolitisch, aber auch innen-, wirtschafts- und sozialpolitisch um das Land steht und erläutert gleichzeitig seine zentralen Gesetzesvorhaben für das nächste Jahr. Er fordert die Abgeordneten auf, bestimmte Gesetze zu verabschieden und nutzt hierbei die große Öffentlichkeit (Millionen Amerikaner verfolgen diese Rede), um politischen Druck aufzubauen. Er bleibt aber darauf angewiesen, dass die Abgeordneten und Senatoren dies aufgreifen. Erzwingen kann er es nicht.

Der Präsident muss also die Abgeordneten für seine Vorhaben gewinnen, weshalb gute Kontakte zum Kapitol ausschlaggebend sein können. Ehemalige Abgeordnete und Senatoren treten als Lobbyisten des Präsidenten auf, die Stabsebene der Repräsentanten und Senatoren steht mit den Mitarbeitern des Präsidenten in regem Austausch. Dabei gilt es *erstens* eine Beziehung einzugehen, die politisch tragfähig ist, um *zweitens* für bestimmte Gesetzesvorhaben zu werben.

Solange der Präsident beliebt ist und sich alle Abgeordneten von einem engen Kontakt Vorteile versprechen, kann der Präsident über Einladungen – vom Frühstück bis zum Abendessen, zu kurzen Treffen ebenso wie zu langen Reisen – auch selbst Abgeordnete gewinnen. Präsident Johnson hat dies auch dazu genutzt, die Abgeordneten wissen zu lassen, was er so alles über sie wusste (andere aber nicht wissen sollten). Es geht also nicht nur darum, gefällig und charmant zu sein; hin und wieder werden auch politisch die Fäuste gehoben. Auf diese Arten und Weisen sollen die Mitglieder des Kongresses überzeugt werden, den Gesetzesvorhaben zuzustimmen, die der Präsident realisiert sehen möchte.

Dabei haben diejenigen Präsidenten einen deutlichen Vorteil, die gut darin sind, persönliche Beziehungen einzugehen und Kompromisse zu schließen. Das gilt vor allem dann, wenn der Kongress nicht von der Partei des Präsidenten dominiert wird. Zwar muss auch dann, wenn Präsident und die Mehrheit der Legislative derselben Partei angehören, ein Präsident versuchen, die selbstbewussten Mitglieder der Legislative zu überzeugen und ihnen Vorteile zu verschaffen – von Investitionen in den Wahlkreisen bis zur Unterstützung beim nächsten Wahlkampf –, wenn dies nicht der Fall ist, wird es jedoch noch schwieriger. Dann müssen tiefe ideologische Gräben überwunden werden und der Präsident muss nicht nur die Abgeordneten der Gegenpartei, sondern auch die seiner eigenen von den Kompromissen überzeugen. Bill Clinton war darin sehr gut; Barack Obama gelang es überhaupt nicht. Politische Überzeugung und Persönlichkeit eines Präsidenten kommen hier besonders ins Spiel.

Aus politischen Gründen kann die Legislative den Präsidenten nicht seines Amtes entheben. Dies kann nur im Wege der Amtsanklage geschehen, wenn er wegen Verrats, Bestechung oder anderer Verbrechen angeklagt wird. Dann entscheidet das Repräsentantenhaus mit einfacher Mehrheit, ob der Präsident angeklagt wird. Sodann befindet der Senat unter dem Vorsitz des *Chief Justice* des Obersten Bundesgerichts mit Zweidrittelmehrheit, ob der Präsident schuldig im Sinne der Anklage ist. Richard Nixon kam einer Amtsanklage durch seinen Rücktritt 1974 zuvor; bei Bill Clinton wurde 1999 vom Repräsentantenhaus eine Anklage an den Senat verwiesen, dort aber abschlägig befunden. Verurteilt wurde bisher noch kein Präsident.

Der Fall Clinton – nicht nur die Verhandlung im Senat, sondern auch die lange Vorbereitung der Anklage – verdeutlicht, dass in diesem Fall die Parteizugehörigkeit die ausschlaggebende Erklärung für das Verhalten der Akteure war.[1]

5 Vizepräsident

Der Vizepräsident folgt dem Präsidenten im Amt, falls dieser aus irgendeinem Grund ausscheidet oder verstirbt. Das ist seine wichtigste Funktion. Bis zu diesem Zeitpunkt hängt sein Einfluss von persönlichen Eigenschaften ab; seine institutionelle Rolle ist sehr begrenzt. Es gab Vizepräsidenten, die einen erstaunlichen Einfluss auf die Politik des Präsidenten ausübten, wie etwa Dick Cheney. Andere erfüllten Funktionen im Auftrag des Präsidenten, indem sie ihn sowohl in der Außenpolitik unterstützen, als auch die Beziehungen zum Kongress pflegten.

Tritt ein Vizepräsident zurück, ernennt der Präsident einen neuen Vizepräsidenten, wofür er die Zustimmung beider Kammern der Legislative benötigt.

Der Vizepräsident ist Vorsitzender des Senats, seine Stimme gibt bei Stimmengleichheit den Ausschlag. Aber nur dann hat er eine Stimme und er nimmt an den Sitzungen des Senats ansonsten auch nicht teil. Das Amt des Vizepräsidenten ist insofern eine Ausnahmeerscheinung in der politischen Ordnung, als nur er sowohl Mitglied der Exekutive als auch der Legislative ist. Ansonsten gilt ein striktes Trennungsgebot: wer der Exekutive angehört, darf der Legislative nicht angehören.

6 Wer erklärt Krieg?

Die Verfassung hat die Aufgaben im militärischen Politikfeld zwischen Präsidenten und Kongress geteilt. Der Kongress stellt Streitkräfte auf und unterhält sie. Der Kongress erklärt den Krieg. Der Präsident hat das Oberkommando über die Streitkräfte und führt den Krieg. Obwohl die USA in der politischen Praxis keine Kriege mehr erklären, gilt die Frage, wer in den USA Krieg erklären kann – konkret: wer Truppen in militärische Konflikte entsenden kann – als eine der besonders wichtigen Kompetenzauseinandersetzungen zwischen dem Kongress und dem Präsidenten. Die Verfassung ist auf den ersten Blick eindeutig: allein der Kongress hat

---

[1]Die Geschichte des Impeachment von Präsident Clinton ist vielfach beschrieben worden, sehr umfassend von Gormley (2010).

das Recht und die Pflicht, Krieg zu erklären. Präsidenten aber argumentieren, dass ihnen dieses Recht als Oberbefehlshaber der Streitkräfte zuständе. Zudem würde der Kongress ja entsprechende Haushaltsmittel bewilligen und somit seine implizite Zustimmung geben.

In der Praxis gab es über diese Frage eine harte Auseinandersetzung wegen des Korea- und des Vietnamkriegs, die beide ohne Kriegserklärung geführt wurden. Um den Kompetenzstreit zu klären, verabschiedete der Kongress 1973 den *War Powers Act*. Präsident Nixon versuchte noch, die Verabschiedung durch ein Veto zu verhindern. Vergeblich, weil der Kongress dieses aufschiebende Veto mit seiner Zweidrittelmehrheit überstimmte. Alle Präsidenten seither haben das Gesetz, obwohl es geltendes Recht ist, als verfassungswidrig angesehen. Formal hielten sie sich daran, allerdings haben sie ihre juristischen Möglichkeiten sehr elastisch ausgelegt.

Der Präsident kann dem Gesetz nach Truppen ohne Kriegserklärung in Kampfhandlungen schicken, muss den Kongress aber innerhalb von 48 h informieren. Dann könnte der Kongress diesen Einsatz per Gesetz untersagen und beenden. Dieses legislative Veto ist allerdings durch Rechtsprechung unterbunden. Äußert der Kongress sich nicht, muss der Präsident die Truppen nach 60 Tagen, die um weitere 30 Tage verlängert werden können, zurückordern.

Das Urteil über den Umgang mit diesem Gesetz fällt unterschiedlich aus. Manche Beobachter gehen davon aus, dass es Präsidenten eher vorsichtig agieren ließ, wenn es um militärische Einsätze ging. Jedoch umgingen sie die Beschränkungen seit Präsident Reagan, indem sie unter anderem private Militärfirmen mit Aufgaben betrauten, die über das hinausgingen, was die vom Kongress genehmigten Truppen leisten konnten. Auch argumentierten Präsidenten, dass im Ausland stationierte Truppen nicht aktiv in Kampfhandlungen eingriffen, denn dann gelte der *War Powers Act* nicht. Oder sie schufen unumstößliche Fakten, wie Präsident George H. W. Bush, der nach dem Überfall Iraks auf Kuwait amerikanische Truppen in Saudi-Arabien stationierte und erst kurz vor Beginn der Kampfhandlungen in Beratungen mit dem Kongress eintrat. Die internationale Allianz stand, die US-Truppen waren stationiert, ohne großen Imageschaden für die USA und die Streitkräfte konnte der Kongress sich nun nicht mehr querstellen. Zudem hätten die Kämpfe dann im heißen Sommer stattfinden können, sehr zum Schaden der Streitkräfte. Wenn die öffentliche Unterstützung für das militärische Vorgehen so groß ist wie nach den Anschlägen vom 11. September 2001, ist die Zustimmung des Kongresses schon aus dessen Eigeninteresse zu erwarten. Gleichwohl mussten sich Präsidenten immer wieder – etwa bei den Marine-Einsätzen im Persischen Golf Ende der achtziger Jahre – ernsthaft mit dem Kongress auseinandersetzen. Und Präsident Obama wagte es 2013 nicht, die syrische Regierung nach

dem Einsatz chemischer Kriegswaffen gegen die eigene Bevölkerung ohne die
Zustimmung des Kongresses, wie zuvor angedroht, anzugreifen. Als sich deutlich
abzeichnete, dass die Abgeordneten ihn nicht unterstützen werden, zog er sein
Ansinnen zurück.

7   Internationale Verträge

Der Präsident kann mit Zustimmung des Senats internationale Verträge schließen.
Allerdings müssen zwei Drittel der Senatoren zustimmen. Schon die einfache
Mehrheit bei Gesetzen zu bekommen, ist für den Präsidenten nicht leicht. Zwei
Drittel stellen eine derart hohe Hürde dar, dass viele Verträge daran scheitern
würden. Die Polarisierung der Parteien trägt derzeit zusätzlich dazu bei, dass eine
Einigung zwischen den beiden Lagern schwierig ist. Deshalb vereinbaren Präsidenten zunehmend internationale Abkommen als höchste Autorität der Exekutive
(executive agreement). Völkerrechtlich sind diese Abkommen mit internationalen
Verträgen gleichwertig, benötigen aber nicht die Zustimmung des Senats zum
jeweiligen Abkommen. Allerdings müssen beide Häuser des Kongresses indirekt
all denjenigen Abkommen zustimmen, die Kosten auslösen. Denn diese müssen
dann im Haushalt eingeplant und dieser von der Legislative verabschiedet werden. Unter den letzten Präsidenten übertraf die Zahl der *executive agreements*
die der internationalen Verträge deutlich, um das Acht- bis Zehnfache. Ihr Inhalt
muss den beiden Kammern der Legislative innerhalb von 20 Tagen bekannt gegeben werden, um zu verhindern, dass die Exekutive verdeckte Abkommen schließt.

8   Die Fragmentierung der Exekutive

Der Präsident führt die Exekutive und seine Minister haben auszuführen, was er
entscheidet. Er ist nicht der Erste unter Gleichen, sondern steht über seinen Ministern, die er mit Zustimmung des Senats berufen und aus eigenem Entschluss
entlassen kann. Die Wahl seiner Berater und Minister ist deshalb auch für die Ent-
scheidungsfähigkeit des Präsidenten bedeutsam (mehr dazu weiter unten). Zwar
gibt es auch in der amerikanischen Exekutive ein Kabinett, aber es ist kein kollektives Entscheidungs-, sondern ein kollektives Beratungsgremium. In ihm treffen sich
die Minister; die Zusammensetzung kann von Präsident zu Präsident variieren.
    Jede große Organisation entwickelt sich zu einem eigenen Mikrokosmos,
in dem eigene Regeln gelten, Menschen einen ähnlichen Stil und ein ähnliches
Weltbild ausbilden und dies durch die Sozialisation der neuen Mitarbeitenden auf

Dauer beibehalten. So ist das auch mit der Bürokratie, die amerikanische Politik vorbereiten, ausarbeiten und schließlich umsetzten soll. Der Präsident steht diesen Bürokratien – mit eigenem Bewusstsein und eigenen Traditionen – nicht nur vor, sondern auch gegenüber. Er muss sie für sich gewinnen. Auch wenn zu Regierungsantritt etwa 5000 Positionen in den Führungsetagen der Ministerien mit den Gefolgsleuten des neuen Präsidenten besetzt werden, heißt das nicht, dass sie nicht unterschiedliche Interessen verfolgen. Im Gegenteil: Die einzelnen Ministerien verfolgen teilweise unterschiedliche, manchmal konträre Interessen. Die daraus entstehenden Konflikte muss der Präsident bändigen, sodass sie seine politischen Ziele nicht beschädigen.

Das gilt umso mehr, wenn der Präsident – wie es unter der Präsidentschaft Barack Obamas ausgiebig der Fall war – weniger die Minister als Leiter der Bürokratie in die Entscheidungsfindung einbezieht, sondern in diesem Prozess vor allem auf die Beratung durch seinen engen Zirkel im Weißen Haus setzt. Dann werden Fragen der Umsetzung politischer Entscheidungen nicht in den Entscheidungsprozess einbezogen, ebenso wenig wie die partikularen Fachkenntnisse und Interessen der Bürokratien. Das lässt den Präsidenten von der Umsetzung durch den Apparat noch abhängiger werden.

Denn die Exekutive ist fragmentiert in überlappende bürokratische Akteure, die überschneidende Aufgaben wahrnehmen müssen. Es gibt Doppelkompetenzen, aus denen Rivalitäten zwischen den Behörden resultieren; in anderen Bereichen verfolgen Ministerien schlicht unterschiedliche Schwerpunktsetzungen oder sehen andere Interessen für die USA als wichtig an. Dem Kongress ist das recht. Er hat ein Einspruchsrecht bei der Gestaltung der Exekutive und arbeitet die unterschiedlichen Standpunkte im Wettbewerb der Behörden um Geld und Kompetenzen bei Anhörungen immer wieder heraus. Deshalb steht der Präsident zwar an der Spitze eines Riesenapparates (siehe hierzu den Beitrag über die Ministerien), dieser lässt sich jedoch nur sehr schwer bewegen.

Für die Durchsetzung der Politik des Präsidenten ist einerseits das *Presidential Government* – zu dem die engen Mitarbeiter des Präsidenten, die Behörden im Weißen Haus und das *Executive Office of the President* zählen – bedeutsam und andererseits, wie geschickt sich der Präsident mit dem Kongress einigen kann.

Davon zu unterscheiden ist das *Permanent Government,* auf das der Präsident zurückgreifen kann und das die Politik umsetzen muss. Hierzu gehören die Ministerien und Behörden, die unabhängig vom jeweiligen Präsidenten existieren und dessen Amtszeit auch überdauern. Das *Department of State,* das *Department of Defense* sowie das *Department of the Treasury* sind besonders wichtige außenpolitische Ministerien (selbstverständlich stehen dem Präsidenten in der Innenpolitik noch viel mehr Ministerien zur Verfügung).

Das *Presidential Government* steht häufig in Konflikt mit dem *Permanent Government*, weil die Ministerien eigene Interessen bei der Umsetzung der Politik des Präsidenten verfolgen. Dass sie diese Interessen auch noch gegeneinander verfolgen, sodass im Streit um Kompetenzen, Haushaltsmittel und konkrete Politik die außenpolitisch relevanten Bürokratien gewöhnlich nicht an einem Strang ziehen, sondern im Wettbewerb zueinander stehen, ist ebenfalls hin und wieder zu beobachten.

Das wird auch dadurch nicht geheilt, dass der Präsident die Minister, die stellvertretenden Minister und die leitenden politischen Beamten (ebenso wie auch die Botschafter) ernennt, wobei diese vom Senat bestätigt werden müssen (hierzu das Kapitel Kongress). Das sind zwar die „Leute des Präsidenten", doch wenn sie sich in ihren jeweiligen Bürokratien durchsetzen wollen, müssen sie sich deren Gepflogenheiten und deren Interessenlage anpassen. Die Bürokratien sind Teil eines Netzwerkes, das sie mit den Ausschüssen im Kongress und mit Lobbygruppen verbindet. Dieses Netzwerk formt die Interessenlage mit. Deshalb prägt das Amt die Personen, die es innehaben, stärker als die Personen das Amt. Wer von einem Ministerium ins andere wechselt, nimmt danach auch einen anderen Standpunkt ein.

Von besonderer Bedeutung ist der *National Security Council* (NSC), der 1947 gegründet wurde und dessen Aufgabe es ist, alle Politikfelder auf ihre sicherheitsrelevanten Gesichtspunkte hin zu analysieren und die verschiedenen Facetten in einer kohärenten Politik zu berücksichtigen. Es ist das wichtigste sicherheitspolitische Beratungsgremium des Präsidenten und dem oder der Nationalen Sicherheitsberaterin kommt eine besondere Bedeutung im Beraterkreis des Präsidenten zu. Zum NSC gehören institutionell der Präsident, der Vize-Präsident, der Außenminister und der Verteidigungsminister. Der Chef des Generalstabs *(Chairman of the Joint Chiefs of Staff)* berät den NSC in militärischen Fragen, der Direktor der Geheimdienste *(Director of National Intelligence)* in Fragen der Intelligence. Der Finanzminister, die Botschafterin bei den Vereinten Nationen, der Nationale Sicherheitsberater, der *Assistant to the President for Economic Policy* und der Stabschef im Weißen Haus werden zu allen Sitzungen eingeladen. Wenn es um Rechtsfragen geht, wird der Justizminister hinzugerufen, so wie der Präsident auch alle anderen Behörden zu Sitzungen einladen kann.

9   Präsident und Berater

Weil der Präsident der letzte Entscheider ist, ist es von großer Bedeutung, wer ihn berät. Das gilt insbesondere für die direkten Berater des Präsidenten, die institutionell im Weißen Haus angesiedelt sind. Denn diese kann der Präsident ohne die

Zustimmung des Senats aussuchen. Sie folgen ihm gewöhnlich aus der früheren Karriere und dem langen Wahlkampf, haben die nächsten Wahlen fest im Blick und zeichnen sich durch ein Höchstmaß an Loyalität gegenüber dem Präsidenten aus (auch wenn das aus seiner Sicht manchmal enttäuscht wird). Wer direkten Zugang zum Präsidenten hat, mit welchem seiner Berater er sich wie häufig und wie lange (und vielleicht unter vier Augen) austauscht, wer aus bestimmten Zirkeln ausgeschlossen wird, das sind wichtige Fragen, um zu beurteilen, in welche Richtung sich die amerikanische Außenpolitik bewegt. In der Kontroverse um die richtige Politik gegenüber dem Irak vor dem dritten Irakkrieg war es ein deutliches Zeichen, als Außenminister Colin Powell, der immer wieder Skepsis gegenüber einem Militäreinsatz vorgetragen hatte, vom Präsidenten gemieden wurde.

Gleichzeitig müssen Präsidenten und Berater zueinander passen. Es kann Entscheidungslagen bis hin zur Entscheidungsunfähigkeit verkomplizieren, wenn das nicht der Fall ist. So lassen sich beispielsweise Präsidenten, die eine kontroverse Diskussion mit möglichst vielen Alternativen suchten, von solchen unterscheiden, die nur die politische Orientierung vorgaben, sich aber weniger um das Management bemühen. Die Präsidenten Eisenhower und Bush sen. gehörten zum ersten Typ; die Präsidenten Reagan und Bush jun. zum zweiten. So spielt die Zusammensetzung der Beraterstäbe eine große Rolle für die Handlungsfähigkeit. Die einen Präsidenten brauchen miteinander diskutierende und unterschiedliche Positionen einnehmende Berater, die anderen eher die Einmütigkeit in ihrem engeren Umfeld. Bei beiden Typen können gute und schlechte Entscheidungen folgen; darüber sagt diese Unterscheidung nichts aus.

Ein Sonderfall im Weißen Haus ist die Gefahr von *groupthink*.[2] Darunter versteht man eine Beratungslage, in der alle Beteiligten die Zugehörigkeit zu dieser Gruppe höher bewerten als die politische Analyse der Lage und deshalb in eine Art zu denken verfallen, die die eigenen Fähigkeiten überbewertet, den Gegner stigmatisiert und verteufelt und aus einer moralischen Überlegenheit heraus weder politische Alternativen diskutiert noch die Folgen des eigenen Handelns abschätzt. Die Invasion in der Schweinebucht im Jahr 1961 ist hierfür eine ebenso lehrreiche Fallstudie wie der Irakkrieg 2003.[3] Die herausgehobene und unangefochtene Stellung des amerikanischen Präsidenten kann die Ausbildung von *groupthink* unterstützen.

---

[2]Hierzu umfassend: Janis (1992); zum Vorstehenden: Kowert (2002).
[3]Hierzu ausführlich: Kuntz (2007).

10   Außenpolitik geht nicht ohne Innenpolitik

Der amerikanische Präsident wird in seiner außenpolitischen Handlungskraft nicht allein vom Kongress, sondern auch von den vielen gesellschaftlichen Gruppen und Unternehmen, die im politischen System der USA einen großen Einfluss ausüben, beeinflusst. Das reicht von konkreten wirtschaftlichen Interessen bis zu Lobbygruppen, die die bilateralen Beziehungen der USA zu einem bestimmten Land beeinflussen wollen.

Insbesondere wirtschaftliche Interessen sind sehr häufig mit außenpolitischen Maßnahmen verwoben. Das ist in anderen Staaten auch nicht anders, doch gibt es in den USA zwei Besonderheiten. Die eine ist, dass Wahlkämpfe ungemein teuer sind und Politiker deshalb ständig Spenden sammeln müssen. Durch Spenden können Unternehmen versuchen, Zugang zu politischen Entscheidungsträgern oder sogar Einfluss zu erlangen. Das andere ist die Drehtür, die als Symbol dafür steht, dass der Übergang von der wirtschaftlichen zur politischen Elite in beide Richtungen offen ist. Sehr häufig kommen die Minister des Präsidenten aus der Privatwirtschaft und auch viele Politiker haben dort zumindest einen Teil ihrer Karriere zugebracht.

Die wirtschaftlichen Interessen sind bei allen außenpolitischen Initiativen mit zu befragen, aber es sind nicht die einzigen Interessen. Nicht-Regierungsorganisationen verfolgen bestimmte Ziele – etwa die Einhaltung von Menschenrechten in anderen Staaten – und versuchen damit Gehör bei politischen Entscheidungen zu finden.

Der Präsident muss zudem immer auf seine Darstellung in den Medien achten. Im Kapitel über Medien wird das detailliert beschrieben. Besonders wichtig für ihn ist dabei die Unterstützung, die er in Krisenzeiten in der Öffentlichkeit findet. Diesen *rally around the flag*-Effekt[4] konnten die Meinungsforscher in vielen Krisen messen. Die Zustimmung zur Politik des Präsidenten steigt sprunghaft an und geht mit nachlassender Krise wieder zurück. Erklärt wird dies dadurch, dass sich die Bevölkerung hinter dem Präsidenten sammelt und ihn als Symbol der nationalen Stärke und Einheit unterstützt. Der größte *Rally*-Effekt, der jemals gemessen wurde, katapultierte Präsident George W. Bush nach den Anschlägen vom 11. September 2001 zu einem besonders unterstützen Präsident. Er war mit Schwierigkeiten ins Amt gekommen (in Florida entschied ein Gericht den Wahlausgang) und entsprechend niedrig lag seine Zustimmung zu Beginn seiner Präsidentschaft

---

[4]Siehe hierzu vor allem Mueller (1970).

bei 51 %. Nach den Terroranschlägen schoss diese auf 86 % hoch – ein Zuwachs von 35 %. Dieses politische Kapital brauchte der Präsident dann in den Kriegen auf und schied mit niedriger Zustimmung aus dem Amt. Denn der *Rally*-Effekt wurde zwar schon bis zu 41 Wochen gemessen (bei George Bush und dem Desert Storm Krieg gegen den Irak), länger jedoch noch nicht. Krisen aber gilt es im Amt des amerikanischen Präsidenten zu nutzen.

11   Ein schwacher Präsident?

Die bisherigen Abschnitte zeigen, dass der Präsident einerseits versucht, die politische Führung im Land auszuüben und den Kongress in die Schranken zu weisen, andererseits aber vielfältigen Begrenzungen seiner Macht gegenübersteht: die Exekutive ist fragmentiert; der Kongress verfügt über zahlreiche Einflusschancen auf die Ausgestaltung der Politik; die unabhängige Gerichtsbarkeit stellt eine weitere Begrenzung der präsidentiellen Macht dar und schließlich spielen die Medien und die öffentliche Meinung eine starke Rolle.

Die Präsidenten nutzten bisher zwei unterschiedliche Wege, diese Begrenzung der Macht auszugleichen oder gar zu überwinden. Doch schließen sich diese beiden Typen – die administrative und plebiszitäre Präsidentschaft – nicht grundsätzlich aus. Gewöhnlich verfolgen Präsidenten jederzeit beide Wege, wenn auch von Zeit zu Zeit unterschiedlich intensiv.

Der erste Weg führt zurück in die Wagenburg Weißes Haus, in die administrative Präsidentschaft. Weil sie außerhalb – in den Ministerien und im Kongress – keine Unterstützung für ihre politischen Vorhaben fanden, haben Präsidenten immer wieder versucht, dies über eine Entscheidungsfindung im engsten Zirkel präsidentieller Macht zu bewerkstelligen. Richard Nixon verband das mit der Idee einer grundlegenden Re-Organisation der Bürokratie (was scheiterte); Barack Obama mit einer intensiven Nutzung präsidentieller Dekrete *(Executive Order)*. Dies sind Verordnungen an die Exekutive, die der Präsident als ihre höchste Autorität verfügt. Damit nutzt er den Ermessensspielraum, den ihm verabschiedete Gesetze lassen, und verfügt, wie diese Gesetze umgesetzt und angewandt werden sollen. Diese Dekrete gelten aber nur solange sie nicht durch andere präsidentielle Dekrete aufgehoben oder ersetzt werden. Im Zweifelsfall also nur für die Amtszeit eines Präsidenten. Auch der Kongress kann erlassene Dekrete aufheben, indem er entsprechende Gesetze verabschiedet. Da dies aber fast unmöglich ist, wenn der Kongress tief gespalten und praktisch unfähig ist, Gesetze zu verabschieden, gelten die Dekrete als ein wichtiges Mittel des Präsidenten, politische Entscheidungen durchzusetzen.

Hier setzt die wichtigste Kritik an den präsidentiellen Dekreten an. Denn eigentlich ist das politische System der USA so angelegt, dass Präsident und Kongress sich einigen müssen, Kompromisse finden müssen, und nur diejenigen Fragen geregelt werden können, in denen das auch der Fall ist. Die Dekrete eröffnen den Präsidenten die Möglichkeit, sich dieser Aufgabe zu entziehen, weil sie statt einen Kompromiss zu suchen ein Dekret erlassen können. Präsident Obama ist dies vorgehalten worden. Doch ist es eine gewünschte politische Wirkung der Dekrete (im Modell der administrativen Präsidentschaft), Druck auf den Kongress aufzubauen, um ihn zum Handeln zu bewegen. Der Präsident beweist damit, dass er auch dann handlungsfähig ist, wenn der Kongress dies verweigert.

Das idealtypische Gegenstück der administrativen Präsidentschaft ist die plebiszitäre Präsidentschaft. Barack Obama hatte dies nach seiner Wiederwahl versucht, indem er erkannt hat, dass er in direkten Verhandlungen mit dem Kongress nicht weiterkam, um beispielsweise ein neues Einwanderungsgesetz zu verabschieden. Deshalb unternahm er den Versuch, nicht aus dem inneren Zirkel der Macht, dem Weißen Haus, sondern über die öffentliche Meinung Druck auf den Kongress auszuüben, um ihn zur Handlung zu bewegen. Der Präsident kann hierfür seine herausgehobene Stellung nutzen, die praktisch jedes Wort von ihm für Medien interessant sein lässt. Dies gilt umso mehr für die groß inszenierten Reden, die er vor ausgewähltem Publikum halten kann. Auf diese Weise versuchten Präsidenten schon mehrfach die öffentliche Meinung in ihre Richtung zu bewegen, um sodann dafür zu sorgen, dass aus den Wahlkreisen der Druck auf die einzelnen Abgeordneten ausgeübt wird.

Mit den Massenkommunikationsmitteln wurde diese Strategie besser verfügbar. Franklin D. Roosevelt nutzte Radioübertragungen als erster hierfür. Insbesondere Ronald Reagan intensivierte die Fernsehreden. Später inszenierte George W. Bush sogar „großes Kino", als er vor der Rede, die den Irakkrieg für beendet erklärte, mit einem Kampfjet auf einem Flugzugträger landete, auf dem *Mission Accomplished* stand. Das Beispiel zeigt aber auch: solche Meinungssteuerungen können schief gehen. Denn der Irakkrieg war zu diesem Zeitpunkt eben nicht beendet.

Weil Präsidenten viele Ereignisse nicht kontrollieren können und auch die öffentliche Meinung in den USA nur schwer vorherzusagen ist, birgt der Weg der plebiszitären Präsidentschaft einige Risiken. Es reicht also nicht, dass der Präsident telegen und ein hervorragender Kommunikator ist; das sollte er sowieso sein, wenn er sich für diesen Weg entscheidet. Er braucht auch noch ausreichend Glück, dass keine Ereignisse eintreten, die seine Kommunikationsstrategie durchkreuzen.

12 Der Präsident und die internationalen Beziehungen

Schließlich ist der amerikanische Präsident in der internationalen Politik nur so stark, wie es die USA sind. Es schränken also nicht nur die Legislative und die Gesellschaft den Handlungsspielraum und die Durchsetzungsfähigkeit des Präsidenten ein, er hat in internationalen Verhandlungen und beim Krisenmanagement nur aufzubieten, was die USA jeweils an Machtressourcen zur Verfügung stehen haben. Das heißt nicht, dass alle Präsidenten jeweils alle Machtmittel eingesetzt haben. Im Gegenteil: Viele waren vorsichtig, weil sie befürchteten, dass sich diese Ressourcen verbrauchen und die USA langfristig schwächen könnten. Auch urteilen Präsidenten jeweils sehr verschieden, welche Machtmittel zu welchen Zwecken eingesetzt werden sollten, welche angemessen oder effektiv seien. Der Unterschied zwischen den Präsidenten George W. Bush und Barack Obama steht hier beispielhaft. Während für Präsident Bush die amerikanischen Streitkräfte ein bevorzugtes Mittel der internationalen Krisenpolitik waren, schätzte Präsident Obama den Wert der Diplomatie höher. Gewalt übte er hingegen verdeckt durch den Einsatz von Drohnen aus. Beide aber sahen in der Stabilisierung der internationalen Leitwährung US-Dollar eine wichtige Machtressource der USA und verteidigten dessen Stellung in der internationalen Währungspolitik.

Neben den Ressourcen des Landes verfügen die verschiedenen Präsidenten aber auch über mehr oder weniger Charisma und die Fähigkeit, Menschen für ihre Politik zu gewinnen. Das müssen sie im Einzelfall können, wenn es darum geht, die Stimmen von Repräsentanten und Senatoren für Gesetzesvorhaben zu gewinnen. Sie müssen es aber auch der Öffentlichkeit gegenüber leisten, die sie von ihrer Persönlichkeit (ihrem wichtigsten Kapital) und ihrer Politik überzeugen müssen. Schließlich ist der Präsident in den internationalen Beziehungen ein herausgehobener Akteur, weshalb er nicht nur in die eigene Gesellschaft, sondern darüber hinaus auf andere Regierungen und in andere Gesellschaften hinein überzeugend wirken muss, wenn er seine politischen Vorhaben umsetzen will.

Literatur

Gormley, K. (2010). *The Death of American Virtue. Clinton vs. Starr.* New York: Broadway Paperbacks.

Kuntz, F. (2007). *Der Weg zum Irak-Krieg. Groupthink und die Entscheidungsprozesse der Bush-Regierung.* Wiesbaden: VS Verlag für Sozialwissenschaften.

Mueller, J. E. (1970). Presidential Popularity from Truman to Johnson. In *The American Political Science Review, 64*(1), 18–34.

Neustadt, R. E. (1990). *Presidential Power and the Modern Presidents. The Politics of Leadership from Roosevelt to Reagan.* New York: The Free Press.
Schlesinger, A. M. (2004). *The Imperial Presidency.* Boston, New York: Mariner Books.

Weiterführende Literatur

Edwards III, G. C., & Howell, W. G. (Hrsg.). (2009). *The Oxford Handbook of the American Presidency.* Oxford: Oxford University Press. (Eine umfassende Sammlung von Beiträgen zu verschiedenen Themen.)
Neustadt, R. E. (1990). *Presidential Power and the Modern Presidents. The Politics of Leadership from Roosevelt to Reagan.* New York: The Free Press. (Dieser Klassiker, ursprünglich 1960 erschienen, ist nicht als Einführung geeignet, aber für alle, die weiterlesen möchten.)
Preston, T. (2001). *The President and His Inner Circle. Leadership Style and the Advisory Process in Foreign Affairs.* New York: Columbia University Press. (Preston betrachtet hier den Führungsstil unterschiedlicher Präsidenten in Fallstudien von Truman bis Bush.)
Schlesinger, A. M. (2004). *The Imperial Presidency.* Boston, New York: Mariner Books. (Der Klassiker zur imperialen Präsidentschaft, erstmals 1973 erschienen, mit weit zurückreichenden historischen Belegen.)

Der Kongress

Thomas Jäger

1 Einführung

Der amerikanische Kongress ist ein faszinierender Untersuchungsgegenstand. Er kann auf eine lange und reiche Geschichte zurückblicken und hat für die Entwicklung der USA in jeder historischen Phase eine jeweils wichtige, wenn auch sehr unterschiedliche Rolle gespielt. Seine Legislaturperiode beginnt seit dem 20. Amendment der Bundesverfassung (1933) jeweils am 3. Januar eines ungeraden Jahres und dauert zwei Jahre. Derzeit ist der 115. Kongress zusammengetreten, der vom 3. Januar 2017 bis zum 3. Januar 2019 tagen wird. Der Kongress kann sich weder selbst auflösen, noch kann er vom Präsidenten aufgelöst werden. Deshalb stehen die jeweiligen Legislaturperioden fest.

Insgesamt ist das politische System der USA von einer tief reichenden Gewaltenteilung und -verschränkung geprägt, sodass unterschiedliche Befugnisse bei den verschiedenen Institutionen liegen (Teilung), diese aber nur gemeinsam handeln können (Verschränkung). Weil die Verfassungsväter davon ausgingen, dass der Kongress in einer repräsentativen Demokratie die durchsetzungsfähigere Institution im Mit- und Gegeneinander der Institutionen sein werde – zum Konflikt zwischen Präsident und Kongress über die Prärogative in der Außenpolitik siehe das Kapitel „Der amerikanische Präsident" –, ist der Kongress in zwei Kammern

T. Jäger (✉)
Universität zu Köln, Köln, Deutschland
E-Mail: thomas.jaeger@uni-koeln.de

© Springer Fachmedien Wiesbaden GmbH 2017   29
T. Jäger (Hrsg.), *Die Außenpolitik der USA,* Studienbücher Außenpolitik und Internationale Beziehungen, DOI 10.1007/978-3-531-93392-4_3

unterteilt, das Repräsentantenhaus und den Senat, um auch die Macht der Legislative einzuschränken. Indem der Senat zwei Abgeordnete aus jedem Bundesstaat umfasst, fiel es zudem kleineren und bevölkerungsärmeren Bundesstaaten auch leichter, diesem Repräsentativsystem zuzugehören.

Während das Repräsentantenhaus mit seinen 435 Abgeordneten die vielfältigen Interessenlagen der amerikanischen Gesellschaft abbilden sollte, also direkt die Interessen der Bürger und Verbände repräsentieren und in die Verhandlungen um die Gesetzgebung einbringen sollte, wurde von Beginn an vom Senat erwartet, höhere Konstanz aufzuweisen und damit die nationalstaatliche Identität der USA zu bewahren, indem er die Interessen der Bundesstaaten vertritt. So wurden beide Kammern mit weitreichenden Rechten ausgestattet – und es hat sich im Verlauf der Geschichte erwiesen, dass diese sich heutzutage von den ursprünglichen Vorstellungen ziemlich unterscheiden. Insbesondere bezüglich des vornehmlichen Rechts, Kriege zu erklären, sah sich der Kongress in einer außenpolitisch zentralen Position, bis diese streitig wurde (hierzu das erste Kapitel dieses Bandes zum Präsidenten). Von der Steuergesetzgebung, die vom Repräsentantenhaus ausgeht, über die Finanzierung von Truppen und ihrer Ausrüstung bis zur Ratifikation von Staatsverträgen, die der Senat vollzieht, war dem Kongress auch in der Außenpolitik eine herausgehobene Rolle zugedacht. Diese hat er im Verlauf seiner langen Geschichte unterschiedlich wahrgenommen.

2   Geschichte

Zu Beginn der US-amerikanischen Geschichte hatte der Kongress eine herausgehobene Stellung inne, die nur dann stärker eingeschränkt wurde, wenn es mächtige Präsidenten gab, die in Krisenzeiten vermehrt Entscheidungen an sich zogen – wie Abraham Lincoln beispielsweise. So wurde das amerikanische Regierungssystem vom späteren Präsidenten Woodrow Wilson, als er noch Politikwissenschaft an der Universität lehrte, auch als Congressional Government beschrieben. So lautet der Titel seiner Analyse des politischen Systems, die just in dem Moment ihres Erscheinens, dem Übergang vom 19. zum 20. Jahrhundert, das politische Miteinander der Institutionen nicht mehr erklären konnte. Es hatte sich, wie Wilson selbst in seinem zweiten Vorwort anmerkt, zugunsten des Präsidenten als politischem Führer gewandelt. Die Periode der starken Legislative war seitdem vergangen.

Dahinter standen einerseits die politischen Vorstellungen der Progressivisten, die ein anderes Verständnis von der Rolle des Präsidenten und seiner politisch autonomen Handlungsmöglichkeiten im Rahmen der Verfassung hatten. Sie sahen im Präsidenten das politische Kraftzentrum der Nation. Dann aber konnte der Kongress eben nicht mehr, wie Wilson noch erkannte, die herrschende und kontrollierende Kraft im Zentrum des politischen Systems sein. Spätestens mit den Herausforderungen des Zweiten Weltkriegs und der dominanten Rolle von Präsident Franklin D. Roosevelt war der Kongress dann auch aus seiner Jahrzehnte zuvor markierten führenden Rolle gedrängt.

Im Ost-West-Konflikt konnten die Exekutiven nach und nach ihre Vormachtstellung gegenüber dem Kongress ausbauen. Hierzu trug insbesondere die militärische Auseinandersetzung mit der Sowjetunion, speziell die Nuklearpolitik, bei. Aus ihr erwuchs die Vorrangstellung der nuklear Verantwortlichen, bei denen die Entscheidung über das Schicksal der Welt lag. Parallel sammelten sich im Kongress eher sozial-konservative und außenpolitisch auf staatliche Stärke bedachte Kräfte, die diese Tendenz zusätzlich unterstützten. Erst als das Desaster des Vietnamkrieges mit Watergate zusammenfiel – zwei Traumata der amerikanischen Politik bis heute – konnte der Kongress für kurze Zeit ein wenig seiner früheren stärkeren Stellung gegenüber der Exekutive zurückgewinnen. Die außenpolitischen Rückschläge unter Präsident Carter – die iranische Revolution und die Geiselnahme in der amerikanischen Botschaft in Teheran sowie die Invasion der Sowjetunion in Afghanistan – sorgten aber schon nach vier Jahren nicht nur dafür, dass erneut ein republikanischer Präsident, Ronald Reagan, ins Weiße Haus einzog, sondern beendeten auch das kurze Hoch der stärkeren außenpolitischen Einflussnahme des Kongresses.

Auch in der Gegenwart wurde diese Auseinandersetzung weitergeführt. Der Administration von Präsident George W. Bush, insbesondere seinem Vize-Präsidenten Dick Cheney, ging die Machtfülle des Präsidenten noch immer nicht weit genug. So wurde auf verschiedenen Politikfeldern – insbesondere auch bei den Geheimdiensten, ihren Aufgaben der Überwachung und harschen Befragung (Folterung) von Gefangenen – immer wieder das Recht des Kongresses auf Mitwissen oder gar Mitentscheidung infrage gestellt. Das ging unter Präsident Obama so weit, dass die Exekutive über ihre Dienste den Senat bei der Erstellung eines Berichtes, der sich kritisch mit der Arbeit der Dienste befasste, ausspionieren ließ.

Gleichwohl ist der Kongress eines der stärksten Parlamente der Welt, relativ zu dem noch geringeren Einfluss, den andere Parlamente nehmen können. Dieser Einfluss bezieht sich aber heute vor allem darauf, Teile der Regierungspolitik blockieren zu können. Die ansteigende Fragmentierung, also die zunehmende politische Organisation des Kongresses in unterschiedlichen Fraktionen und die fortschreitende gesellschaftliche Differenzierung begründen, dass der Kongress selbst nicht in der Lage ist, politische Führung zu übernehmen und ein eigenes Programm aufzulegen. Die Fraktionierung geht mitten durch die Fraktionen der beiden großen Parteien, weshalb es ihnen schwer fällt, mittelfristige Programme zu formulieren. Die Ausrichtung an dem jeweiligen politischen Führungspersonal verstärkt die Dynamik der Willensbildung. Auch die starke politische Polarisierung, die um das Jahr 2000 einsetzte, sorgte eher dafür, dass die politischen Lager keine gemeinsame Sprache mehr finden (hierzu auch die Beiträge zu Medien und öffentlicher Meinung in Kapitel sechs und sieben) als dass sie die beiden Seiten jeweils für sich *homogener* gestalteten.

3   Die Bedeutung außenpolitischer Themen

Viele Aspekte der Arbeit des Kongresses können hier nicht betrachtet werden, weil sich die folgenden Ausführungen auf die Rolle des Kongresses in der amerikanischen Außenpolitik konzentrieren. Für deren Ausgestaltung ist die amerikanische Innenpolitik zwar von kaum zu überschätzender Bedeutung. Doch geht die innenpolitische Rolle des Kongresses weit über das hinaus, was im Folgenden beschrieben werden kann. Politiker in den USA sind keine Parteipolitiker wie in Deutschland, sondern jeweils für sich politische Unternehmer, die ein Produkt verkaufen – sich selbst und ihre politischen Überzeugungen, Netzwerke und institutionellen Einflusschancen – und dafür Sorge tragen müssen, dies organisatorisch umsetzen zu können. Für Abgeordnete des Kongresses gilt, dass sie ihre politische Arbeit auf das Ziel der Wiederwahl ausrichten. Das bedeutet für Mitglieder des Repräsentantenhauses und Senatoren unterschiedliches. Gemeinsam ist ihnen jedoch, dass sie beachten müssen, welche Bedeutung außenpolitischen Entscheidungen in einer bestimmten zeitgeschichtlichen Phase zukommt. Denn meistens interessieren sich die amerikanischen Wähler mehr für innenpolitische, insbesondere für wirtschaftliche Fragen. Doch manchmal – etwa während des Vietnamkrieges oder des dritten Irakkriegs oder wenn die Gefahr durch Terroristen groß scheint – überwiegen dann doch außenpolitische Themen. Außenpolitik ist für das Verhalten der Parlamentarier also keineswegs nebensächlich. Es war in der Vergangenheit aber häufig eher zweitrangig. Doch müssen sie heutzutage daran denken, dass unerwartete Ereignisse außen-, handels- und sicherheitspolitische Fragen stets rasch hoch auf die Agenda der amerikanischen Öffentlichkeit setzen können. So wurde Terrorismus innerhalb von weniger als einem Monat nach den Anschlägen von Paris zum wichtigsten Problem für die amerikanischen Bürger und verdrängt wirtschaftliche Fragen, die aber im Januar 2016 wieder als wichtiger angesehen wurden. Das sind sehr volatile Wahrnehmungen – und das kurz vor den Wahlen.

Gleichzeitig hat die starke Vernetzung der Welt über Prozesse der Globalisierung und Transnationalisierung dazu geführt, dass fast alle internationalen Fragen Auswirkungen bis in die einzelnen Wahlkreise haben können. So kann die internationale Klimapolitik direkte Auswirkungen in Wahlkreisen haben, weil Industrien mit Kosten belegt werden oder die Verkaufschancen energiesparender Produkte steigen. Auch Freihandelsabkommen können eminente lokale Wirkung entfalten, indem sie die Wettbewerbssituation von Unternehmen stärken oder schwächen können.

4 Drei Beispiele für das Verhältnis von Exekutive und Legislative

Das Verhältnis von Exekutive und Legislative ist dynamisch und kann sich ändern. Dabei spielen die jeweiligen Umstände eine große Rolle, sodass man dieses Verhältnis jeweils nur im historischen Kontext verstehen kann. Wie Exekutive und Legislative miteinander umgehen, kann innerhalb eines kurzen Zeitraums ganz unterschiedlich ausgestaltet sein. Drei Beispiele für weit auseinander liegende Beziehungsformen verdeutlichen dies:

Wenige Tage nach den Anschlägen vom 11. September 2001 verfügte der amerikanische Präsident, dass die National Security Agency (NSA) in großem Stil Daten erfassen sollte und dies auch darf. Begründet wurde dies mit der immensen Gefahr, die von weiteren Anschlägen ausgehen könnte. Nicht auszuschließen, so mutmaßte die Exekutive, dass biologische oder chemische Kampfstoffe durch Terroristen in den USA ausgebracht würden, um die Lage nach 9/11 noch weiter zuzuspitzen. Die Wirkung auf die amerikanische Bevölkerung sei gar nicht auszumalen.

Gleichzeitig verfolgte die Administration Bush das Ziel, sich politisch vom Parlament nicht binden zu lassen. Sie strebte die Vorherrschaft der Exekutive gegenüber der Legislative an, um ihren autonomen Handlungsspielraum zu erhöhen. Nun aber ging es um die Datensammlung. Das durfte die NSA laut Gesetzeslage gar nicht. Als Präsident Bush die führenden Parlamentarier beider Parteien – der Republikaner und der Demokraten – informierte (und viel mehr als diese acht Personen erfuhren das auch lange Zeit nicht), fragte sein Vize-Präsident Dick Cheney: „Brauchen wir neue Gesetze?" Und die Antwort der Parlamentarier war: „Nein." (Baker 2013, S. 164–165). Unter dem Eindruck der Ereignisse nickten die Kongressmitglieder die exekutiven Ausgriffe ab.

Das war eine ungewöhnliche Lage, denn viel häufiger geraten Präsident und Kongress in Konflikt miteinander, was auch ihrer verfassungsmäßigen Aufgabe

entspricht. Sie sollen sich gegenseitig beschränken und ihre Macht im Kräfte-
spiel miteinander begrenzen. So kam es etwa unter den Präsidenten Bill Clinton
und Barack Obama dazu, dass die Bundesbehörden mehrfach lahmgelegt wurden, weil das Parlament die Finanzierung verweigerte. So mussten die Bundesbehörden etwa vom 1. bis 16. Oktober 2013 schließen, wie zuvor schon vom 16.
Dezember 1995 bis zum 6. Januar 1996. Das Parlament verweigerte der Regierung schlicht, ihre Mitarbeiter zu bezahlen.

Im Fall der Verhandlungen über ein Nuklearabkommen mit dem Iran (das am
Ende geschlossen wurde) gingen einige Senatoren noch weiter und wandten sich
während der Verhandlungen mit einem offenen Brief direkt an die Führung Irans.
Schriftlich wiesen sie darauf hin, dass die laufenden Verhandlungen für die USA
zwar die Exekutive, also der Präsident, führe, aber die dem Abkommen gegenüber viel kritischere Legislative nicht tatenlos am Rand stehen würde. Der Präsident sei in wenigen Monaten weg. Der Senat aber dann immer noch im Amt.

Das Nuklearabkommen mit dem Iran konnte der Kongress nicht verhindern.
Aber in das folgende Haushaltsgesetz, das 2015 kurz nach dem Nuklearabkommen
verabschiedet wurde, schrieben die republikanischen Abgeordneten eine Reihe von
Regeln, die den wirtschaftlichen Austausch mit Iran erschweren sollten.

5   Exekutive und Legislative werden unabhängig
        voneinander gewählt

Der amerikanische Kongress ist sicherlich eines der mächtigsten Parlamente der
Welt. Das ist vor allem darin begründet, dass die Legislative unabhängig von der
Exekutive gewählt wird. Der Präsident muss nicht – wie in parlamentarischen
Systemen – das Vertrauen des Kongresses genießen und der Kongress muss die
Politik des Präsidenten nicht unterstützen. Vielmehr kann die Legislative im Zuge
der Gesetzgebung ihre eigene Politik durchsetzen. In der Praxis scheitert das derzeit an der Fragmentierung des Kongresses. Schon länger wirkt auch der Informationsvorsprung der Exekutive auf die abgesenkte Rolle des Kongresses hin. Aber
das muss so ja nicht bleiben, obwohl vieles dafür spricht, dass sich die Prärogative der Exekutive so rasch nicht umwandeln lassen wird.

Der Präsident wird alle vier Jahre über ein kompliziertes Wahlleuteverfahren indirekt von der Bevölkerung gewählt, hat aber die direkte demokratische Legitimation.
Keiner spricht ihm ab, dass er befugt ist, in seinem Amt zu handeln. Ebenso wird
auch der Kongress direkt gewählt (in unterschiedlichen Abständen, mehr dazu im
weiteren Verlauf dieses Kapitels) und ist ebenfalls direkt demokratisch legitimiert.
Die Senatoren werden seit der Verfassungsänderung von 1913 (Zusatzartikel 17)

ebenfalls direkt gewählt, zuvor wurden sie von den Parlamenten der Bundesstaaten bestimmt. Niemand spricht dem Kongress ab, dass er befugt ist, seine Rechte wahrzunehmen. Exekutive und Legislative laufen im politischen Prozess parallel. Der Präsident kann das Parlament nicht auflösen. Der Kongress den Präsidenten nicht absetzen und nur nach schwerwiegenden Verfehlungen in einem überaus komplexen Verfahren seines Amtes entheben (mehr dazu weiter unten).

Präsident und Kongress sollen sich so gegenseitig in Schach halten. Keiner soll zu stark sein. Die Beschränkung der Machtfülle ist der Sinn der *checks and balances,* der gegenseitigen Machtbeschränkung und des politischen Ausgleichs. Zu vielen Zeiten ist dieser Ausgleich gut gelungen, manchmal aber – auch derzeit – führt er zu Blockaden des politischen Prozesses *(gridlock).*

Die beiden wesentlichen Kompetenzen, die der Kongress nutzen kann, um seine politischen Präferenzen im Wettbewerb mit der Exekutive durchzusetzen – sobald sich im Kongress eine Mehrheit dafür gefunden hat – ist die Gesetzgebung *(power of law)* und die Budgethoheit, also die Bewilligung von Ausgaben *(power of the purse).*

Zudem können die Ausschüsse und Unterausschüsse des Kongresses Anhörungen durchführen und so von ihnen gewählte politische Themen auf die Tagesordnung der Öffentlichkeit setzen. Mit dem Legislative Reorganization Act von 1946 erhielt der Kongress das Recht, Akten der Exekutive einzufordern, Zeugen zu laden und exekutive Vorgänge zu untersuchen. Die Regierung beruft sich in diesen Fragen gegebenenfalls auf das Recht, die Aussage vor den Ausschüssen des Kongresses zu verweigern *(executive privilege).* In der Praxis wird dann zwischen Kongress und Regierung verhandelt, was vorgelegt wird und wer aussagen muss.

6   Politische Unternehmer

Der generellen Unabhängigkeit des Parlaments von der Exekutive steht gegenüber, dass die Parlamentarier als politische Unternehmer viel stärker als Parlamentsabgeordnete in europäischen Staaten gesellschaftlichen Einflüssen, insbesondere aus ihren Wahlkreisen, ausgesetzt sind. Das hängt mit den kurzen Wahlperioden und der Erwartung der Wähler zusammen, lokal direkte Vorteile aus der politischen Arbeit der Abgeordneten zu erhalten. Es ist aber auch eine Folge des eher losen Zusammenhalts der Parteien. Sie können Abgeordnete nicht an ein gemeinsames Programm binden. Als eine Konsequenz sind Abgeordnete stärker den Einflüssen von Lobbygruppen ausgesetzt. Alle drei Ursachen – kurze Wahlfristen, schwache Parteibindung und der Einfluss von Lobbyisten – verstärkten im Verlauf die zunehmende politische Selbstständigkeit der Parlamentarier.

Auf der anderen Seite sind die Wahlkämpfe in den USA ungemein teuer. Die Abgeordneten des Kongresses müssen deshalb sehr stark darauf achten, dass sie stets genügend Geldspenden sammeln, um sich im Wahlkreis innerparteilich und gegenüber anderen Kandidaten durchsetzen zu können. Deshalb achten sie sehr genau darauf, welche Vorteile sie den Unternehmen und den Menschen in ihren Wahlkreisen verschaffen können, von Agrarsubventionen über Rüstungsaufträge bis Unternehmensansiedlungen. Amerikanische Politiker sind deshalb eher politische Unternehmer als Parteipolitiker, denn die Partei organisiert zwar eine ganze Menge (und auch ein wenig Geld), im Wahlkampf stehen sie dann aber doch weit stärker allein da. Der Schatten des nächsten Wahlkampfes liegt über der gesamten parlamentarischen Arbeit. Vom ersten Tag der parlamentarischen Arbeit an heißt es, Geld für den nächsten Wahlkampf zu sammeln.

Schließlich verfügen die Repräsentanten und Senatoren über große Mitarbeiterstäbe, dreißig bis siebzig Mitarbeiter können die Teams umfassen. Auch dies unterstützt, dass Abgeordnete als politische Unternehmer auftreten. Denn sie haben die entsprechende personelle Unterstützung sowohl für die Arbeit in Washington als auch für die Wahlkreisaufgaben. Da Gesetzesvorhaben gewöhnlich sehr kompliziert sind und eine große Expertise erfordern, verlagern sich gleichzeitig Gesetzgebungsaufgaben in die Mitarbeiterstäbe. Auf dieser Ebene finden sich dann die Kreise zusammen, die über zentrale Fragen verhandeln und nur bei großen Problemen und besonders wichtigen Fragen der Abstimmung die Chefs hinzuziehen.

Auch hierüber wird der Einfluss von Lobbyisten gestärkt. Denn die Mitarbeiter von Abgeordneten nutzen diese Aufgabe, die mäßig gut bezahlt wird, häufig um den Einblick in die Gesetzgebungsverfahren und die erforderlichen Kontakte zu erwerben, um in die Lobbybranche zu wechseln. Es ist leicht auszumalen, was dies für den Einfluss auf bestimmte Gesetze bedeutet, wenn die Verhandelnden mit dem Gedanken spielen, die Seiten zu wechseln. Das tun ehemalige Abgeordnete übrigens auch gerne: als Lobbyisten nochmals das intime Wissen aus dem politischen Maschinenraum des Kongresses vergolden.

7   Bedeutung für die amerikanische Außenpolitik

Kein anderes Parlament hat eine so große autonome Bedeutung für die Außenpolitik seines Landes wie der amerikanische Kongress. Das liegt einerseits an den formalen Rechten des Parlaments, andererseits daran, dass einige Abgeordnete einen nachhaltigen Einfluss auf die öffentliche Meinung haben und den Präsidenten in der öffentlichen Debatte über außenpolitische Fragen politisch

herausfordern können. Doch unterliegt dessen Ausübung – wie die Eingangs-
beispiele illustrieren – den jeweiligen zeitgeschichtlichen Umständen und damit
erheblichen Schwankungen.

Weil sowohl Exekutive als auch Legislative versuchen, ihren Einfluss auf die
außenpolitischen Entscheidungen auszuweiten, gelingt dies der einen Seite immer
solange, bis sie von der anderen Seite darin beschränkt wird. Gewöhnlich war
in den letzten Jahrzehnten die Exekutive erfolgreicher darin, ihren autonomen
Handlungsspielraum zu erweitern. Die zeitgeschichtlichen Umstände befördern
dabei mal den Kongress (beispielsweise nach dem Watergate-Skandal) und häufiger den Präsidenten (beispielsweise in der nuklearen Auseinandersetzung mit der
Sowjetunion oder nach den Anschlägen vom 11. September 2001) in die dominante Position im Verhältnis zueinander.

Aber auch andere Faktoren spielen dabei eine wichtige Rolle. So ist der Handlungsspielraum der Exekutive gewöhnlich größer, wenn die USA stärker von
Konflikten in der internationalen Politik betroffen sind. Als Faustregel kann gelten: je konfliktgeladener die internationalen Beziehungen, desto ausgedehnter ist
der Handlungsspielraum der amerikanischen Regierung. Denn Konflikte führen
häufig dazu, dass sich zumindest ein Großteil der Bevölkerung bedroht fühlt, was
die Regierung aus Eigeninteresse an autonomer Handlungsfähigkeit außerdem
befördern kann. Wenn hingegen weniger Konflikte vorherrschen und nur wenige
oder untergeordnete Bedrohungen die kollektiven Wahrnehmungen in den USA
prägen, steigt der Einfluss des Parlaments.

Wenn das politische Spitzenpersonal der Exekutive und der Legislative aus
der gleichen Partei stammt, halten sich die parlamentarischen Anführer häufiger
zurück, weil sie die Außenpolitik der Regierung unterstützen. Wenn der Präsident
hingegen nicht der Mehrheitspartei des Kongresses angehört (ein demokratischer
Präsident und zwei republikanisch dominierte Parlamentskammern, wie am Ende
der Präsidentschaft Obamas), versucht sich der Kongress außenpolitisch viel stärker zu profilieren.

Schließlich hängt es an Personen und ihren thematischen Vorlieben, ob sie sich
mit den vielfältigen internationalen Konflikten befassen. Wenn sich Parlamentarier, sei es aus persönlichem Interesse oder beruflichen Erfahrungen, besonders
für außenpolitische Fragen interessieren, für Sicherheitspolitik oder Außenhandelspolitik, für die Beziehungen zu einem bestimmten Staat oder einer Region,
dann können sie als einzelne Personen thematisch eine ganze Menge bewegen.
Die Parlamentarier sind ressourcenmäßig gut ausgestattet. Der Kongress wird
also aktiver, wenn es außenpolitisch besonders rührige und engagierte Parlamentarier gibt.

Der Senat ist die außenpolitisch aktivere Kammer des Parlaments. Zwar hat das außenpolitische Engagement aus dem Repräsentantenhaus in den letzten Jahren zugenommen, insbesondere, wenn sich der *Speaker* als Kontrahent des Präsidenten profiliert, doch das – abgeschwächte – Übergewicht des Senats bleibt bestehen. Jedoch hat dessen Einfluss gegenüber der Exekutive insgesamt abgenommen. Denn das Recht zur Ratifizierung völkerrechtlicher Verträge, das eine besondere Stellung des Senats ausdrückte, hat an Bedeutung verloren, seit viele Abkommen unterhalb dieser Schwelle als Regierungsabkommen geschlossen werden und dieser Zustimmung nicht mehr bedürfen. Handelsvereinbarungen hingegen müssen in beiden Häusern Zustimmung finden. Budgetzuweisungen erfordern ebenfalls die Zustimmung in beiden Häusern, wobei dem Repräsentantenhaus das Recht zusteht, als erste Kammer zu entscheiden.

Die Außenpolitik steht jedoch insgesamt nicht an erster Stelle der parlamentarischen Arbeit. Entscheidungen auf diesem Gebiet erwarten die Wähler vor allem vom Präsidenten und nicht von ihren Abgeordneten. Die Innenpolitik ist für alle Abgeordneten ein vielversprechenderes Betätigungsfeld. Doch gibt es von dieser allgemeinen Beobachtung Ausnahmen, immer dann, wenn außenpolitische Themen in der öffentlichen Meinung als besonders wichtig oder bedrohlich angesehen werden. Am Beispiel des Terrorismus kann man in Tab. 1 gut nachvollziehen, wie rasch sich die Themen ändern können, die die öffentliche Meinung als besonders wichtig erachtet.

Tab. 1 Recent trends in most important U.S. problems (What do you think is the most important problem facing this country?). (Quelle: Gallup 2016)

	Nov. 2015	Dec. 2015	Jan. 2016	Feb. 2016
	%	%	%	%
Economy	17	9	13	17
Government	15	13	16	13
Immigration	9	5	8	10
Unemployment/Jobs	7	6	5	10
National security	3	5	3	7
Terrorism	3	16	9	7
Federal budget deficit/Federal debt	5	2	5	6
Poor healthcare/High cost of healthcare	6	3	4	6

Shown are problems listed by at least 6 % of Americans in February 2016

Der internationale Terrorismus und der Irakkrieg waren die beiden letzten Geschehen, die alle innenpolitischen Themen und sogar wirtschaftliche Fragen in der öffentlichen Meinung zu Wahlzeiten überboten.

Doch spielt es eine wesentliche Rolle, wie der Kongress zusammengesetzt ist, um den Handlungsradius des Präsidenten abschätzen zu können. Zwar konnten sich Präsidenten auch nie voll auf ihre eigene Partei verlassen, aber doch immerhin weit eher als auf die Unterstützung der anderen Partei. Da Präsident und Kongress unabhängig voneinander gewählt werden, können sie auch unterschiedlichen Parteien zugerechnet werden.

Seit dem ersten Wahlerfolg von Präsident Richard Nixon 1968, der einen demokratischen Präsidenten ablöste und gleichzeitig einem demokratisch dominierten Kongress gegenüberstand, haben sich die Konstellationen des *unified government* – Präsident und Kongressmehrheit stammen aus derselben Partei – und des *divided government* – Präsident und Kongressmehrheit stammen aus unterschiedlichen Parteien – abgelöst, wobei die Form des *divided government* überwog.

8 Kandidaten und Wahlkämpfe finanzieren

Für die beiden Häuser können Personen kandidieren, die zum Zeitpunkt der Wahl in dem entsprechenden Bundesstaat wohnen und weder Mitglied der Exekutive noch Mitglied der Judikative sind (Inkompatibilitätsgebot). Zudem müssen die Kandidaten für das Repräsentantenhaus mindestens 25 Jahre als sein und seit sieben Jahren die amerikanische Staatsbürgerschaft besitzen; die Kandidaten für den Senat müssen mindestens 30 Jahre alt sein und seit neun Jahren amerikanische Staatsbürger sein.

Sobald der Kongress nach einer Wahl zusammengetreten ist, genießen die Abgeordneten Immunität. Sie haben sich jedoch an einen Ethik-Kodex zu halten, dessen Regeln – beispielsweise, dass keine Essenseinladung im Wert von über 50 US$ angenommen werden darf – geradezu grotesk erscheinen, wenn gleichzeitig anonym hunderte von Millionen US-Dollar in angeblich unabhängige Unterstützungsorganisationen für Kandidaten gespendet werden können. Bestechung, Steuervergehen und sexuelle Belästigung waren die Gründe für ernste Verfahren, wobei die Beschuldigten gewöhnlich schon von der öffentlichen Zuschaustellung zum Rücktritt veranlasst werden (beispielhaft: Harrison A. Wilson 1982; Bob Packwood 1995; James A. Traficant 2002; Bob Ney 2006).

Gewählt wird alle zwei Jahre, wobei die Präsidentschaftswahlen (alle vier Jahre) eine deutlich höhere Wahlbeteiligung erfahren als die Kongresswahlen, die zur Halbzeit *(midterm elections)* abgehalten werden (mehr dazu weiter unten).

Für die Wahlkämpfe werden hohe Dollar-Beträge aufgebracht, die die Kandidaten entweder als direkte Spende erhalten oder die einer ihrer Unterstützerorganisationen zugedacht wird. Die Political Action Committees (PAC) und Super-PACs sind Lobbygruppen für jeweilige Kandidaten und in der Lage, mehr Geld von einzelnen Spendern (teilweise anonym) einzusammeln, als die Kandidaten selbst. Sie müssen dafür aber unabhängig von der Kampagne der jeweiligen Kandidaten agieren. Das funktioniert in der Praxis ganz gut.

9   Wie arbeitet der Kongress?

Die zentrale Funktion des Kongresses ist die Verabschiedung von Gesetzen (Gesetzgebungsfunktion). Im Entscheidungsverfahren artikuliert er die unterschiedlichen Interessen (Artikulationsfunktion) und repräsentiert die amerikanische Bevölkerung (Repräsentationsfunktion). Die beiden Kammern arbeiten in teilweise parallelen Ausschüssen zu den einzelnen Politikfeldern. Diejenige Partei, die die Mehrheit in der Kammer stellt, besetzt damit auch alle Ausschussvorsitzenden. Unterschieden werden Ständige Ausschüsse, die sich in Unterausschüsse gliedern, Sonderausschüsse, die nur für eine bestimmte Frage eingesetzt werden und die Gemeinsamen Ausschüsse beider Kammern.

Angesichts der großen Verfahrensmacht der Ausschussvorsitzenden – welche Gesetzesvorlagen sie einbringen und welche Anhörungen sie durchführen – hat diese Zuweisung an die Mehrheitspartei enormes Gewicht, auch wenn die politische Macht der Ausschussvorsitzenden im Vergleich zu den Jahren vor 1970 deutlich zurückgegangen ist. Sowohl für den Gesetzgebungsprozess als auch für die öffentliche Wirkung und der im Parlament diskutierten Themen sind sie gleichwohl in einer herausgehobenen Position. Jeder Ausschuss verfügt über mehrere Unterausschüsse, wobei die Ausschussvorsitzenden nicht mehr vier, sondern nur noch einen Vorsitz übernehmen dürfen.

Der amerikanische Kongress ist ein ausgefeiltes dezentrales Arbeitsparlament. Im früher *eisernes Dreieck* genannten Netzwerk von insbesondere Bürokratie, Lobbygruppen und Kongressausschüssen nehmen die Ausschüsse einen zentralen Platz ein. An ihnen führt in der Gesetzgebung kein Weg vorbei und hier werden die Interessen miteinander verhandelt (Interessenaggregationsfunktion). Indem die Ausschussarbeit öffentlich ist und auch die Abstimmungsergebnisse namentlich protokolliert werden, kann der Druck seitens einzelner Lobbygruppen auf einzelne Abgeordnete noch gezielter ausgeübt werden.

Zudem kontrolliert das Parlament durch Berichtswesen einerseits und Anhörungen andererseits die Exekutive in ihrer Politik (Kontrollfunktion).

Eine besondere Stellung nehmen die vielen Mitarbeiter der Abgeordneten, insbesondere der Senatoren, ein. Da die Parlamentarier einen Großteil ihrer Arbeitszeit damit verbringen, Geld zu sammeln, konzentriert sich die sachliche Expertise häufig bei den Mitarbeitern. Es besteht eine eigene legislative Stabsbürokratie. Diese Mitarbeiter wechseln nach einigen Jahren im Kongress häufig die Seite und arbeiten für ein vielfach höheres Gehalt als Lobbyisten. Dies trägt zur Verschränkung des eisernen Dreiecks oder Netzwerks bei.

10 Das Repräsentantenhaus

Das Repräsentantenhaus wird alle zwei Jahre gewählt. Die Wahl erfolgt per Mehrheitswahlrecht in den einzelnen Wahlkreisen. Diese werden alle zehn Jahre von den Bundesstaaten neu begrenzt, um eine möglichst genaue Repräsentation der Bevölkerung zu erreichen. Staaten, deren Bevölkerung wächst, erhalten mehr Abgeordnete auf Kosten der Bundesstaaten, deren Bevölkerung schrumpft. Dieses Verfahren wird auch als *gerrymandering* bezeichnet und eröffnet den in den Bundesstaaten regierenden Parteien die Chance, die Wahlkreise zu ihrem Vorteil zu verändern. Die Zahl der Abgeordneten im Repräsentantenhaus beträgt 435. Da sich die Abgeordneten zuerst ihrem Wahlkreis und dann ihrer Partei verpflichtet fühlen, den Washingtoner Apparat nutzen können und sich über Jahre im Wahlkreis bekannt gemacht haben, ist die Wiederwahlquote sehr hoch.

Der *Speaker* des Repräsentantenhauses entstammt der Mehrheitspartei und steht dieser Kammer vor. Er rangiert in der politischen Rangfolge der USA nach Präsident und Vizepräsident an dritter Stelle. Wenn er nicht aus der Partei des Präsidenten stammt, erweist er sich häufig als Gegenspieler des Präsidenten, wie es bei Tip O'Neil gegenüber Ronald Reagan und Newt Gingrich gegenüber Bill Clinton ausgeprägt der Fall war. John Boehner fehlte hingegen die parteipolitische Geschlossenheit, um gegenüber Präsident Obama ebenso auftreten zu können. Außenpolitik spielt im Repräsentantenhaus jedoch eine eher geringe Rolle; anders ist dies bei einigen Senatoren.

11 Der Senat

In den Senat, der 100 Mitglieder hat, entsendet jeder Staat zwei Senatoren, die pro Bundesstaat gewählt werden. So sind auch die kleineren Bundesstaaten, die teilweise nur einen Abgeordneten ins Repräsentantenhaus entsenden, gleichberechtigt repräsentiert.

Die Senatoren werden für sechs Jahre gewählt. Alle zwei Jahre werden parallel zur Wahl des Repräsentantenhauses ein Drittel der Senatoren gewählt, sodass nach sechs Jahren alle Senatoren zur Wahl standen. Vorsitzender des Senats ist der Vize-Präsident, der jedoch nur dann mitstimmen darf, wenn die Senatoren mit 50 Stimmen gegen 50 Stimmen ein Patt erzielt haben. Dann hat er die ausschlaggebende Stimme. Er nimmt den Vorsitz allerdings in der Praxis nur dann ein, wenn eine solche enge Abstimmung ansteht. In den anderen Fällen tritt ein *President pro tempore* an seine Stelle.

Neben den Rechten im Gesetzgebungsprozess und bei der Untersuchung von Vorgängen hat der Senat das Recht, an der Ernennung von Regierungsmitgliedern und Bundesrichtern mitzuwirken. Mit einfacher Mehrheit kann er den Vorschlägen des Präsidenten zustimmen oder diese ablehnen. Dieses Rechtes wegen kommt den vielen Beratern des Präsidenten – an erster Stelle seinen persönlichen Beratern, dem Nationalen Sicherheitsberater und dem Stabschef im Weißen Haus – besondere politische Bedeutung zu. Es sind diejenigen Personen, die der Präsident ohne die Zustimmung des Senats in ihre Ämter berufen kann.

12   Gesetzgebungsverfahren

Für den Gesetzgebungsprozess ist die Zustimmung in beiden Kammern zum identischen Gesetzestext notwendig. Dazu müssen aus der Mitte der Kammern Gesetze vorgeschlagen werden (Initiativrecht), auch wenn der eigentliche Initiator die Regierung oder Interessenverbände sind. Diese Gesetzesinitiativen werden dann in den verschiedenen Ausschüssen des Repräsentantenhauses bearbeitet. Es werden Anhörungen durchgeführt, Berichte besorgt, wonach allerdings die meisten Gesetzesinitiativen in der Praxis scheitern. Ist dies nicht der Fall, werden sie in Unterausschüssen weiter bearbeitet, von wo aus sie zurück an den Ausschuss geleitet werden, der sodann die Abstimmung im Plenum befürworten oder ablehnen kann. Der Sprecher des Repräsentantenhauses entscheidet dann, ob abgestimmt wird. Das *rules committee* entscheidet mit, wann und wie dies geschieht. Falls dem Gesetz mit Mehrheit zugestimmt wird, wird es an den zuständigen Senatsausschuss überstellt. Dort beginnt ein ähnliches Verfahren der Abstimmung. Eine Besonderheit herrscht im Senat dadurch, dass durch einen *filibuster* ein Gesetz zu Fall gebracht werden kann. Hierzu machen Senatoren von ihrem unbegrenzten Rederecht Gebrauch; auf 24 h brachte es 1957 Senator Strom Thurmond. 60 Senatoren werden benötigt, um einen *filibuster* zu verhindern – eine hohe Zahl. Werden hingegen in beiden Kammern unterschiedliche Texte zu einem Vorhaben verabschiedet, wird ein Vermittlungsausschuss *(conference committee)* eingesetzt.

Ist in beiden Kammern derselbe Gesetzestext verabschiedet worden, wird er dem Präsidenten zur Unterschrift vorgelegt. Insofern unterliegt jede Gesetzgebung einem möglichen Veto des Präsidenten. Mit der Unterschrift des Präsidenten tritt das Gesetz in Kraft. Versagt der Präsident die Unterschrift und legt sein aufschiebendes Veto ein, müssen zwei Drittel in beiden Häusern das präsidentielle Veto überstimmen oder das Gesetz ist gescheitert.

In der Gesetzgebung wird zwischen Autorisierungs- und Bewilligungsgesetzen unterschieden. Ersteres beinhaltet das inhaltliche Vorhaben der jeweiligen politischen Maßnahme und sieht eine bestimmte Ausgabenhöhe vor; das letztere bewilligt dann konkret die Mittel zur Umsetzung der autorisierten politischen Vorhaben. Die Bewilligungsausschüsse spiegeln mit ihren Unterausschüssen die wesentlichen Fachausschüsse ab. Mit dem *Congressional Budget Office* (CBO) verfügt der Kongress in Haushaltsfragen über eine eigene Fachbehörde.

Gleichwohl gibt es auch Felder, auf denen die Kompetenz zwischen beiden Kammern geteilt ist. So würde ein Präsident durch das Repräsentantenhaus gewählt werden, wenn kein Kandidat die Mehrheit der Stimmen der Wahlmänner erzielte. In einem Amtsenthebungsverfahren gegen den Präsidenten (nicht weil die Abgeordneten die Politik nicht teilen, das reicht nicht aus, sondern weil ein kriminelles Verhalten des Präsidenten vorliegt, etwa Hochverrat) muss das Repräsentantenhaus mit Mehrheit diese Amtsenthebung beschließen und das Verfahren wird dann im Senat geführt, wobei es zwei Drittel der Senatoren unterstützen müssen.

Der Senat hingegen entscheidet über Personalbesetzungen des Präsidenten, die Ernennung von Ministern, hohen Beamten, Bundesrichtern und Botschaftern. Nur die persönlichen Berater des Präsidenten – beispielsweise die Nationalen Sicherheitsberater – kann der Präsident ohne Zustimmung des Senats selbst ernennen. Mehrere Minister sind an dieser Hürde schon gescheitert, allerdings nicht wegen ihrer politischen Auffassungen, sondern weil sie persönliche Fehltritte zugeben mussten.

Auch über völkerrechtliche Verträge befindet der Senat; zur Ratifikation benötigt die Exekutive dessen Zustimmung. Allerdings gab es auch Fälle, in denen die Regierung die Zustimmung gar nicht suchte, wohl wissend, dass sie ihr verweigert würde, sich aber trotzdem an die Vertragsabsprachen hielt (z. B. SALT II).

Auch legislative Entschließungen der beiden Kammern benötigen, um rechtskräftig zu werden, die Zustimmung des Präsidenten.

Der Präsident muss Gesetze unterschreiben, damit sie in Kraft treten. Er hat ein aufschiebendes Veto, wenn er dies verhindern möchte. Dadurch weist er die Gesetzesvorlage zurück an den Kongress, der nun mit der Zweidrittelmehrheit das Veto des Präsidenten überstimmen kann. Das kommt sehr selten vor.

Gewöhnlich droht der Präsident früh damit, sein Veto einzulegen, um seine Verhandlungsposition gegenüber dem Kongress zu verbessern. Da der Präsident nur Gesetze als Ganzes, nicht aber Teile daraus mit einem Veto belegen kann, entwickelte sich die Praxis, dies auf kaltem Weg durch Nicht-Umsetzung von Teilen eines Gesetzes zu gestalten. Dies wurde inzwischen per Gesetz untersagt.

13   Parteien

Schon bald nach Gründung der USA bildete sich ein Zweiparteiensystem aus, das bis heute trotz des Wandels beider Parteien und der Existenz einer ganzen Reihe von weiteren Parteien, die jedoch in Wahlen gewöhnlich chancenlos sind, Bestand hat. So sind es die (rechten) Republikaner – deren Wappentier ein Elefant und deren Farbe rot ist – und die (linken) Demokraten – deren Wappentier ein Esel und deren Farbe blau ist –, die im Kongress vertreten sind. Zwar gibt es in beiden Parteien ein Parteimanagement, doch die Parteiführung wird gewöhnlich von der exekutiven und legislativen politischen Führung ausgeübt. So ist der jeweilige Präsident der Anführer seiner Partei, wie auch – sofern im Repräsentantenhaus nicht die Präsidentenpartei regiert – der *Speaker* in seiner Partei politische Führung ausübt.

Während im Senat die beiden Fraktionsvorsitzenden (der Mehrheits- und Minderheitsführer) die politischen Schwergewichte sind, ist es im Repräsentantenhaus der *Speaker,* der von der Mehrheitsfraktion gewählt wird. Die Fraktionsführer im Repräsentantenhaus haben eher die Funktion, die Fraktion zusammenzuhalten.

Das ist deshalb wichtig, weil es keine Fraktionsdisziplin gibt und die beiden großen Fraktionen *(democratic caucus* und *republican conference)* sich in einer Vielzahl weiterer Bünde zusammenschließen, je nach politischen Interessenschwerpunkten. In diesen Versammlungen, die auch über eigene Mitarbeiter verfügen, werden wesentliche inhaltliche Arbeiten vorbereitet. So sind die afroamerikanischen Abgeordneten im *Congressional Black Caucus* organisiert, im *Congressional Steel Caucus* sind wirtschaftliche Interessen vertreten, der *LGBT Equality Caucus* tritt für die Gleichheit unterschiedlicher sexueller Orientierungen ein. Weltanschauliche Affinität, sozio-ökonomische Interessen und persönliche Beziehungen halten diese Gruppen zusammen, nicht die Fraktionsdisziplin, die es im Kongress so nicht gibt.

Als die Macht der Ausschussvorsitzenden 1995 geschwächt wurde, indem ihre Amtszeit begrenzt und die Zahl der Ausschussvorsitze eingeschränkt wurde, entwickelte sich der *Speaker* zu einer noch stärkeren politischen Führungsfigur, weil er nicht länger *allmächtigen* Ausschussvorsitzenden gegenüber stand. Gleichzeitig aber verstärkte dies die Zersplitterung der Fraktionen, was seinen Führungsanspruch sogleich wieder einschränkte. Die politische Rolle des langjährigen republikanischen *Speaker* John Boehner dokumentiert diese doppelte Entwicklung gut.

14   Überparteiliche Zusammenarbeit

Nach dem Zweiten Weltkrieg gab es einen weitgehenden Konsens in der politischen Elite und der Öffentlichkeit – den sogenannten *cold war consensus* – über die Ausrichtung der amerikanischen Außenpolitik. Dieser endete mit dem Vietnamkrieg und war seither in dieser Breite und Tiefe, die nahezu etwas Selbstverständliches hatte, nicht mehr zu beobachten. Mit dem Ende des Ost-West-Konflikts drifteten die außenpolitischen Vorstellungen der Parteien weiter auseinander. Die Debatte zwischen Isolationisten und Internationalisten wurde in abgeschwächter Form vor jeder Präsidentschaftswahl geführt. Das internationale Engagement dürfe nicht auf Kosten der inneren Entwicklung gehen, sagten sowohl Bill Clinton als auch George W. Bush und Barack Obama, bevor sie Präsident wurden. Danach war es anders. Bill Clinton wurde von den Kriegen im zerfallenden Jugoslawien zur Reaktion gezwungen und George W. Bush nahm die Terroranschläge vom 11. September 2001 zum Anlass, gleich gegen zwei Staaten Krieg zu führen. Nach einer kurzen Phase der überwältigenden Zustimmung zu Präsident Bush 2001 und 2002 (mehr zum sogenannten *rally effect* im Kapitel dieses Bandes über die Rolle der Medien) entzweiten sich die politischen Lager gewaltig und es setzte eine scharfe Polarisierung zwischen Demokraten und Republikanern ein. Die überparteiliche Zusammenarbeit kam zum Erliegen. Die Polarisierung verstärkte sich unter Präsident Obama weiter, nicht zuletzt, weil die Republikaner ideologische Hardliner (die *tea party*) in den Kongress wählten. Unter Präsident Trump gräbt sich die Polarisierung noch tiefer in die amerikanische Gesellschaft ein.

15   Der Kongress in der öffentlichen Meinung

Republikaner und Demokraten konkurrieren um die öffentliche Meinung. Beide Parteien und ihre unterschiedlichen Fraktionen versuchen, für ihre jeweiligen politischen Positionen die Unterstützung der Öffentlichkeit zu erlangen. Der Präsident hat dabei eine herausgehobene Stellung, aber auch im Kongress

sitzen Abgeordnete, die in den Medien häufig zu Wort kommen, insbesondere
der *Speaker* und auf bestimmte Themen konzentrierte Abgeordnete. Wichtig für
ihre Wirkung ist, was die Bürger generell von der Legislative halten. Und da
sieht es schon lange schlecht aus.

Grundsätzlich gilt: Die amerikanischen Bürger haben wenig Vertrauen in ihr
Parlament (Abb. 1).

Der Hauptgrund, warum die amerikanischen Bürger ein so schlechtes Bild
ihrer Legislative haben, ist die seit einigen Jahren anhaltende Blockade zwischen
den politischen Institutionen. Dass keine Kompromisse gefunden werden, der
Kongress nicht handelt und weniger an der Lösung von Problemen als an Partei-
politik orientiert ist, halten ihm die Bürger vor. Dabei fällt die Einschätzung der
Arbeit des Kongresses umso negativer aus, je mehr die Bürger über die Legis-
lative wissen. Die Hälfte der Bürger halten die Abgeordneten für korrupt, zwei
Drittel denken, dass sie spezielle (wirtschaftliche) Interessen vertreten und weni-
ger an das Allgemeinwohl denken und fast 80 % meinen, der Kongress habe den
Kontakt zur Realität im Land verloren (Gallup 2013). Dieses schlechte Image des
Kongresses stärkt die herausgehobene Stellung des Präsidenten und damit die
Exekutive im Wettbewerb mit der Legislative um die politische Gestaltungskraft.
Dies gilt auch für die Außenpolitik.

Zustimmung der amerikanischen Bevölkerung zur Arbeit des Kongresses

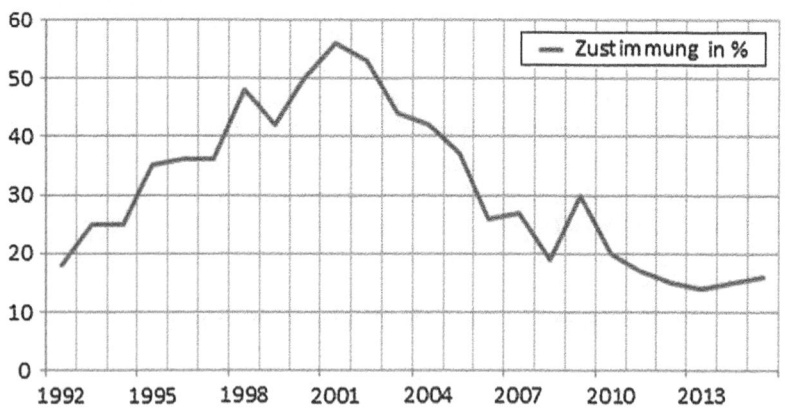

Abb. 1 Entwicklung der Zustimmung zur Arbeit des Kongresses von 1992 bis 2015.
(Quelle: Eigene Darstellung. Daten aus Gallup 2015)

Literatur

Baker, P. (2013). *Days of Fire. Bush and Cheney in the White House*. New York: Anchor Books.

Gallup. (2013). Gridlock Is Top Reason Americans Are Critical of Congress. http://www.gallup.com/poll/163031/gridlock-top-reason-americans-critical-congress.aspx?g_source=congress&g_medium=search&g_campaign=tiles. Zugegriffen: 02. Nov. 2016.

Gallup. (2015). Congressional Job Approval Averages Meager 16 Percent in 2015. http://www.gallup.com/poll/187844/congressional-job-approval-averages-meager-2015.aspx?g_source=congress&g_medium=search&g_campaign=tiles. Zugegriffen: 19. Sep. 2016.

Gallup. (2016). Economy Tops Americans' Minds as Most Important Problem. http://www.gallup.com/poll/189158/economy-tops-americans-minds-important-problem.aspx?g_source=most%20important%20problem&g_medium=search&g_campaign=tiles. Zugegriffen: 20. Sep. 2016.

Weiterführende Literatur

Foley, M. & Owens J. E. (Hrsg.). (1996). *Congress and the Presidency. Institutional Politics in a Separated System*. Manchester, New York: Manchester University Press. (Betrachtet Kongress und Präsident in ihrem institutionellen Zusammenwirken.)

Haas, C. M., Steffani, W. & Welz, W. (2007). Der Kongress. In W. Jäger, C. M. Haas & W. Welz (Hrsg.), *Regierungssystem der USA. Lehr- und Handbuch* (S. 99–128). München, Wien: Oldenburg Verlag. (Mit weiteren Hinweisen auf die Grundlagen und Arbeit des Kongresses.)

Henehan, M. T. (2000). *Foreign Policy and Congress. An International Relations Perspective*. Ann Arbor: Michigan University Press. (Betrachtet die Rolle des Kongress in der Außenpolitik in historischer Perspektive im Kontext internationaler Krisen und außenpolitischen Konsenses.)

Ministerien und bürokratische Akteure

Simon Ruhnke

1 Einleitung

In den Vereinigten Staaten von Amerika wird die Formulierung außenpolitischer Entscheidungen vom Präsidenten dominiert. Da jener gemäß der Verfassung als Staatsoberhaupt das Land gegenüber anderen Staaten und der internationalen Gemeinschaft repräsentiert, kommt dem Präsidenten diese zentrale Rolle rechtlich zu. In der Ausübung dieser Kompetenz wird er *erstens* vom Kongress – insbesondere vom Senat – kontrolliert und *zweitens* von einer Vielzahl von bürokratischen Akteuren – insbesondere auch bei der Implementation außenpolitischer Entscheidungen – unterstützt und beeinflusst. In diesem Kapitel soll der zweite Aspekt betrachtet und dargelegt werden. Im Mittelpunkt stehen dabei die Fragen, welche bürokratischen Akteure eine Rolle in der Formulierung von Außenpolitik einnehmen, welche thematischen Aspekte diese Akteure bearbeiten, und wie wirkungsmächtig sie die Außenpolitik der Vereinigten Staaten von Amerika beeinflussen können. Für die Beantwortung der Frage nach der Wirkungsmächtigkeit ist es notwendig, die Organisation, Größe und das Budget der einzelnen bürokratischen Stellen zu analysieren.

Neben dem Zusammenspiel von Exekutive und Legislative, gibt es also auch innerhalb der Exekutive verschiedene Akteure, die an der Formulierung von Außenpolitik (verstanden im Sinne von *policies*) mitwirken und miteinander in Konkurrenz stehen *(politics)*. Systematisch können diese Akteure in drei Kategorien aufgeteilt werden: *Erstens* Ministerien und ihre jeweilige politische Führung,

S. Ruhnke (✉)
Köln, Deutschland
E-Mail: simon.ruhnke@googlemail.com

© Springer Fachmedien Wiesbaden GmbH 2017   49
T. Jäger (Hrsg.), *Die Außenpolitik der USA,* Studienbücher Außenpolitik und
Internationale Beziehungen, DOI 10.1007/978-3-531-93392-4_4

die gemäß ihrer Funktion an grundsätzlichen außenpolitischen Entscheidungen beteiligt sind bzw. solche, die in spezifischen außenpolitischen Bereichen aktiv sind. *Zweitens* die Geheimdienste und *drittens* der Beraterstab des Präsidenten im Präsidialamt. In diesem Kapitel werden die bürokratischen Akteure mit Beteiligung an außenpolitischen Entscheidungen, ihre Aufgaben und Arbeitsfelder sowie ihr relativer Einfluss entlang der gerade eingeführten Kategorien geordnet und nach und nach vorgestellt. Diese Auseinandersetzung mit bürokratischen Akteuren ist für Politikwissenschaftlerinnen und Politikwissenschaftler vor allem deshalb sinnvoll und wichtig, weil es ein großes Forschungsprogramm gibt, in welchem politische Entscheidungen auf die Interessen von Bürokratien zurückgeführt werden. In den Internationalen Beziehungen ist dieses Feld der Bürokratietheorie von Graham T. Allison begründet worden, der 1971 eine Abhandlung über die Kuba-Krise verfasste und hierbei in einer von drei analytischen Perspektiven die Rolle der Bürokratie in den Mittelpunkt stellte (Allison 1971). Dieses von ihm später als „Governmental Politics Modell" bezeichnete theoretische Modell ist eines der führenden Modelle in den Internationalen Beziehungen und wird häufig in der außenpolitischen Analyse angewandt (Allison und Zelikow 1999). Die Kernthese des Governmental Politics Modell ist von Allison in dem sprichwörtlichen Satz *„where you stand, depends on where you sit"* gefasst worden. Es wird also davon ausgegangen, dass sich inhaltliche, politische Positionen *(stand)* von der bürokratischen Stellung *(sit)* ableiten lassen. So wäre anzunehmen, dass Vertreter des Außenministeriums diplomatische Verhandlungen zur Lösung einer internationalen Krise befürworten, während Vertreter des Verteidigungsministeriums die Nutzung militärischer Instrumente vorziehen. Nicht umsonst wurde das Modell von Allison in Bezug auf die Entscheidungen einer US-amerikanischen Regierung entwickelt. Wie im Folgenden gezeigt wird, eignet sich insbesondere das Regierungssystem der Vereinigten Staaten von Amerika mit einer starken Präsidialdemokratie sehr gut dafür, den Einfluss von Bürokratien aufzuzeigen und zu studieren.

2 Präsident und Kongress als Hauptakteure der US-Außenpolitik

Die Rolle des Präsidenten in der US-Außenpolitik und dessen Kontrolle durch den Kongress ist von der Verfassung festgelegt (Art. I und II) und wurde durch verschiedene Urteile des Obersten Gerichtshofs näher definiert, der unter anderem auch festgestellt hat, dass der Präsident der alleinige Vertreter in den auswärtigen Beziehungen der Vereinigten Staaten ist (*United States v. Curtiss-Wright-Export Corp.*, 1936). Auch durch das politische Handeln von amtierenden Präsidenten hat sich in der Geschichte der Vereinigten Staaten von Amerika ein Katalog entwickelt, der Felder umfasst, in denen der Präsident häufig ohne ausdrückliche Ermächtigung des Kongresses handelt. Dieser Katalog umfasst etwa die Unterhaltung diplomatischer Beziehungen mit auswärtigen Nationen, das Abschließen von Regierungsabkommen mit fremden Staaten unter Umgehung der Zustimmungspflicht des Senats zu internationalen Verträgen und insbesondere die Entsendung von Streitkräften ohne vorherige Befragung des Kongresses.

Inwiefern ein Präsident eigenmächtig handeln kann hängt unter anderem auch von seiner Persönlichkeit und seinem Ansehen in der Bevölkerung und der politischen Elite ab. Insofern ergibt sich in langfristiger historischer Perspektive eine Wellenbewegung, entlang der Präsidenten zu manchen Zeitpunkten ein sehr hohes Maß an Autonomie in außenpolitischen Entscheidungen genossen haben und zu anderen Zeitpunkten (ggf. andere) Präsidenten deutlich stärker vom Kongress in ihrer Autonomie eingeschränkt waren. Ein historisches Beispiel für letzteres ist Präsident Woodrow Wilson, der Mitbegründer des Völkerbundes, dessen Entscheidung des US-Beitritts zu dieser Organisation vom Senat gekippt wurde. Am gegenüberliegenden Extrem können Präsident George W. Bush und Franklin D. Roosevelt verortet werden, die nach den Anschlägen vom 11. September 2011 bzw. dem japanischen Angriff auf Pearl Harbor 1941 sehr autonom über die Reaktion der Vereinigten Staaten von Amerika entscheiden konnten und das Land in Kriege führten.

3 Ministerien und andere bürokratische Akteure in der Formulierung von Außenpolitik

Ministerien oder *executive departments* gibt es im politischen System der Vereinigten Staaten von Amerika seit Beginn der Republik, als Präsident George Washington die *Departments of State* (Auswärtiges), *of War* (Verteidigung) und *of the Treasury* (Finanzen) gründete. Alle drei ursprünglichen Ministerien, das *Department of War* wird heute als *Department of Defense* bezeichnet, gehören zu den Ministerien mit direkter Beteiligung an außenpolitischen Entscheidungen. Weitere Ministerien mit Beteiligung an außenpolitischen Entscheidungen sind das Handelsministerium, das Energieministerium, das Heimatschutzministerium und das Landwirtschaftsministerium.

Ministerien werden von Ministern, den sogenannten *secretaries,* geleitet. Die Minister sind Politiker, die der Präsident mit Zustimmung des Senats ernennt.

Aufgrund ihres Ranges gehören sie dem *cabinet* an, also dem Beratungsgremium des Präsidenten, bei welchem es sich nicht um ein Organ kollektiver Entscheidungsfindung handelt, wie z. B. beim Kabinett der Bundesregierung. Insofern sind Minister in den Vereinigten Staaten von Amerika deutlich weniger autonom in ihren Handlungen und dem Präsidenten hierarchisch stärker unterstellt als Minister in der Bundesrepublik Deutschland, die sich auf das Ressortprinzip berufen können und denen der Kanzler nur als *primus inter pares* vorsteht. Ministerien werden in den Vereinigten Staaten von Amerika vom Kongress eingerichtet, der ihnen auch ihre Aufgaben und Befugnisse zuordnet. Die Ministerien selbst sind in ihren Sachgebieten für die Erarbeitung von Politikempfehlungen, die Information und Beratung ihrer Minister und die Implementierung von Gesetzen und anderen politischen Maßnahmen zuständig. Hierfür organisieren sie sich in verschiedene Arbeitseinheiten. Die oben gelisteten Ministerien, die inhaltlich an der Formulierung außenpolitischer Entscheidungen beteiligt sind, beschäftigen zusammen beinahe eine Million Mitarbeiter.

3.1   Die Rolle der Ministerien

3.1.1 Das Außenministerium (Department of State)

Mit dem Pentagon streitet sich das Außenministerium um die Position des wichtigsten und einflussreichsten Ministeriums in der Außenpolitik. Zu Zeiten George W. Bushs galten das Außenministerium und Minister Colin Powell als praktisch ausgeschlossen von wichtigen Entscheidungen, insbesondere betreffende des Irakkrieges. Das dennoch Minister Powell vor dem UN-Sicherheitsrat die US-amerikanische Position bezüglich der Existenz von chemischen Waffen und Massenvernichtungswaffen vertrat, ist Zeugnis der wichtigen protokollarischen Funktion des Außenministeriums. Daher wird es hier an erster Stelle der Ministerien vorgestellt.

Das Department of State und der Secretary of State führen im Auftrag des Präsidenten die von ihm vorgegebene Außenpolitik durch. Das Maß an Einfluss des Außenministers und damit seines Ministeriums hängt stark von der Güte der persönlichen Beziehung zwischen dem Präsidenten und seinem Chef-Diplomaten ab. Je besser die Zusammenarbeit und je größer das Vertrauen des Präsidenten in den Minister, desto eigenständiger kann dieser agieren und desto größer wird der Einfluss der ihm zuarbeitenden Bürokratie. Inhaltlich nimmt das Außenministerium häufig internationalistische Positionen ein und produziert diplomatische Lösungsvorschläge, die dem Präsidenten als Handlungsalternative unterbreitet werden.

Das Außenministerium beschäftigt insgesamt ungefähr 24.000 Mitarbeiter von denen 13.000 im diplomatischen Dienst im Ausland arbeiten *(Foreign Service)* und 11.000 *(Civil Service)* als Beamte in den Vereinigten Staaten. Zusätzlich gibt es ca. 45.000 Mitarbeiter anderer Nationalitäten, die in den diplomatischen Vertretungen als lokale Kräfte arbeiten. Mit der Unterscheidung in *foreign service-* und *civil service-* Beamte unterscheidet sich das US-amerikanische Außenministerium von seinen Schwesterorganisationen wie dem Auswärtigen Amt, in dem es üblich ist, dass die Mitarbeiter des diplomatischen Dienstes rotierend sowohl im Ausland als auch im Berliner Ministerium tätig sind. Ein weiterer Unterschied existiert im Verständnis des Posten eines Botschafters. So ist es nicht unüblich, dass Botschafterposten an Personen vergeben werden, die keine Karriere im diplomatischen Dienst absolviert haben, sondern politische oder persönliche Freunde des Präsidenten sind.

Das Departement of State gliedert sich in sechs Abteilungen und die diplomatische Vertretung der Vereinigten Staaten bei den Vereinten Nationen. Dem Secretary of State stehen zwei gleichberechtigte *Deputy Secretaries* (Stellvertreter) zur Seite. Einer der Deputies arbeitet als Chefberater für den Minister. Diese Position hat unter dem aktuellen Außenminister John Kerry seit 2014 Tony Blinken inne. Der zweite Deputy leitet das operative Geschäft des Ministeriums und wird auch als *Chief Operating Officer* bezeichnet. Diese Position ist relativ neu und wurde erst im Jahr 2000 eingeführt, danach jedoch bis 2009 vakant gelassen. Heather Higginbottom hat diese Position seit 2013 inne. Die Botschafterin der Vereinigten Staaten von Amerika bei den Vereinten Nationen ist seit 2013 Samantha Power. Zwar wird die Botschafterin vom Präsidenten nach Zustimmung des Senats ernannt und hatte in verschiedenen Administrationen (auch unter Präsident Obama) Kabinettsstatus, doch gehört die UN-Mission organisatorisch zum Außenministerium.

Die Abteilungen werden von sechs *Under Secretaries* (Staatssekretären) geleitet. Es handelt sich hierbei um die Politische Abteilung, die Abteilung Wirtschaftswachstum, Energie und Umwelt, die Abteilung Waffenkontrollregime und Sicherheitsfragen, die Abteilung Public Diplomacy und Öffentlichkeitsarbeit, die Abteilung Verwaltung und die Abteilung Zivile Sicherheit, Demokratie und Menschenrechte. In der Politischen Abteilung sind die Unterabteilungen und Referate angesiedelt, die sich mit den Beziehungen zu anderen Staaten beschäftigen. Die Politische Abteilung ist daher das inhaltliche Rückgrat des Außenministeriums in dem die Informationen aus den Botschaften und anderen Auslandsvertretungen der Vereinigten Staaten zusammenlaufen. Hier wird also nach einer regionalen Logik gearbeitet. Außerdem ist dort das Amt für internationale Organisationen

angesiedelt, in welchem die multilaterale Politik der Vereinigten Staaten vorbereitet wird. Die übrigen Abteilungen gliedern sich in funktionale und nicht in regionale Arbeitseinheiten. Die Abteilung Wirtschaftswachstum, Energie und Umwelt
berät den Außenminister in Fragen der internationalen Wirtschaftspolitik.
Die Zuständigkeiten für Energie und Umwelt wurden der Abteilung erst 2011
übertragen. Sie gilt wegen ihres Fokus auf Finanz- und Handelspolitik als eine
der wichtigsten funktionalen Abteilungen. Die Abteilung Waffenkontrollregime
und Sicherheitsfragen ist für die globale Sicherheitspolitik der Vereinigten Staaten
zuständig, worunter auch Einsätze der US-Streitkräfte im Ausland fallen. Außerdem gehören die Nicht-Verbreitung und die Genehmigung von Rüstungsexporten
zu den dort wahrgenommenen Aufgaben. Wegen dieser Aufgaben gilt sie als die
zweite bedeutende funktionale Abteilung. Die Abteilung Public Diplomacy und
Öffentlichkeitsarbeit verantwortet die Kommunikationsarbeit des Ministeriums. In
der Abteilung Verwaltung werden vor allem die Personal- und Budgetfragen des
Ministeriums bearbeitet. Hierzu gehören auch die Sicherheit von Vertretungen im
Ausland und die medizinische Versorgung der Diplomaten. Die Abteilung Zivile
Sicherheit, Demokratie und Menschenrechte ist unter anderem für Stabilisierungs-
missionen, Maßnahmen gegen den Terrorismus und Migration zuständig. Neben
den Abteilungen gibt es auch neun Ämter, die ohne Zugehörigkeit zu einer Abteilung sind. Thematisch widmen sich dies unter anderem der Politischen Planung,
dem Protokoll, nachrichtendienstlichen Erkenntnissen, Rechtsfragen oder der
Gleichberechtigung.

Außerdem legt die eigentlich autonome Agentur für internationale Entwicklung (*United States Agency for International Development,* USAID) dem Department of State Rechenschaft ab. USAID wird von einem *Administrator* geleitet
und hat die vier Abteilungen für Budget und Personalverwaltung, für Sicherheit,
für Kleine und Benachteiligte Unternehmen und für Menschenrechte und Diversi-
tät. Die Auslandsaktivitäten der USAID werden in den Ämtern für Afrika, Europa
und Eurasien, Asien, Afghanistan und Pakistan, den Nahen Osten sowie Lateinamerika und die Karibik gesteuert. Die Aufgabe von USAID ist das Management
der Auslandshilfeprogramme der Vereinigten Staaten zur Förderung von Wirtschaftswachstum, Landwirtschaft und Handel, Gesundheit, Demokratie und einer
starken Zivilgesellschaft. Inhaltlich liegen themenübergreifende Schwerpunkte
der Hilfsprogramme auf der Privatisierung des öffentlichen Sektors, Abbau von
Handelshindernissen und der Verbrechens- und Drogenbekämpfung. Schlussendlich koordiniert USAID auch die internationale Katastrophenhilfe der Vereinigten Staaten von Amerika. Mit den Auslandshilfeprogrammen werden dezidiert
sowohl humanitäre als auch nationale Interessen der Vereinigten Staaten verfolgt.
Die Aufgaben der USAID ähneln damit teilweise denen der Gesellschaft für

Internationale Zusammenarbeit (GIZ) in Deutschland, obwohl diese in stärkerem Maße humanitären Zielen verpflichtet ist. Allerdings ist die GIZ die Durchführungsorganisation des Bundesministeriums für wirtschaftliche Zusammenarbeit und Entwicklung. Ein solches Ministerium gibt es in der außenpolitischen Landschaft der Vereinigten Staaten von Amerika nicht. Dies zeigt auf, dass der Entwicklungshilfepolitik im Rahmen der US-amerikanischen Außenpolitik eine weniger bedeutende Rolle zugemessen wird als beispielsweise in Deutschland.

Aus den Aufgaben, die im Außenministerium bearbeitet werden, und der Größe des behördlichen Apparates wird deutlich, dass es sich um ein Schwergewicht unter den bürokratischen Akteuren der US-amerikanischen Außenpolitik handelt. Dies hat insbesondere mit der politikrelevanten Expertise zu tun, die das Department of State in den Entscheidungsprozess einbringt. Allerdings wird im Vergleich mit dem Pentagon auch deutlich, dass es an Personalstärke und Budgetgröße von diesem locker an die Wand gespielt wird.

3.1.2 Das Verteidigungsministerium (Department of Defense)

Das Department of Defense ist das größte Ministerium der Vereinigten Staaten und der größte staatliche Arbeitgeber. Insbesondere in Zeiten bewaffneter Konflikte oder eines anderen Einsatzes der Streitkräfte ist es für den Präsidenten eine wichtige Institution. Auch die Bedeutung des Pentagon und des Verteidigungsministers für außenpolitische Entscheidungen ist jedoch insgesamt entscheidend davon abhängig, wie das persönliche Vertrauensverhältnis zwischen Präsident und Minister ausgeprägt ist. Da der Präsident Oberbefehlshaber der Streitkräfte ist, obliegt zwar die Landesverteidigung und administrative Führung des Militärs dem Department of Defense und dem Secretary of Defense, die politische Führung und damit ultimative Entscheidungsgewalt liegt aber alleinig beim Präsidenten. Insofern ist der Verteidigungsminister zwar einer der wichtigsten militär- und sicherheitspolitischen Berater des Präsidenten, letzterer kann jedoch alleine über die militärische Streitmacht der Vereinigten Staaten verfügen. Im Verteidigungsministerium arbeiten mehr als 700.000 zivile Beamte. Im aktiven Dienst stehen 1,3 Mio. Soldaten und es gibt über 800.000 Mitglieder der Nationalgarde und Reserve. Die Vereinigten Staaten geben mehr als 3 % des Bruttoinlandsproduktes für das Budget des Militärs aus, womit das Department of Defense das mit Abstand höchste Budget aller US-Bundesbehörden zugeteilt bekommt.

Das Pentagon gliedert sich in fünf große Organisationseinheiten. Diese sind *erstens* der ministerielle Führungs- und Arbeitsstab *(Office of the Secretary of Defense), zweitens* das Heeresamt, *drittens* das Luftwaffenamt, *viertens* das Marineamt und *fünftens* der Vereinigte Generalstab. Die Ämter für das Heer, die Luftwaffe und die Marine führen die jeweilige Teilstreitkraft und werden *vom Secretary of the Army, Secretary of the Air Force* bzw. dem *Secretary of the Navy* geleitet. Diese haben den Rang eines Ministers sind aber dem Secretary of Defense und seinem Deputy Secretary hierarchisch unterstellt. Das Pentagon beheimatet somit die zivile und militärische Führung der gesamten US-Streitkräfte unter einem ministeriellen Dach. Dies unterscheidet das Pentagon vom Bundesverteidigungsministerium und der Bundeswehr, denn in Deutschland ist die militärische Führung im Kern durch Nachordnung von der ministeriellen Führungsorganisation getrennt, auch wenn der deutsche Generalinspekteur im Ministerium ähnlich einem Staatssekretär eingegliedert ist.

Der ministerielle Führungs- und Arbeitsstab *(Office of the Secretary of Defense),* also die zivile Führungsorganisation im Pentagon, kommt daher dem deutschen Verteidigungsministerium am nächsten. Das Office of the Secretary of Defense gliedert sich in fünf Abteilungen, die von Under Secretaries (Staatssekretären) geleitet werden. Die Politische Abteilung berät den Minister in Fragen nationaler Sicherheit und Verteidigungspolitik. Außerdem werden dort Aspekte internationaler Sicherheitspolitik, Strategie- und Planungsfragen sowie Heimatschutz bearbeitet. Die Abteilung Personal verwaltet alle Personalfragen und ist für die Personalgewinnung des Pentagon zuständig. Die Abteilung Haushalt und Rechnungsprüfung entwirft und verwaltet das Budget des Pentagon. Da das Pentagon der größte Auftraggeber für die Privatwirtschaft ist, kommt dieser Abteilung eine zentrale Rolle bei der Vergabe der lukrativen Aufträge an die Industrie zu. Die Abteilung Nachrichtendienste ist für Fragen der nachrichtendienstlichen Arbeit, der strategischen Aufklärung und Spionageabwehr zuständig. Außerdem hält sie die Aufsichtsfunktion über die militärischen Nachrichtendienste, wie die National Security Agency (NSA), inne. Die Abteilung für Beschaffung, Technologie und Logistik plant und führt die Beschaffungsprogramme der US-Streitkräfte aus. Sie ist somit ebenso wie die Haushaltsabteilung zentrales Einfalltor für Lobbyisten der Rüstungsindustrie. Außerdem werden dort die Infrastruktur und alle administrativen Prozesse des Pentagon verwaltet.

Das Heeresamt verwaltet und führt die Landstreitkräfte der Vereinigten Staaten. Es wird vom Secretary of the Army oder Heeresminister geführt, der ein ziviler Beamter ist. Höchstrangiger Soldat ist der Inspekteur des Heeres. *Chief of Staff of the Army.* Die zivilen Abteilungen im Heeresamt werden von militärischer Seite gespiegelt und umfassen unter anderem Personal, Infrastruktur, Beschaffung und Logistik und Nachrichtendienstwesen.

Das Luftwaffenamt verwalten und führen die Luftstreitkräfte der Vereinigten Staaten. Es wird vom Secretary of the Air Force oder Luftwaffenminister geführt, der ein ziviler Beamter ist. Höchstrangiger Soldat ist der Inspekteur der Luftwaffe. *Chief of Staff of the Air Force.* Die zivilen Abteilungen im Luftwaffenamt umfassen unter anderem Personal, Beschaffung und Weltraumpolitik.

Das Marineamt verwaltet und führt die Marine und das *Marine Corps* der Vereinigten Staaten. Es wird vom Secretary of the Navy oder Marineminister geführt, der ein ziviler Beamter ist. Höchstrangiger Soldate ist der Inspekteur der Marine. D*Chief of Naval Operations* und der Kommandant des Korps der Marines. Die zivilen Abteilungen im Marineamt umfassen unter anderem Personal, Haushalt und Forschung und Beschaffung.

Der Vereinigte Generalstab *(Joint Chiefs of Staff – JCS)* ist das höchste militärische Beratungsgremium für den Präsidenten und den Verteidigungsminister, er hat keine direkte Befehlsgewalt gegenüber den US-Streitkräften. Der Vereinigte Generalstab setzt sich zusammen aus den Inspekteuren/*Chiefs of Staff* der drei Teilstreitkräfte und der Marines sowie einem Vorsitzendem und dessen Stellvertreter. Außerdem hat der Vereinigte Generalstab eine eigene Stabsorganisation, die sich in zehn Einheiten gliedert. Hierarchisch rangniedriger aber in der Befehlsgewalt dem JCS nicht unterstellt sind die Kampfkommandos der US-Streitkräfte, die die Einsätze führen.

Ferner unterstehen dem Pentagon 18 Agenturen im Bereich der Verteidigung und neun einsatzbezogene Behörden. Besonders hervorzuheben sind hierbei die Agenturen im Bereich des Nachrichtendienstwesens, also die *Defense Intelligence Agency,* die *National Security Agency,* die *National Geospatial-Intelligence Agency* und das *National Reconnaissance Office,* welche alleine über mehr als 60.000 Angestellte verfügen.

Das Pentagon steht in Konkurrenz mit dem Department of State wenn es um die Bereitstellung politikrelevanter Informationen geht, insbesondere im Sinne des *framings* eines Problems und der damit logisch erscheinenden Lösungen.

3.1.3 Das Finanzministerium (Department of the Treasury)

Das Finanzministerium entwirft die Finanz- und Steuerpolitik der Bundesebene im System der Vereinigten Staaten von Amerika. Zwei seiner zehn Abteilungen haben expliziten Bezug zu außenpolitischen Fragen. Diese sind *erstens* die Abteilung für Internationale Angelegenheiten und *zweitens* die Abteilung Terrorismus und Geldwäsche. Beide Abteilungen werden von einem Staatssekretär (Under Secretary) geleitet. Die Abteilung Internationale Angelegenheiten ist für Fragen der Weltwirtschaftspolitik und internationaler Währungspolitik zuständig. Unter die Weltwirtschaftspolitik fallen Investitionssicherheit, Schuldenerlasse, Handel, Energie und Umwelt. Zusätzlich wird dort auch die internationale Finanzmarktregulierung bearbeitet. Allerdings beinhaltet dies nicht die Vorbereitung der

G-7/G-8 bzw. G-20-Gipfel, da der zuständige Sherpa ein direkter Berater des Präsidenten ist. Zum Bereich der internationalen Währungspolitik gehören das Engagement der Vereinigten Staaten von Amerika im Internationalen Währungsfonds und der Weltbank sowie die Kontakte zu regionalen Entwicklungsbanken.

Die Abteilung Terrorismus und Geldwäsche beaufsichtigt das Amt für Exportkontrolle und hat die beiden Unterabteilungen Terrorismusfinanzierung und Finanzkriminalität sowie Nachrichtendienstliche Analyse *(Office of Intelligence and Analysis)*. Die Unterabteilung Terrorismusfinanzierung und Finanzkriminalität entwickelt die politischen Maßnahmen in den Bereichen der Unterbrechung der Finanzflüsse zur Finanzierung des internationalen Terrorismus, der Finanzkriminalität, der Wirtschaftssanktionen und der Maßnahmen zur Verhinderung der Finanzierung der Proliferation von Massenvernichtungswaffen. Die Unterabteilung Nachrichtendienstliche Analyse verantwortet die nachrichtendienstlichen Aktivitäten des Finanzministeriums und bildet die Verbindung zur Nachrichtendienstgemeinschaft der Vereinigten Staaten. Die Unterabteilung gilt als der einzige Geheimdienst eines Finanzministeriums weltweit. Seit der Gründung im Jahr 2004 als Reaktion auf die Anschläge vom 11. September 2001 werden dort Informationen und Quellen ausgewertet, die die Finanzierung des internationalen Terrorismus betreffen. Die Aufgaben mit außenpolitischer Dimension sind also in der Zeit nach 9/11 gewachsen, wodurch die Wirkungsmächtigkeit des Ministeriums in diesem Politikfeld *ceteris paribus* größer geworden ist.

3.1.4 Das Handelsministerium (Department of Commerce)

Das Handelsministerium hat einen aus deutscher Perspektive irreführenden Namen, denn seine zentralen Aufgaben liegen in der Generierung von Wirtschaftswachstum, neuen Arbeitsplätzen und besserer Lebensqualität innerhalb der Vereinigten Staaten von Amerika. Solche Aufgaben würde man in Deutschland dem Wirtschaftsministerium zuschreiben. Ein vergleichbares Ministerium ist im amerikanischen System allerdings nicht vorhanden. Wie beschrieben liegen mit der Exportkontrolle zentrale Aufgaben der Handelspolitik in der Federführung des Finanzministeriums und die internationale Handelspolitik wird vom Handelsbeauftragten der Vereinigten Staaten umgesetzt. Einzig die im Handelsministerium angesiedelte Abteilung Internationaler Handel *(International Trade Administration)* berührt Aspekte der Außenwirtschaftspolitik. Ihre Funktion ist die Exportförderung. Hierfür sammelt sie Informationen über internationale Märkte und berät exportorientierte amerikanische Unternehmen. Außerdem überwacht sie ungehinderten Marktzugang gemäß internationaler Abkommen und Dumping- oder Subventionsmaßnahmen. Somit nimmt das Handelsministerium im Feld der Außenpolitik einen nachgeordneten Rang innerhalb der Ministerien der Vereinigten Staaten ein.

3.1.5 Das Energieministerium (Department of Energy)

Das Energieministerium leitet das zivile und militärische Nuklearprogramm der Vereinigten Staaten von Amerika. Daher ist es im Feld der nationalen Sicherheit ein wichtiger Akteur. Das militärische Nuklearprogramm wird nicht von einer ministeriellen Abteilung geleitet, sondern liegt in der Verantwortung einer nachgeordneten Behörde, der Nationalen Verwaltung für Nuklearsicherheit *(National Nuclear Security Administration)*. Diese wird von einem Administrator geleitet, der in Personalunion auch Under Secretary (Staatssekretär) im Energieministerium ist. Der Staatssekretärsposten wird üblicherweise mit einem pensionierten General besetzt. Die Aufgaben der National Nuclear Security Administration umfassen die Weiterentwicklung des militärischen Nuklearprogramms, die Lagerung der Atomwaffen der Vereinigten Staaten, globale Aspekte von Massenvernichtungswaffen, die Bereitstellung von Reaktorantrieben für die Marine der Vereinigten Staaten und Hilfsmaßnahmen im Fall nuklearer oder radioaktiver Zwischenfälle. Durch seine Aufgaben im Bereich der nuklearen Abschreckung ist das Energieministerium bei Fragen nationaler Sicherheit ein wichtiger bürokratischer Akteur.

3.1.6 Heimatschutzministerium (Department of Homeland Security)

Das Heimatschutzministerium nimmt Aufgaben mit Bezug zur öffentlichen Sicherheit wahr, die in Deutschland vom Bundesinnenministerium übernommen werden. Das Department of Homeland Security wurde in Folge der Anschläge des 11. Septembers gegründet, um eine zentrale ministerielle Behörde zu schaffen, bei der die Arbeit von mehr als zwanzig Behörden im Bereich der öffentlichen Sicherheit gebündelt ist. Allerdings wurde das FBI nicht in das neu geschaffene Ministerium eingegliedert, sodass die wichtigste Bundespolizeibehörde nicht unter der Kontrolle des Ministeriums liegt. Mit seinen mehr als 240.000 Angestellten ist das Ministerium das drittgrößte der Vereinigten Staaten. Da es sich bei dem Ministerium um eine Koordinierungsinstitution handelt, sind die nachgeordneten Behörden wichtiger als die ministeriellen Abteilungen. Fünf dieser Behörden stehen im Zusammenhang mit nationaler Sicherheit und internationaler Politik. Die Küstenwache *(U. S. Coast Guard)* ist für die Überwachung der maritimen Grenzen der Vereinigten Staaten zuständig. Die Polizei- und Zollbehörde der Vereinigten Staaten *(U. S. Immigration and Customs Enforcement)* ist zuständig für den Grenzschutz. Dazu führt das der Behörde zugeordnete Amt für Nachrichtendienstliche Analyse *(Homeland Security Investigations Office of Intelligence and Analysis)* nachrichtendienstliche Funktionen aus. Es ist die nachrichtendienstliche Behörde im Bereich des Ministeriums und gehört zur

Nachrichtendienstgemeinschaft der Vereinigten Staaten. Die Einwanderungs- und Ausländerbehörde *(U. S. Citizenship and Immigration Services)* bearbeitet Asyl- und Einwanderungsanträge und koordiniert Abschiebungen. Zoll- und Grenz- schutzbehörde der Vereinigten Staaten *(U. S. Customs and Border Protection)* erfüllt die Funktionen einer Zollverwaltung ist zuständig für die Kontrolle und Besteuerung von Einfuhren. Durch den nicht-militärischen Charakter der Bedro- hungen vor allem des internationalen Terrorismus ist das Heimatschutzministe- rium über die Arbeit der ihm zugeordneten Behörden ein wichtiger Akteur in der Anti-Terror-Politik der Vereinigten Staaten, die der Natur der Sache nach eine Teilmenge der Außenpolitik ist.

3.1.7 Landwirtschaftsministerium (Department of Agriculture)

Das Landwirtschaftsministerium ist zuständig für landwirtschaftliche Produk- tion und Nahrungsmittelsicherheit. Zusätzlich trägt es Verantwortung für den internationalen Export von landwirtschaftlichen Gütern und Nahrungsmitteln. Im Ministerium wird dies in der Abteilung Landwirtschaftsbetriebe und Aus- wärtiger Agrar-Dienst *(Farm and Foreign Agricultural Services)* umgesetzt. Die für die außenwirtschaftlichen Fragen der Agrarpolitik zuständige Unterabteilung Auswärtiger Agrar-Dienst *(Foreign Agricultural Service)* ist insbesondere für die Unterstützung von exportierenden US-Landwirten durch Markterschließungen, das Verhandeln internationaler Handelsabkommen und die Bereitstellung von sta- tistischen Daten zuständig. So fallen internationale Verhandlungen zu Agrarzöl- len in die Zuständigkeit der Unterabteilung. Der Auswärtige Agrar-Dienst hat den Status einer außenpolitischen Behörde und die Beamten im *Foreign Agricul- tural Service* werden gemäß des *Foreign Service Act* dem diplomatischen Dienst zugerechnet und bei der Wahrnehmung von Dienstposten im Ausland mit Diplo- matenpässen ausgestattet und gemäß der dafür geltenden Regeln entlohnt. Das Landwirtschaftsministerium ist also in der Handelspolitik ein wichtiger Akteur, in anderen außenpolitischen Feldern aber unbedeutend.

3.2   Die Rolle der Geheimdienste

Eine wichtige Rolle bei der Formulierung sicherheitspolitisch relevanter Aspekte der Außenpolitik haben die Geheimdienste, denn sie beschaffen die zur infor- mierten Entscheidungen notwendigen Informationen. Da die Geheimdienste in Abschn. 4 dieses Sammelbandes detailliert vorgestellt werden, kann hier auf eine Betrachtung verzichtet werden. Relevant vor dem Hintergrund der Fragestellung ist jedoch eine Analyse der organisatorischen Anbindung an Ministerien (Tab. 1).

Tab. 1 Die organisatorische Anbindung der Geheimdienste an die Ministerien. (Quelle: Eigene Darstellung)

Geheimdienst	Zuständiges Ministerium
Twenty-Fifth Air Force	Verteidigung
Intelligence and Security Command	Verteidigung
Central Intelligence Agency	Unabhängig
Coast Guard Intelligence	Heimatschutz
Defense Intelligence Agency	Verteidigung
Office of Intelligence and Counterintelligence	Energie
Office of Intelligence and Analysis	Heimatschutz
Bureau of Intelligence and Research	Außen
Office of Terrorism and Financial Intelligence	Finanzen
Office of National Security Intelligence	Justiz
Intelligence Branch	Justiz
Marine Corps Intelligence Activity	Verteidigung
National Geospatial-Intelligence Agency	Verteidigung
National Reconnaissance Office	Verteidigung
National Security Agency/Central Security Service	Verteidigung
Office of Naval Intelligence	Verteidigung

Die *Intelligence Community* umfasst 16 Geheimdienste und wird vom Direktor der nationalen Geheimdienste *(Director of National Intelligence)* koordiniert. Die Hälfte, also acht, hiervon sind organisatorisch im Verteidigungsministerium verortet. Je zwei Geheimdienste fallen organisatorisch dem Heimatschutzministerium und dem Justizministerium zu, wobei hier für das Justizministerium der sogenannte Geheimdienstanteil *(Intelligence Branche)* des FBI vollwertig mitgerechnet ist. Außen-, Finanz- und Energieministerium haben je einen Geheimdienst in ihren Organisationen. Aus dieser Aufstellung wird deutlich, dass das Pentagon im Bereich der geheimdienstlichen Aktivitäten eine vergleichsweise hohe Dichte an Akteuren aufweist. Obwohl der größte Auslandsgeheimdienst, die *Central Intelligence Agency,* eine unabhängige Behörde ist, bedeutet dies einen Zugewinn an Einflussmacht auf sicherheitspolitische Entscheidungen zugunsten des Verteidigungsministeriums, der auf Kosten der anderen Akteure uns insbesondere des Außenministeriums geht.

3.3   Die Rolle der Berater im Präsidialamt

Zusätzlich zu der Expertise in den mit Außenpolitik befassten Ministerien und der geheimdienstlichen Arbeit gibt es im Präsidialamt *(Executive Office of the President)* des Weißen Hauses außenpolitische Beratungsinstitutionen. Das *Executive Office of the President* hat ca. 1800 Mitarbeiterinnen und Mitarbeiter und wird vom Stabschef des Weißen Hauses *(White House Chief of Staff)* geleitet, den der Präsident ohne Zustimmung des Senats ernennt. Das Bundeskanzleramt hat im Vergleich mit 620 Mitarbeitern knapp ein Drittel der Personalressourcen. Innerhalb des *Executive Office* gibt es zwei Abteilungen, die mit Fragen der Außenpolitik betraut sind. Dies ist *erstens* das Amt des Nationalen Sicherheitsberaters *(Office of the National Security Advisor)* und *zweitens* das Amt des Handelsbeauftragten der Vereinigten Staaten *(Office of the United States Trade Representative).*

Der Nationale Sicherheitsberater trägt den Titel *Assistant to the President for National Security Affairs* wird aber meist *National Security Advisor* genannt. Als *Assistant to the President* gehört er zur Führungsebene innerhalb des Präsidialamts. Der Sicherheitsberater hat eine besonders einflussreiche Position, da er direkten persönlichen Kontakt zum Präsidenten hat. Dies unterscheidet ihn insbesondere von Außenminister und Verteidigungsminister, die trotz der administrativ höheren Stellung eben jenen direkten Zugang nicht genießen. Der Nationale Sicherheitsberater bereitet mit seinen Mitarbeiten die Sitzungen des Nationalen Sicherheitsrates *(National Security Council – NSC)* vor und legt deren Tagesordnung fest. Satzungsmäßige Mitglieder des NSC sind der Präsident als Vorsitzender, der Vizepräsident, der Außenminister, der Verteidigungsminister und der Energieminister. Der Finanzminister und der Nationale Sicherheitsberater sind nicht-satzungsmäßige aber ständige Mitglieder. Der Chef des Vereinigten Generalstabs ist satzungsmäßiger militärischer Berater des Sicherheitsrates, der Direktor der nationalen Geheimdienste jener für Geheimdienstfragen. Zudem nehmen routinemäßig der Stabschef des Weißen Hauses, der stellvertretende Nationale Sicherheitsberater als Protokollant und der Justizminister an den Sitzungen des NSC teil. Als regelmäßige Teilnehmer gelten der Heimatschutzminister, der Rechtsberater des Weißen Hauses, der Wirtschaftsberater des Präsidenten, der Botschafter bei den Vereinten Nationen und Direktor des Verwaltungs- und Haushaltsamts des Weißen Hauses. Bei Tagesordnungen, die die Handelspolitik betreffen, stoßen der Handelsminister und der Handelsbeauftragte hinzu.

Der National Security Advisor leitet die Sitzungen des Nationalen Sicherheitsrates, wenn der Präsident nicht an einer Sitzung teilnimmt, auch wenn die Minister des Äußeren und der Verteidigung zugegen sind. Somit ist der Sicherheitsbeauftragte den teilnehmenden Ministern bei Sitzungen ohne den Präsidenten protokollarisch sogar überstellt. Das Amt des Nationalen Sicherheitsberaters hat über 70 Dienstposten, wovon der stellvertretende Sicherheitsberater ebenfalls den Rang eines *Assistants to the President* führt und vier Beamte der zweiten Stufe der Leitungsebene angehören *(Deputy Assistants to the President)*. Im Amt des Sicherheitsberaters werden alle zentralen Aspekte der Außen- und Sicherheitspolitik bearbeitet. So gibt es sowohl funktionale Referate, die mit Themen wie Verteidigungspolitik, Terrorismus, Proliferation, Welthandel oder Entwicklungshilfe betraut sind, als auch regionale Referate für Kontinente oder einzelne Staaten. Dem Präsidenten steht also ein ausgeprägtes Maß an außenpolitischer Expertise im eigenen Verwaltungsapparat zur Verfügung. Eine wichtige Funktion des Amts des Nationalen Sicherheitsberaters ist es daher, divergierende Politikinteressen des Außenministeriums und des Pentagon abzuwägen und dem Präsidenten kompromissfähige Lösungen vorzuschlagen. Die Einflussmacht des National Security Advisors sollte daher nicht unterschätzt werden.

Das Amt des Handelsbeauftragten der Vereinigten Staaten (Office of the United States Trade Representative) ist der Verwaltungsapparat des Handelsbeauftragen *(United States Trade Representative)*. Der Handelsbeauftragte hat Kabinettsrang und erfüllt seine Funktion im Rang eines Botschafters. Das Amt des Handelsbeauftragten hat nahezu 250 Mitarbeiter und Verbindungsbüros in Genf und Brüssel. Der Handelsbeauftragte verantwortet die internationale Handelspolitik der Vereinigten Staaten von Amerika. Dies umfasst insbesondere Verhandlungen zu Handelsabkommen in bilateralen oder multilateralen Foren. Somit ist der Handelsbeauftragte auch für die Mitgliedschaft der Vereinigten Staaten in der Welthandelsorganisation (WTO) zuständig. Einer der beiden Stellvertreter des Handelsbeauftragten ist der Botschafter bei der WTO. Der Handelsbeauftragte ist in Fragen internationaler Handelspolitik daher wichtiger als der Handelsminister und der ebenfalls in Teilen verantwortliche Landwirtschaftsminister.

4   Fazit

Die Rolle bürokratischer Akteure in der Formulierung der Außenpolitik der Vereinigten Staaten ist trotz des Primats des Präsidenten in außenpolitischen Fragen ausgeprägt. Eine ganze Reihe von Ministerien ist bei außenpolitischen Entscheidungen beteiligt. Auch nicht-ministerielle Organisationen wie die Geheimdienste und das Präsidialamt spielen eine nicht unwichtige Rolle. Die beiden wichtigsten bürokratischen Organisationen bleiben aber das Außen- und das Verteidigungsministerium. Das Verteidigungsministerium ist insbesondere deswegen sehr einflussreich, weil es über sehr hohe Budget- und Personalressourcen verfügt und ihm eine zentrale Rolle bei der Gewinnung nachrichtendienstlicher Informationen zukommt. Hierdurch ist es in der Lage dem Außenministerium in Expertise und

Einfluss nahezu gleichzukommen. Dies wird dadurch verstärkt, dass dem Präsidenten durch den Nationalen Sicherheitsberater und dessen Amt eine Art Miniatur-Außenministerium im eigenen Präsidialamt zuarbeitet. Dies ist in anderen politischen Systemen keine häufige Erscheinung. Zur Analyse des Einflusses auf Politikentscheidungen im Feld der Außenpolitik ist es zielführend die Analyse mit dem Außenministerium und dem Verteidigungsministerium zu beginnen, denn häufig genug wird eine Konzentration auf die Interessen dieser beiden Akteure ausreichend sein, um solche Entscheidungen zu erklären.

Literatur

Allison, G. T. (1971). *Essence of Decision: Explaining the Cuban Missile Crisis.* Boston: Little, Brown.

Weiterführende Literatur

Jäger, W., Haas, C. M. & Welz, W. (Hrsg.). (2007). *Regierungssystem der USA. Lehr- und Handbuch.* München: Oldenbourg Verlag. (Kann als einführendes deutschsprachiges Werk in das politische System der Vereinigten Staaten mit einzelnen Kapiteln zur Außenpolitik dienen.)
Cox, M. & Stokes, D. (Hrsg.). (2008). *US Foreign Policy.* Oxford: Oxford University Press.
Koschut, S. & Kutz, M. S. (Hrsg.). (2012). *Die Außenpolitik der USA. Theorie – Prozess – Politikfelder – Regionen.* Opladen, Toronto: Verlag Barbara Budrich.
Hastedt, G. P. (2009). *American Foreign Policy. Past, Present, Future.* Upper Saddle River: Pearson Prentice Hall. (Hier finden sich Einführungen und Analysen des US-amerikanischen außenpolitischen Entscheidungsprozesses.)
Allison, G. T. & Zelikow, P. (Hrsg.). (1999). *Essence of Decision: Explaining the Cuban Missile Crisis.* New York: Longman.
Jäger, T. & Oppermann, K. (Hrsg.). (2006). Bürokratie- und organisationstheoretische Analysen der Sicherheitspolitik: Vom 11. September zum Irakkrieg. In A. Siedschlag (Hrsg.), *Methoden der sicherheitspolitischen Analyse* (S. 105–134). Wiesbaden: VS Verlag für Sozialwissenschaften.
Zegart, A. (1999). *Flawed by Design: The Evolution of the CIA, JCS, and NCS.* Stanford: Stanford University Press. (Dies sind gute Beispiele für Anwendungen der Bürokratietheorie auf US-Außenpolitik.)

Die Dienste

Verena Diersch

1   Einleitung

Die amerikanischen Dienste müssen dazu beitragen, viele sich teilweise überschneidende und sich möglicherweise auch widersprechende außenpolitische
Ziele zu erreichen. Zu diesen Bestrebungen zählen die Durchsetzung der amerikanischen Sicherheits- und politischen Interessen, die Abwehr der Spionage
durch andere Staaten und deren Dienste, die Begünstigung von Wohlstand,
Sicherheit und Offenheit in einer globalisierten Welt sowie die Sicherung strategischer Allianzen. Außerdem müssen die innenpolitischen Zielsetzungen, wie
die des Heimatschutzes, des allgemeinen Schutzes vor Bedrohungen – durch
andere Staaten, durch ausländische und inländische Terroristen und durch Proliferation – mit der Gewährleistung der Demokratie, der bürgerlichen Freiheiten,
der Rechtsstaatlichkeit und des Rechts auf Privatsphäre in Einklang gebracht
werden (The President's Review Group 2014). Die Dienste, nachfolgend auch
Intelligence Community (IC) genannt, sind also ein wichtiges Instrument der
amerikanischen Außenpolitik. Sie informieren die politischen Entscheidungsträger über internationale und regionale Entwicklungen, spezifische Themenfelder
sowie die außenpolitische Entscheidungsfindung anderer Staaten mit Wirkung für
die USA. Durch ihre Aufgaben der Gegenspionage und Spionageabwehr sorgen
sie außerdem für die Authentizität und Vertraulichkeit des exekutiven politischen
Entscheidungsprozesses und aller Abläufe, die damit zusammenhängen, sowie für

V. Diersch (✉)
Universität zu Köln, Köln, Deutschland
E-Mail: vdiersch@uni-koeln.de

© Springer Fachmedien Wiesbaden GmbH 2017   65
T. Jäger (Hrsg.), *Die Außenpolitik der USA,* Studienbücher Außenpolitik und
Internationale Beziehungen, DOI 10.1007/978-3-531-93392-4_5

die Information taktischer, also kurzfristig anstehender, als auch operativer, also zeitaktueller, Handlungen.

Die Aktivitäten der amerikanischen Dienste haben sich seit Beginn der 1990er Jahre durch neue sicherheitspolitische Herausforderungen verändert. Die staatszentrierte bipolare Ordnung des Kalten Krieges ging mit der Konzentration auf mögliche Aggressionen der Mitglieder des Warschauer Paktes einher, wohingegen seit den 1990er Jahren sowohl andere staatliche Akteure als auch nicht-staatliche Akteure im Fokus der Sicherheitspolitik stehen. Auch innerstaatliche Krisen und deren grenzübergreifende Implikationen, beispielsweise durch die Destabilisierung von Staaten und ganzer Regionen, halten weitere Herausforderungen für die Außen- und Sicherheitspolitik der USA bereit. Außerdem konzentriert sich seit dem 11. September 2001 die US-amerikanische IC auf den transnationalen Terrorismus. Aufgrund der Bedrohung durch nicht-staatliche Akteure rückte spätestens seit 2001 die technische Aufklärung weltweiter Internetkommunikation in den Fokus der Intelligence-Arbeit. Dies sorgte einerseits für eine größere Wichtigkeit signalverarbeitender Dienste und andererseits dafür, dass die Kooperation mit ausländischen Geheimdiensten sowie Geheimdiensten innerhalb der US-amerikanischen IC gestärkt wurde. Aber auch die Aufklärung aus menschlichen Quellen, die sogenannte *human intelligence (HUMINT)* und die Bildaufklärung, die sogenannte *imagery intelligence (IMINT)* sowie die weitere unter SIGINT zu fassende Satellitenaufklärung zählen weiterhin zu den Aufklärungsmethoden der amerikanischen IC.

Die IC fungiert also als außenpolitisches Instrument der amerikanischen Regierung. Doch die Arbeit der IC unterstützt die Außenpolitik der USA nicht nur, sie kann auch selbst in den Fokus der internationalen Beziehungen geraten: Die sogenannte NSA-Affäre sorgte 2013 für ein unterkühltes transatlantisches Verhältnis. Auch innenpolitisch gerieten Methoden der Kommunikationsaufklärung in die Kritik, woraufhin Teile der Telefonüberwachung durch den *USA Freedom Act 2015* reformiert wurden. Bei allen Bedenken hinsichtlich Privatsphäre und der Gefahr für bürgerliche Freiheiten sind die Fähigkeiten der amerikanischen Dienste auch für die Regierungen und Dienste anderer Länder unverzichtbar. Nicht nur bezüglich gemeinsamer Kooperationsfelder wie Antidrogenpolitik, Nonproliferation und Terrorismusbekämpfung ist eine Zusammenarbeit zwischen ausländischen Diensten und US-Organisationen notwendig. Um auch zukünftig für gemeinsame Interessen und Bedrohungslagen gerüstet zu sein, eruieren amerikanische und ausländische Dienste ständig die Deckungsgleichheit ihrer Interessen, Fähigkeiten und Intelligence-Lücken – sowohl durch interorganisationale Diskussion als auch durch geheimen Zugang.

2   Die amerikanischen Dienste

Zunächst sollen die amerikanischen Dienste und ihre Aufgabenbereiche kurz vorgestellt werden. Dazu bietet sich zunächst eine Unterteilung nach Beschaffungsmethode sowie nach der Zuordnung zu einer übergeordneten Behörde an, da dies
die Einordnung der vielen Organisationen vereinfacht. Im Fokus werden dabei
einige besondere Organisationen, wie die *Central Intelligence Agency (CIA)*, die
National Security Agency (NSA), die *Defense Intelligence Agency (DIA)*, das
National Reconnaissance Office (NRO) und die *National Geospatial-Intelligence
Agency (NGA)* sowie zentrale Organisationen, wie das *Office of the Director of
National Intelligence (ODNI)*, stehen.[1] Aufgrund der Fokussierung dieses Bei-
trags auf die Rolle der Dienste in der amerikanischen Außenpolitik sowie des
Überblickscharakters der vorliegenden Publikation erscheint es sinnvoll, nicht
alle, sondern nur diejenigen Organisationen der IC vorzustellen, die für die
Außenpolitik der USA am wichtigsten erscheinen.

Die amerikanische IC besteht aus 16 Diensten. Als übergeordnetes Organ
sowie als oberster Vertreter der IC gegenüber dem Präsidenten wurde die Position des *Director of National Intelligence (DNI)* geschaffen, welcher das *Office
of the Director of National Intelligence (ODNI)* leitet. Dieses wird oftmals als 17.
Mitglied der Intelligence Community gezählt. Neben den hier genannten Organisationen zählen auch die Intelligence-Abteilungen der fünf Militärdienste, das
Federal Bureau of Investigation (FBI), die Intelligence-Dienste der Drug Enforcement Administration, des Departments of Energy und des Departments of the
Treasury zu den Organisationen der amerikanischen IC. Das FBI als früherer
Inlandsgeheimdienst, welcher nun stärker zur Strafverfolgung eingesetzt wird,
weist eine andere gesetzliche Grundlage auf als die anderen vorrangig zur Auslandsspionage eingesetzten Dienste, worauf an dieser Stelle jedoch nicht genauer
eingegangen werden kann.

Die Abb. 1 verdeutlicht die organisatorische Anbindung der in diesem Text
hervorgehobenen Intelligence-Organisationen und stellt vereinfacht dar, welche
behördlichen Zuordnungen bestehen.[2]

Zunächst wird die amerikanische IC anhand der Beschaffungsmethode,
also nach den Methoden *Human Intelligence (HUMINT)*, *Signals Intelligence*

---

[1]Soweit nicht anders angegeben, stammen alle Informationen über die amerikanischen
Dienste aus den öffentlichen Informationsportalen der Dienste im Internet. Einen Überblick
ermöglicht die Webseite des Office of the Director of Intelligence (ODNI) (ODNI 2016).
[2]Eingeordnet werden an dieser Stelle nur die bereits genannten Mitglieder der IC.

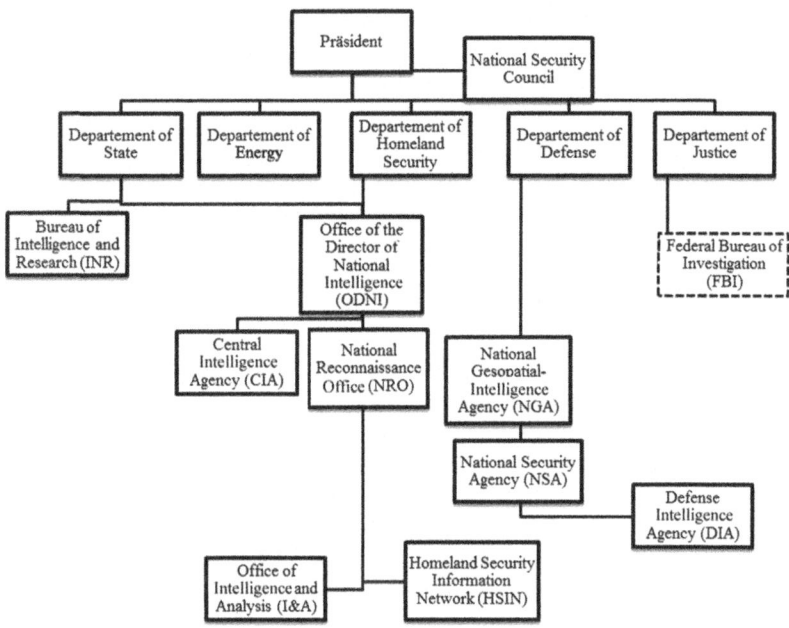

Abb. 1 Behördliche Zuordnung der in diesem Kapitel vorgestellten Organisationen. (Quelle: Eigene Darstellung)

(SIGINT) und *Imagery Intelligence (IMINT)* gegliedert, da dies die Wichtigkeit der vorgestellten Organisationen für die Außenpolitik der USA verdeutlicht. Zunächst stehen solche Glieder der IC im Fokus, welche als *National Intelligence Organizations* bezeichnet werden können, da sie der gesamten US-Regierung zuarbeiten, und nicht nur einem Ministerium oder einer Einheit der Streitkräfte (Richelson 2016, S. 18). Anschließend werden einige Organisationen im Kontext ihrer zugeordneten Behörde, also des Heimatschutzministeriums, des Außenministeriums sowie des Verteidigungsministeriums, vorgestellt.

2.1   Human Intelligence (HUMINT)

Human Intelligence (HUMINT) bezeichnet von Menschen beschaffte Intelligence. Die *Central Intelligence Agency (CIA)* ist die einzige Organisation in der Intelligence Community, welche genuin mit der Beschaffung von HUMINT befasst ist.

Sie gliedert sich in vier Arbeitsbereiche: den *National Clandestine Service (NCS)*, das *Directorate of Intelligence*, das *Directorate of Science & Technology* und das *Directorate of Support*. Der Direktor der CIA wird vom Präsidenten nominiert und durch den Senat bestätigt. Die CIA führt alle Bereiche des Intelligence-Zyklus aus, der in Gliederungspunkt 4.2 näher erläutert wird. Sie ist behördlich dem Präsidenten und seinem Kabinett zugeordnet (siehe Abb. 1).

Der Vorgänger der CIA war das *Office of Strategic Services (OSS)*, welches nach dem Zweiten Weltkrieg gegründet wurde. Nach der Abschaffung des OSS durch Präsident Harry S. Truman, auf die ein Prozess der Analyse des Intelligence-Bedarfs des Nachkriegsamerikas folgte, wurde 1947 durch den *National Security Act* die CIA gegründet. Die Gesetzesgrundlage wurde durch die CIA in ein breites Aufgabenprofil überführt, welches ihr höchste Kompetenzen in der Intelligence-Analyse, der klandestinen Informationsbeschaffung aus menschlichen Quellen sowie der verdeckten Operation übertrug.

Die organisatorische Struktur der CIA lässt sich anhand der fünf Direktorate sowie der zehn Mission Centers aufzeigen. Die Direktorate *Analysis, Digital Innovation, Operations, Science & Technology* und *Support* zeigen einerseits den Fokus der CIA auf Analyse und digitale Informationsgewinnung. Die Mission Centers, welche die Bereiche Afrika, Gegenspionage, Terrorismusbekämpfung, Ostasien und Pazifik, Europa und Eurasien, Globale Fragestellungen, Naher Osten, Süd- und Zentralasien, Waffen und Nonproliferation und die westliche Hemisphäre betreffen, offenbaren dagegen eine große Bandbreite an Themen, über die die CIA Informationen beschafft. Generell gilt, dass die CIA ihren Fokus auf HUMINT setzt, aber auch technische Informationen nutzt und daher mit der NSA oftmals Hand in Hand arbeitet. Denn die Tätigkeiten der CIA beschränken sich nicht auf HUMINT. Sie ist auch in den Bereichen der Entwicklung von spezifischen Sensoren tätig, die zur SIGINT genutzt werden können sowie verdeckte Handlungen *(covert actions)* unterstützen können (Richelson 2016, S. 27).

Früher war das Verhältnis der CIA zu anderen Diensten der IC vorrangig durch Konkurrenz geprägt. Dieses Verhältnis war unter anderem dem Umstand geschuldet, dass die Position des *Directors of Central Intelligence (DCI)*, welcher für die gesamte IC zuständig war, vor dem *Terrorism Prevention Act* und der damit einhergehenden Intelligence Reform 2004 bei der CIA angesiedelt war. Durch die Doppelfunktion – denn der DCI war gleichzeitig Leiter der CIA – hatte die CIA eine erhebliche Machtposition innerhalb der amerikanischen IC inne. Dem *National Security Act* entsprechend arbeitete die CIA dem National Security Council direkt zu, informierte über die Tätigkeiten der Intelligence Community, durfte Vorschläge erteilen, wie diese zu koordinieren waren und sorgte für die Unterrichtung der Regierung. Mittlerweile sind diese zentralen Aufgaben durch die Etablierung des ODNI an selbiges übergegangen. Doch die aus dem *National Security Act* entstandene Aufgabe der besonderen Aktivitäten, die in der Form von *covert actions* durch die CIA nach wie vor ausgeführt werden, sorgt immer noch für eine Sonderstellung der CIA in der amerikanischen IC, welche gerade in Zeiten der Terrorismusbekämpfung und der damit einhergehenden Strategie der *counterinsurgency* äußerst relevant für die Sicherheitspolitik der USA und ihrer Partner ist. Dies gilt auch für die verdeckten Operationen, also die Beeinflussung der politischen, ökonomischen und militärischen Bedingungen in anderen Staaten, wenn die Regierung nicht in Erscheinung treten oder dies öffentlich nicht eingestanden werden soll. Welche konkreten Aktionen dies beinhaltet, soll später noch näher betrachtet werden.

Derzeit sind nach Schätzungen mehr als 21.000 Mitarbeiter bei der CIA beschäftigt. Sie forderte 2013 14,7 Mrd. US$ aus dem US-Haushalt an (Richelson 2016, S. 20). Nach der Intelligence-Reform von 2004 wurde 2005 die Position des DCI in die des *Directors of National Intelligence (DNI)* umgewandelt. Die Intelligence Reform hatte auch – neben der Stärkung der SIGINT und der Inlandsaufklärung – die erneute Fokussierung auf HUMINT und *covert action* zur Folge (Daun 2011, S. 664).

2.2 Signals Intelligence (SIGINT)

Signals Intelligence, kurz *SIGINT,* bezeichnet das Abfangen von Signalen, also Radar, Radio, Funk und anderen Codes. SIGINT liegt in den USA unter anderem in der Kompetenz der *National Security Agency (NSA).* Die Vorgängerin der NSA war die *Armed Forces Security Agency (AFSA),* welche dem Verteidigungsministerium zuzuordnen war und am 20. Mai 1949 unter dem Kommando des *Joint Chiefs of Staff* im Rahmen der *JCS Directive 2010* gegründet wurde. Die Organisation wurde 1952 per Dekret von Harry S. Truman aufgelöst und ihr Auftrag die *Communications Intelligence (COMINT)* der amerikanischen Militärnachrichtendienste zu leiten, wurde durch die *National Security Council Intelligence Directive No. 9* in die neue NSA überführt. Auch der Gründung der NSA ging eine Untersuchung der Intelligence-Bedürfnisse und Fähigkeiten voraus, welche als unzureichend bewertet wurden.

Die NSA verfügt mit dem *Central Security Service (CSS)* über eine angeschlossene Partnerorganisation, die sich um die Unterstützung der Nachrichtendienste des US-Militärs kümmert. Der CSS wurde 1972 gegründet. Beide Organisationen teilen die gleiche Mission, nämlich die amerikanische Regierung in den Bereichen SIGINT und *Information Assurance (IA),* der Abwehr von Spionage und von

Gefährdungen für Komponenten der vernetzten Operationsführung sowie für die Kommunikationsnetzwerke des State Departments, des Departments of Defense, der CIA und des FBI zu unterstützen. Außerdem zählt seit der digitalen Revolution der Bereich der *Computer Network Operations (CNO)* zu den Kernkompetenzen der NSA/CSS. Diese haben die strategische Dominanz im Cyberspace sowie die Aufklärung etwaiger Cyberbedrohungen zum Ziel.

SIGINT bezeichnet genauer die Beschaffung und Auswertung von Erkenntnissen aus ausländischen Datenströmen sowie die Unterrichtung über diese, zum Zweck der strategischen Fernmeldekontrolle, Spionageabwehr und Gegenspionage und zur Unterstützung von militärischen Operationen. Unterkategorien der SIGINT sind die *Communication Intelligence (COMINT)* und die *Electronic Intelligence (ELINT)*. Letzterer Intelligence-Typ fällt vor allem in den Bereich der Radarüberwachung, während COMINT auch den Bereich der Satellitenkommunikation abdeckt. Spätestens seit der digitalen Revolution liegt der Fokus der Signal verarbeitenden Nachrichtendienste jedoch auf der Aufklärung von Internetdaten, der sogenannten *Digital Network Intelligence (DNI)*, welche sich aus Metadaten- und Inhaltsaufklärung von Internetkommunikation zusammensetzt. Eine weitere Verwendung dieser Daten entsteht dann, wenn DNI Kenntnisse über Schwachstellen in gegnerischen Systemen ermöglicht und so Grundlage für Computernetzwerkoperationen (CNOs) wird. Diese computergestützten Operationen fallen in den Bereich der vernetzten Operationsführung und der IA und haben den Zweck, Terroristen innerhalb der USA sowie im Ausland im Rahmen der US-Gesetze zu bekämpfen, können aber je nach politischem Willen auch für andere strategische Zwecke eingesetzt werden. Die präsidentielle Direktive 20 (PD-20), von Barack Obama verabschiedet, bietet dafür einen breiten politischen Rahmen. Die NSA beschäftigt in ihrer Zentrale in Fort George G. Meade, Maryland, zwischen 20.000 und 24.000 Mitarbeiter und forderte 2013 10,8 Mrd. US$ aus dem Haushalt an (Richelson 2016, S. 34). Direktor der NSA ist seit 2014 Michael S. Rogers.

2.3   Imagery Intelligence (IMINT)

Die *Imagery Intelligence (IMINT)* bezeichnet die Aufklärung von Bildmaterial von Aufklärungsflügen und Satelliten und wird von der *National Geospatial-Intelligence Agency (NGA)* und dem *National Reconnaissance Office (NRO)* durchgeführt. Die NGA ist die leitende Organisation in der Bildaufklärung und unterstützt das Verteidigungsministerium und seine Streitkräfte sowie die gesamte IC. Die Analyseprodukte der NGA lassen sich als *Geospatial Intelligence (GEOINT)* bezeichnen und sind in den Bereichen Unterstützung militärischer Aktivitäten, Katastrophenhilfe und für alle anderen Zwecke im Sinne der nationalen Sicherheit einsetzbar. Derzeit arbeiten ungefähr 14.500 zivile und militärische Kräfte sowie private Dienstleister für die NGA. Das *National Reconnaissance Office (NRO)* befasst sich – ebenso wie die NGA – mit allen Aspekten der bildlichen Satelliten- und Überflugaufklärung. Die Organisation wurde am 6. November 1961 in Reaktion auf die Entwicklung des Sputniks durch die Sowjets gegründet. Das NRO verfügt über etwa 3000 Mitarbeiter, die sich aus Mitgliedern der Streitkräfte, der CIA und zivilem Personal, welches für das Verteidigungsministerium unter Vertrag steht, formieren. Somit symbolisiert das NRO eher eine kooperative Organisation, die sich aus Mitgliedern unterschiedlicher Institutionen zum Zweck der Bildaufklärung zusammensetzt. Das Budget des NRO betrug 2013 10,3 Mrd. US$. Es arbeiten etwa 2800 Personen für das NRO (Richelson 2016, S. 41).

Der Nutzen, den das NRO und die NGA für die amerikanischen Entscheidungsträger beinhalten, liegt in der weltweiten Lageerkennung zur Proliferation von Waffen und Massenvernichtungswaffen, Bewegungen von transnational agierenden Terroristen, Drogenhändlern, Truppenbewegungen und Bombenschäden, der Unterstützung von internationalen Friedensmissionen sowie von humanitären Hilfsmissionen. Außerdem kann das Bildmaterial Informationen über Naturkatastrophen und deren Auswirkungen liefern. Gleichzeitig sichert das NRO durch seine Satelliten Kommunikationsmöglichkeiten sowie Möglichkeiten der Navigation (GPS) und der Frühwarnung, beispielsweise bei Raketenstarts und anderen militärischen Angriffen. Dadurch werden verbesserte strategische Entscheidungen sowie zeitnahe operative Einschätzungen möglich. Die NGA unterstützt mit ihrer Intelligence außerdem die amerikanischen Streitkräfte. Zu den Kompetenzen der NGA zählt auch die Verteidigung gegen Cyber-Angriffe durch die Analyse von Netzwerksystemen. Intelligence-Produkte der NGA wurden für die Katastrophenhilfe 2004 beim Tsunami in Asien, 2005 beim Hurrikan Katrina, 2006 beim Erdbeben in Pakistan sowie 2010 bei der Ölkatastrophe im Golf von Mexiko eingesetzt. Die NGA erhielt 2013 4,8 Mrd. US$ aus dem Haushalt. Es arbeiten etwa 16.000 Personen für die NGA (Richelson 2016, S. 46).

2.4 Intelligence des Verteidigungsministeriums: Defense Intelligence Agency

Während die Organisationen CIA, NSA, NRO und NGA als sogenannte nationale Intelligence-Organisationen die gesamte Regierung unterstützen (Richelson 2016, S. 18), hält die Intelligence Community der USA auch Organisationen vor, die genuin nur einem Ministerium dienen. Das Verteidigungsministerium, das *Department of Defense (DoD)*, setzt, neben den Aktivitäten der NSA, auf die Informationen der *Defense Intelligence Agency (DIA)*.

Die DIA erlangte ihre Relevanz für das US-Verteidigungsministerium in den 1980er Jahren durch die Aufklärung der militärischen Ausstattung der Sowjetunion. Nach dem 11. September war DIA-Personal in Afghanistan stationiert und unterstützte Verhöre und Militäroperationen. 2003 war die DIA außerdem im Rahmen der Operation *Iraqi Freedom* tätig und beteiligte sich an der Suche von Massenvernichtungswaffen. Die DIA gliedert sich in die Direktorate für Analyse, Operationen, Wissenschaft und Technologie sowie Einsatzunterstützung. Sie liefern Informationen, welche für Kampfeinsätze im Kriegsfall genutzt werden. Doch auch im Friedensfall werden die Daten der DIA benötigt. Die Organisation ist die primäre Datenquelle des Verteidigungsministeriums für militärische Intelligence (zum Beispiel für ausländische Truppenbewegungen) und unterrichtet auch die *Joint Chiefs of Staff (JCS)*, also den Stab des gemeinsamen Oberkommandos der Streitkräfte, sowie das *Unified Combatant Command (UCC)*, das Vereinigte Kampfkommando, welches sich aus mehreren Streitkräften oder Teilstreitkräften des US-Militärs zusammensetzt. Weltweit arbeiten etwa 17.000 Menschen für die DIA. 2013 wurden 3,15 Mrd. US$ aus dem Haushalt angefordert (Richelson 2016, S. 63). Die DIA verwaltet mit dem Joint Worldwide Intelligence Communication System (JWICS) eine wichtige Informationsstruktur für die amerikanische Intelligence Community.

2.5 Intelligence des Außenministeriums: Bureau of Intelligence and Research

Das *Bureau of Intelligence and Research (INR)* unterstützt die amerikanische Diplomatie, genauer gesagt das US-Außenministerium, das *Department of State*. Ebenso wie die DIA setzt das INR auf sogenannte *All Source Intelligence*, also Intelligence-Produkte, die entweder durch verschiedene technische Mittel erhoben wurden oder die sowohl durch technische als auch durch menschliche Intelligence gewonnen wurden oder Informationen durch geheime Zugänge mit öffentlich zugänglichem Wissen (der sogenannten *Open Source Intelligence (OSINT)*) komplettieren. Das INR unterstützt die politischen Entscheidungsträger im Außenministerium mit Informationen über Vorgänge, welche für die Außenpolitik und die nationale Sicherheit von Bedeutung sind und informiert über weltweite Lageeinschätzungen in den Bereichen Spionageabwehr, Gegenspionage und Strafverfolgung. Mit der *Humanitarian Information Unit* verfügt das INR

über eine Informationsagentur für die Prävention von und die rasche Reaktion auf
humanitäre Notlagen. Hierfür wertet das INR Geodaten aus und sammelt zeitak-
tuelle Daten, die sie sowohl politischen Entscheidungsträgern als auch Kräften
vor Ort zur Verfügung stellt. Dadurch ist die INR nicht nur ein wichtiger strategischer Partner für das Außenministerium, sondern wirkt auch auf operativer
Ebene, also für zeitnah angelegte Handlungen, als Lieferant zeitgenauer Daten.

2.6 Intelligence des Department of Homeland Security: Office of Intelligence and Analysis (I&A)

Intelligence dient nicht nur der Außenpolitik, sondern auch der inneren Sicherheit. Seit dem 11. September 2001 verschwimmen zusätzlich die Grenzen zwischen innerer und äußerer Sicherheit. Als Reaktion darauf wurde 2002 das
Department of Homeland Security (DHS) gegründet. Neben Terrorismusbekämpfung, Cybersicherheit und Grenzmanagement zählt Katastrophenschutz zu den
Kernkompetenzen des DHS. Der Zuständigkeitsbereich des DHS lässt sich scharf
zu den Tätigkeiten des FBI abgrenzen. Während letztere Organisation einzig für
die Strafverfolgung zuständig ist, füllt das DHS die Lücke zwischen Inlandsüberwachung und das Inland betreffende Daten und Berichte der Auslandsspionage
zur Vorbeugung von Gefahren im eigenen Land. Dennoch herrscht zwischen
beiden Organisationen ein Konkurrenzverhältnis dadurch, dass das FBI bereits
gewachsene Strukturen gegenüber lokalen Behörden hat, wohingegen das DHS
eine relativ junge Organisation ist (Daun 2011, S. 668).

Zu den allgemeinen Zuständigkeiten des DHS zählen das Erkennen, die Iden-
tifizierung und die Analyse sozialer, politischer, technologischer und militärischer
Entwicklungen mit Auswirkung auf die Sicherheit im Inland, die Identifikation, das Monitoring und die Analyse von Technologien, welche von Terroristen
genutzt werden oder potenziell gefährlich für das Inland sein können. Außerdem
gehört die Analyse von Schwachstellen und möglichen Zielen innerhalb der Vereinigten Staaten (unter anderem auch im *Cyberspace*) dazu sowie die Vervoll-
ständigung des Lagebildes um Informationen, die Strafverfolgungsbehörden oder
Auslandsnachrichtendiensten nicht zur Verfügung stehen, beispielsweise OSINT
(Berkowitz 2008, S. 288).

Das DHS verfügt mit der *Intelligence and Analysis Mission (I&A)* über eine
strategische Austauschplattform für alle Informationen, welche den Heimatschutz
betreffen. Das I&A wird unterstützt durch das *Homeland Security Information
Network (HSIN)*, das ermöglicht, Informationen zwischen allen staatlichen Ebenen auszutauschen. Damit erfüllt das DHS seine Aufgabe des *information sharing*,

welches der US-Kongress nach dem 11. September 2001 als Hauptaufgabe der neu geschaffenen Organisation ausgelobt hat.

3 Die Aufgaben der amerikanischen IC

Die IC hat funktional unterschiedliche Aufgabengebiete. Für das Management von Intelligence zeichnet sich der DNI verantwortlich. Entwickler von Intelligence-Systemen sind vorrangig NRO und CIA. Die Sammlung von Informationen ist vor allem bei der NSA, dem NRO und der CIA angesiedelt. Analyse-Produkte werden von der DIA, der INR und der CIA erstellt. Durch die Sonderaufgabe der HUMINT ist die CIA in mehreren Bereichen tätig und übernimmt Aufgaben in den Bereichen Entwicklung von Intelligence-Systemen und Sammlung von Informationen und dient ebenfalls als Produzentin von fertigen Intelligence-Produkten (Lowenthal 2003, S. 29).

Die Aufgaben der einzelnen Organisationen richten sich nach den Herausforderungen und Möglichkeiten des 21. Jahrhunderts. Angesichts knapper fiskalischer, personeller und methodischer Ressourcen stehen darüber hinaus im Informationszeitalter stets mehr Informationen zur Verfügung, als schlussendlich ausgewertet werden können (Krieger 2014). Praktiker der Dienste weisen daher auf eine doppelte Einschränkung in der Wahrnehmung der Wirklichkeit hin: dass *erstens* nicht alle relevanten Informationen gesammelt werden können und dass *zweitens* durch personelle und kognitive Eingrenzungen nur ein Bruchteil ausgewertet und analysiert werden kann. Dabei sorgen komplexe und transnationale Bedrohungen zugleich für eine erschwerte Definition dessen, wonach die Dienste überhaupt suchen sollen. Der Festlegung, welche potenziellen Bedrohungen mit Priorität aufgeklärt und welche Entwicklungen zuerst analysiert werden sollen, kommt deshalb politische Bedeutung zu. Daher wird der Auftrag hierzu entweder von der Exekutive festgelegt oder wird durch Krisen und daraus resultierende Handlungsimperative bestimmt.

3.1 Die Aufgaben der IC zur Unterstützung der amerikanischen Außenpolitik aus strategischer Sicht

Das ODNI gibt seit 2005 alle vier Jahre die National Intelligence Strategy of the United States of America (NIS) heraus. Die letzte Strategie erschien 2014. Das Dokument listet Herausforderungen und Möglichkeiten des 21. Jahrhunderts auf,

auf welche die amerikanischen Dienste reagieren müssen. Die USA sieht sich in ihrem strategischen Umfeld von Staaten wie China, Russland, Iran und Nordkorea herausgefordert. Auch der Nahe Osten und Nordafrika stellen Regionen dar, die erhöhten Aufklärungsbedarf aufweisen. Dadurch ergeben sich für alle Dienste, vor allem für diejenigen, die der gesamten Regierung zuarbeiten, also beispielsweise für CIA, NSA und NRO, umfassende und komplexe Aufträge. Ebenso stellen nach wie vor terroristische Gruppen wie Al-Qaida sowie Akteure aus dem Spektrum transnationaler organisierter Kriminalität Herausforderungen für die nationale Sicherheit der USA dar. In Zeiten von Befürchtungen hinsichtlich der Offenlegung klassifizierter Informationen durch Insider sowie von Sparzwängen, die aus der Staatsschuldenkrise rekurrieren, muss die IC ihre Ressourcen zudem sorgsam auswählen, aber auch besonders schützen.

Das Auftragsprofil der IC lässt sich allgemein durch die sieben *Mission Objectives* ausdrücken (Abb. 2). Drei Ziele lassen sich als übergeordnet begreifen: *Strategic Intelligence,* welche langfristige Trends aufklärt, die Einfluss auf die nationale Sicherheit der USA haben können, *Anticipatory Intelligence,* die aufkommende Bedrohungen identifizieren und vor ihnen warnen soll, sowie das Auftragsziel *Current Operations* das auf die Unterstützung bereits bestehender sensibler Intelligence-Missionen abstellt. Neben den regionalen und funktionalen *issues,* die von der IC abgedeckt werden müssen, stehen auch aktuelle

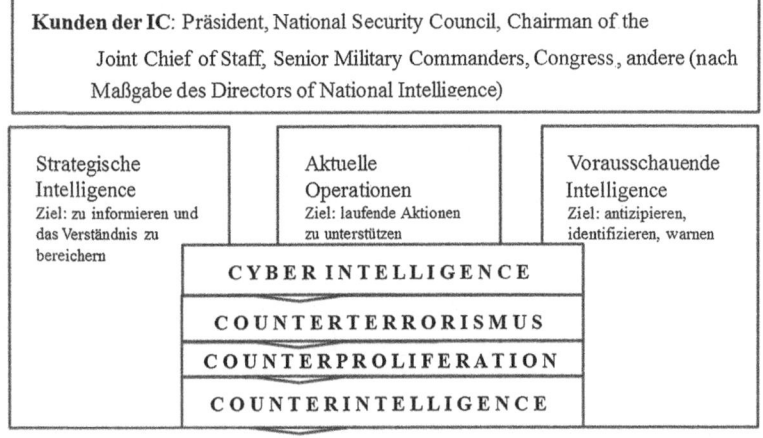

Abb. 2 Die Mission Objectives der amerikanischen IC. (Quelle: Eigene Darstellung. Daten aus National Intelligence Strategy 2014, S. 6)

Problemfelder, wie *Cyber Intelligence, Counterterrorism, Counterproliferation* und *Counterintelligence* im Fokus.

Die NIS ist, allgemein betrachtet, in Zusammenhang mit der *National Security Strategy* (2015) zu sehen. Die groben Ziele betreffen die Gewährleistung von Sicherheit, Wohlstand, den Werten der USA sowie der internationalen Ordnung, wobei bezogen auf letzteren Punkt ein neues Gleichgewicht in Asien und im Pazifik, die Weiterführung der Allianz mit Europa, Stabilität und Frieden im Nahen Osten und Nordafrika, Engagement in die Zukunft Afrikas sowie die tiefe wirtschaftliche und sicherheitsunterstützende Kooperation mit Zentral- und Lateinamerika angestrebt werden. Die amerikanischen Nachrichtendienste haben also die Aufgabe, die politischen Entscheidungsträger zur Erreichung ihrer politischen Ziele mit einer verlässlichen Informationsbasis zu versorgen und dabei einen strategischen Vorteil herauszuarbeiten. Diese müssen für ihre Handlungsentscheidungen auf strategische und taktische *Intelligence* zurückgreifen können. Während strategische *Intelligence* Informationen abdeckt, die für eine langfristige Planung von politischen Entscheidungen notwendig sind, beschreibt taktische *Intelligence* die Bereitstellung von Informationen für militärische Einheiten oder Strafverfolgungsbehörden, die mithilfe dieser Daten kurz- und mittelfristig handeln können. Taktische Intelligence ist jedoch auch für politische Entscheidungsträger in Krisensituationen notwendig.

Angesichts der Terrorismusgefahr und anderer aus der internationalen Ordnung erwachsender Problemstellungen sind die Erwartungen an die IC mannigfaltig. Daher sind sie auf die Kooperation untereinander als auch auf die internationale Kooperation mit Partnergeheimdiensten angewiesen. Begründet durch die präventive und präemptive Sicherheitspolitik der USA ist die amerikanische IC aber auch für die Auslandsgeheimdienste anderer Länder ein wichtiger Partner. Besonders zu den Diensten der Briten, Kanadier, Australier und Neuseeländer bestehen enge Verbindungen im Rahmen der sogenannten *Five Eyes*. Doch auch zu den Diensten Deutschlands, Frankreichs und Israels bestehen enge Verbindungen (Richelson 2016, S. 370–395).

Ganz allgemein formuliert ist es die Aufgabe der Dienste, die Sicherheitsinteressen zu wahren. Außerdem benötigt jede Regierung Intelligence, deshalb fungiert sie im Ablauf der Intelligence-Produktion auch als Auftraggeber und Initiator des Ablaufes, welcher die Aufklärung anschiebt und abschließt, des sogenannten Intelligence-Zyklus (siehe Punkt 3.2). Die IC muss diesem Auftrag gerecht werden, indem sie zwei Aufgaben erfüllt: Die erste Aufgabe besteht darin, die amerikanische Regierung über sicherheitsrelevante Vorgänge umfassend zu informieren. Diese Aufgabe wird in zwei Phasen arbeitsteilig erarbeitet. *Erstens* werden Informationen gesammelt, Daten zusammengetragen und gespeichert. In einer zweiten Phase wird aus diesen Daten nach unterschiedlichen Verfahren relevantes Wissen gewonnen. Teilen der IC werden jedoch zusätzlich operative Aufgaben zuteil, denn nach einem Entscheidungsprozess getroffene Maßnahmen müssen ausgeführt werden. Auch dies geschieht auf zwei Arten. Zum einen verdeckt, sodass weder die eigene Bevölkerung noch andere Regierungen erfahren, welche Maßnahmen umgesetzt wurden. *Zweitens* geheim, indem mit den Diensten anderer Staaten Beziehungen aufgebaut und Kooperationen eingegangen werden (Westerfield 1996). Hierüber wirken die amerikanischen Dienste aufgrund ihrer Informationsüberlegenheit (die auch aus der Ressourcenüberlegenheit und der Reichweite ihres Auftrags rekurriert) auf die Entscheidungsprozesse in anderen Regierungen ein. Alle diese Prozesse werden parallel durch Spionageabwehrmaßnahmen begleitet, durch die dafür Sorge getragen wird, dass andere Dienste keine Daten sammeln, kein entsprechendes Wissen erlangen, keine verdeckten Aktionen ausführen und aus Kooperationsbeziehungen ausgeschlossen werden können.

3.2 Die Aufgaben der IC zur Unterstützung der amerikanischen Außenpolitik aus systemischer Sicht

Systemisch ist die Erfüllung des Bedarfs im Intelligence Zyklus *(Intelligence Cycle)* organisiert. Diese grobe Ablaufroutine hat ihren Ursprung im amerikanischen Kontext, wird aber auch in anderen Ländern als Orientierungshilfe sowie als Rechtfertigungsschablone für die Öffentlichkeit verwendet; unter anderem beim deutschen Bundesnachrichtendienst (BND). Der amerikanische Intelligence-Zyklus gliedert sich in fünf Arbeitsschritte. Der erste Schritt, der Auftrag, geht von der Regierung aus. Danach obliegt der IC die Steuerung der Datenbeschaffung (Schritt 2), sowie deren Auswertung (Schritt 3), welche schließlich in die Analyse der vorhandenen Daten (Schritt 4) kulminiert. Anschließend wird das so generierte Wissen in der Unterrichtung an die Regierung zurückgespielt (Schritt 5) und dient damit als Grundlage für außenpolitische Entscheidungen. Die durch die IC erhobenen und ausgewerteten sowie verarbeiteten Informationen müssen verlässlich und frei von Fehleinschätzungen sein. Diese Fehler können in jeder Zyklusphase des Intelligence-Zyklus auftreten. So können in der Ausrichtung Fehler in der Artikulation des Auftrages an die Nachrichtendienste entstehen, die auch aus einem Fehler in der Bedrohungseinschätzung resultieren können. In der Phase der Beschaffung können methodische Fehler, durch falsche oder unzulängliche Technik oder durch ein Missverhältnis von TECHINT und

HUMINT, entstehen. In der Aufbereitung von Rohdaten können falsche oder schlechte Filter, Kapazitätsmängel, beispielsweise bei Übersetzern, sowie die falsche Interpretation von Rohdaten eine Rolle spielen. In der Analyse sind Irrtümer meist auf Politisierung, Groupthink, kognitive Voreinstellungen, ungeeignete Analogien oder auf *mirror imaging*[3] zurückzuführen. Die Unterrichtung kann aufgrund von schlechter Artikulation oder Vermittlung von nachrichtendienstlichen Erkenntnissen durch die Dienste sowie von Nichtbeachtung nachrichtendienstlicher Erkenntnisse durch die Regierung mangelhaft sein. Es bleibt nicht auszuschließen, dass die Politik die ihr zur Verfügung gestellten Analyseprodukte fälschlich interpretiert oder falsch bzw. gar nicht handelt. So kommt es nicht zu einem *Intelligence Failure,* sondern zu einem *Policy Failure* (Daun 2011).

Für die Vermeidung von Intelligence Failures, vor allem durch das Teilen von Informationen, ist auch das ODNI verantwortlich. Nach der Intelligence-Reform von 2004 wurde 2005 die Position des DCI in die des Directors of National Intelligence (DNI) umgewandelt. Das ihm unterstellte Büro, das Office of the Director of National Intelligence (ODNI), hat die Aufgabe, für die Integration der einzelnen Intelligence-Produkte in eine umfassende Analyse zu sorgen. Zudem ist er der oberste Intelligence-Berater der Regierung und beheimatet das nationale Antiterrorzentrum (NCTC). Die Position des DNI steht symbolisch für einen Paradigmenwechsel der amerikanischen IC, da sie in der Theorie das Ziel der Integration der Dienste und das Teilen von Informationen *(need to share)* über die bürokratische Konkurrenz der Dienste stellt. In der Praxis lassen sich die Dezentralisierung und der Wettbewerb zwischen den Diensten und den Ministerien nicht vollends aufheben. Zwar entwirft der DNI den Intelligence-Haushalt, die Gelder dafür werden jedoch von den Ministerien verantwortet. Diese entscheiden auch, wie viel Geld für welchen Posten innerhalb des Intelligence Budgets verwendet werden kann. Die Einschränkung der tatsächlichen Macht des DNI setzt sich auch bei Parallelstrukturen im Verteidigungsministerium sowie im mangelnden Einfluss bei Personalfragen, etwa bei der Kündigung von Dienst-Chefs, fort (Daun 2011, S. 664).

Allgemein lassen sich vier Aufgaben der IC unterscheiden: Zunächst müssen Daten gesammelt und die Datensammlung anderer abgewehrt werden. Aus diesen Informationen werden Analyseprodukte erstellt und gleichzeitig die Analyse anderer Akteure erschwert. Zusätzlich werden verdeckte Handlungen durchgeführt, wie an anderer Stelle bereits betont wurde, also Aktionen, welche darauf

---

[3]*Mirror imaging* beschreibt die (fälschliche) Perzeption, fremde Akteure würden genauso handeln, wie man es selbst von sich erwarten würde.

abzielen, die politischen, ökonomischen und militärischen Bedingungen in anderen Staaten zu beeinflussen. Sie werden dann angewandt, wenn die Regierung nicht in Erscheinung treten oder dies öffentlich nicht eingestanden werden soll. Verdecktes Handeln lässt sich kategorisieren in Propaganda, politische und ökonomische Aktionen und paramilitärische Aktionen. Zusätzlich zu Intelligence, Spionageabwehr *(counterintelligence)* und verdeckten Handlungen *(covert actions)* zählt auch die Kooperation mit anderen Diensten sowohl im In- als auch im Ausland zum Fokus der Intelligence-Arbeit. Intelligence ist ein Instrument der Politik und ihre Handlungen sind vom politischen Willen der Entscheidungsträger abhängig. Zwar ist die Nähe zur Politik bei den verdeckten Aktionen besonders deutlich ausgeprägt, aber auch hinsichtlich der anderen Funktionen sind die Dienste von politischen Vorgaben abhängig, nicht zuletzt bei der Frage, wegen welcher Interessen und mit welchem Ziel über welche Vorgänge mit Priorität Informationen gesammelt, aufbereitet und analysiert werden sollen. Die Regierungspolitik bestimmt also die Arbeit der Dienste mehr oder weniger direkt. Informationen sollen aktuell, relevant, genau, nicht von fremden Akteuren beeinflusst und ebenso breit wie tief sein. Der tägliche Bericht an den Präsidenten und seine Mitarbeiter enthält im Idealfall deshalb genau die Informationen, die diese zur gegebenen Situation benötigen. Daher ist es das Ziel der IC, qualitativ gute Analysen zum richtigen Zeitpunkt zu liefern. Nur dann können sie für den politischen Prozess von Bedeutung sein. Dies ist eine wichtige Voraussetzung für die Reputation der Dienste und damit für weitreichende Kompetenzen und ein ausreichendes Budget.

Die amerikanischen Dienste werden jährlich budgetiert. Das Budget der amerikanischen Intelligence Community verteilt sich auf zwei Posten. Einerseits finanziert das *National Intelligence Program* (NIP) Aktivitäten, die mehr als eine Einheit oder Organisation betreffen. Das NIP budgetiert die CIA, die NSA, die DIA und die NGA. Andererseits unterstützt das *Military Intelligence Program* (MIP) Aktivitäten, welche sich nur auf Aktivitäten beschränken, die das Verteidigungsministerium betreffen. Beide Finanzierungstöpfe sollen sich gegenseitig ergänzen. Das NIP betrug 2015 50,3 Mrd. US$, das MIP 16,5 Mrd. US$ (Daugherty Miles 2016, S. 8). Das Budget für die amerikanische Intelligence Community ist gegenüber dem Höchstwert der vergangenen zehn Jahre (53,9 Mrd. US$ NIP und 24 Mrd. US$ MIP im Jahr 2012) leicht gesunken.

Die Anforderungen an die IC sind abhängig von politischer Auslegung und Aufgabenbereich. So wurde nach dem 11. September 2001 die Inlandsüberwachung massiv ausgedehnt. Bestandteile dieser Überwachung, wie etwa die Aufklärung von Telefon-Metadaten über die Telefonie von US-Amerikanern mit dem Ausland unter Section 215 des PATRIOT Acts wurden 2015 mit dem *USA*

FREEDOM Act 2015 wieder aufgehoben. Auch technologische Entwicklungen sorgen für die Anpassung der Anforderungen an die IC und bestimmen, wie sie diesen gerecht werden kann. Durch die Internetrevolution steht *Digital Networks Intelligence (DNI)* zum Auffinden sowie zur Aufklärung von Zielen zur Verfügung. Nachdem die Bush-Regierung nach den Empfehlungen der *9/11-Commission* zunächst die HUMINT-Fähigkeiten stärkte, stand die Internetüberwachung und die Ausführung von Computernetzwerkoperationen im Fokus der Obama-Regierung.

Wichtig für die Terrorismus-Aufklärung und Terrorismusbekämpfungsmaßnahmen ist das Auffinden von aufständischen Gruppen und deren Anführern, Trainingscamps sowie Kommunikationsmitteln oder -strömen, die gestört, aber auch überwacht werden müssen. Hierzu ist SIGINT ein Mittel und wird zusätzlich durch IMINT unterstützt. Außerdem werden sogenannte *Schurkenstaaten* mithilfe von IMINT aufgeklärt. 2002 klärte die US-Bildaufklärung die Stationierung von Luftabwehrraketen in Bushehr im Iran auf. 2003 und 2005 entdeckten Spionagesatelliten offenbar Bewegungen, die auf die Vorbereitung und Durchführung von Nukleartests in Nordkorea hinwiesen. Doch die USA interessiert sich auch für Militärbewegungen und Waffensysteme in Indien, Pakistan und Israel. Die Spionage mithilfe von Satelliten wird durch Flugaufklärung und Drohnenaufklärung begleitet. Die Drohnen können zudem mit Waffensystemen, den sogenannten Hellfire-Raketen, bestückt und für gezielte Tötungen, sogenannte *targeted killings,* verwendet werden.

Die Anforderungen an die Intelligence-Arbeit können also nicht nur durch die Bereitstellung einer Aufklärungsart, also HUMINT oder TECHINT, getroffen werden. Vielmehr handelt es sich bei dieser Unterscheidung um eine künstliche Trennung. Gerade im Hinblick auf Terrorismusbekämpfung ist jedoch die Aufklärung von Kommunikation *(communication intelligence; COMINT)* von herausragender Bedeutung. Allerdings müssen bei aller Konzentration auf technische Möglichkeiten der Aufklärung auch die HUMINT-Fähigkeiten weiterhin mit Ressourcen gestärkt werden (Richelson 2009).

4 Kontrolle und Anpassung der Dienste

Die Tätigkeit der amerikanischen IC ist nicht nur strategischen Zielen unterworfen, sondern auch Gegenstand der parlamentarischen Kontrolle. Während Auftraggeber der IC wie der Präsident, der nationale Sicherheitsrat, die Chefs der Ministerien, der Kongress sowie die Streitkräfte die Zielrichtung der Aktivitäten der IC festlegen, stellen die verantwortlichen Komitees des Senats und des Repräsentantenhauses fest, ob sie innerhalb des Rahmens bleiben und dabei auch ihren gesetzlichen Pflichten nachkommen sowie deren Regelungen einhalten.

Die IC wird durch zwei ständige Einrichtungen des US-Kongresses überwacht.

Dem Ausschuss des Senats, dem Senate Select Committee on Intelligence Responsibilities and Activities, obliegt die Kontrolle von Intelligence-Berichten, -Budgets und -Aktivitäten. Die Kontrollfähigkeiten unterliegen jedoch verschiedenen Einschränkungen. Dazu gehören die Befugnisse des Präsidenten, die Berichtspflichten der IC über verdeckte Operationen *(covert actions)* gegenüber dem Senat sowie die faktische Steuerungsmöglichkeit der IC bei der Unterrichtung des tatsächlichen Ausmaßes der Aktivitäten, verdeckter Aktionen und Intelligence Failures. Die 15 Senatoren werden einmal wöchentlich in Anhörungen unterrichtet und schreiben jährlich ein autorisierendes Gesetz für die Budgetierung der Organisationen bezüglich der Durchführung von Intelligence-Aktivitäten und der Möglichkeiten und Rahmenbedingungen von Auslandsspionage. Außerdem untersucht das Komitee Intelligence-Programme und Events auf Gesetzeskonformität und macht dem Präsidenten Vorschläge hinsichtlich der Besetzung von Führungspositionen in der IC. Das Komitee erhält zusätzlich Intelligence-Analysen und -Berichte.

Das ständige Komitee des Repräsentantenhauses, das *House of Representatives Permanent Select Committee on Intelligence* (HPSCI), überwacht zusätzlich zu den Aktivitäten der 16 US-Dienste das militärische Intelligence-Budget MIP (Lowenthal 2003). Die parlamentarische Kontrolle ist dabei stets davon abhängig, welchen Einblick die geheim agierenden Dienste den parlamentarischen Vertretern gewähren und welchen Spielraum diese haben, die tatsächliche Bandbreite der Aktivitäten zu erfassen.

5   Fazit

Die IC hat mannigfaltige Befugnisse, aber auch vielfältige Aufgaben, um die nationalen Interessen der USA zu wahren und sich dabei in das politische System einzufügen. Dabei ist ihre Tätigkeit auch immer vom politischen und strategischen Rahmen, also dem lang-, kurz-, und mittelfristigen Auftragsprofil, sowie der politischen Steuerung abhängig. Auch technologische Bedingungslagen bestimmen die Tätigkeit der Dienste. Die möglichst umfassende Informationsdienstleistung, welche die IC anbieten muss, geht mit der größtmöglichen technischen Datensammlung einher. Diese Aufklärungsmethoden, vor allem im Bereich der Internetüberwachung, sind spätestens seit den Enthüllungen durch Edward

Snowden 2013 aufgrund ihrer möglichen Einschränkungen für die Freiheit und die Privatsphäre von US-Bürgern und Ausländern in die internationale Kritik geraten. Angesichts des breiten Auftragsprofils der Dienste, der außenpolitischen Ausrichtung der USA sowie der Zentralität der USA als sicherheitspolitischer Partner für andere Staaten werden sich Alternativen zu bestehenden Praktiken, insofern sie überhaupt gewünscht werden, politisch nicht in vollem Umfang durchsetzen lassen. Auch die Attraktivität amerikanischer Dienste als Kooperationspartner für ausländische ICs wird gerade in Zeiten komplexer transnationaler Bedrohungen wohl weiter zunehmen.

Literatur

Berkowitz, B. (2008). Homeland Security Intelligence. Rationale, Requirements, and Current Status. In R. Z. George & J. B. Bruce (Hrsg.), *Analyzing Intelligence. Origins, Obstacles, and Innovations* (S. 281–294). Washington D.C.: Georgetown University Press.

Daugherty Miles, A. (2016). *Intelligence Authorization Legislation for FY2014 and FY2015: Provisions, Status, Intelligence Community Framework.* https://www.fas.org/sgp/crs/intel/R43793.pdf. Zugegriffen: 2. Nov. 2016.

Daun, A. (2011). Die Nachrichtendienste 10 Jahre nach 9/11. In T. Jäger (Hrsg.), *Die Welt nach 9/11. Auswirkungen des Terrorismus auf Staatenwelt und Gesellschaft* (S. 654–685). Sonderheft der Zeitschrift für Außen- und Sicherheitspolitik. Frankfurt: VS Springer.

Krieger, W. (2014): *Die Geschichte der Geheimdienste. Von den Pharaonen bis zur NSA.* München: C. H. Beck.

Lowenthal, M. (2003). *Intelligence. From Secrets to Policy.* Washington D.C.: CQ Press.

ODNI. (2016). Intelligence Community. https://www.dni.gov/index.php. Zugegriffen: 14. Nov. 2016.

Richelson, J. T. (2009): Technical Collection in the Post-September 11 World. In G. F. Treverton & W. Agrell (Hrsg.), *National Intelligence Systems. Current Research and Future Prospects* (S. 147–175). Cambridge: Cambridge University Press.

Richelson, J. T. (2016). *The U. S. Intelligence Community.* Boulder: Westview Press.

The President's Review Group on Intelligence and Communications Technologies. (2014). *The NSA Report. Liberty and Security in a Changing World.* Princeton: Princeton University Press.

Westerfield, H. B. (1996). America and the World of Intelligence Liaison. *Intelligence and National Security, 11*(3), 523–560.

Weiterführende Literatur

Richelson, J. T. (2016). *The U. S. Intelligence Community.* Boulder, CO: Westview Press. (Umfassende Beschreibung der amerikanischen Intelligence Community mit analytischen und historisch-deskriptiven Elementen.)

Lowenthal, M. M. (2016). *Intelligence: From Secrets to Policy.* Thousand Oaks: Thousand Oaks. (Grundlegendes Standardwerk zu Aufbau und Funktion der amerikanischen Intelligence Community, die den Fokus auf den Intelligence-Zyklus, die Rolle des politischen Entscheidungsträgers sowie die Kontrolle der Dienste legt.)

Militärisch-industrieller Komplex

Josef Braml

1   Einleitung zur Innenseite amerikanischer Außenpolitik

Grundlegend für die folgende Analyse der Außenpolitik der USA[1] wird ihre „Innenseite" (Krell 2009, S. 185) sein, insbesondere die Frage, ob an der außenpolitischen Willensbildung und Entscheidungsfindung möglichst viele Menschen und Gruppen beteiligt werden. Wenn diejenigen partizipieren, die die Lasten und Kosten hauptsächlich zu tragen haben, kann man gemäß der Theorie des Demokratischen Friedens erwarten, dass friedfertigere Entscheidungen getroffen werden. Diese Grundidee der (neuen) liberalen Theorie der internationalen Beziehungen (z. B. Moravcsik 1997) geht zurück auf den Königsberger Philosophen Immanuel Kant. In seiner Schrift *Zum ewigen Frieden* formulierte er es 1795 im Kern so:

> Wenn [...] die Beistimmung der Staatsbürger dazu erfordert wird, um zu beschließen, ob Krieg sein sollte, oder nicht, so ist nichts natürlicher, als dass, da sie alle Drangsale des Krieges über sich selbst beschließen müssten [...], sie sich sehr bedenken werden, ein so schlimmes Spiel anzufangen (zit. n. Kant 2002, S. 13).

---

[1]Ausführlicher zur Interdependenz der wirtschaftlichen und politischen Ordnungen in den USA sowie der Internationalen Ordnung siehe Braml (2016).

J. Braml (✉)
Deutsche Gesellschaft für Auswärtige Politik e.V., Berlin, Deutschland
E-Mail: braml@dgap.org

© Springer Fachmedien Wiesbaden GmbH 2017   85
T. Jäger (Hrsg.), *Die Außenpolitik der USA*, Studienbücher Außenpolitik und Internationale Beziehungen, DOI 10.1007/978-3-531-93392-4_6

Problematisch wird es jedoch, wenn Interessengruppen den politischen Prozess dominieren, die etwa vom Krieg oder anderen gewalttätigen außenpolitischen Zielen profitieren, die Kosten nicht selbst tragen und diese auf andere abwälzen können. Dann neigen auch (weniger liberale) Demokratien zu Angriffskriegen und Gewaltausübung. In seiner Abschiedsrede warnte US-Präsident Dwight D. Eisenhower, der einst selbst Generalstabschef der Armee war, im Januar 1961 etwa vor dem „militärisch-industriellen Komplex" in den USA (ausführlicher: Medick 1975, S. 347–377). Der US-Diplomat und Historiker George Kennan, einer der Weisen Männer seiner Zeit, warnte 1987 im Vorwort des von Norman Cousin verfassten Buchs *The Pathology of Power:*

> Würde die Sowjetunion morgen in den Wassern der Ozeane untergehen, dann müsste der amerikanische militärisch-industrielle Komplex mehr oder weniger bestehen bleiben, bis irgendein anderer Feind erfunden werden könnte. Alles andere wäre ein unakzeptabler Schock für die amerikanische Wirtschaft (zit. n. 1997, S. 118).

Ein äußerer Feind hat im Laufe der amerikanischen Geschichte immer wieder dazu gedient, die US-Wirtschaft mit Militär-Industriepolitik zu fördern, Geld für Rüstung und Geheimdienste zu mobilisieren, die Heimatfront zu festigen, im Namen der nationalen Sicherheit die persönlichen Freiheitsrechte einzuschränken sowie von Konflikten abzulenken, die sich an sozioökonomischer Ungleichheit entzündeten.

Das heißt indes nicht, dass im Sinne der marxistischen Lehrmeinung ein kapitalistisches System unweigerlich zu kriegerischem und imperialistischem Handeln führt. Doch wenn der Kapitalismus ungezügelt bleibt, wenn im Inneren Gewaltenkontrolle versagt, dann sind auch eine allzu freie Wirtschaft und (illiberale) Demokratie nicht davor gefeit, Gewalt nach außen anzuwenden.

Insbesondere dann, wenn Gewalt privatisiert und von privaten Unternehmen wie Raytheon oder Northrop Grumman ausgeführt wird und neue Technologien die Kriegsführung revolutionieren, ja, den Krieg weiter entmenschlichen. Wenngleich nach den hohen menschlichen und finanziellen Kosten der Kriege in Afghanistan und im Irak die US-Bevölkerung kriegsmüde geworden ist, haben die USA unter Präsident Barack Obamas Führung den globalen Krieg gegen den Terror mithilfe bewährter *Undercover*-Methoden und neuer Technologien ausgeweitet: Neben Söldnern stehen auch Spezialeinheiten, paramilitärische Operationen der Central Intelligence Agency (CIA) für das Prinzip des nunmehr *leichteren militärischen Fußabdrucks* der USA.

Die Vorzüge von Drohnen, die vor allem auch von der CIA gesteuert werden, sind enorm: weniger Kosten (auch politische), weniger Transparenz und weniger

Gefahr für die eigenen Soldaten. Ferngesteuerte (unbemannte) Flugsysteme können zur Aufklärung und Überwachung eingesetzt werden. Mit Raketen bestückt können diese Drohnen bei Bedarf auch in Kampfeinsätzen verwendet werden. Das amerikanische Verteidigungssystem will bis 2038 sogar „vollautomatisierte" oder „autonome" Waffensysteme entwickeln (U. S. Department of Defense 2014a). Am Ende wird diesen Waffen und Kampfrobotern wohl auch die Hoffnung zum Opfer fallen, dass Demokratien für Kriege nur schwer zu gewinnen sind, da der Blutzoll der eigenen Soldaten und die finanziellen Belastungen sowie eine kritische öffentliche und veröffentlichte Meinung sie davor zurückschrecken lassen – so auch die eindringliche Warnung namhafter Wissenschaftler in einem „offenen Brief" (2015).

Die ursprünglich als Vorhut im weltweiten Kampf gegen den Terror eingesetzten unbemannten Aufklärungs- und Kampffflugzeuge können selbstredend auch gegen eine andere am Horizont aufziehende Gefahr in Stellung gebracht werden: gegen China, die aufstrebende Wirtschaftsmacht in Asien, die für ihr weiteres Wachstum immense (Energie-) Ressourcen benötigen wird. Indem sie diese zunehmend mit ihrem Militär sichert, gerät sie in Konflikt mit den sogenannten vitalen Interessen der USA.

Zwar sind die USA und China wirtschafts- und handelspolitisch voneinander abhängig. Eine Schwächung des einen würde unweigerlich auch gravierende Probleme für den anderen bewirken. Dieses *ökonomische Gleichgewicht des Schreckens* lässt Optimisten hoffen, dass die USA und China Konfrontationen vermeiden und gemeinsam eine friedliche Weltordnung aufrechterhalten.

Doch wer sich nur die kontinuierlich und deutlich steigenden Militärausgaben und das martialische Auftreten Chinas im pazifischen Raum ansieht, muss befürchten, dass es auch im Reich der Mitte Hardliner gibt, die künftig noch stärker den Ton angeben werden. Denn auch in Washington können die anstehenden Haushaltskürzungen im militärischen Bereich wohl nur noch abgemildert werden, wenn man vonseiten der Rüstungsindustrie und der von ihr finanziell motivierten Politiker und Experten diese Gefahr überzeichnet.

2 Militär-Industriepolitik

Trotz gegenteiliger Wahrnehmung (auch der meisten Amerikaner) hat der amerikanische Staat seit jeher eine wichtige Rolle im Wirtschaftsleben Amerikas gespielt, da er durch Investitionen in Forschung und Entwicklung Innovationsleistungen selbst erbrachte oder indirekt ermöglichte. „Es gibt eine Fülle an Beispielen, die belegen, dass Militärtechnologie extrem wichtig für das Wachstum des privaten Sektors gewesen ist", hob der ehemalige Notenbankchef Ben Bernanke bei einer Diskussionsveranstaltung der Brookings Institution hervor, die sich mit den Kürzungen des Verteidigungsetats und deren negativen Folgen für die US-Wirtschaft beschäftigte (Burke et al. 2015).

Zwar gab der Wirtschaftswissenschaftler zu bedenken, dass das Geld besser in Grundlagenforschung außerhalb des Militärs investiert gewesen wäre. Aber das politische System der USA sei eben denkbar schlecht geeignet, dafür zu sorgen, dass im zivilen Bereich langfristige Investitionen mit unsicherem Ausgang getätigt würden. „Mangels einer stetigen, dringend erforderlichen nichtmilitärischen Entwicklungsstrategie", sekundierte sein Kollege Mark Muro, „dienten Verteidigungsausgaben als verdeckte Industriepolitik" (Burke et al. 2015). Die Spitzenstellung im Luft- und Raumfahrtwesen, aber auch im IT-Sektor wäre ohne staatliches Zutun – im mehrfachen Wortsinn – *undenkbar* gewesen. Das Internet – die Grundlage der amerikanischen IT-Industrie – wurde in Militärkreisen entwickelt.

Das war jedoch nicht nur Industriepolitik, sondern auch geheimdienstlich-militärisches Kalkül. Nach Einschätzung des Geostrategen Walter Russell Mead (2015) waren die USA in der Lage, ihre wirtschaftliche und militärische Dominanz zu bewahren, weil sie sehr schnell und wirksam die zivile und militärische Nutzung neuer Kommunikationsformen, darunter Radio, Fernsehen, Satelliten und das Internet, etabliert und beherrscht haben.

Was von Staatskritikern der sogenannten freien Wirtschaft oft übersehen wird: Auch die Sicherheitsapparate sind staatliche Einrichtungen. Das amerikanische Militär, die Nachrichtendienste und die Behörden des Heimatschutzes sind die größten Arbeit- und Auftraggeber in den USA. Im Zuge der militärischen und sicherheitsdienstlichen Aufrüstung im Zweiten Weltkrieg erhielt die Bundesregierung umfangreiche Aufgaben.

Im Kalten Krieg gegen die Sowjetunion etablierte sich eine Interessenverbindung zwischen Militär, Rüstungsindustrie und politischen Eliten, der vom scheidenden US-Präsidenten Eisenhower (1961) sogenannte „militärisch-industrielle Komplex". Dieser Komplex ist seit den Angriffen vom 11. September 2001 durch eine weitere massive Erhöhung des Militärbudgets, internationale Kooperationen und die Ausweitung des Heimatschutzes und nachrichtendienstlicher Kapazitäten noch größer geworden.

3 Militärisch-industrieller Komplex

Durch ihre Bündnispolitik und ihre sogenannten Wirtschafts- oder Militärhilfen unterstützen die USA auch ihre Militärindustrie. So erhalten Israel und Ägypten jedes Jahr drei bzw. zwei Mrd. US-Dollar Auslandshilfen von den USA, für die sie freilich zu einem Gutteil wieder US-Rüstungsgüter und -dienstleistungen bezahlen müssen. Um Verbündete wie Israel und Saudi-Arabien zu beruhigen, die sich vom Iran bedroht fühlen und Washingtons Deal mit Teheran sehr kritisch gegenüberstehen, wurden die Sicherheitsgarantien der USA mit zusätzlichen Waffenverkäufen untermauert. Im Mai 2015 stellte Obama den Verantwortlichen Saudi-Arabiens und kleinerer Golfstaaten beim Treffen in Camp David „extensive" militärische Zusammenarbeit in Aussicht (Hirschfeld und Sanger 2015, S. A10). Des Weiteren dürfte die mit 3 Mrd. US$ jährlich ohnehin üppig veranschlagte Militärhilfe der USA an Israel in den kommenden zehn Jahren auf voraussichtlich über 4 Mrd. US$ pro Jahr erhöht werden (Hirschfeld und Rosenberg 2015, S. A13). Saudi-Arabien, dessen Ölmonarchie auch von den USA protegiert wird, muss mehr für seine Sicherheit in Form von Rüstungskäufen vorschießen. Allein in den vier Jahren von Oktober 2010 bis Oktober 2014 investierte Riad insgesamt 90 Mrd. US$ in Rüstungsgüter aus den USA. Die teuerste Anschaffung waren F-15-Kampfflugzeuge im Wert von knapp 30 Mrd. US$ und Apache-Kampfhubschrauber für weitere 31 Mrd. US$, die 2010 in Auftrag gegeben wurden (Blanchard 2015, S. 11–12). Saudi-Arabien ist bei Weitem nicht das einzige Land, das amerikanische Rüstungsgüter kaufen darf – um die Lasten der Sicherheitsgarantie der USA zu schultern. In den vergangenen fünfzehn Jahren waren es über hundert Länder, die durch Waffenkäufe in den USA in ihre Sicherheit investiert und damit auch die Geschäfte der amerikanischen Rüstungsindustrie gefördert haben.

Militärgüterexporte, darunter auch an autokratische Staaten, sind ein wichtiger Aktivposten im Außenhandel der USA. Nach den Statistiken des Stockholm International Peace Research Institute (SIPRI) (Wezeman und Wezeman 2015) haben allein in der vergangenen Dekade, von 2005 bis 2014, internationale Waffenverkäufe um knapp ein Fünftel (16 %) zugenommen. Über 94 Länder kauften Waffen von den USA; knapp die Hälfte aller Waffen (48 %) ging nach Asien und Ozeanien, ein Drittel (32 %) landete im Mittleren Osten. Die fünf wichtigsten Importländer waren neben der Demokratie Indien die vier Autokratien Saudi-Arabien, China, die Vereinigten Arabischen Emirate und Pakistan. Die größten Exporteure waren die USA, gefolgt, mit großem Abstand, von Russland, China, Deutschland und Frankreich. Insbesondere die Verkäufe des ohnehin größten Exporteurs USA haben überdurchschnittlich, um weitere 23 %, zugelegt.

Für ihre interventionistische Außenpolitik müssen die USA auch selbst gut gerüstet sein. Im Kalten Krieg konnten die USA das Wettrüsten gegen die Sowjetunion für sich entscheiden, nicht zuletzt wegen der Rüstungsoffensive Ronald Reagans in den 1980er-Jahren. Nach dem Zerfall der Sowjetunion wurde der Verteidigungshaushalt wieder etwas zurückgefahren. Doch die sogenannte Friedensdividende währte nicht lange. Nach den Terroranschlägen vom 11. September 2001 wurde der Militärhaushalt im Vergleich zu den späten 1990er-Jahren fast verdoppelt (Office of the Under Secretary of Defense 2015, S. 249–251). Sie veranlassten Präsident Bush, seine im Wahlkampf noch als bescheiden und zurückhaltend angekündigte „humble foreign policy" auf eine revolutionäre Außenpolitik umzustellen (Daalder und Lindsay 2003).

Im Haushaltsjahr 2015 war das Verteidigungsbudget der USA auf nunmehr 554 Mrd. US$ gestiegen (Office of the Under Secretary of Defense 2015, S. 249–251). Die Ausgaben für Verteidigung bestreiten mittlerweile mehr als die Hälfte der Ermessensausgaben (discretionary spending) des gesamten US-Haushalts, die anders als die gesetzlichen Ansprüche (entitlements) jedes Jahr in einem Aushandlungsprozess zwischen dem Kongress und dem Weißen Haus festgelegt werden können. Auch im internationalen Vergleich kann sich das amerikanische Verteidigungsbudget sehen lassen: Auf das Konto der USA gehen knapp die Hälfte aller weltweiten Rüstungsausgaben.

Obwohl die USA über einen größeren Militärhaushalt verfügen, als die neun Länder mit den nächstgrößten Etats zusammengenommen (IISS 2015, S. 21), sorgt man sich in Washington, dass China den Abstand verringert. Dank neuer Technologien, so fürchtet man, könnte das Reich der Mitte den USA den Zugang zum Südchinesischen Meer verwehren (im Militärcode: *Area Denial* und *Anti-Access*) und die Vormachtstellung der USA in Asien herausfordern.

Um die technologische Überlegenheit zu wahren, läutete bereits George W. Bushs Verteidigungsminister Donald Rumsfeld die *Transformation* des amerikanischen Militärs ein, die darin besteht, den Umfang und die Kosten der Streitkräfte zu reduzieren und dafür in moderne Technologie zu investieren. Der Druck gestiegener Personalkosten und die seit den gescheiterten Haushaltsverhandlungen zwischen Republikanern und Demokraten drohenden Kürzungen haben diesen Trend verstärkt. Unbemannte (autonome) Systeme sowie Cyber- und Weltraumtechnologien sollen es den USA ermöglichen, kostengünstiger „Räume" zu kontrollieren (U. S. Department of Defense 2014b, S. 6; U. S. Department of Defense 2014c). In nur zehn Jahren nach den Anschlägen vom 11. September 2001 wurden Rüstungsgüter im Wert von über 1 Bio. US$ beschafft (Rumbaugh 2011) – ein Riesengeschäft für die amerikanische Rüstungsindustrie. Trotz notwendiger Kürzungen des Gesamthaushalts erhöhte die Obama-Regierung in ihrem Haushaltsentwurf für 2016 allein den Etat für Technologieentwicklung und Rüstungsbeschaffung gegenüber dem Vorjahr um weitere 22 auf nunmehr 190 Mrd. US$ (Office of Management and Budget 2015, S. 48). Insgesamt vergibt das Pentagon mehr Aufträge als alle anderen Ministerien zusammen. Im Haushaltsjahr 2014, dem bislang letzten Jahr, für das Daten öffentlich zugänglich waren, wurden wieder 445 Mrd. US$ für Forschung und Entwicklung, Rüstungsgüter und Dienstleistungen veranschlagt (Schwartz et al. 2015, S. 2).

Der globale Krieg gegen den Terror wurde zu einem großen Teil privatisiert. In seinem preisgekrönten Buch mit dem Titel *Corporate Warriors* beschreibt der amerikanische Politikwissenschaftler Peter Singer (2003) den „Aufstieg der privatisierten Militärindustrie". Allen voran verfügt Blackwater über die weltweit größte Privatarmee. Wegen möglicher Haftungsansprüche und des Imageschadens, der dem Unternehmen durch die öffentlich gewordenen Kriegsverbrechen seiner Mitarbeiter im Irak entstanden ist, hat dieses mehrere Häutungen durchlaufen und firmiert seit 2011 unter dem Namen Academi. 2014 wurde Academi mit Triple Canopy in die Constellis Holdings integriert. Das größte amerikanische private Sicherheits- und Militärunternehmen – mit beschränkter Haftung – leistet im Auftrag des Außenministeriums und des Pentagon weltweit Söldnerdienste.

Neben diesen Söldnern stehen auch Spezialeinheiten, die Special Operation Forces (SOF), und paramilitärische Operationen der CIA für das Prinzip des nunmehr *leichteren militärischen Fußabdrucks* der USA. Militärische und zivile Mitarbeiter der Geheimdienste führen weltweit geheime „Spezialoperationen" aus – um militärische, diplomatische und wirtschaftliche Ziele zu erreichen (Best jr. und Feickert 2009, S. 1). Allein die ebenso im Verborgenen tätigen Spezialkräfte des Militärs sollen bis 2019 auf etwa 70.000 Personen aufgestockt werden (U. S. Department of Defense 2014b, S. 40) – darunter die berüchtigte Einheit der Navy Seals, sozusagen die Wolpertinger unkonventioneller Kriegsführung, die im Meer, aus der Luft und am Boden agieren (das Akronym SEAL setzt sich zusammen aus SEa, Air und Land). Die Trennlinie zwischen diesen Soldaten und Söldnern ist schwer zu erkennen, zumal die Übergänge fließend sind. So wechselten Ende der 1990er-Jahre ehemalige Soldaten der Navy Seals in die Privatwirtschaft und verrichteten ihre Söldnerdienste für Blackwater. Das Unternehmen arbeitet heute fast ausschließlich mit ehemaligen Angehörigen der US-Streitkräfte.

Wer sich die im globalen Krieg gegen den Terror zusätzlich aufgebauten Kapazitäten ansieht, insbesondere die Militär- und Drohnenstationen, kann – vor allem aus chinesischer Sicht – den Eindruck gewinnen, dass damit eine weitere Gefahr eingedämmt werden sollte: Der wirtschaftliche Aufstieg Chinas, der durch Peking auch militärisch flankiert wird, ist in den Augen von Sicherheitsstrategen in Washington die größte Bedrohung der USA. Die Hinwendung nach Asien, die entgegen den Befürchtungen vieler Experten nicht dazu geführt hat, dass sich die USA vom Nahen und Mittleren Osten abwenden, weil unter anderem auch dort Chinas Einflussnahme eingehegt werden muss, ist nicht zuletzt wirtschaftlich motiviert.

4   America's Business

Der außenpolitische Antrieb der USA kann mit dem oft zitierten Ausspruch des 30. US-Präsidenten Calvin Coolidge (1923–1929) auf den Punkt gebracht werden: „Das Hauptanliegen der Amerikaner ist das Geschäft"[2]. Mit ihrer Initiative der Transpazifischen Partnerschaft (Transpacific Partnership, TPP), die sich explizit nicht an China richtete, haben die USA auf dessen Bemühungen reagiert, die Region Asien in eine Wirtschaftsgemeinschaft zu integrieren. China antwortete wiederum auf die Ausgrenzungsversuche der USA, indem es seinerseits mit dem Regional Comprehensive Economic Partnership (RCEP) ein Forum gründete, zu dem die zehn ASEAN-Staaten[3] sowie Australien, China, Indien, Japan, Südkorea und Neuseeland, nicht jedoch die USA, gehören sollten. Das stärkste Argument der USA, mit dem sie Länder wie Japan dazu bewegen konnten, sich gegen ihre wirtschaftlichen Interessen mit China zu entscheiden und sich der amerikanischen Initiative anzuschließen, die China außen vor lässt, war der Schutzschild der USA. Anders als sein Amtsvorgänger Obama, der China mit multilateraler Handelspolitik eindämmen wollte, setzt Präsident Trump offensichtlich allein auf die militärische Stärke seiner Nation.

Indem die USA ihre Verbündeten vor China schützen, eröffnen sie ihrer Militärindustrie weitere Aufträge und sorgen mit ihrer als Freihandelsinitiative verkauften Machtpolitik auch dafür, dass das Exportgeschäft anderer Industriezweige verbessert wird. Die unsichtbare Hand des Marktes funktioniert offensichtlich besser mit der leicht sichtbaren Faust in der Tasche. Die Pax Americana hat ihren Preis: Länder wie Südkorea, Japan und Australien, die den militärischen Schutz der USA gegenüber China in Anspruch nehmen, müssen dafür zahlen, indem sie in der Handelspolitik ihre Interessen hinsichtlich guter Beziehungen mit dem Reich der Mitte preisgeben (z. B. Hurst 2015) und vor allem auch amerikanische Rüstungsgüter kaufen (siehe Abb. 1).

---

[2] „The chief business of the American people is business", so Calvin Coolidge in seiner Rede vor der Gesellschaft Amerikanischer Zeitungsherausgeber am 17. Januar 1925 in Washington, D. C. (Coolidge 1925).
[3] Das sind Brunei, Myanmar, Kambodscha, Indonesien, Laos, Malaysia, die Philippinen, Singapur, Thailand und Vietnam.

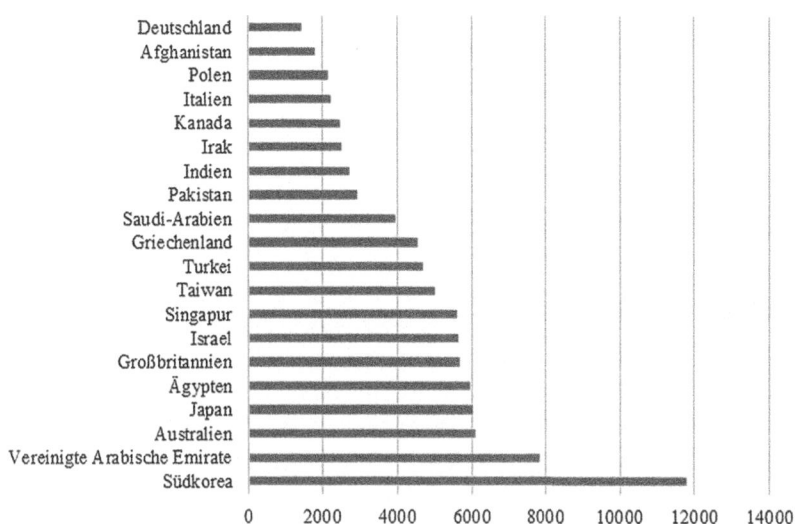

Abb. 1 Top 20 Hauptabnehmer von US-Rüstungsgütern 2000-2014, in Mio. US-$ TIV *(trend-indicator value)* – ein Indikator zum Mengenvergleich. Keine Wertangabe. (Quelle: Wezeman und Wezeman 2015)

Es ist daher nicht überraschend, dass hauptsächlich US-Firmen von der Waffenproduktion und von Militärdienstleistungen profitieren. Unter den Top 20 befinden sich überwiegend US-Firmen. Die größte, zu 80 % Militärgüter produzierende Firma, Lockheed Martin, beschäftigt 115.000 Mitarbeiter und erwirtschaftete 2013 einen Gewinn von knapp 3 Mrd. US$ (siehe Tab. 1).

5   Einflussnahme auf die Politik

Was bedeutet das für die Politik? Diese Firmen können gewichtige Argumente in die politische Willensbildung und Entscheidungsfindung in Washington einbringen. Denn durch Waffenexporte und Aufrüstung des eigenen Landes werden angeblich nicht nur das Heimatland, sondern auch Arbeitsplätze gesichert. Lockheed Martin, der größte und vielseitigste Auftragnehmer des Pentagon, produziert in nahezu allen fünfzig Einzelstaaten der USA.

Vor der Übernahme des Hubschrauberherstellers Sikorsky Aircraft im Sommer 2015, mit neun Mrd. US-Dollar Kaufpreis der größte Deal der vergangenen zwanzig Jahre (Munsil und Wright 2015), gab es noch einige wenige weiße Flecken auf

Tab. 1 Die weltweite Militärindustrie 2013. (Quelle: SIPRI 2014)

Rang	Firma	Land	Waffenverkäufe (Mio. US-$)	Gesamtverkäufe (Mio. US-$)	Anteil Waffenverkäufe (in %)	Gewinn (Mio. US-$)	ArbeitnehmerInnen
1	Lockheed Martin	USA	35.490	45.500	78	2981	115.000
2	Boeing	USA	30.700	86.623	35	4585	168.400
3	BAE Systems	GB	26.820	28.406	94	275	84.600
4	Raytheon	USA	21.950	23.706	93	2013	63.000
5	Northrop Grumman	USA	20.200	24.661	82	1952	65.300
6	General Dynamics	USA	18.660	31.218	60	2357	96.000
7	EADS	Trans-europäisch	15.740	78.693	20	1959	144.060
8	United Technologies Corp	USA	11.900	62.626	19	5721	212.000
9	Finmeccanica	Italien	10.560	21.292	50	98	63.840
10	Thales	Frankreich	10.370	18.850	55	761	65.190
11	L-3 Communications	USA	10.340	12.629	82	778	48.000
	BAE Systems Inc. (BAE Systems UK)	USA	10.300	11.363	91	–	–
12	Almaz-Antey	Russland	8030	8547	94	399	–

(Fortsetzung)

Tab. 1 (Fortsetzung)

Rang	Firma	Land	Waffenverkäufe (Mio. US-$)	Gesamtverkäufe (Mio. US-$)	Anteil Waffenverkäufe (in %)	Gewinn (Mio. US-$)	ArbeitnehmerInnen
	EADS Cassidian (EADS)	Trans-europäisch	6750	7936	85	566	28.800
13	Huntington Ingalls Industries	USA	6550	6820	96	261	38.000
14	Rolls Royce	GB	5550	24.239	23	2155	55.200
15	United Aircraft Corporation	Russland	5530	6913	80	1395	–
16	Safran	Frankreich	5420	19.515	28	1584	66.230
17	United Shipbuilding Corporation	Russland	5120	6377	80	94	–
18	Honeywell	USA	4870	39.055	12	3924	131.000
	Pratt & Whitney (United Technologies USA)	USA	4800	14.501	33	1876	31.700
19	DCNS	Frankreich	4460	4460	100	138	13.650
20	Textron	USA	4380	12.104	36	498	32.000

der (politischen) Landkarte der Vereinigten Staaten. Mit der Übernahme der über 8000 Arbeitsplätze in Connecticut, an denen weitere in Zulieferfirmen hängen, ist Lockheed Martin nun auch in der nordöstlichen Region Neuengland präsent. Die breite Streuung der Produktionsstandorte erfordert einen immensen logistischen Aufwand und ergibt deshalb betriebswirtschaftlich wenig Sinn – politisch aber umso mehr: Wenn man nur an einem Standort produzierte, hätte man (für einen Bundesstaat) nur zwei Senatoren und wenige Abgeordnete auf seiner Seite, wenn es darum geht, Kürzungen im Militärhaushalt abzuwenden. Aufgrund seiner breit über das ganze Land verstreuten Produktionsstandorte kann der Rüstungskonzern eine Vielzahl von Senatoren und Abgeordneten einspannen, die zusehen müssen, dass Arbeitsplätze nicht in ihren Einzelstaaten bzw. Wahlkreisen verloren gehen. Dass eines der umstrittensten Rüstungsbeschaffungsprojekte, der Kauf von F-35-Tarnkappen-Mehrzweck-Kampfflugzeugen, die das Pentagon am Ende mehr als 1 Bio. US$ kosten werden, überhaupt bewilligt worden ist, liegt wohl auch daran, dass allein dieses Rüstungsgut in Zusammenarbeit mit über 1300 Zulieferern in 44 Einzelstaaten hergestellt wird. Joe Lieberman, der den Staat Connecticut von 1989 bis 2013 als Senator in Washington vertrat, ist davon überzeugt, dass die nunmehr auch auf Neuengland erweiterte Präsenz die politische Macht des Konzerns noch weiter gefestigt hat (Munsil und Wright 2015). Dies wohl auch, um das *Auslaufmodell* weiter laufen zu lassen – trotz drohender Kürzungen im Gesamthaushalt und der geplanten Modernisierung und *Transformation* hin zu unbemannter Kriegführung.

Schon seit Längerem wird in den USA mehr Personal an den Drohnen geschult als an den Kampfflugzeugen (Helmore 2009). Es ist zehnmal günstiger, Personal – ohne traditionelle Flugerfahrung – im Fernsteuern von Drohnen auszubilden als Kampfpiloten alter Schule. Piloten wie Kampfflugzeuge gelten inzwischen als Auslaufmodelle. Schon der damalige Verteidigungsminister Robert Gates erklärte, dass die F-35 wohl die letzte Generation von bemannten Kampfflugzeugen darstelle. Das Sortiment unbemannter Luftfahrzeuge ist dagegen erheblich erweitert worden. Drohnen gibt es mittlerweile in allen Preislagen, Formen und Größen. Die größten, etwa der RQ-4 A Global Hawk, können aus bis zu 20.000 m Flughöhe jedes Objekt erkennen, eine Fläche von der Größe Griechenlands innerhalb von 24 h aufklären und ohne Zwischentanken eine Entfernung wie die zwischen den USA und Australien überwinden. Die kleinsten Modelle kann das menschliche Auge nicht mehr von Vögeln oder Insekten unterscheiden. Bei der Produktion von Drohnen ist Lockheed Martin ins Hintertreffen geraten. Marktführend sind in diesem Bereich israelische Hersteller und insbesondere die US-Unternehmen General Atomics mit 20 % und Northrop Grumman mit 19 % Anteil am Weltmarkt (Warwick und Dickerson 2012, S. 84).

Egal, ob es sich um Rüstungskonzerne alter oder neuer Waffengattungen handelt, sie verwenden alle die bewährten Kommunikationsmethoden, um mit den Abgeordneten und Senatoren ins Geschäft zu kommen: Wahlkampfspenden, Lobbying und Personalaustausch.

Seit 1990 haben die Rüstungsindustriellen, allen voran die politischen Schwergewichte Lockheed Martin, Boeing, General Dynamics, Northrop Grumman und Raytheon, insgesamt fast 200 Mio. US$ an Wahlkampfspenden ausgegeben, mit leichter Präferenz für republikanische Kandidaten (57 % versus 43 %) (Center for Responsive Politics 2015a). Doch auf die Parteizugehörigkeit kommt es im Politikbetrieb Washingtons ohnehin nicht an. Ausschlaggebend für das Wohlverhalten von Abgeordneten und Senatoren ist, wie viele Arbeitsplätze der Rüstungsindustrien in ihren Wahlkreisen bzw. Einzelstaaten sie bei ihrer Stimmabgabe berücksichtigen müssen.

Obwohl die Rüstungsindustrie im Vergleich zu anderen, etwa der Finanz- oder Ölindustrie, weitaus weniger Geld spendet, ist sie politisch nicht weniger mächtig. Das liegt daran, dass sie das Argument der über das ganze Land verstreuten Arbeitsplätze nicht nur an der Wählerbasis geltend machen kann, sondern auch in Washington gezielt kommuniziert, indem sie Lobbyisten (häufig ehemalige Politiker) beauftragt oder eigene *Botschafter* entsendet, sprich: ihr Führungspersonal selbst Regierungsverantwortung übernehmen lässt.

2014 waren 835 Lobbyisten registriert, die für 231 Auftraggeber aus der Rüstungsindustrie arbeiteten (Center for Responsive Politics 2015b). Seit 2011 hat Lockheed Martin 66 Mio. US$ in Lobbyisten investiert, die Konkurrenten etwa den gleichen Betrag: Boeing 76 Mio. US$ und Northrop Grumman 68 Mio. US$ (Munsil und Wright 2015). Dass so viel Geld nicht umsonst ausgegeben wird, wird hin und wieder offensichtlich, wenn Abgeordnete und Senatoren etwa bei Anhörungen *(hearings)* im Gesetzgebungsverfahren zum Beispiel die von Lockheed Martin aufbereiteten *Talking Points* Wort für Wort ablesen.

Unter den Lobbyisten befinden sich ehemalige Insider, unter ihnen die Ex-Abgeordnete Heather A. Wilson, eine Republikanerin, die nach einer gescheiterten Kandidatur für den Senat aus dem Kongress ausschied und ihre politischen Kontakte in der Privatwirtschaft zu Geld machte. Es ist mittlerweile gang und gäbe, dass Politiker nach einer kurzen Schamfrist die Seiten wechseln.

Illegal war hingegen, dass sie für ihre Tätigkeit, die sie lange Zeit abstritt, mit Steuergeldern bezahlt wurde. Im August sah sich ihr Auftraggeber Lockheed Martin in einer juristischen Auseinandersetzung mit dem US-Justizministerium zu einer Vergleichszahlung von 4,7 Mio. US$ genötigt: Der Konzern hatte das für die Abwicklung des Auftrages, die Sandia National Laboratories für die Nuklearwaffenproduktion zu betreiben, bestimmte Geld zweckentfremdet, um

diesen Auftrag ohne offene Ausschreibung fortzuführen (Rein 2015). Die knapp
5 Mio. US$, die der Rüstungskonzern aufwenden musste, um das Strafver-
fahren zu beenden, waren indes *Peanuts* im Vergleich zum Wert des Auftrages:
2400 Mio. US$ pro Jahr. Die Verantwortlichen von Lockheed Martin waren sich
ohnehin keiner Schuld bewusst, hatten sie doch vorher schon des Öfteren erfolgreich Steuergelder für Lobbying eingesetzt, um den seit 1993 bestehenden Auftrag mehrfach fortzuschreiben. Neben der erfahrenen Ex-Abgeordneten Wilson,
die, wenn man die Protokolle liest, den legislativen Prozess und die entscheidenden Akteure kennt wie ihre Westentasche, wurden auch Insider der Obama-Administration angeheuert: zwei ehemalige Mitarbeiter der National Nuclear Security
Administration (NNSA), der im Energieministerium angesiedelten Behörde, die
die Sicherheit Amerikas durch ein modernes Nuklearwaffenarsenal gewährleisten
soll.

Nach dem Drehtürprinzip entsenden die Firmen dann auch wieder eigene
Botschafter in die Politik. Nicht selten landen ehemalige Mitarbeiter von Rüs-
tungskonzernen in leitenden Regierungsfunktionen. Auch im Kongress werden
Mitarbeiter aus der Industrie rekrutiert. Sie sind dann im direkten Wortsinn die
federführenden Mitarbeiter von Abgeordneten und Senatoren; sie gelten als die
eigentlichen, „nicht gewählten Repräsentanten" (Malbin 1980), weil ihre Chefs
häufig weder die Expertise noch die Zeit haben, um sich selbst um die Geset-
zesarbeit zu kümmern. Denn Millionen an Wahlkampfspenden einzuwerben, um
wiedergewählt zu werden, ist Chefsache, die sehr viel Zeit auf Kosten der Regie-
rungsarbeit raubt. Die guten Kontakte der Mitarbeiter zu ihren ehemaligen Arbeit-
gebern in der Industrie sind auch wichtig, weil sie bei ihrer legislativen Arbeit
häufig auf deren Informationen angewiesen sind und sie ohnehin ihre persönliche
Zukunft wieder in einer lukrativeren Tätigkeit in der freien Wirtschaft sehen.

Ihr Wissen, wie der Kongress funktioniert, ist nicht nur für Unternehmen,
sondern vor allem auch für die zuständigen Behörden in der Exekutive interessant – denn diese müssen ihrerseits zusehen, dass die sogenannte Macht der
Geldbörse, das Haushaltsbewilligungsrecht, das dem Kongress obliegt, ihre
Arbeitsplätze nicht gefährdet. Besonders das Verteidigungsministerium, der
mit Abstand größte Arbeitgeber in den USA, ist daran interessiert, dass die
verfügbaren Mittel aufrechterhalten werden. Ein klares Feindbild oder zumindest ein Lagebild mit vielfältigen strategischen Bedrohungen helfen, auch die
Finanzierung der Wehrhaftigkeit der USA zu sichern.

6 Fazit: Im Westen nichts Neues

„Wir müssen dem Erwerb unberechtigten Einflusses des militärisch-industriellen Komplexes vorbeugen", warnte am 17. Januar 1961 der scheidende US-Präsident Eisenhower (1961) und ehemalige Militär in seiner Fernsehansprache an die Nation. Denn, so Eisenhower weiter: „Die Möglichkeit besteht und wird bestehen bleiben, dass diese unangebrachte Macht sich erhebt. Wir dürfen nie zulassen, dass das Gewicht dieser Verbindung unsere Freiheiten oder demokratischen Verfahren gefährdet". In weiser Voraussicht warnte Eisenhower auch vor künftigen massiven Militärausgaben, die auf Kredit finanziert werden. Die gescheiterten Versuche, die Rüstungsausgaben in den USA umfassend zu reduzieren, sind denn auch Legion.

Wer die symbiotischen Dreiecksbeziehungen, das *eiserne Dreieck* zwischen den betroffenen Einheiten der Exekutive, der Rüstungslobbys und den federführenden Ausschüssen im Kongress kennt, muss skeptisch sein, ob es je gelingen wird, nachhaltig eine sogenannte Friedensdividende einzustreichen: die massiven Militärausgaben der USA zurückzufahren und für soziale Zwecke zu nutzen – oder gar die hauptsächlich aus dem Ausland finanzierten Schulden zurückzuzahlen.

Mittlerweile haben sich zu den Vertretern von Partikularinteressen, Kongressausschüssen und der Exekutive, dem *eisernen Dreieck* des militärisch-industriellen Komplexes, auch noch Experten von fast ausschließlich privat von der Rüstungsindustrie finanzierten Think Tanks und gleich gesinnte Journalisten gesellt. Ihre etwas lockeren themenspezifischen Verbindungen hat der amerikanische Politikwissenschaftler Hugh Heclo (1978, S. 87–124) als „Issue Networks" bezeichnet: Mittels dieser „Themennetzwerke" versuchen sie mit vereinten Kräften, ihre Interessen und Weltordnungsvorstellungen durchzusetzen.

So lieferte der Berater Aaron Friedberg der Politik bereits Argumentationshilfen. „Um die notwendigen Ausgaben in Zeiten knapper Haushalte zu rechtfertigen", so der Princeton-Professor, „müssen unsere Führer deutlicher die Interessen der Nation sowie die Verpflichtungen in Asien erklären und ungeschminkter die Herausforderungen beschreiben, die Chinas unbarmherzige militärische Rüstung darstellt" (Friedberg 2011). Es besteht tatsächlich die Gefahr, dass auf beiden Seiten jeweils von Partikularinteressen motivierte Bedrohungswahrnehmungen sich in selbsterfüllende Prophezeiungen verwandeln.

Literatur

Best jr., R. A. & Feickert A. (2009). Special Operations Forces (SOF) and CIA Paramilitary Operations: Issues for Congress. CRS Report No. RS22017. https://fas.org/sgp/crs/natsec/RS22017.pdf. Zugegriffen: 29. Nov. 2016.

Blanchard, C. M. (2015). Saudi Arabia. Background and U. S. Relations. CRS Report No. RL33533. https://fas.org/sgp/crs/mideast/RL33533.pdf. Zugegriffen: 29. Nov. 2016.

Braml, J. (2016). *Auf Kosten der Freiheit*. Berlin: Quadriga Verlag.

Burke, A. (2015, 18. Aug.). Ben Bernanke, Michael O'Hanlon, and Mark Muro on the Future of Defense Spending and its Economic Impacts. Brookings Blog. https://www.brookings.edu/blog/brookings-now/2015/08/18/ben-bernanke-michael-ohanlon-and-mark-muro-on-the-future-of-defense-spending-and-its-economic-impacts/. Zugegriffen: 28. Aug. 2016.

Center for Responsive Politics. (2015a). Defense: Background. https://www.opensecrets.org/industries/background.php?cycle=2014&ind=D. Zugegriffen: 24. Sep. 2016.

Center for Responsive Politics. (2015b). Defense: Lobbying 2014. https://www.opensecrets.org/industries/lobbying.php?cycle=2014&ind=D. Zugegriffen: 24. Sep. 2016.

Coolidge, C. (1925). Address to the American Society of Newspaper Editors. http://www.presidency.ucsb.edu/ws/?pid=24180. Zugegriffen: 25. Sept. 2016.

Daalder, I. & Lindsay, J. (Hrsg.). (2003). *America Unbound. The Bush Revolution in Foreign Policy*. Washington, D.C.: Wiley.

Einschlägige Zeitdokumente, (1961). u. a. *Präsident Eisenhowers Abschiedsrede, können abgerufen werden über:* http://www.eisenhower.archives.gov/research/online_documents/farewell_address.html.

Friedberg, A. L. (2011, 4. Sep.). China's Challenge at Sea. *New York Times*, S. A19.

Heclo, H. (1978). Issue Networks and the Executive Establishment. In S. Beer & A. King (Hrsg.), *The New American Political System* (S. 87–124). Washington D.C.: American Enterprise Institute for Public Policy Research.

Helmore, E. (2009, 23. Aug.). US Now Trains More Drone Operators Than Pilots. Guardian. http://www.guardian.co.uk/world/2009/aug/23/drones-air-force-robot-planes. Zugegriffen: 24. Aug. 2016.

Hirschfeld D. J. & Rosenberg, M. (2015, 16. Juli). U. S. Offers to Help Israel Bolster Defenses, Yet Iran Nuclear Deal Leaves Ally Uneasy. *New York Times*, S. A13.

Hirschfeld D. J. & Sanger, D. E. (2015, 14. Mai). Obama Pledges More Military Aid to Reassure Persian Gulf Allies on Iran Deal. *New York Times*, S. A10.

Hurst, L. (2015, 11. Aug.). TPP May Deny Australia its Piece of the China Pie. East Asia Forum. http://www.eastasiaforum.org/2015/08/11/tpp-may-deny-australia-its-piece-of-the-china-pie/. Zugegriffen: 24. Sep. 2016.

International Institute for Strategic Studies (IISS). (2015). *The Military Balance 2015*. London: IISS.

Kant, I. [1795]. (2002). *Zum ewigen Frieden. Ein philosophischer Entwurf*. Stuttgart: Reclam.

Kennan, G. F. (1997). *At a Century's Ending. Reflections 1982–1995*. New York: W. W. Norton & Company.

Krell, G. (2009). *Weltbilder und Weltordnung. Einführung in die Theorie der internationalen Beziehungen*. Baden Baden: Nomos.

Malbin, M. J. (1980). *Unelected Representatives. Congressional Staff and the Future of Representative Government*. New York: Basic Books.

Mead, W. R. (2015, 22. Okt.). Testimony Delivered to the United States Senate Committee on Armed Services. The American Interest. http://www.the-american-interest. com/2015/10/22/global-challenges-and-grand-strategy/. Zugegriffen: 24. Nov. 2016.

Medick, M. (1975). Das Konzept des „Military-Industrial Complex" und das Problem einer Theorie demokratischer Kontrolle. *Politische Vierteljahresschrift, 14*(4), 499–526.

Moravcsik, A. (1997). Taking Preferences Seriously. A Liberal Theory of International Politics. *International Organization, 51*(4), 513–553.

Munsil L. & Wright, A. (2015, 12. Aug.). Is Lockheed Martin too Big to Fail?. *Politico*. http://www.politico.com/story/2015/08/is-lockheed-martin-too-big-too-fail-121203. Zugegriffen: 24. Nov. 2016.

„Offener Brief". (2015, 29. Juli). Autonomous Weapons: An Open Letter From AI & Robotics Researchers. http://futureoflife.org/AI/open_letter_autonomous_weapons. Zugegriffen: 24. Nov. 2016.

Office of Management and Budget (OMB). (2015). *Fiscal Year 2016 Budget of the U. S. Government*. Washington D. C.: U. S. Government Printing Office.

Office of the Under Secretary of Defense (Comptroller). (2015). National Defense Budget Estimates for FY 2016. http://comptroller.defense.gov/Portals/45/Documents/defbudget/ fy2016/FY16_Green_Book.pdf. Zugegriffen: 28. Nov. 2016.

Rein, L. (2015, 24. Aug.). Lockheed Martin Pays $4,7 Million to Settle Charges it Lobbied for Federal Contract With Federal Money. *Washington Post Blog*. https://www.washingtonpost.com/news/federal-eye/wp/2015/08/24/after-allegations-that-it-lobbied-with-federal-money-to-block-competition-lockheed-martin-agrees-to-pay-almost-5-million/. Zugegriffen: 24. Aug. 2016.

Rumbaugh, R. (2011). *What we Bought. Defense Procurement from FY01 to FY10*. Washington D. C.: Henry L. Stimson Center.

Schwartz, M., Ginsberg W. & Sargent jr., J. F. (2015). Defense Acquisitions. How and Where DOD Spends its Contracting Dollars. CRS Report No. R44010. https://fas.org/ sgp/crs/natsec/R44010.pdf. Zugegriffen: 28. Nov. 2016.

Singer, P. (2003). *Corporate Warriors. The Rise of the Privatized Military Industry*. Ithaca: Cornell University Press.

Stockholm International Peace Research Institute (SIPRI). (2014). The SIPRI Top 100 Arms-producing and Military Services Companies, 2013. SIPRI Fact Sheet. http:// www.sipri.org/research/armaments/production/recent-trends-in-arms-industry. Zugegriffen: 11. Nov. 2016.

U. S. Department of Defense. (2014a). Unmanned Systems Integrated Roadmap FY 2013-2038. http://archive.defense.gov/pubs/DOD-USRM-2013.pdf. Zugegriffen: 28. Nov. 2016.

U. S. Department of Defense. (2014b). Quadrennial Defense Review 2014. http://archive. defense.gov/pubs/2014_Quadrennial_Defense_Review.pdf. Zugegriffen: 28. Nov. 2016.

U. S. Department of Defense. (2014c). The Defense Innovation Initiative. Memorandum for Deputy Sectrary of Defense. http://www.defense.gov/Portals/1/Documents/pubs/ OSD013411-14.pdf. Zugegriffen: 24. Aug. 2016.

Warwick, G. & Dickerson, L. (2012). Cooling Down? Export And Civil Unmanned Aircraft Demand Will Grow, But Mainstay Military Markets May Slow. *Aviation Week & Space Technology, 174*(47), S. 84.

Wezeman, S. T. & Wezeman, P. D. (2015). Trends in International Arms Transfer 2014. SIPRI Fact Sheet March 2015. http://books.sipri.org/files/FS/SIPRIFS1503.pdf. Zugegriffen: 28. Nov. 2016.

Weiterführende Literatur

Krell, G. (2009). *Weltbilder und Weltordnung. Einführung in die Theorie der internationalen Beziehungen.* Baden-Baden: Nomos. (Für eine Einführung in die Theorie der internationalen Beziehungen.)

Kant, I. [1795] (2002). *Zum ewigen Frieden. Ein philosophischer Entwurf.* Stuttgart: Reclam. (Grundlegend zur Friedensforschung.)

Braml, J. (2016). *Auf Kosten der Freiheit.* Berlin: Quadriga Verlag. (Ausführlicher zur aktuellen Interdependenz der wirtschaftlichen und politischen Ordnungen in den USA sowie der Internationalen Ordnung.)

Medick, M. (1975). Das Konzept des „Military-Industrial Complex" und das Problem einer Theorie demokratischer Kontrolle. *Politische Vierteljahresschrift, 14*(4), 499–526. (Konzeptionell zum militärisch-industriellen Komplex.)

Öffentliche Meinung

Peter Hoeres

1 Einleitung

Die öffentliche Meinung spielt in den USA eine besondere Rolle. Dies hängt einerseits mit dem herausgehobenen demokratischen Selbstverständnis des Landes seit der Amerikanischen Revolution und mit Woodrow Wilsons Absage an die Geheimdiplomatie während des Ersten Weltkrieges zusammen. Andererseits gibt es einen Zusammenhang mit der amerikanischen Avantgarderolle in der Mediennutzung und Meinungsforschung. In Deutschland reichen die Anfänge der Meinungsforschung zwar bis ins Kaiserreich zurück, die USA erlangte mit ihren *opinion polls* aber bei der Entwicklung repräsentativer Meinungsfragen eine Vorbildfunktion. Von George Gallup holte sich die Pionierin der deutschen Meinungsforschung, Elisabeth Noelle, ihr *know-how*, mit dem sie in der Nachkriegszeit das Institut für Demoskopie (wörtlich bedeutet die griechische Wortzusammensetzung Volksbeschau) in Allensbach aufbaute. Die amerikanischen Besatzungsbehörden führten unmittelbar nach der Niederwerfung des Dritten Reiches in ihrer Besatzungszone Umfragen über die öffentliche Stimmung durch, um Aufschluss über die Einstellung gegenüber den Besatzungsmächten und den noch vorhandenen Grad der *Nazifizierung* beziehungsweise des Autoritarismus zu erhalten.

Mit der Gründung der Bundesrepublik wurde dieses Bemühen intensiviert; die Amerikaner versuchten Aufschluss über die öffentliche Meinung zur Westbindung und die notwendigen propagandistischen Maßnahmen zu gewinnen.

P. Hoeres (✉)
Universität Würzburg, Würzburg, Deutschland
E-Mail: peter.hoeres@uni-wuerzburg.de

© Springer Fachmedien Wiesbaden GmbH 2017
T. Jäger (Hrsg.), *Die Außenpolitik der USA,* Studienbücher Außenpolitik und Internationale Beziehungen, DOI 10.1007/978-3-531-93392-4_7

Daneben erhofften sie sich durch die Meinungsforschung auch eine demokrati-
sierende Wirkung auf die westdeutsche Bevölkerung. Schließlich sollte diese ja
nicht nur durch US-Maßnahmen beeinflusst, sondern auch von unten demokrati-
siert werden. Leo Crespi, Chef des *Reactions Analysis Staff* des Hohen Kommissars, war überzeugt:

> Polling and Authoritarianism do not mix well. People begin to learn that their opi-
> nions are important [...] the experience of being polled and of reading about public
> opinion on issue of the day, helps to build interest in political participation that is so
> desperately lacking in Germany today (Schumacher 2000, S. 174).

Durchgeführt wurden diese Umfragen meist vom Deutschen Institut für Volksum-
fragen (DIVO), da die Amerikaner eine Befragung der Deutschen durch Deutsche
für sinnvoller erachteten. Auch das DIVO war aber eigentlich eine Einrichtung
des Hohen Kommissars und ging erst später in deutsche Hände über. Ergänzt
wurden die Erhebungen durch Einschätzungen der CIA, der U. S. Information Agency (USIA), des State Department und durch die im deutschen Auftrag
durchgeführten Umfragen von Allensbach und EMNID. Die Amerikaner als Mut-
terland der Umfrageerhebung brachten also die repräsentative Erforschung der
öffentlichen Meinung mit einem erheblichen normativen Vorzeichen (Umfragen
verhindern Autoritarismus) nach Deutschland. Aber was ist das überhaupt, die
öffentliche Meinung?

2   Zur Forschungsgeschichte

Die öffentliche Meinung scheint Teil jenes Puddings zu sein, der so schlecht
an eine Wand zu nageln ist. Sie ist schwer zu definieren, auf der anderen Seite
wird ihre Existenz von niemandem bestritten. Während der deutsche Begriff je
nach historischer und disziplinärer Verwendung entweder auf die veröffentlichte
Meinung in den Massenmedien oder auf die Stimmung der Bevölkerung zielt,
wird *public opinion* im amerikanischen Sprachgebrauch scharf von *media* oder
mass media unterschieden (Hoeres 2013, S. 17–20). Die öffentliche Meinung
wird demnach durch die Meinungsforschung festgestellt. Nach Anfängen, die
bis in das frühe 19. Jahrhundert zurückreichen, erlebte die Meinungsforschung
1936 den Durchbruch in den USA, als George Gallup das Ergebnis der Wiederwahl Franklin D. Roosevelts auf der Basis von 5000 Befragten relativ präzise
voraussagte, während in einer sogenannten *Strohwahl,* einer Leserumfrage, die
Zeitschrift *Literary Digest* trotz drei Mio. Teilnehmern falsch lag. Zwar musste

Gallup 1948 noch einmal einen herben Rückschlag hinnehmen, als er die Wahl von Harry S. Trumans Opponenten Thomas Dewey prophezeite. Seitdem haben die seriösen demoskopischen Institute aber nur noch eine geringe Fehlerquote. Methodisch hat sich in den USA ein spezifiziertes *random*-Verfahren durchgesetzt, das eine strikte Zufallsauswahl, etwa das *random digit dialing* (RDD), also eine zufällige Generierung von Telefonnummern, je nach Fragestellung und Auftrag mittels Ausschlüssen oder Clusterbildung spezifiziert. Die Methodik hat sich naturgemäß immer weiter verfeinert und wird in der 1947 gegründeten American Association for Public Opinion Research und ihrem Organ *Public Opinion Quarterly* diskutiert. Dabei geht es auch um mögliche Effekte von Umfragen auf das Elektorat (*Bandwagon-* und *Underdog*-Effekt, das heißt, veröffentlichte Umfragen können eine Sogwirkung zugunsten der Mehrheit oder für die Minderheitenposition entfalten), die Politik und die Arbeit der Umfrageinstitute selbst. Die Abweichungen zwischen Wahlumfragen und Wahlergebnis sind überwiegend nicht auf methodische Unschärfen und Fehler zurückzuführen, sondern darauf, dass sich Wähler nach der Umfrage bis zum Wahltag noch neu entscheiden, was gerade bei zunehmend geringerer Wählerbindung ins Gewicht fällt. Auf der anderen Seite steigt in den USA die Anzahl der „early voters", etwa der Briefwähler, was die „pre-election polls" verunreinigt und verkompliziert (Oberschall 2008; O'Muircheartaigh 2008).

Die geschichtswissenschaftliche Forschung hat in ihrer Beschäftigung mit historischen Meinungsumfragen zuletzt stark betont, dass die Ergebnisse der Meinungsforschung (die weit über das bloße Abfragen von Parteienpräferenzen hinausreichen und etwa über außenpolitische Präferenzen der Bevölkerung Auskunft geben) trotz immer weiter verfeinerter Techniken und Kontrollen zur Vermeidung von Suggestivfragen stark vom Dispositiv der Meinungsforschung abhängig waren und sind. Das betrifft Auswahlmethodik, Fragetechnik und Frageformulierung. Zudem werden die Antworten bei vielen medial nicht stark präsenten Themen oder komplizierteren Fragestellungen erst durch die Fragen hervorgerufen. Die Meinungsforschung ruft also nicht passiv vorhandene Einstellungen ab, sondern konstituiert diese mit. Überspannt wird der Bogen der Kritik aber, wenn man die Meinungsumfragen als reine Konstruktion seitens der Meinungsforschungsinstitute, ihrer Interviewer und Interpreten ansieht und damit die demoskopischen Daten in toto ihres Quellenwertes für eine Gesellschaftsanalyse und eine politische Kulturforschung beraubt (Ziemann 2012). Die Anlage, Durchführung, Auswertung und nicht zuletzt Publikation entsprechender Umfragen sind aber ebenso quellenkritisch zu betrachten wie Auftraggeber und beauftragtes Institut, Zeit und Ort der Umfrage und die daraus gezogenen Schlüsse und Interpretationen.

3   Zur Konzeption öffentlicher Meinung

Am Beginn der theoretischen Beschäftigung mit der öffentlichen Meinung in den
USA steht der Journalist Walter Lippmann. Mit der Aufdeckung der Funktions-
weisen von Stereotypen wurde seine Studie „Public Opinion" zum Klassiker,
anders als die zeitgleich, nämlich 1922, erschienene „Kritik der öffentlichen Meinung" des Soziologen Ferdinand Tönnies, die heute weitgehend in Vergessenheit
geraten ist. Nach dem Zweiten Weltkrieg geriet verstärkt der Zusammenhang von
Außenpolitik und öffentlicher Meinung in den Fokus der amerikanischen Politik
und Politikwissenschaft. 1949 veröffentlichte das Council on Foreign Relations
eine Studie, die darzulegen versuchte, wie eine unabhängig von der öffentlichen
Meinung entwickelte Außenpolitik den Zuspruch der Bevölkerung gewinnen
könnte, der Zusammenhang wurde also vor allem taktisch verstanden (Markel
1949).[1] Der Politikwissenschaftler Gabriel A. Almond, der später zu einem Doyen
des Faches und insbesondere der vergleichenden politischen Kulturforschung aufstieg, skizzierte ein Jahr später, gestützt auf zahlreiche Meinungsumfragen, ein
pessimistisches Bild der außenpolitischen Urteilskraft der Bevölkerung. Anders
als es der demokratische Mythos unterstelle, sei die öffentliche Meinung gerade
auf dem Feld der Außenpolitik eben nicht weise und gerecht, sondern uninfor-
miert und sprunghaft. Primär sei die amerikanische Bevölkerung mit dem eigenen
materiellen Wohlergehen beschäftigt, uninteressiert an der Außenpolitik, passiv
und isolationistisch gestimmt. Daher müsse sie von den Eliten geführt und erzo-
gen werden. Diese stehe aber vor dem Dilemma, dass sie abseits von Krisen- und
Kriegszeiten außenpolitische Themen verstärken und vereinfachen müsse, um
überhaupt Gehör zu finden (Almond 1950).

Noch pessimistischer war Walter Lippmanns Analyse der öffentlichen Meinung im Hinblick auf die Außenpolitik. Er maß ihr für die USA aufgrund der
verfassungsmäßigen Rechte des Kongresses bei der Kriegserklärung und Ratifizierung außenpolitischer Verträge ein besonderes Gewicht, ja ein Vetorecht
zu. Das Urteil der öffentlichen Meinung sei aber zumeist falsch und hinke den
Entwicklungen hinterher. Anhand der beiden Weltkriege demonstrierte Lippmann, wie fatal sich die zur Mobilisierung notwendige Dämonisierung des Fein-
des ausgewirkt habe: ein zeitiger maßvoller Frieden sei durch die aufgeheizte

---

[1]Vgl. auch Weller (2007, S. 97–99). Die Heranziehung Machiavellis zur Kennzeichnung
amerikanischer Außenpolitik der jüngsten Zeit ist vollkommen ignorant gegenüber jeder
modernen *Intellectual History,* wie sie etwa Quentin Skinner gerade am Beispiel Machiavellis entwickelt hat.

öffentliche Stimmung unmöglich geworden. Die amerikanische Bevölkerung sei in den jeweils falschen Momenten unnachgiebig (1918) und nachgiebig gegenüber Deutschland (in den 1930er Jahren) gewesen, die demokratischen Politiker passten sich dem zumeist an. Lippmann rühmt die Ausnahme in Gestalt Winston Churchills und dessen Warnungen vor dem Dritten Reich nach dem Münchener Abkommen 1938. Die Information der Massenmedien versetze, so Lippmann, die Bevölkerung nicht in die Lage, ein sachgerechtes außenpolitisches Urteil zu fällen, genauso wenig wie sie jemanden dazu befähige, die Entscheidung über eine Beinamputation zu treffen (Lippmann 1955).

Die Bücher von Lippmann und Almond wurden in der Rezeption zum *Almond-Lippmann-Consensus* verdichtet. Danach sollte die öffentliche Meinung ob ihrer Unbeständigkeit, fehlender Kohärenz und Informiertheit keinen großen Einfluss auf die Außenpolitik haben und, dies den Thesen der Autoren nicht ganz gerecht werdend, faktisch auch nicht habe. Nach und nach wurden beide Aussagen, die normative und die deskriptive, infrage gestellt, wozu die zunehmende Medialisierung und damit bessere Verteilung von außenpolitischen Informationen in der Gesellschaft einerseits, ein stärkeres demokratisches Bewusstsein von der Bedeutung der öffentlichen Meinung andererseits beigetragen haben. Einen wichtigen Erfahrungshintergrund bildeten dabei der Vietnamkrieg und sein Ende. Der schmähliche Rückzug der USA aus Südvietnam 1973 wurde der öffentlichen Meinung und den Massenmedien je nach Perspektive entweder zur Last gelegt oder gutgeschrieben. Die These wurde inzwischen in der Wissenschaft wieder relativiert (Klein 2011), der bedeutende, vermeintlich friedensfördernde Faktor der öffentlichen Meinung ist seither aber in Wissenschaft, Politik und der Öffentlichkeit sehr präsent. Dabei ist die These vom *Demokratischen Frieden,* also einer besonderen Friedenswilligkeit von demokratisch verfassten Staaten, umstritten (Dülffer und Niedhart 2011). Nach dieser Auffassung sind Demokratien friedensgeneigter als anders verfasste Staaten. Bereits bei Immanuel Kant firmierte die notwendige „Beistimmung der Staatsbürger" zum Krieg bereits als eine Bedingung für einen dauernden Frieden, die Staaten sollten als Republiken organisiert sein, um nicht Kriegen machtlüsterner Fürsten ausgeliefert zu sein (Kant 1992, S. 61[2]).

---

[2]In der Akademieausgabe auf S. 351.

4   Responsivität

Bei der Erforschung des Konnex von öffentlicher Meinung und amerikanischer Außenpolitik, der sogenannten Responsivität dieser Bereiche gegeneinander, kam Eugene R. Wittkopf auf der Basis von umfangreichem Material für die USA zu dem Ergebnis einer Polarisierung innerhalb der öffentlichen Meinung und der außenpolitischen Eliten seit dem Vietnamkrieg (Wittkopf 1990). Hatte sich zuvor der Internationalismus durchgesetzt und stabile Einstellungen in der Bevölkerung evoziert, so gehen seitdem die Ansichten über US-amerikanischen Interventionen und ihre Modalitäten auseinander. Für die letzten Jahre kann man mindestens vier Richtungen außenpolitischer Orientierungen in den USA unterschieden: den unilateralen Interventionismus der Neocons, einen liberalen multilateralen Interventionismus und einen konservativen und linken Nichtinterventionismus (dafür stehen etwa Patrick Buchanan beziehungsweise Noam Chomsky).

Sowohl die These einer Fragmentierung innerhalb des amerikanischen Diskurses seit ungefähr 1967 als auch das traditionelle *elitist paradigm,* das von einem *Top-down*-Prozess ausging – die Politik- und Medienelite wirkt auf die informierte Öffentlichkeit, diese auf eine unstrukturierte und fluktuierende allgemeine öffentliche Meinung –, wurden in den letzten Jahren zunehmend infrage gestellt. Shapiro und Page stellten anhand der Auswertung tausender Umfragen aus dem Zeitraum zwischen 1935 und 1990 fest, dass die amerikanische öffentliche Meinung *erstens* relativ stabil und rational ist, *zweitens* Änderungen sich aufgrund neuer Informationen und veränderten außenpolitischen Situationen ergeben, *drittens* öffentliche Meinung und die Optionen der Politiker in der Regel zu ca. zwei Drittel übereinstimmen und *viertens* die öffentliche Meinung das Entscheidungshandeln mindestens seit Roosevelt wesentlich beeinflusst (Page und Shapiro 1994).[3]

Hinsichtlich der Wirkung auf die Entscheider, die *policymakers,* konstatieren für das amerikanische Beispiel Jacobs und Shapiro die relative Unabhängigkeit der Politik. Sie stellten eine seit den 1970er Jahren abnehmende Responsivität der Politiker fest. Entscheidend wirkten sich die demoskopischen Ergebnisse auf die Modellierung der Argumentation der Politiker aus, weniger auf die Inhalte der Politik. Nur vor Wahlen passten sich die Politiker auch inhaltlich an die Wählerwünsche an (Jacobs und Shapiro 2000). Diese Beeinflussung nimmt Graham genauer in den Blick. Er unterscheidet dabei die verschiedenen Administrationen und den unterschiedlichen Grad ihrer Informiertheit und Empfänglichkeit für

---

[3]Vgl. ausführlicher ebenfalls Page und Shapiro (1992).

die öffentliche außenpolitische Meinung. Vier Faktoren bestimmen nun das Einflussverhältnis von öffentlicher Meinung und Außenpolitik nach Graham. *Erstens* die schiere Größe der vorherrschenden öffentlichen Einstellung. Die Skala Grahams reicht von 79 % Übereinstimmung innerhalb der öffentlichen Meinung, was eine quasi-automatische Umsetzung dieser vorherrschenden Meinung in der Außenpolitik zur Folge hat, bis zu einer pluralen öffentlichen Meinung (Übereinstimmung unter 50 %), die insignifikant für die Außenpolitiker ist. Der *zweite* determinierende Faktor im Einflussverhältnis ist die Station im außenpolitischen Entscheidungsprozess. Die öffentliche Meinung hat, so Graham, direkten Einfluss auf den *Agenda-Setting-* und den Ratifizierungsprozess. In der Verhandlungsphase und der Implementierungsphase besitzt sie allenfalls eine indirekte Wirkung. *Drittens* ist das korrekte Verständnis von öffentlicher Meinung seitens der Politiker ein entscheidender Faktor. Lautstarke Protestbewegungen können etwa mit *der* öffentlichen Meinung leicht verwechselt werden. Der *vierte* Punkt ist in der kommunikativen Stärke oder Schwäche der Administrationen begründet. Hierbei geht es um die Fähigkeit zur Integration der öffentlichen Meinung in die eigenen Argumentationsmuster. Vorsichtiger als Shapiro und Page und damit plausibler geht Graham, empirisch durch Beispiele aus der (Ab-)Rüstungspolitik gesättigt (Graham 1989, 1994), von einer vorrangigen Wirkung der öffentlichen Meinung auf Taktik, Timing und Kommunikationsstrategien anstatt auf die Zielsetzungen der Administrationen aus (Graham 1994, S. 201). Daneben ist aber auch entscheidend, für wie wichtig die *policymakers* die öffentliche Meinung halten und was sie für eine Vorstellung von ihr haben (Holsti 1996, S. 198-204). Bei zahlreichen Gipfeltreffen zwischen amerikanischen und deutschen Politikern klagten sich diese gegenseitig ihr Leid über die öffentliche Meinung und instrumentalisierten diese auch zur Stärkung politischer Argumente; daneben ließ Präsident Lyndon B. Johnson 1967 etwa auch die von Bundeskanzler Kurt Georg Kiesinger genannten demoskopischen Zahlen überprüfen, was die Wichtigkeit anzeigt, die der Präsident diesem Komplex schon damals zumaß (Hoeres 2013, S. 318).

Die meisten der amerikanischen Autoren unterstützen ihre empirischen Befunde auch normativ. Die Entscheider sollen demnach die öffentliche Meinung genau und seriös beobachten (lassen) und sie aufnehmen. Ein Hinwegsetzen über die öffentliche Meinung sei nicht nur in einem substanziellen Sinne (nicht im rein prozedural-formalen Sinne) undemokratisch, sondern zeitige auch negative Konsequenzen bei der Verhandlung, Ratifizierung und Implementation außenpolitischer Entscheidungen. Die Vorbehalte Almonds und Lippmanns scheinen sich also in der Politik- und Sozialwissenschaft ins Gegenteil gekehrt zu haben und so erkennen Sozialwissenschaftler in der mangelnden Responsivität der Politiker auf

Umfragen ein demokratisches Defizit.[4] Dabei wird die Tatsache außer Acht gelassen, dass repräsentative Demokratien nur einen Mandatsauftrag und kein imperatives Mandat kennen. Nur die Möglichkeit der Manipulation empfinden die meisten heutigen Autoren noch als Gefahr im Hinblick auf den Zusammenhang von öffentlicher Meinung und Außenpolitik. Freilich geht Graham davon aus, dass auch populäre Präsidenten die öffentliche Meinung nur zwischen 10 % und 15 % „drehen" können (Graham 1994, S. 199).

5   Orientierungen

Die amerikanische Haltung gegenüber der Außenpolitik wurde seit Gründung der USA bestimmt vom moralisch-religiösen Glauben an einen grundlegenden Neubeginn, der Idee des Exzeptionalismus und der Absicht, sich von den altbekannten auswärtigen (europäischen) Händeln fernzuhalten, wie es George Washington in seiner berühmten *Farewell Address* vom 19. September 1796 formuliert hat. Dementsprechend oszillieren die amerikanische Außenpolitik und die öffentliche Meinung zwischen Isolationismus und missionarisch getöntem Interventionismus (Schweigler 1994; Junker 2003). Die Ignoranz gegenüber Verhältnissen in anderen Ländern, die selbst unter den Eliten verbreitet ist, ist dabei die Kehrseite des selbstbewussten Traums von der moralischen Überlegenheit.

Insgesamt ist die öffentliche Meinung in den USA skeptischer gegenüber militärischen Interventionen, dem Programm einer demokratischen Umgestaltung fremder Länder und unilateralem Vorgehen gewesen als die jeweilige Administration. Im Einzelfall, während eines schon laufenden Krieges oder während einer humanitären Katastrophe, über welche die Massenmedien intensiv berichten, kann diese Skepsis aber schnell schwinden. Die öffentliche Meinung war nach dem Zweiten Weltkrieg in den USA grundsätzlich nicht mehrheitlich isolationistisch eingestellt, sondern befürwortete mit beinahe konstanten Zweidrittelmehrheiten eine aktive Rolle in der Weltpolitik (Foyle 2011, S. 659–662). Die weit überwiegende Mehrheit der Amerikaner wünschte sich auch in den letzten Jahren eine Führungsrolle der USA in der Weltpolitik (GMF 2013). Allerdings nahm nach der Jahrtausendwende der Anteil der Amerikaner, die eine aktive amerikanische Rolle in der Weltpolitik befürworteten, parteiübergreifend tendenziell ab (Abb. 1). Der Krieg in Afghanistan wurde 2012 mehrheitlich als ein Fehlschlag beurteilt, der die Kosten nicht wert war (Holyk und Smeltz 2012).

---

[4]Dies wurde geradezu zum Parameter des Demokratisierungsgrades stilisiert (siehe Brooks 1990).

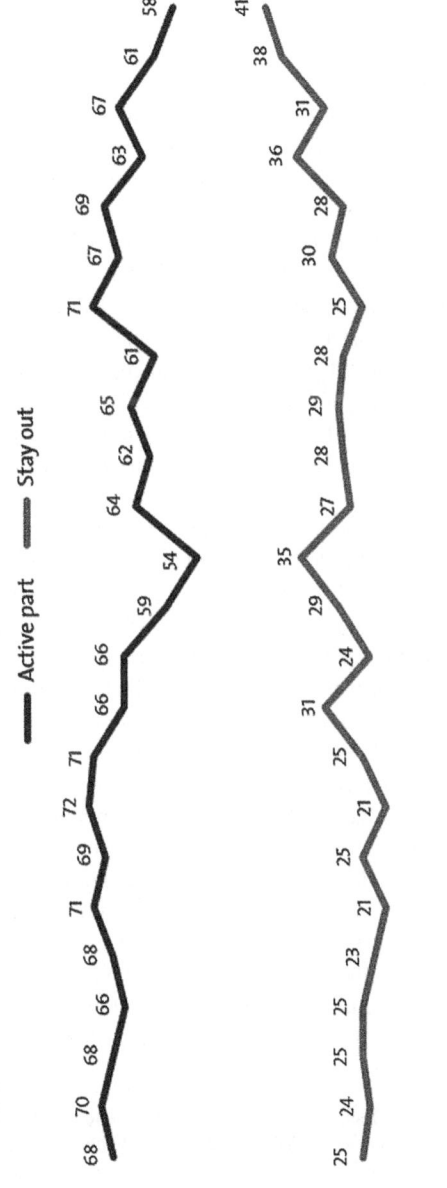

Abb. 1 Taking an *Active Part* in World Affairs. (Quelle: Daalder et al. 2014)

6   Salienz

Der grundsätzlichen Frage nach der Salienz, also Wichtigkeit oder Dringlichkeit der Außenpolitik für die amerikanische (und die bundesdeutsche) Bevölkerung hat Wolfgang Dobler in einer Sekundäranalyse demoskopischen Datenmaterials mit Schwerpunkt auf den 1970er und 1980er Jahren in seiner politikwissenschaftlichen Dissertation zu beantworten versucht. Die Bedeutung der Außenpolitik sei demzufolge seit den fünfziger und sechziger Jahren tendenziell zurückgegangen. Dies gilt aber nur relativ zu anderen Themengebieten wie etwa Wirtschaftsthemen. Andererseits ist die mobilisierbare lautstarke Minderheit, die etwa gegen den Vietnamkrieg und später gegen die Nachrüstung demonstriert hat, offensichtlich angewachsen. Zudem konstatiert Dobler eine zunehmend stärkere mediale Konfrontation mit Außenpolitik. Dobler arbeitete auch die Parteibindung als außenpolitisches Wahrnehmungsraster heraus und die größere Bedeutung eines außenpolitischen Profils einer Partei für die Wahlentscheidung in der Bundesrepublik im Vergleich zu den USA, wo stärker personenzentriert gewählt wurde und wird (Dobler 1989).

Ein Indiz für die nachgeordnete Relevanz der Außenpolitik für die US-Amerikaner ist der Umstand, dass fast alle Präsidentschaftskandidaten der Nachkriegszeit mit einer dezidiert innenpolitischen (wirtschaftspolitischen) Agenda antraten und nur in den Wahlen von 1952 und 1972 (und 2007/2008) die Außenpolitik ein zentrales Thema war (McCormick 1998, S. 558). Im Verlauf der Präsidentschaft überlagerte dann die Außenpolitik meist die innenpolitische Reformagenda. Nicht nur die Kriegsmüdigkeit, der Überdruss der öffentlichen Meinung an außenpolitischen Themen und außenpolitischer Führung der USA allgemein ist ein Dauerbrenner der politischen Diskussion in den USA.

Eine weitere Frage stellt sich gerade bei der global operierenden amerikanischen Außenpolitik, namentlich inwieweit die öffentliche Meinung im Ausland, sozusagen im Operationsgebiet, die Außenpolitik eines Landes beeinflusst und beeinflussen kann. Seit Harold D. Lasswells Doktorarbeit über „Propaganda Technique in the World War" von 1927 wurde die Propaganda neben Diplomatie, Militär und Wirtschaft als vierte Ebene der staatlichen Außenpolitik verstanden.[5] Im Zweiten Weltkrieg hatte das Office of War Information (OWI) mit Filmen versucht, die neutralen und dann die befreiten Länder im amerikanischen Sinne zu

---

[5]Lasswells Studie (1927) über die Techniken, die Organisation und die psychologische Dimension der Propaganda (und den Erfolg Wilsons sowie den Fehlschlag der deutschen Propaganda im Weltkrieg) wurde zum Klassiker für die Kommunikations- und Politikwissenschaft.

beeinflussen. Nach dem Krieg setzten die Amerikaner dies mit den Marshallplan-filmen, welche die Völker Europas von ihrer Einheit und einem dezidierten Anti-kommunismus mit ökonomischen, politischen und kulturellen Motiven zu überzeugen versuchten, fort (Clemens 2017). Die 1953 gegründete USIA versuchte die Deutschen mit den Amerikahäusern, Filmvorführungen und dem RIAS (Rundfunk im amerikanischen Sektor) zu verwestlichen. Die Anstrengungen der USIA, vergleichende Studien in wichtigen Partnerländern zu einzelnen Politikfeldern und zum Image der USA in diesen Ländern zu erheben, sowie ihr Auftrag, diese Ergebnisse in den politischen Entscheidungsprozess einzuspeisen, sprechen auch dafür, dass die Daten für Formulierung, Verpackung und Durchsetzung der amerikanischen Außenpolitik Relevanz besaßen. Auf der anderen Seite lässt sich empirisch feststellen, dass die USIA vom *Decision Building*-Prozess wie vom Zugang zu den zentralen Entscheidungszentren wie dem National Security Council (NSC) oder dem State Department meist ausgeschlossen war (Cull 2008; Hoeres 2013).

Kontrovers diskutiert wurde an den Beispielen Somalia oder den Kriegen im ehemaligen Jugoslawien in den letzten Jahren der sogenannte CNN-Effekt. Wie wirkt sich die (annähernde) Echtzeitberichterstattung über humanitäre Krisen auf die Interventionsbereitschaft der amerikanischen Bevölkerung und (damit) der US-Regierung und ihrer Verbündeten aus? Angesichts der vielen Variablen und der Schwierigkeit ihrer Untersuchung ist die Debatte noch zu keinem einigermaßen gesicherten Ergebnis über mögliche *Push*- und *Pull*-Effekte der Medienberichterstattung gelangt. Mittlerweile herrscht jedoch Skepsis gegenüber einer direkten Wirkung der Fernsehberichterstattung auf die außenpolitischen Entscheider vor und man geht eher von einer Salienz-Steigerung eines Themas durch die audiovisuellen Medien als von einem direkten Reaktionsstimulus aus (Viehrig 2013).

7   Fazit

Die Außenpolitik kann, will sie sich nicht selbst zerstören, weder absolute Transparenz herstellen (vor allem nicht bei der Verhandlungsführung und taktischen Sondierungen und auch nicht hinsichtlich der internen Einschätzungen von Politikern anderer Nationen) noch kann sie in der Weise einer Stimmungsdemokratie ihren Kurs von Umfragen abhängig machen. In wichtigen Fragen muss vor allem der Präsident die Richtlinie vorgeben und versuchen, die Nation um sich zu scharen. Überzeugt er dabei, wie George W. Bush unmittelbar nach 9/11 – als er die höchsten jemals bei einem Präsidenten gemessenen Zustimmungswerte genießen konnte –, gelingt ihm das gemäß des Prinzips *rally around the flag,* gerade bei existenziellen Themen wie Krieg und Frieden. Bei der Entsendung von Truppen ist er nicht zwingend auf eine vorherige Unterstützung der öffentlichen Meinung angewiesen, da sich diese während einer Operation oftmals einstellt. Werden die Verluste und Kosten aber zu hoch, legt die öffentliche Meinung eine Art Veto ein, das auf die Dauer kaum ignoriert werden kann (Mueller 2011, S. 678–679).

Bei weniger wichtigen außenpolitischen Themen kann der Präsident dagegen auch gut gegen die öffentliche Meinung regieren, die sich dann auch oft noch nicht richtig ausgeformt hat oder ihm schließlich doch folgt. Gegen eine stabile und deutliche öffentliche Meinung in den USA kann der Präsident freilich dauerhaft nicht regieren – die Stimmung und Meinung anderer Länder, die sogenannte Weltöffentlichkeit, ist da, wie sich oft gezeigt hat, zweitrangig. Die heimische öffentliche Meinung gibt demzufolge Leitplanken vor, innerhalb derer sich die Politik bewegen sollte, will sie nicht Gefahr laufen, bei den nächsten Wahlen abgestraft zu werden.

Literatur

Almond, G. (1950). *The American People and Foreign Policy.* New York: Praeger.
Bonfadelli, H. & Friemel, T. N. (Hrsg.). (2011). *Medienwirkungsforschung.* Konstanz: UVK Verlagsgesellschaft mbH.
Brooks, J. E. (1990). The Opinion-Policy Nexus in Germany. *Public Opinion Quarterly, 54,* 508–529.
Clemens, G. (2017). Außenpolitische Kommunikation durch Filme: Anstoß und Unterstützung der europäischen Integration. In P. Hoeres & A. Tischer (Hrsg.), *Medien der Außenbeziehungen von der Antike bis zur Gegenwart* (S. 207–224). Wien, Köln, Weimar: Böhlau Verlag.
Cohen, B. C. (1963). *The Press and Foreign Policy.* Princeton: Institute of Governmental Studies, University of California.
Cull, N. J. (2008). *The Cold War and the United States Information Agency. American Propaganda and Public Diplomacy, 1945–1989.* Cambridge: Cambridge University Press.
Daalder, I., Smeltz, D. & Kafura, C. (2014). Foreign Policy in the Age of Retrenchment. Results of the 2014 Chicago Council Survey of American Public Opinion and US Foreign Policy. Chicago Coucil Surveys. http://www.thechicagocouncil.org/sites/default/files/2014_CCS_Report_1.pdf. Zugegriffen: 3. Nov. 2016.
Deese, D. A. (1994). *The New Politics of American Foreign Policy.* New York: Palgrave Macmillan.
Dobler, W. (1989). *Außenpolitik und öffentliche Meinung. Determinanten und politische Wirkungen außenpolitischer Einstellungen in den USA und der Bundesrepublik.* Frankfurt am Main: Haag und Herchen.

Donsbach, W. & Traugott, M. W. (Hrsg.). (2008). *The SAGE Handbook of Public Opinion Research*. Los Angeles: SAGE Publications.

Dülffer, J. & Niedhart, G. (Hrsg.). (2011). *Frieden durch Demokratie? Genese, Wirkung und Kritik eines Deutungsmusters*. Beiträge zur Historischen Friedensforschung, Bd. 15. Essen: Klartext Verlag.

Foyle, D. C. (2011). Public Opinion, Foreign Policy, and the Media. Toward an Integrative Theory. In R. Y. Shapiro & L. R. Jacobs (Hrsg.), *Oxford Handbook Of American Public Opinion and the Media* (S. 658–674). Oxford, New York: Oxford University Press.

German Marshall Fund of the United States (GMF). (2013). Transatlantic trends. Key Findings 2013. http://trends.gmfus.org/files/2013/09/TT-Key-Findings-Report.pdf. Zugegriffen: 3. Nov. 2016.

Graham, T. W. (1994). Public Opinion and U. S. Foreign Policy Decision Making. In D. A. Deese (Hrsg.), *The New Politics of American Foreign Policy* (S. 190–215). New York: St. Martin's Press.

Graham, T. W. (1989). *American Public Opinion on NATO, Extended Deterrence and Use of Nuclear Weapons: Future Fission?* Lanham: Center for Science and International Affairs, John F. Kennedy School Of Government, Harvard University.

Hoeres, P. (2013). *Außenpolitik und Öffentlichkeit. Massenmedien, Meinungsforschung und Arkanpolitik in den deutsch-amerikanischen Beziehungen von Erhard bis Brandt*. (Studien zur Internationalen Geschichte Bd. 32). München: Oldenbourg.

Holsti, O. R. (1996). *Public Opinion and American Foreign Policy*. Ann Arbor: The University of Michigan Press.

Holyk, G. & Smeltz, D. (2012) Chicago Council Survey. Background Brief for Final Presidential Debate. What Kind of Foreign Policy do Americans Want? http://www.thechicagocouncil.org/sites/default/files/2012_CCS_FPBrief.pdf. Zugegriffen: 3. Nov. 2016.

Jacobs, L. R. & Shapiro, R. Y. (Hrsg.). (2000). *Politicians Don't Pander. Political Manipulation and the Loss of Democratic Responsiveness*. Chicago, London: University of Chicago Press.

Junker, D. (2003). *Power and Mission. Was Amerika antreibt*. Freiburg: Herder.

Kant, I. [1793/1795] (1992). *Über den Gemeinspruch. Das mag in der Theorie richtig sein, taugt aber nicht für die Praxis. Zum ewigen Frieden. Ein philosophischer Entwurf*. H. F. von Klemme (Hrsg.). Hamburg: Meiner.

Klein, L. (2011). *Die „Vietnam-Generation" der Kriegsberichterstatter. Ein amerikanischer Mythos zwischen Vietnam und Irak*. Göttingen: Wallstein Verlag.

Lasswell, H. D. (1927). *Propaganda Technique in the World War*. New York: Peter Smith.

Lippmann, W. (1955). *Essays in the Public Philosophy*. Boston, Toronto: Atlantic Monthly Press.

Markel, L. (1949). *Public Opinion and Foreign Policy*. New York: Harper.

McCormick J. M. (1998). *American Foreign Policy*. Itasca: F.E. Peacock Publishers.

Mueller, J. (2011). Public Opinion, the Media, and War. In R. Y. Shapiro & L. R. Jacobs (Hrsg.), *The Oxford Handbook of American Public Opinion and the Media* (S. 675-689). Oxford, New York: Oxford University Press.

Oberschall, A. (2008). The Historical Roots of Public Opinion Research. In W. Donsbach & M.-W. Traugott (Hrsg.), *The SAGE Handbook of Public Opinion Research* (S. 83-92). Los Angeles, London: SAGE Publications.

O'Muircheartaigh, C. (2008). Sampling. In W. Donsbach & M. W. Traugott (Hrsg.), *The SAGE Handbook of Public Opinion Research* (S. 294–308). Los Angeles, London: SAGE Publications.

Page, B. I. & Shapiro, R. Y. (Hrsg.). (1992). *The Rational Public. Fifty Years of Trends in Americans' Policy Preferences*. Chicago, London: University of Chicago Press.

Page, B. I. & Shapiro, R. Y. (1994). Foreign Policy and Public Opinion. In D.-A. Deese (Hrsg.), *The New Politics of American Foreign Policy* (S. 216–235). New York: St. Martin's Press.

Page, B. I. (2000). Toward General Theories of the Media, Public Opinion, and Foreign Policy. In B. L. Nacos, R. Y. Shapiro & P. Isernia (Hrsg.), *Decisionmaking in a Glass House. Mass Media, Public Opinion, and American and European Foreign Policy in the 21st Century* (S. 85-91). Lanham: Rowman & Littlefield Publishers.

Schumacher, F. (2000). *Kalter Krieg und Propaganda: Die USA, der Kampf um die Weltmeinung und ideelle Westbindung der Bundesrepublik Deutschland, 1945-1955*. Trier: WVT Wissenschaftlicher Verlag.

Schweigler, G. (1994). „America First"? Die öffentliche Meinung und die amerikanische Außenpolitik. In M. Dembinski, P. Rudolf & J. Wilzewski (Hrsg.), *Amerikanische Weltpolitik nach dem Ost-West-Konflikt* (S. 23–67). Baden-Baden: Nomos.

Shiraev, E. (2000). Toward a Comparative Analysis of the Public Opinion-Foreign Policy Connection. In B. L. Nacos, R. Y. Shapiro & P. Isernia (Hrsg.), *Decisionmaking in a Glass House. Mass media, Public Opinion, and American and European Foreign Policy in the 21st Century* (S. 297–304). Lanham: Rowman & Littlefield Publishers.

Soroka, S. N. (2003). Media, Public Opinion and Foreign Policy. *The Harvard International Journal of Press/Politics, 8*(1), 27–48.

Viehrig H. (2013). Öffentlichkeit und Auslandseinsätze nach dem CNN-Effekt. In F. Bösch & P. Hoeres (Hrsg.), *Außenpolitik im Medienzeitalter. Vom späten 19. Jahrhundert bis zur Gegenwart* (S. 319–340). Göttingen: Wallstein.

Weller, C. (2007). Machiavellistische Außenpolitik – Altes Denken und seine US-amerikanische Umsetzung. In A. Hasenclever, K. D. Wolf & M. Zürn (Hrsg.), *Macht und Ohnmacht internationaler Institutionen. Festschrift für Volker Rittberger* (S. 81–114). Frankfurt am Main, New York: Campus Verlag.

Wittkopf, E. R. (1990). *Faces of Internationalism: Public Opinion and American Foreign Policy*. Durham, London: Duke University Press.

Ziemann, B. (2012). Sozialgeschichte und Empirische Sozialforschung. Überlegungen im Kontext und zum Ende einer Romanze. In P. Maeder, B. Lüthi & T. Mergel (Hrsg.), *Wozu noch Sozialgeschichte? Eine Disziplin im Umbruch* (S. 131–149). Göttingen: Vandenhoeck & Ruprecht.

Weiterführende Literatur

Almond, G. (1950). *The American People and Foreign Policy*. New York: Praeger.

Lippmann, W. (1955). *Essays in the Public Philosophy*. Boston, Toronto: Atlantic Monthly Press. (Diese beiden Klassiker zum Thema sind nach wie vor lesenswert und bieten teilweise sogar eine amüsante Lektüre.)

Deese, D. A. (Hrsg.). (1994). *The New Politics of American Foreign Policy*. New York: Palgrave Macmillan.

Nacos, B. L., Shapiro, R. Y. & Isernia, P. (2000). *Decisionmaking in a Glass House. Mass Media, Public Opinion, and American and European Foreign Policy in the 21st Century*. Lanham: Rowman & Littlefield Publishers.

Shapiro, R. Y. & Jacobs, L. R. (2011). *The Oxford Handbook of American Public Opinion and the Media*. Oxford, New York: Oxford University Press. (Diese Handbücher und Sammelbände informieren gut über den Gang der Forschung und die Theoriebildung zum Thema.)

Donsbach, W. & Traugott, M. W. (Hrsg.). (2008). *The SAGE Handbook of Public Opinion Research*. Los Angeles: SAGE Publications Ltd. (Dieses Handbuch informiert über die Methoden der Umfrageforschung.)

Hoeres, P. (2013). *Außenpolitik und Öffentlichkeit. Massenmedien, Meinungsforschung und Arkanpolitik in den deutsch-amerikanischen Beziehungen von Erhard bis Brandt*. (Studien zur Internationalen Geschichte Bd. 32). München: Oldenbourg. (Meine eigene Studie legt der Analyse einen weiten Begriff von öffentlicher Meinung zugrunde und versucht auf empirischer Grundlage Bausteine für eine historische Theorie von Außenpolitik, öffentlicher Meinung und Massenmedien zu liefern. Auf den Seiten des Chicago Council on Global Affairs (http://www.thechicagocouncil.org/issue/publicopinion), von Gallup, Inc. (www.gallup.com), des Pew Research Center (http://www.pewresearch.org/), des German Marshall Fund (http://trends.gmfus.org/) und von World Public Opinion (http://worldpublicopinion.org/index.php) kann man zahlreiche Umfragen in der amerikanischen Bevölkerung und in anderen Nationen zur Außenpolitik und anderen politischen und gesellschaftlich relevanten Themen einsehen.)

Medien

Thomas Jäger

1   Einleitung

Intensiver als in anderen Staaten sind die amerikanischen Medien auf das eigene Land fokussiert, nicht nur, weil es kontinentale Ausmaße hat, sondern auch, weil es nach dem Zerfall der Sowjetunion keinen ebenso konstanten wie herausragenden Bezugspunkt für die Berichterstattung außerhalb des eigenen Landes gibt. Mit der Sowjetunion ging aber auch der Konsens darüber verloren, wie die Welt aus amerikanischer Sicht beschaffen sein soll. Der *cold war consensus* hatte sich aufgelöst; die amerikanische Öffentlichkeit streitet nun heftig darüber, wie die Beziehungen zu anderen Regionen und Staaten gestaltet werden sollen.

Über Geschehnisse in Europa und Asien wird dabei regelmäßig berichtet, weil diese Regionen als wichtig für amerikanische Interessen angesehen werden. Über den Mittleren Osten ist in den letzten Jahrzehnten wegen der Kriege und gewaltsamen Konflikte intensiv berichtet worden. Die anderen Kontinente erfahren hingegen nur in Krisenfällen einige Aufmerksamkeit.

Umfassender als die Berichterstattung über internationale Krisen und andere Staaten ist diejenige über die amerikanische Außenpolitik selbst. Angesichts der amerikanischen Dominanz in den internationalen Beziehungen und der Eigenbezogenheit jeder nationalen Berichterstattung ist das nicht überraschend.

Die Medienberichte beeinflussen dabei, wie die amerikanische Öffentlichkeit die internationalen Beziehungen bewertet, welche Bereiche sie als wichtig ansieht

T. Jäger (✉)
Universität zu Köln, Köln, Deutschland
E-Mail: thomas.jaeger@uni-koeln.de

© Springer Fachmedien Wiesbaden GmbH 2017   119
T. Jäger (Hrsg.), *Die Außenpolitik der USA,* Studienbücher Außenpolitik und
Internationale Beziehungen, DOI 10.1007/978-3-531-93392-4_8

und welche außenpolitischen Interessen im Vordergrund stehen. Sie geben aber auch anderen Regierungen die Möglichkeit, auf die amerikanische Öffentlichkeit einzuwirken *(public diplomacy)*.

Dabei stehen Medien in einem zeitgleichen Spannungsverhältnis zu Politik und Öffentlichkeit. Die Politik möchte sie nutzen, um ihre Botschaften in die Öffentlichkeit zu vermitteln. Gleichzeitig nutzen Medien Politik, um kontroverse Inhalte aufzugreifen und damit die Öffentlichkeit zu reizen. Denn nur wenn die Öffentlichkeit Geld und Aufmerksamkeit gegen Medieninhalte tauscht, können Medien profitabel arbeiten. So beeinflussen sich die drei gegenseitig.

Eine einfache und für alle Ereignisse gültige Antwort gibt es nicht, wer dabei auf wen mehr Einfluss ausübt. Manchmal treiben die Medien die Politik mehr als Politiker die Medien nutzen können. Manchmal achten Medien mehr darauf, was die Öffentlichkeit möchte, als sie deren Denken beeinflusst. Aber es kann auch umgekehrt sein. Deshalb muss man sich dieses Spannungsverhältnisses bewusst sein, um einzelne außenpolitische Fragen empirisch analysieren zu können (Tab. 1).

Tab. 1 Wichtige Daten der amerikanischen Mediengeschichte im Überblick. (Quelle: Eigene Darstellung)

1690	Gründung der ersten Zeitung *Publick Occurences. Both Foreign and Domestic,* erscheint einmalig in Boston
1704	Die Wochenzeitung *Boston News-Letter* erscheint als erste Zeitung kontinuierlich, es folgen andere etwa 1721 *The New England Courant*
1732	Die erste Zeitschrift *Poor Richard's Almanack* erscheint
1735	Im Zenger-Prozess wird vor einem Gericht in New York die Pressefreiheit garantiert
1791	Verfassung, First Amendment: unter anderem das Verbot der Einschränkung von Meinungs- und Pressefreiheit
1833	Mit der *New York Sun* erscheint am 3.September die erste *One-Penny-Press* als Massenblatt. Die Produktionskapazität betrug 1833 200 Stück per Stunde, 1834 1000 Stück, 1835 3500 Stück Die Auflage der *New York Sun* erreicht 1935 27.000 per Tag, 1836 erreichte *The Herald* eine Auflage von 40.000, 1840 von 51.000
1837	Erfindung des Telegrafen
1848	*Associated Press* (AP) wird als genossenschaftlich organisierte Agentur für nachrichten von mehreren Zeitungen gegründet
1851	Gründung der *New York Times*

(Fortsetzung)

Tab. 1 (Fortsetzung)

1877	Gründung der *Washington Post*
1881	Gründung der *Los Angeles Times*
1896	Mit der *New York Press* und *Sunday World* wird die Sensationspresse gegründet, die *Yellow Press* (bezeichnet nach der Comicfigur Yellow Kid). Die Sunday World erreicht 1898 eine Auflage von 600.000
1906	Erfindung der Radioröhre durch Lee de Forest
1926	Gründung der *National Broadcasting Company* (NBC), in der zentral Programme produziert wurden, um in lokalen Sendern ausgestrahlt zu werden
1971	Die NYT veröffentlicht die Pentagon-Papers. In New York Times Co vs. United States wird die Veröffentlichung für rechtmäßig befunden
2004	Gründung des sozialen Netzwerks Facebook (zunächst nur für US-Studenten, seit September 2006 öffentlich zugänglich)
2006	Gründung des Mikrobloggingdienstes twitter

2 Rolle der Medien bei der Wahrnehmung der Umwelt

Medien bilden *die Realität* nicht ab, sondern erfinden sie auf ihre jeweilige Weise anders. In vielen Bereichen können Menschen die Medienrealität mit eigenen Erfahrungen abgleichen und sich ein eigenes Urteil bilden. Manchmal ist es nicht so. Dies gilt in ganz besonderem Maße für die internationalen Beziehungen, weil diese nur wenig Bezug zum konkreten Erfahrungsraum des Einzelnen haben. Gerade im Bereich der internationalen Politik und Außenpolitik kann die Berichterstattung deshalb unmittelbare Effekte haben. Das gilt für einzelne Informationen ebenso wie für die Interpretation, die ihnen Sinn gibt. Diese Interpretationen nennt man *frames*. So dachte nach Beginn des Irakkriegs 2003 eine Mehrheit in den USA, Iraker hätten die Anschläge auf das Word Trade Center ausgeführt, weil ihnen dies vermittelt wurde.

Auch als der Irak in den amerikanischen Medien 2002 als hochgerüstetes Land dargestellt wurde, dessen Bewohner auf die Befreiung von außen warten, entzog sich dies dem Erfahrungsraum des Einzelnen und wurde deshalb geglaubt. Da die Medien dieses Bild unisono verbreiteten, wurde es zum gesellschaftsweit geteilten Wissen. Zwar erwies es sich als falsch, doch hatte dies dann schon zur Legitimation des Dritten Irakkrieges beigetragen.

Während die Medien die amerikanische Innenpolitik kontrovers darstellen und auch hinsichtlich der Einschätzung außenpolitischer Interessen häufig unterschiedliche Interpretationen anbieten, bilden sie in Krisen eher gleichgerichtete Darstellungen aus. Die nationalen Medien organisieren dann die amerikanische Öffentlichkeit. Bei Kriegsbeteiligung wird dies noch intensiver.

Wenn sich die Mediendarstellung jedoch gegen die aktuelle Politik richtet, können Politiker zur Anpassung an die öffentliche Meinung gezwungen sein, weil sie die nächsten Wahlen gewinnen wollen. Manche Beobachter gehen davon aus, dass erst ein Elitendissens über politische Entwicklungen auch zu einer Änderung der Berichterstattung führt.

Der Vietnamkrieg verdeutlicht beide Ansätze. Im Vietnamkrieg sollen die Medien wesentlich dazu beigetragen haben, dass in den USA nach der Ted-Offensive die politische Unterstützung für den Krieg sank. Entscheidend hierfür sei gewesen, dass der Krieg nicht mehr als Kampf für das vom Kommunismus bedrohte Süd-Vietnam dargestellt wurde. Freie Journalisten in Vietnam und deren Interviews mit Soldaten, die damals noch kein Pressetraining hatten, untergruben das Bild des gerechten Krieges, das die Regierung zuvor vermitteln konnte. Die Medien hätten so direkten Einfluss auf die Öffentlichkeit und über diese auf die Politik genommen.

Andererseits wird argumentiert, dass auch in diesem Fall die Medien vornehmlich die gerade sinkende Unterstützung für diesen Krieg in der politischen und ökonomischen Elite in den USA kommunizierte, indem sie nun beide Positionen – für und gegen den Krieg – verstärkte. Denn selbst innerhalb seiner Regierung fand Präsident Johnson für die Strategie der kontrollierten Eskalation keine einheitliche Unterstützung und so entwickelte sich eine politische Opposition im Establishment. Erst der Dissens in der politischen Klasse, der durch Medienberichterstattung verstärkt wurde, eröffnete unterschiedliche Wahlmöglichkeiten.

Für die Planungen der Öffentlichkeitsarbeit im Krieg durch das Pentagon war der Vietnamkrieg ein Wendepunkt. In allen Kriegen seither wurden Journalisten entweder ausgeschlossen oder sehr eng in ihrer Bewegungsfreiheit und Berichterstattung kontrolliert.

3   Funktionen der Medien

Die Medien erfüllen in den USA besonders drei Funktionen: sie informieren die Menschen über Ereignisse, sie reproduzieren die gesellschaftliche Integration bzw. Polarisierung und sie kontrollieren die politische Elite. An die Darstellung dieser drei Funktionen schließt sich die Analyse der Medien als Machtfaktor im politischen System der USA an.

3.1   Information

Wurde der Berichterstattung in den Medien früher größere Glaubwürdigkeit zugeschrieben, werden die Nutzer seither immer skeptischer. 1985 glaubten noch 55 % der Bürger den Informationen der Medien, während 34 % sie häufig für falsch hielten. 2003 sank die Zahl derjenigen, die Medienberichten Vertrauen schenken auf 36 % und 62 % misstrauten ihnen (Stanley und Niemi 2003, S. 181). 2015 ermittelte Gallup in einer Umfrage, dass 40 % der US-Bürger Vertrauen in die amerikanischen Medien haben (Gallup 2014).

75 % der amerikanischen Bevölkerung gaben an, regelmäßig Fernsehnachrichten zu sehen, 63 % erklärten, regelmäßig Zeitung zu lesen und 46 % antworteten, regelmäßig Radio zu hören, so eine Studie aus dem Frühjahr 2000 (Graber 2002, S. 3). Im Zuge der digitalen Revolution hat sich das Mediennutzungsverhalten der Amerikaner verändert. 2013 lebten 79 % der Bevölkerung in einem Haushalt mit Internetzugang (File und Ryan 2014) und 50 % gaben an, das Internet als Hauptquelle für sowohl nationale als auch globale Nachrichten und Informationen zu nutzen. Dabei stellt das Internet insbesondere in den Altersgruppen der 18 bis 49 Jährigen die wichtigste Nachrichtenquelle dar (Pew Research Center 2013). Seither ist das Vertrauen in die Medien weiter zurückgegangen und lag für republikanische Wähler 2016 bei 14 %.

Hinzu kommen soziale Netzwerke, wie Facebook und Twitter, die zunehmend an Bedeutung gewinnen. Im Jahr 2015 nutzten 66 % der amerikanischen Erwachsenen Facebook und 17 % Twitter, wobei jeweils 63 % der Nutzer angaben, ihre Nachrichten über die Portale zu beziehen (Barthel et al. 2015).

Die Medien informieren die Gesellschaft über außenpolitische und internationale Entwicklungen. Sie vermitteln dabei eine bestimmte, den Bürgern bekannte Sichtweise auf die Welt und die amerikanischen Rollen in ihr. Denn nur wenn die Bürger in der Lage sind, Informationen zuzuordnen (geografisch, sachlich und schließlich wertend) werden diese aufgenommen. Die Dramatisierung von Ereignissen ist ein Mittel, Aufmerksamkeit zu erzielen, ein zweites ist die Personalisierung (indem einzelne Familienschicksale berichtet werden) und schließlich muss der Konflikt simplifiziert werden.

Dieser Blick der Medien ist nicht objektiv, sondern politisch, indem bestimmte Interessen vertreten werden. Kulturell muss die Berichterstattung deshalb an den vorherrschenden Werten und Traditionen der Nutzer orientiert sein, politisch an den Positionen der politischen Elite, die in außenpolitischen und internationalen Fragen dominiert. Diese Sichtweise wird der Bevölkerung vermittelt und prägt zu einem hohen Anteil die öffentliche Meinung.

Die Mediennutzung in den USA ist dabei stark von der politischen Überzeugung der Zuschauer geprägt. Während konservativ eingestellte Amerikaner ihre

Informationen größtenteils aus einer einheitlichen Quelle beziehen – 47 % geben FOX News als ihre Hauptinformationsquelle an – informieren sich liberal einge-stellte Amerikaner durch verschiedene Nachrichtenquellen, einschließlich CNN, NPR, MSNBC und lokale Nachrichtensender (Mitchell et al. 2014). 12 % nennen The Daily Show – eine Nachrichtensatiresendung – als ihre Hauptinformations-quelle (Gottfried et al. 2015).

Nur ein Bruchteil der amerikanischen Tageszeitungen verfügt über eigene Auslandskorrespondenten, weshalb der Associated Press (AP) mit ihren 95 inter-nationalen Büros eine enorme Bedeutung für die Auswahl der Informationen zukommt. Es sind also nur wenige Personen und Unternehmen, die für die Aus-wahl und Darstellung der internationalen Nachrichten sorgen.[1]

Medien sind die primäre Quelle für Informationen über außenpolitische Pro-zesse. Die Entscheidung darüber, was berichtet wird und was nicht, hat erheb-lichen Einfluss auf die politische Agenda in den USA. Vor der ausführlichen Berichterstattung von CNN über die Darfur-Krise im Sommer 2004 spielte die Krise im Sudan weder in der amerikanischen Öffentlichkeit noch in der Regie-rungspolitik eine herausragende Rolle. Danach auch nicht mehr.

Diese *Agenda-Setting*-Funktion der Medien steht nicht außerhalb des politi-schen Prozesses. Die politische Elite ist nachhaltig bemüht, die Berichterstattung über manche Themen zu forcieren und über andere zu verhindern. Dies wird als Quellen-Journalismus bezeichnet, der vermittelt, was Exekutive, Legislative und andere an Informationen bereitstellen. Die Analyse der Berichterstattung von *New York Times, Washington Post* und *Chicago Tribune* im Jahr 1994/1995 ergab, dass 56 % der Informationen der Front-Page Nachrichten von Regierungsmitgliedern stammten (Graber 2002, S. 102). Die Medien werden dabei nicht zuletzt auch als Mittel für die bürokratischen Auseinandersetzungen innerhalb einer Administ-ration benutzt. 85,7 % der befragten Regierungsmitarbeiter haben versucht, die Berichterstattung der Medien zu beeinflussen; die Mehrheit konnte die Bericht-erstattung über das eigene Haus wesentlich prägen (O'Hefferman 1991).

Die Abhängigkeit des Präsidenten von den Medien hat sich parallel erhöht, denn nur durch sie kann er sein Image steuern und seine Entscheidungen erläu-tern. Die gestiegene Medialisierung von Politik führt dazu, dass das Verhältnis von Politik und Medien symbiotischer wird. Dabei besteht kein Zweifel darüber, wessen Entscheidungs- und Handlungsmöglichkeiten in diesem Prozess insge-samt erhöht werden: die der politischen Entscheidungsträger.

---

[1]In einem Bericht aus dem Jahr 2011 wird erwähnt, dass die Anzahl an amerikanischen Auslandskorrespondenten seit 2003 stetig abgenommen hat. Siehe hierzu Martin (2012).

Die Stellung der Regierung im Verhältnis zu den Medien ist dann am stärksten, wenn die Stellung der Exekutive im politischen System dominant ist, und weder aus dem Kongress noch von großen Interessengruppen dissidente Positionen mit politischem Gewicht artikuliert werden. Dies gilt besonders für Krisen, denn diese reduzieren den Kreis der relevanten Entscheidungsträger.

3.2 Integration und Polarisierung

Die Wahl der als nachrichtenwürdig erachteten Informationen unterliegt kulturellen, politischen und ökonomischen Beschränkungen. Die gleichen Akteure und Kräfte wirken auch auf die Wahl des Interpretationsrahmens ein. Dies ist ein doppelter Prozess: Indem Informationen für die amerikanische Gesellschaft aufbereitet werden, werden sie in einem ersten Schritt entkontextualisiert, also aus ihrem realen Lebenszusammenhang entführt. Parallel werden die Informationen jedoch neu kontextualisiert, d. h. in einer Weise interpretiert und verständlich gemacht, die sich dem kulturellen, ökonomischen und politischen Wissen der amerikanischen Gesellschaft erschließt. Dieses Wissen ist historisch und sozial gebunden. Lange Zeit galt für die Außenpolitik der Konsens des Kalten Krieges. Die Sowjetunion war der Feind und außenpolitische Berichterstattung orientierte sich an den Entwicklungen des Ost-West-Konflikts. Dieser Konsens hat sich im Zuge der innenpolitischen Polarisierung aufgelöst. Die diametral unterschiedliche Berichterstattung über innenpolitische Themen schlägt sich auch in der Außenpolitik nieder.

Ein Beispiel für eine sehr einheitliche Darstellung war die Vorgeschichte des Dritten Golfkrieges, als fast alle Medien die Interpretation der Regierung übernahmen und erst nach Beendigung des Krieges, als man weder Massenvernichtungswaffen fand, noch den Intelligence-Prozess in den USA nachvollziehen konnte, allmählich die Gefangenschaft ihrer eigenen Interpretation der Informationen aufarbeiteten.[2] Dies allerdings ist nicht neu, es ist nach jeder Krise so.

Dieser gemeinsame Interpretationsrahmen für das Verständnis der Umwelt und der eigenen Stellung in ihr ist in solchen Lagen ein wichtiger Faktor für die Integration der amerikanischen Gesellschaft.

---

[2]Für die Washington Post hat dies Howard Kurtz: The Post on WMDs: An Inside Story, Washington Post, 12. August 2004, A01 analysiert.

Ein Beispiel für eine polarisierte Darstellung ist die Drohung, Angriffe des Assad-Regimes in Syrien auf die eigene Bevölkerung mit chemischen Kampf-stoffen militärisch zu bestrafen. Hierzu gab es keinen Konsens: Während die eine Seite die humanitäre Verantwortung betonte, wollte sich die andere Seite nicht in den syrischen Krieg ziehen lassen.

Der 11. September 2001 hat dabei zu einer Neujustierung des amerikani-schen Blicks auf die Welt geführt: „Before September 11 most of the American News Media gave scant coverage to the fact that the United States was the key participant in an interdependent global society, or that our economic well-being depended on foreigners, or that our population includes millions of people born in foreign lands, more every year", schrieben die Herausgeber der *Washington Post,* Leonard Downie und Robert Kaiser (2003, S. 241).

Nach dem 11. September sehen sich die USA weniger als Teil der internatio-nalen Gesellschaft und transnationalen Austausch als Katalysator gesellschaftli-chen Fortschritts, sondern interpretieren die Welt als gefährlich, bedrohlich und unberechenbar aggressiv.

> The media are far from being the sinister manipulators of the popular mind sugge-sted by some conspiracy theories. Their major functions seem to be to support the system, to uphold conformity, to provide reassurance, and to protect the members of society from excessively disturbing, distracting, or dysfunctional information (Qual-ter 1985, S. X–XI).

Für die Reproduktion der politischen Kultur jedenfalls spielen die amerikani-schen Medien eine nicht zu überschätzende Rolle und die Eliten halten damit ein wichtiges Instrument zur Steuerung der öffentlichen Meinung in den Händen.

Kontrolle über den Prozess des *Framing* haben Journalisten am ehesten zu Beginn einer Berichterstattung und wenn die Ereignisse nicht vorhergesehen wur-den. Einfluss auf diesen Prozess zu nehmen wird hingegen schwieriger, wenn die Informationen von Regierungsseite kommen und wenn eine Krise schon länger andauert. Die Medien aber setzen selten selbst den Rahmen für die Interpretation der Ereignisse, sie übernehmen gewöhnlich die Bewertung der Regierung oder Opposition. Diese verstärken sie in der Bevölkerung, d. h. sie sind dann weni-ger Akteur als Katalysator für die Verbreitung, Durchsetzung und Legitimierung bestimmter Haltungen. Den Frame während einer Krise zu wechseln, ist fast unmöglich, ohne die Konsumenten zu verlieren und unglaubwürdig zu werden. „When values are shared by source and press and probably readers too, there is no felt need on the part of reporters to seek countervailing information else-where" (Paletz und Entman 1981, S. 144). Der Polarisierung der politischen Ein-stellungen in den USA korrespondiert die Polarisierung der Medien.

Bei der Analyse der Rolle, die Medien im außenpolitischen Prozess spielen, ist der Einfluss der Regierung, insbesondere des Präsidenten, gewöhnlich stärker. Rallye-Effekte und ein Informationsvorsprung tragen hierzu bei. In Kriegen stellen sich die Medien sogar bewusst und selbstverständlich hinter die Regierung.

3.3   Kontrolle

Die Kontrolle der eigenen Regierung gehört im Selbstverständnis vieler Journalisten zu ihren herausgehobenen Aufgaben. Der investigative Journalismus und sein prominentestes Beispiel, Watergate, werden als Beleg dafür angeführt, dass die Medien ihre Kontrollfunktion auch effektiv wahrnehmen. Die Voraussetzungen für die Watergate-Enthüllungen waren allerdings ein Dissens in der Administration und die Bereitschaft einer dissidenten Quelle, die Journalisten Carl Bernstein und Bob Woodward mit Informationen zu versorgen. Die Kritik der Journalisten richtete sich sodann gegen deviantes Verhalten im amerikanischen System, nicht gegen das System selbst. In seinen späteren Enthüllungen zur Iran-Contra-Affäre oder in *Bush at War* und *Plan of Attack* ist Bob Woodward ebenfalls nicht kritisch gegenüber dem politischen System der USA. Das würde ihn wahrscheinlich rasch von seinen Quellen trennen. Journalisten aber leben von Informationen – und je höherrangig die Quelle und je exklusiver die Information, desto besser. Henry Kissinger beherrschte diese Kunst vortrefflich: durch die Steuerung der Informationen Außenpolitik zu betreiben, durch die Einbindung der wichtigen Journalisten ihre Unterstützung und Loyalität zu gewinnen und auf diese Weise die öffentliche Meinung zu leiten.

Dass Journalisten auf Informationen aus der Regierung angewiesen sind, schränkt ihre Möglichkeiten zu deren Kontrolle drastisch ein. Dass ökonomische und politische Eliten sich durch die Drehtür des amerikanischen politischen Systems häufig begegnen, macht unabhängige Kontrolle schwieriger als die Verbindung zwischen Journalisten und politischen Parteien. Die Rekrutierung und Sozialisation der Journalisten ist ein dritter Faktor. Eine effektive Kontrolle der Regierung durch die Medien ist deshalb nur dann möglich, wenn diese Koalitionäre in den Reihen der politischen und ökonomischen Elite haben.

Andererseits sind staatliche Stellen nur in sehr geringem Maß in das Mediensystem involviert; die verstärkte Nutzung lokaler Kabelnetze durch lokale Exekutiven ändert dies nicht. Sender der nationalen Exekutive (Voice of America) dürfen in den USA nicht senden. Der öffentliche Public Broadcasting Service (PBS) besteht insgesamt aus ca. 560 nicht-kommerziellen Radio- und ca. 350 nicht-kommerziellen Fernseh-Stationen, die seit der Administration Reagan jedoch auch kommerzielle Werbung ausstrahlen dürfen. Ihr Budget wird von der

Tab. 2 Die größten privaten Eigentümer der amerikanischen Medien. (Quelle: Eigene Darstellung)

Besitzer	Medien
Gannett	USA Today und über 90 Tageszeitungen, insgesamt etwa 10 % der Gesamtauflage von Tageszeitungen in den USA
Knight-Ridder	Philadelphia Inquirer, Miami Herald, und über 30 andere Tageszeitungen
New York Times	Boston Globe, über 30 weitere Tageszeitungen, 20 Magazine, 5 Fernsehstationen, 2 Radiostationen
Chicago Tribune	Los Angeles Times, Baltimore Sun, 5 weitere Tageszeitungen, 20 Magazine, 22 Fernsehstationen, 5 Radiostationen
Washington Post	Newsweek

Regierung in Washington D. C., deren Anteil etwa 20 % beträgt, lokalen Regierungen, Unternehmen, Stiftungen und Universitäten finanziert. Allerdings nutzen nur etwa 2 % der Bevölkerung diese Sender.

Etwa 1500 Zeitungen und 2000 Fernsehstationen sind dagegen in Privatbesitz und die Bevölkerung nutzt diese Medien intensiv. Unterschiedliche Medien zu besitzen ist für Unternehmen die Regel. So gehören zur Gannett Company beispielsweise 93 Tageszeitungen, 16 Fernsehstationen und 19 Radiostationen. Seit 1975 ist der Besitz unterschiedlicher Medien, soweit er zu einer lokalen Monopolstellung führt, verboten. Die Medienunternehmen sind dabei häufig in größere, in der Produktion oder Distribution tätige Unternehmen integriert, etwa General Electric, Capital Cities/ABC oder Knight Ridder. Die Stellung der einzelnen Unternehmen im jeweiligen Markt ist sowohl von der eigenen Größe als auch von Anzahl und Prestige der Wettbewerber abhängig. Aufgrund der Produktreichweite sind die USA in 388 Zeitungsmärkte und 318 TV-Radio-Märkte unterteilt, die jeweils oligopolistisch geordnet sind.

Überwacht werden die Medienmärkte durch die Federal Communication Commission (FCC). Ihr gehören 5 Personen aus beiden Parteien an, die vom Präsident auf 5 Jahre ernannt und vom Senat bestätigt werden müssen. Die FCC wird als ineffektives Kontrollorgan bezeichnet, das nicht zuletzt die Interessen der Medienindustrie berücksichtigt. Ihre Kontrollbefugnis erstreckt sich auf Radio- und Fernsehstationen, die große Adressatenkreise erreichen, das Kabel- und Satellitenfernsehen, Zeitungen, Zeitschriften und das Internet. Doch selbst die Kontrolle des Informationsprogramms kann die FCC aufgrund mangelnder Ressourcenausstattung nicht leisten. Eine effektive Kontrolle über die Programme üben hingegen die Werbekunden aus, deren Interessen bei der Programmgestaltung berücksichtigt werden (Tab. 2).

3.4   Die Medien als Machtfaktor

Zentral für die Macht, die Medien in der amerikanischen Gesellschaft ausüben, ist ihre Fähigkeit, Themen zu fördern oder zu vernachlässigen und die Regierung in einigen Fällen (scheinbar) zum Handeln zu drängen, also die Salienz zu steuern. Darunter versteht man die Aufmerksamkeit, die einem Thema zuteilwird. Zu hochsalienten Themen muss sich die Regierung öffentlich verhalten; Themen mit geringer Salienz kann sie übergehen.

Unstreitig ist in der Medienforschung, dass die öffentlichen Themen durch die Medienagenda bestimmt werden. Umstritten ist aber, ob es die Medien sind, die ihre eigene Agenda setzen, oder ob sie hier nicht vielmehr als Verstärker von politischen Elitepositionen auftreten. Unstreitig ist wiederum, dass Medienberichte (und zwar gleichgültig, ob sie ein Thema oder Ereignis positiv oder negativ darstellen) die bürokratische Aufmerksamkeit erhöhen (O´Hefferman 1991).

Die zentralen Mechanismen, Einfluss im politischen System auszuüben sind *agenda setting* (über welche Themen wird berichtet), *agenda building* (welche Themen werden gemeinsam mit anderen Akteuren aufgebaut), *agenda surfing* (auf welche Themen können politische Akteure aufspringen) und *agenda cutting* (wie lassen sich Themen aus der Öffentlichkeit nehmen).

Es gibt nur zwei Fälle, in denen es ein Recht auf Zugang zur Berichterstattung gibt: *erstens* besteht das Recht, auf Angriffe auf die eigene Person zu antworten und *zweitens* das Recht von Kandidaten für öffentliche Ämter auf gleichen Zugang zu einem bestimmten Medium. Die Möglichkeiten, Öffentlichkeit zu organisieren, sind für Nichtmitglieder der Elite und der Medien sehr beschränkt.

Als weiterer Mechanismus der Einflussnahme wird die Fähigkeit der Medien angeführt, durch die Beeinflussung der öffentlichen Meinung die Regierung zu raschem Handeln veranlassen zu können. Die Bilder sind von ausschlaggebender Bedeutung, weil sie beispielsweise Berichte in den Frame „menschliches Leid" stellen und vermitteln können, dass alle anderen (strategischen, politischen und ökonomischen) Interessen dahinter zurückstehen müssen. 1992 wurde in dieser Weise über Somalia berichtet und seitdem wird diese Form der Beeinflussung der außenpolitischen Handlungen als CNN-Effekt bezeichnet. Allerdings darf dieser Effekt nicht überschätzt werden. Regierungen können Ressourcen nicht jederzeit aus dem Stand mobilisieren, gerade lang andauernde Hilfsprogramme bedürfen intensiver Vorbereitungen hinsichtlich Logistik und Transport. Steven Livingston und Todd Eachus haben für die Politik gegenüber Somalia 1992 später nachgewiesen, dass diese „humanitäre Intervention" nicht aufgrund der Berichte in Gang kam, sondern ein Jahr zuvor die Planungen begonnen haben, wofür Besuche von Regierungsmitgliedern in der Region ausschlaggebend gewesen seien (Graber 2002, S. 16).

Der Zugang zu den Medien war vielfach beschränkt und politische Parteien und Interessengruppen konkurrierten um die Aufmerksamkeit der Journalisten und den beschränkten Platz in Zeitungen, Radio und Fernsehen. Das hat sich in den letzten Jahren durch Facebook. Twitter und andere neue Medien stark geändert. Politiker und Interessensgruppen haben eigene Profile auf denen sie Informationen, Stellungsnahmen und Nachrichten verbreiten. Im Juni 2016 war Barack Obama auf Platz 4 der meisten Follower bei Twitter (Statista 2016). Präsident Trump nutzt Twitter sogar zur vorherrschenden Regierunskommunikation.

Entsprechend seiner Stellung im politischen System hat der Präsident am einfachsten Zugang zu den Medien, wie andere Angehörige der Elite auch. Für andere Bürger ist es hingegen sehr schwierig, wenn nicht unmöglich, in die Nachrichtensendungen der großen Stationen oder in die großen Zeitungen zu gelangen, um Aufmerksamkeit für bestimmte Anliegen herzustellen. Der Zugang zu den Medien ist ein Elitenphänomen und er ist innerhalb der Elite nochmals sehr asymmetrisch verteilt.

Die Position der Medien hängt wesentlich davon ab, wie groß ihre Verbreitung ist und wie viele und welche Teile der Bevölkerung sie erreichen (Tab. 3). Wie aus der folgenden Übersicht ersichtlich, sind Zeitungen in den USA sehr breit gestreut. Ihre Bedeutung liegt vor allem in der Kommunikation zwischen den Eliten, nicht nur in den USA, sondern – wie der frühere Präsident Carter öffentlich geäußert hat – auch zu anderen Regierungen, denen über dieses Medium bestimmte Signale vermittelt werden.

Tab. 3 Auflagen der Zeitungen und Sonntagszeitungen Oktober 2012 bis März 2013. (Quelle: Eigene Darstellung. Daten aus Alliance for Audited Media 2013)

Täglich		Sonntags	
Zeitung	Auflage	Zeitung	Auflage
Wall Street Journal	2.378.827 Print: 1.480.725 Digital: 898.102	New York Times	2.322.429 Print: 1.254.506 Digital: 1.067.923
USA Today	1.674.306 Print: 1.424.406 Digital: 249.900	Los Angeles Times	954.010 Print: 775.641 Digital: 178.369
New York Times	1.865.318 Print: 731.395 Digital: 1.133.923	Washington Post	838.014 Print: 639.966 Digital: 31.135
Los Angeles Times	653.868 Print: 432.873 Digital: 177.720	Chicago Tribune	781.324 Print: 706.840 Digital: 74.484

(Fortsetzung)

Tab. 3 (Fortsetzung)

Täglich		Sonntags	
Zeitung	Auflage	Zeitung	Auflage
Washington Post	474.767 Print: 431.149 Digital: 42.313	New York Daily News	644.879 Print: 431.519 Digital: 156.386
New York Daily News	516.165 Print: 360.459 Digital:155.706	Dallas Morning News	697.717 Print: 293.383 Digital: 66.164
Chicago Tribune	414.930 Print: 368.145 Digital: 46.785	Philadelphia Inquirer	477.313 Print: 362.752 Digital: 95.413
Newsday	377.744 Print: 265.782 Digital: 111.962	Detroit News/Free Press	708.114 Print: 416.986 Digital: 6055
Houston Chronicle	360.251 Print: 231.233 Digital: 102.341)	Houston Chronicle	1.042.389 Print: 412.329 Digital: 90.369
San Francisco Chronicle	218.987 Print: 0 Digital: 218.987	Boston Globe	382.452 Print: 309.771 Digital: 72.681

Die Anzahl der eigenständigen Zeitungen ist seit 1909 stetig gesunken; 2600 Zeitungen existierten zu diesem Zeitpunkt und ihre Zahl nahm kontinuierlich ab: Im Jahr 2001 wurden 1468 Zeitungen gezählt, 2014 sank die Zahl auf 1331 Zeitungen (News Media Alliance 2015). Die Gesamtauflage der Zeitungen erreichte 1967 mit 66,5 Mio. ihren Höhepunkt. Nach einem Einbruch der Auflage auf etwa 62 Mio. blieb diese von Beginn der siebziger Jahre bis Ende der achtziger Jahre stabil. Danach brach sie erneut ein und erreichte 2001 noch 55,5 Mio., im Jahr 2014 nur noch 40,4 Mio. (News Media Alliance 2015). Ende der zwanziger und zu Beginn der dreißiger Jahre erreichten die Zeitungen mit bis zu 35 % den größten Teil der amerikanischen Bevölkerung. Die Quote der erreichten Bürger sank seitdem kontinuierlich und lag 2001 bei 19,2 % (einem Wert, der letztmals 1900 registriert wurde) (Stanley und Niemi 2003, S. 174–175).

Die Mehrheit der Bevölkerung wird seit den siebziger, vor allem aber seit der Ausbreitung des Kabelnetzes in den achtziger Jahren über die Fernsehstationen erreicht. Schon 1960 waren 87 % der Haushalte mit Fernsehgeräten ausgestattet (1950 waren es gerade 9 % gewesen) und seit 1980 liegt die Zahl konstant bei über 98 %. Bedeutend aber ist der Zugang zum Kabelnetz; 1970 existierte dieser Zugang erst in 6,7 % der Haushalte, fünf Jahre später waren es 12,6 % und 1980 19,9 %. Ein Jahr später waren es 25 % und die Zahl der ans Kabelnetz angeschlossenen Haushalte steigt seither stetig an. 2003 verfügten 69,8 % der amerikanischen Haushalte über Kabelanschluss (Stanley und Niemi 2003, S. 173).

Trotz der auf den ersten Blick existierenden Vielfalt sind die TV-Stationen in den USA stark oligarchisch organisiert. Vier Stationen bestimmen schließlich über die Themen und ihre Darstellung. Die Public Television-Stationen sind in 4 Netzwerken zusammengeschlossen, die großenteils nicht in eigenen Sendern ihr Programm senden, sondern 839 lizenzierte Stationen mit einem Rahmenprogramm versorgen, das diese mit regionalen und lokalen Nachrichten anreichern und senden. Diese vier Medienunternehmen sind: NBC (General Electric); ABC/Capital Cities (Walt Disney); CBS (Westinghouse) und Network Fox Television (Murdoch). Selbst betreibt CBS 35 Stationen, Fox 33, NBC 13 und ABC 10. Darüber hinaus bedienen sie eben vor allem die Programme anderer Sender: ABC beliefert 217 Stationen, NBC 217, CBS 213 und Fox 187.

Die Einschaltquoten der Public Television-Stationen gingen parallel zur Einführung des Kabelfernsehens zwar drastisch zurück: im Jahr 1976 erreichten sie 92 % der Bevölkerung, 1984 noch 75 % und 1991 fiel die Quote unter 60 %. Während 1993 noch 60 % der Amerikaner die Nachrichten von ABC, NBC oder CBS sahen, sank die Quote 1996 auf 42 %. Trotzdem sind sie für die Gestaltung der öffentlichen Agenda von enormer Bedeutung, weil die oben beschriebene Tendenz zur Einheitlichkeit des Blickes keine Alleinstellung mehr erfordert, sondern nur eine dominante Position. Zusammen mit CNN, NYT, WP, LAT, AP, UPI, WSJ, Newsweek, Time, US News and World-Report konstituieren diese die nationalen Medien. Die Auslandsberichterstattung dieser nationalen Medien wird von andern Sendern und Zeitungen übernommen und stellt die amerikanische Berichterstattung dar, die meisten amerikanischen Zeitungen über keine eigenen Korrespondenten verfügen.

Zurzeit dominieren sechs Unternehmen die amerikanischen Medien, nämlich General Electric (gehört zu den 10 größten amerikanischen Unternehmen mit Interessen in der Rüstungswirtschaft), Viacom, Disney, Bertelsmann, Time Warner und Murdoch's News Corporation. Ökonomische Interessen dominieren die Ausrichtung der Geschäftsführungen, sie verbinden sich mit politischen Interessen im Nachrichtengeschäft.

Associated Press (AP) ist bei weitem die größte Nachrichtenagentur der Welt. Sie besitzt 95 internationale Büros und ist eine Art Flaschenhals für internationale Nachrichten.

4 Spinning

Spinning ist definiert als Strategie der Medien- und Öffentlichkeitsarbeit, mittels derer eine bestimmte Interpretation von Ereignissen vermittelt werden soll. Da die Handlungsfähigkeit des Präsidenten im amerikanischen politischen System begrenzt ist und der Kongress in der Innenpolitik eine bedeutende Rolle spielt, konzentriert sich die mediale Selbstdarstellung des Präsidenten häufig auf die Außenpolitik. In ihr stellt er sich als Staatsmann, Oberbefehlshaber der Streitkräfte, als Symbol der amerikanischen Nation dar. Hierzu nutzt er den Zugang zu den nationalen Medien.

Das Pressekorps des Weißen Hauses umfasst zwar 2000 Journalisten, aber nur 60 gehören in den engeren Kreis derer, die bei Pressekonferenzen privilegiert sitzen und den Präsidenten auf seinen Reisen begleiten. Diese setzen sich aus je 4 Journalisten der Agenturen (AP, UPI, Reuters), je 3 Journalisten der großen Nachrichtensendungen (ABC, CBS, NBC, CNN), Journalisten der großen Zeitungen *(New York Times, Washington Post, Wall Street Journal, Los Angeles Times)* und Zeitschriften *(Newsweek, U. S. News & World Report, Time)* zusammen. Durch diese versucht der Präsident seine politische Agenda in die Elite und Gesellschaft zu vermitteln und so seine Themen zu lancieren.

Zum Nachrichtenmanagement der Regierung gehört dabei selbstverständlich auch, Pressekonferenzen so zu lancieren, dass aufgrund der zeitlichen Vorgaben durch den Produktionsprozess „ihre Geschichte" möglichst unverfälscht berichtet wird. Hat ein Ereignis erst einmal eine bestimmte Interpretation erfahren, wird es schwierig, sie später zu ändern.

Dabei ist der Präsident darauf angewiesen, dass die Verstärkungswirkung von den Medien in die Gesellschaft getragen wird. Für die Durchsetzung der politischen Agenda des Präsidenten ist das Fernsehen lange Zeit das entscheidende Medium gewesen. Für die älteren Bürger ist das noch so, die 18 bis 29 Jährigen hingegen geben nur noch zu 55 % das Fernsehen als Nachrichtenquelle an, während sich 71 % im Internet informieren (Pew Research Center 2013). Die Medien ändern sich, aber ihre Funktion bleibt bestehen. Theodor White urteilte: „No major act of American Congress, no foreign adventure, no act of diplomacy, no great social reform can succeed in the United States unless the press prepares the public mind" (White 1973, S. 327).

Alle Präsidenten wollten ihre Politik der Bevölkerung medial vermitteln und sie haben darauf geachtet, dass die positiven Eigenschaften (kompetent, führungsstark, glaubwürdig) durch ihre Erscheinung ausgestrahlt wurden. Unter Präsident Reagan wurde *spinning* enorm professionalisiert, indem moderne Methoden der

Öffentlichkeitsarbeit und der psychologischen Kriegsführung in die PR integriert wurden, wozu auch gezielte Desinformationskampagnen zählten. Mit der Iran-Contra-Affäre wurden die Möglichkeiten dieser neuen Öffentlichkeitsarbeit deutlich sichtbar, halfen dem Präsidenten aber gleichzeitig, im Amt zu bleiben. Präsident George W. Bush knüpfte – anders als Präsident Clinton – personell und inhaltlich an diese Form des *spinning* an.

Die Eliten in Politik und Medien verfolgen unterschiedliche Interessen, wobei die Korrespondenz der Interessen daraus resultiert, dass die politische Elite vor allem an der Durchsetzung ihrer Agenda interessiert ist, während für die Medien-Elite der ökonomische Vorteil an erster Stelle steht.

Während die Politik daran interessiert ist, Ereignisse in bestimmter Weise und mit Bezug auf bestimmte Personen berichtet zu sehen, suchen die Medien den bevorzugten Zugang zu Informationen. Diesen Zugang kann vor allem die Regierung bieten, die ihre Medienpolitik wiederum über den Zugang zu Informationen steuert. In Kriegszeiten ist dies besonders ausgeprägt, doch auch im täglichen politischen Wettbewerb wird der Zugang zu Informationen steuernd eingesetzt. Das erfordert, dass ein umfassendes und geschlossenes Informationsmanagement zentral im Weißen Haus geleistet wird, um die Darstellung der Regierungspolitik kohärent zu gestalten und Informationslöcher zu unterbinden – um sie selbst gezielt und kontrolliert einsetzen zu können. Keine Administration hat die Informations-Wagenburg Weißes Haus so geschlossen gehalten wie die unter Präsident Obama.

5   Medien und Regierungspolitik in Krisen

In Krisen unterstützen die nationalen Medien den Präsidenten und seine Außenpolitik in einem Maß, das nur durch die Traditionen der amerikanischen politischen Kultur erklärt werden kann. Der Rallye-Effekt, der besagt, dass sich die Nation in Krisen- und Kriegszeiten um den Präsidenten schart und Kritik an seiner Politik als unpatriotisch angesehen wird, wurde deutlich, als Peter Arnett im Zweiten Golfkrieg aus Bagdad berichtete und ihm ein Interview mit Saddam Hussein als unpatriotischer Akt vorgehalten wurde und diese Bewertung die gesamte Medienarbeit vor dem Dritten Golfkrieg auszeichnete. Die Identifikation der Journalisten mit den USA nimmt in diesen Zeiten zu, Patriotismus wird zum zentralen Kennzeichen der Berichterstattung. Die Unterstützung in Krisen und Kriegen sinkt, wenn später über die einzelnen Maßnahmen berichtet wird und kritische Fragen an sie gestellt werden.

Dan Rather, der frühere Anchorman der CBS-Nachrichten hat diesen Prozess der Identifikation mit dem eigenen Land und der Politik des Präsidenten nach dem 11. September 2001 beschrieben und offen dargelegt, wie Journalisten und Öffentlichkeit die restriktive Informationspolitik der Regierung akzeptiert haben, und sie dabei sogar unterstützten (The Guardian 2002). Jeder Präsident wird deshalb versuchen, den Rallye-Effekt in Krisen und den Patriotismus der Journalisten zur Durchsetzung seiner Außenpolitik und damit zur Vermittlung seiner Interpretation der internationalen Beziehungen zu nutzen.

Um ein weiteres Beispiel anzuführen: „America Held Hostage, Day 22" war der Titel der ABC-Nachrichten am 22. Tag der Geiselaffäre in Teheran vom 4.11.1979 bis zum 20.1.1981. Solche Titel für Krisenberichterstattung sind für die Vermittlung der Ereignisse von großer Bedeutung, denn sie enthalten eine politische Botschaft. Diese Botschaft und ihre bildliche Unterlegung stellen beim Betrachter ein bestimmtes Verständnis her. Hier waren es die USA als Opfer einer Aggression. Diese Botschaft wurde massiv aufgetragen, in den ersten sechs Monaten füllte die Geiselkrise ein Drittel der Fernsehnachrichten aus.

Die Interpretation der Krise hätte sich wahrscheinlich geändert, wenn über die Rolle der CIA 1953 beim Regimewechsel im Iran berichtet worden wären, aber das lag nicht im Interesse der politischen Elite und entsprach nicht dem kollektiven Selbstbild der USA. Die Medien vermittelten auf diese Weise eine bestimmte Interpretation der Situation, die als kollektives Wissen zum Bezugspunkt für das weitere politische Handeln wurde. Nach dem 11. September waren ähnliche Prozesse zu beobachten, bis der Begriff des *War on Terrorism* durchgesetzt wurde.

Befragte außenpolitische Praktiker (O'Hefferman 1991) gaben jedenfalls zu 53 % an, dass sie die Medienberichte für die Krisenpolitik intensiv genutzt haben, lediglich 18 % haben sie nur wenig genutzt. Gleichzeitig gaben 87 % an, dass in einigen Situationen ausschließlich Informationen aus Medien zur Verfügung standen. Diese rohen Informationen bergen Gefahren, weil sie erst analytisch bearbeitet werden müssten. Genau hier aber, am Beginn einer Krise und mit Informationsvorsprung gegenüber der politischen Elite, ist die Fähigkeit zum eigenständigen *Framing* durch die Medien am größten.

Die Bedeutung der TV-Berichterstattung kann in Krisen steigen, besonders weil die Medien Internet und Fernsehen zur Dramatisierung der Darstellung neigen, Realzeit-Übertragungen den Druck auf die Regierung steigern und das Gefühl der Zuschauer „dabei zu sein" die Vorstellung von Authentizität vermittelt. Dies reduziert in Krisen auch die Suche nach alternativen Informationsquellen, weshalb in einer Krise die Bedeutung von Internet und Fernsehen für die Vermittlung der Politik nochmals gegenüber Routinezeiten steigt.

Dabei hat besonders das Fernsehen in der Vergangenheit, wie Fox-News in der Irakpolitik 2002/2003, simplifiziert, personalisiert und dramatisiert. Wenn die nationalen Medien das zentrale Informations- und Kommunikationsmittel sind, ist besonders wichtig, welche Botschaften gesendet werden. So können Medien eskalierende oder deeskalierende Berichte senden und so Druck auf die Regierung aufbauen oder mindern.

Das Verhältnis zwischen Politik und Medien ist besonders in Kriegen sehr gespannt, weil die politischen und militärischen Entscheidungsträger Medienberichte verhindern möchten. Das hat teilweise sachliche Gründe in der Vorbereitung militärischer Operationen, vor allem aber seine Ursache darin, dass sie durch den Verlust des Informationsmonopols fürchten, die Bevölkerung nicht von den militärischen Maßnahmen überzeugen zu können. Wenn Bilder publiziert werden die menschliches Leid oder falsches Verhalten zeigen, kann dies zur Delegitimierung des Krieges führen. Seit dem Vietnamkrieg gelten die Beziehungen zu den Medien als *eigene Front*. In den Invasionen und Kriegen seither – u. a. Grenada, Panama, Kosovo, Irak – wurden Journalisten deshalb entweder ganz ausgeschlossen, in einem Pool zusammengefasst oder in militärische Verbände eingebettet. Das Ziel dieser Maßnahmen war stets gleich: eine freie Information über das Kriegsgeschehen zu unterbinden. John R. MacArthur zitiert Stanley Cloud von Time Warner zum Zweiten Golfkrieg:

> Sie [gemeint ist das Pentagon] fanden eine Möglichkeit, unsere Berichterstattung bis aufs I-Tüpfelchen zu kontrollieren. Sie beschränkten unseren Zugang in einer Weise, dass eigene Reportagen nicht mehr möglich waren. Sie fütterten uns mit ständigen Pressekonferenzen, bei denen sie den Inhalt der Meldungen bestimmten. Und wenn es uns trotz allem irgendwie gelang, etwas zu berichten, was ihnen nicht gefiel, konnten sie es per Zensur streichen... Praktisch lief es darauf hinaus, die Presse fürs Militär zu rekrutieren (MacArthur 1993, S. 174; Einfügungen vom Autor: TJ).

Anders war die Lage bei der Invasion in Somalia 1992, als die Scheinwerfer der Kamerateams die anlandenden Soldaten am Ufer erwarteten. Später wurden Bilder von ermordeten und geschändeten Soldaten gezeigt, die den raschen Abbruch der Invasion auslösten. Inzwischen erhalten die Soldaten auch Unterricht, wie sie sich den Medien gegenüber verhalten. Das Medienmanagement ist Teil des Krieges geworden.

6 Strategische Kommunikation

Das bekannteste Beispiel für die Nutzung des amerikanischen Mediensystems durch fremde Regierungen oder Nichtregierungsorganisationen war die PR-Kampagne der kuwaitischen Regierung, die Hill & Knowlton konzipierten und umsetzen, während der Irak 1990 Kuwait besetzt hielt. Aber auch Japan, Kanada, Südkorea, Südafrika und andere Staaten nutzten die Mittel strategischer Kommunikation, um über Beratung und Hilfe professioneller amerikanischer PR-Firmen Zugang zum amerikanischen Mediensystem zu erlangen und dort ihre Botschaft kontrolliert zum eigenen Vorteil zu senden. Zugang wird dabei gleichermaßen zum breiten Publikum über die nationalen Medien als auch zur politischen und ökonomischen Elite gesucht.

Zeitungen werden direkt und indirekt zur Pflege des eigenen Images genutzt. Zwischen 1970 und 1980 haben 114 Staaten Anzeigen in führenden amerikanischen Zeitungen aufgegeben (Amaize und Faber 1983). Andere Staaten versuchten, über die Korrespondentenberichte Einfluss auf ihr Image in den USA zu nehmen.

Die bisherigen Untersuchungen zeigen, dass ausländische Regierungen und andere Akteure in der Lage sind, nicht nur über Werbekampagnen, die als Medienereignisse angelegt werden, sondern auch über die direkte Nutzung der amerikanischen Medien das eigene Image in den USA zu beeinflussen (Manheim 1991). Der herausragenden Stellung der USA in den internationalen Beziehungen wegen, haben viele Regierungen daran Interesse.

7 Medien und Öffentlichkeit

Die politischen Einstellungen der Öffentlichkeit sind relativ stabil. Mediennutzung ist eine Quelle für die Stabilität, weil sie die Möglichkeit bietet, kognitive Dissonanzen zu vermeiden. Es ist möglich, sich auf Informationen und Interpretationen zu konzentrieren, die das bisher entwickelte Weltbild stabil halten. Soziale Medien haben diese Entwicklung beschleunigt. Die jeweils dominanten Ideologien in den USA und die kulturell-politische Selbsteinschätzungen der Menschen müssen Kriterium für Auswahl und Darstellung der Nachrichten sein, um ein breites Auditorium zu erreichen. Da dies für alle Medien gleichermaßen gilt, werden der Öffentlichkeit in den nationalen Medien standardisierte Bilder vermittelt.

Andererseits werden Ereignisse auch neu interpretiert, entweder weil veränderte Umstände eine neue Sichtweise notwendig machen, beispielsweise das

Ende der Sowjetunion oder der „verlorene" Irakkrieg, oder weil sich die Interessenlage der politischen Entscheidungsträger gewandelt hat. Hier können kurzfristige Effekte gemessen werden, die durch eine Strategie der medialen Vermittlung begründet sind. Die amerikanische Regierung kann auf diese Weise die öffentliche Meinung für eine bestimmte Zeit steuern, wenn es keinen Elitendissens gibt.

Deshalb ist es für die Regierung primär wichtig, inneradministrative Konflikte zu vermeiden und einen überparteilichen Konsens herzustellen, wenn sie bestimmte außenpolitische Entscheidungen gegen eine noch nicht gleich gesinnte öffentliche Meinung durchsetzen möchte. Dann kann sie Medien als Verstärker nutzen und das gewünschte Meinungsklima herstellen. Die Medien können in diesem Fall von der Regierung instrumentalisiert werden, allerdings ändert sich die Lage sofort, wenn dissidente Meinungen in der politischen Klasse oder der Regierung öffentlich werden.

8   Medien und Außenpolitik

Über außenpolitische Ereignisse wird mit unterschiedlicher Intensität berichtet, die zwischen 10 und 40 % der täglichen Nachrichten liegen kann. Dies variiert nicht nur entsprechend der Ereignisse, sondern auch nach Medientyp. In den Printmedien – und hier besonders den großen Zeitungen – nehmen außenpolitische und internationale Fragen einen größeren Raum ein als in Radio und Fernsehen. Das Internet ist hier breiter und offener. In den großen TV-Nachrichten liegt der Anteil außenpolitischer Themen bei 11–16 % der Sendezeit. Bei CNN ist der Anteil hingegen weit höher.

Wenn internationale Ereignisse in Beziehung zu den USA stehen, wird am ehesten darüber berichtet. Je größer die dabei sichtbare Gewalt und je wichtiger die betroffenen Personen, desto eher wird das Ereignis zur Nachricht. Die Zahl der Berichterstattung steigt, wenn Staaten mächtig, mit den USA ökonomisch verbunden und ihnen kulturell ähnlich sind.

Die Medien vermitteln bestimmte Bilder und Vorstellungen über fremde Staaten und tragen somit zur Reproduktion von Stereotypen bei. Die Darstellung der Sowjetunion in den vierziger Jahren ist ein exzellentes Beispiel für die politische Dimension dieser Stereotypen und ihre Veränderbarkeit. Die Sowjetunion hatte in den USA von Beginn an ein schlechtes Image, der Kommunismus wurde als feindlich bewertet. Die Anti-Hitler-Koalition machte es notwendig, der amerikanischen Bevölkerung ein verändertes Bild zu präsentieren. In den frühen vierziger Jahren wurde Josef Stalin – als Uncle Joe – sogar zum *Man of the Year* des Time Magazins gewählt. Mit Ende des Zweiten Weltkrieges änderte sich die Darstellung Stalins zum Unterdrücker der eigenen Bevölkerung und fremder Völker.

Die mediale Darstellung Saddam Husseins musste ebenfalls geändert werden, nachdem der Verbündete gegen den Iran Khomeinis zum Feind geworden war. Festzuhalten ist, dass ein derart grundlegender Imagewandel – wenn er politisch angeleitet ist – in kurzer Zeit vermittelt werden kann. Medien vertreten häufig die Politik der Regierung und verstärken damit ihre Wirkung in der Bevölkerung, wenn diese Politik kohärent und überzeugend ist und richtig kommuniziert wird. Anderenfalls hinterfragen Medien die Maßnahmen der Regierung und treten als ihre Kritiker auf. Diese Rolle nehmen sie aber nur ein, wenn die Regierung eine unklare Politik verfolgt oder sie nicht ausreichend erklärt. Erfüllt die Regierung diese Bedingungen, wirken die Medien mehrheitlich als Verstärker ihrer Politik.

Die Kommunikation der Politik kann drei Adressaten haben:

- die eigene Gesellschaft, um Unterstützung für eine bestimmte Maßnahme zu mobilisieren oder die Interpretation bestimmter Ereignisse zu vermitteln (mediale Steuerung);
- die Regierungen anderer Staaten (mediale Diplomatie);
- die Gesellschaften in anderen Staaten, um dort Unterstützung für die eigene Politik zu finden und es der dortigen Regierung zu erschweren, Unterstützung für eine gegenteilige Politik zu finden (Public Diplomacy).

Die Kommunikation erreicht aber häufig alle drei Adressaten. Daraus können sodann entsprechende diplomatische Irritationen resultieren, weil auf identifizierte Adressatengruppen begrenzte Kommunikation nur schwer kontrolliert werden kann. Andererseits gelingt es vielen Diplomaten nicht, ihre Positionen in den amerikanischen Medien vertreten zu können.

Die Asymmetrie der international ausgetauschten Informationen und Frames reflektiert die Asymmetrie der realen Machtverhältnisse der Staaten im internationalen System und trägt zu ihrem Weiterbestehen bei.

Literatur

Alliance for Audited Media. (2013). Top 25 U. S. Newspapers for March 2013. http://audited-media.com/news/research-and-data/top-25-us-newspapers-for-march-2013/. Zugegriffen 4. Nov. 2016.

Amaize, O. & Faber, R. J. (1983). Advertising by National Governments in Leading United States. Indian and British Newspapers. In *Gazette, 32*(2), 87–101.

Barthel, M., Shearer, E., Gottfried, J. & Mitchell, A. (2015, 14. Juli). The Evolving Role of News on Twitter And Facebook. Pew Research Center. http://www.journalism.org/2015/07/14/the-evolving-role-of-news-on-twitter-and-facebook/. Zugegriffen: 2. Nov. 2016.

Downie, L. & Kaiser, R. G. (2003). *The News about the News. American Journalism in Peril,* New York: Alfred E. Knopf.

Engel, M. (2002, 17. Mai). US Media Cowed by Patriotic Fever, Says CBS Star. The Guardian. https://www.theguardian.com/media/2002/may/17/terrorismandthemedia.broadcasting. Zugegriffen: 2. Nov. 2016.

File, T. & Ryan, C. (2014). Computer and Internet Use in the United States: 2013. American Community Survey Reports 28. Washington D. C.: Census Bureau.

Gottfried, J, Matsa, K. E. & Barthel, M. (2015, 6. Aug.). As Jon Stewart Steps Down. 5 facts About the Daily Show. http://www.pewresearch.org/fact-tank/2015/08/06/5-facts-daily-show/. Zugegriffen: 2. Nov. 2016.

Graber, D. A. (2002). *Mass Media and American Politics.* Washington D.C.: Congressional Quarterly Press.

MacArthur, J. R. (1993). *Die Schlacht der Lügen. Wie die USA den Golfkrieg verkauften.* München: Dtv-Sachbuch.

McCarthy, J. (2014, 17. Sep.). Trust in Mass Media Returns to All-time Low. Gallup. http://www.gallup.com/poll/176042/trust-mass-media-returns-time-low.aspx?version=print. Zugegriffen: 1. Nov. 2016.

Manheim, J. B. (1991). *All of the People, All of the Time. Strategic Communication and American Politics.* Armonk: M.E. Sharpe.

News Media Alliance. (2015). Research and Tools. http://auditedmedia.com/news/research-and-data/top-25-us-newspapers-for-march-2013/. Zugegriffen 4. Sep. 2016.

Paletz, D. L. & Entman, R. M. (1981). *Media Power Politics.* New York: The Free Press.

Martin, J. D. (2012, 23. Apr.). Loneliness at the Foreign "Bureau". Columbia Journalism Review. http://www.cjr.org/behind_the_news/loneliness_at_the_foreign_bureau.php. Zugegriffen: 2. Nov. 2016.

Mitchell, A., Gottfried, J., Kiley, J. & Matsa, K. E. (2014, 21. Okt.). Political Polarization & Media Habits. Pew Research Center. http://www.journalism.org/2014/10/21/political-polarization-media-habits/. Zugegriffen: 2. Nov. 2016.

O´Hefferman, P. (1991). *Mass Media and American Foreign Policy. Insider Perspectives on Global Journalism And the Foreign Policy Process.* Norwood N.J.: Ablex Publishing Corporation.

Pew Research Center. (2013). Amid Criticism, Support for Media's ‚Watchdog‘ Role Stands out. http://www.people-press.org/2013/08/08/amid-criticism-support-for-medias-watchdog-role-stands-out/#internet. Zugegriffen: 2. Nov. 2016.

Qualter, T. H. (1985). *Opinion Control in the Democracies.* Basingstoke: Palgrave Macmillan.

Riffkin, R. (2016, 11. Feb.). Economy Tops Americans' Minds as Most Important Problem. Gallup. http://www.gallup.com/poll/189158/economy-tops-americans-minds-important-problem.aspx?g_source=most%20important%20problem&g_medium=search&g_campaign=tiles. Zugegriffen: 20. Nov. 2016.

Stanley, H. W. & Niemi, R. G. (2003). *Vital Statistics on American Politics 2003–2004.* Washington D.C.: CQ Press.

Statista. (2016). Twitter Accounts with the Most Followers Worldwide as of June 2016. https://www.statista.com/statistics/273172/twitter-accounts-with-the-most-followers-worldwide/. Zugegriffen: 1. Nov. 2016.

White, T. (1973). *The Making of the President 1972.* New York: Bantam.

Weiterführende Literatur

Graber, D. A. (2006). *Mass Media and American Politics*. Washington D.C.: Congressional Quarterly Press. (Umfassende Darstellung der Stellung und Rolle der Medien in der amerikanischen Politik mit einem eigenen Kapitel zur Außenpolitik.)
Graber, D. A. (2010). *Media Power in Politics*. Washington D. C.: Congressional Quarterly Press. (Umfangreiche Sammlung von Beiträgen, die aus verschiedenen Blickwinkeln alle Bereiche abdecken, in denen Medien von Bedeutung sind – von agenda-setting über Wahlen bis zur Steuerung öffentlicher Meinung.)
Thussu, D. K. & Freedman, D. (Hrsg.). (2003). *War and the Media. Reporting Conflict 24/7*. London: Sage Publications. (Ausführliche Darstellung der Fragen, die mit der Globalisierung des Mediensystems, der Realzeitberichterstattung und den Wirkungen auf politische Akteure zusammenhängen. Konfliktmanagement und Journalistenkultur werden gleichermaßen analysiert.)

Normen

Werner Weidenfeld

Außenpolitik setzt sich aus vielen Komponenten zusammen. Interessen und Institutionen, Personen und Entscheidungsprozesse – und alles dies wird durch Normen grundiert. Historische Erfahrungen, bewährte Orientierungen, Konzepte des Wünschbaren erhalten eine gemeinsame Verdichtung im normativen Gefüge, das die Politik trägt. Dieser allgemeine Befund gilt in besonders markanter Weise für die USA. Die vielschichtige Einwanderungsgesellschaft bedarf besonders dringlich der normativen Identität, als Halt und Stabilitätsfaktor.

Im Grunde ist Amerika als eine normative Idee zu begreifen (Adams 1990). Also stellt sich die Frage, welche Normen die amerikanische Außenpolitik tragen. Der Inhalt lässt sich im Kern als liberal und individualistisch, als egalitär und anti-etatistisch beschreiben. Von Generation zu Generation wird jedoch mit unterschiedlicher Intensität an diese Ideale geglaubt. Die normative Identität amerikanischer Außenpolitik begrenzt der Sorgehorizont der Ideale nicht auf das amerikanische Territorium. Die USA begrüßen die Geltung dieser Ideale weltweit. Allerdings verändert sich die Intensität des Engagements für die weltweite Durchsetzung von Epoche zu Epoche. Mal wird es zum prägenden Kern amerikanischer Außenpolitik, wie in den Zeiten des Kalten Krieges, mal wird es bloß ein Element politischer Rhetorik.

W. Weidenfeld (✉)
Ludwig-Maximilians-Universität, München, Deutschland
E-Mail: Werner.Weidenfeld@lrz.uni-muenchen.de

© Springer Fachmedien Wiesbaden GmbH 2017   143
T. Jäger (Hrsg.), *Die Außenpolitik der USA*, Studienbücher Außenpolitik und
Internationale Beziehungen, DOI 10.1007/978-3-531-93392-4_9

Da die USA ihren Gründungsethos sehr stark als europäisches Erbe (Böttcher 2014), transportiert von den vielen Einwanderern aus Europa, begreifen, spielt historisch die Beziehung zu Europa eine besondere, identitätsprägende Rolle. Festzuhalten ist:

> Trotz aller unterschiedlichen Bewertungen der amerikanischen Ideengeschichte hat die für das amerikanische Selbstverständnis bezeichnende Spannung zwischen politischem Ideal und politischer Realität nur selten zu einer grundsätzlichen Kritik an der Eigenart des amerikanischen politischen Charakters geführt (Kamphausen 1990, S. 238).

Ernst-Otto Czempiel fasst die Relevanz des normativen Horizonts für die Praxis der amerikanischen Außenpolitik knapp wie folgt zusammen:

> Die Vereinigten Staaten sind erst sehr spät, beinahe 100 Jahre nach ihrer Unabhängigkeitserklärung, in die Weltpolitik eingetreten, nämlich mit dem spanisch-amerikanischen Krieg von 1898. Selbstverständlich haben sie von Anfang an Außenpolitik betrieben, haben sich um die Außen- und Wirtschaftspolitik und die dazugehörige Sicherung der Schifffahrtstraßen gekümmert, 1796 ff. den ersten, wenn auch inoffiziellen Seekrieg geführt. Ebenso plausibel aber ist es, den Beginn der amerikanischen Weltpolitik erst mit 1941 anzusetzen, als sie in den Zweiten Weltkrieg eintraten mit der festen Absicht, nach seinem Ende sich nicht mehr aus der Weltpolitik zurück zu ziehen, sondern sie als Weltführungsmacht zu dominieren. Während der Kriegsjahre haben sich die USA auf diese Rolle vorbereitet, die sie 1945 mit dem Machtpotential und dem Machtanspruch der Weltführungsmacht Nr. 1 ausstatteten. Dieses Selbstverständnis der amerikanischen Außenpolitik wurde durch die zahlreichen Verstöße dagegen, die während des 19. und 20. Jahrhunderts nachweisbar sind, nicht erschüttert (Czempiel 1990, S. 426).

Die normative Verwebung der USA mit Europa zwingt zu einer intensiveren Beobachtung der transatlantischen Beziehungen, wenn man die Normen amerikanischer Außenpolitik verstehen will.

Viele Amerikaner sehen die Stellung ihres Landes in der Welt in Gefahr. Es fehlen freilich in der amerikanischen Öffentlichkeit auch nicht solche Stimmen, die jede Debatte über eine amerikanische Krise für das Gerede defätistischer Liberaler halten. Nach dem berühmten, von Präsident Franklin D. Roosevelt zu seiner Amtseinführung geprägten Satz „Wir haben nichts zu befürchten, außer der Furcht selbst" (Roosevelt, zit. n. Day 1951) ist in dieser Sicht die Warnung vor dem angeblich bevorstehenden Abstieg Amerikas die eigentliche und einzige Gefahr. Keineswegs wird in diesem Lager schlechthin die Notwendigkeit bestritten, in dem einen oder anderen Feld das eine oder andere Defizit auszugleichen.

Wohl aber wird geleugnet, dass sich die zur Bewältigung anstehenden Fragen in ihrer Qualität von den Herausforderungen früherer Epochen unterscheiden.

Am anderen Ende des Meinungsspektrums stehen die mit einem schwer übersetzbaren Ausdruck als *declinists* – also Apologeten des Niedergangs – bezeichneten Anhänger jener etwa von Paul M. Kennedy vertretenen These, die die USA wie andere Groß- und Weltmächte in der Geschichte zu einem weitgehend zwangsläufig vorgegebenen Abstieg verdammt sehen, der im eigentlichen Sinne nicht aufgehalten, sondern allein sozialpolitisch abgefedert werden kann (Kennedy 2000). Die USA, so die declinists, hätten ihr auswärtiges Engagement – vor allem durch eine weltweite militärische Präsenz, aber auch durch finanzielle Transferleistungen wie Entwicklungs- und Wirtschaftshilfe – über die durch ihre Wirtschaftskraft gesetzten Grenzen hinaus ausgedehnt. Die Mittel für die Erneuerung der Wirtschaftskraft des Landes seien so verschleudert worden. Folglich müsse eine drastische Reduzierung der Militärausgaben und des finanziellen Auslandsengagements insgesamt herbeigeführt werden.

Indes, die These von der Überstrapazierung amerikanischer Möglichkeiten als Erklärung für die gegenwärtige Lage der USA greift nicht. Ihr fehlt es bereits an der empirischen Fundierung. So haben die USA trotz der erheblichen rüstungstechnischen Anstrengungen während des Kalten Krieges sowie nach dem 11. September 2001 nie mehr als 6 % ihres Bruttoinlandsproduktes für Militärausgaben aufgewendet. Mit den Militärausgaben lässt sich daher ein von den declinists in besonders kräftigen Farben geschilderter wirtschaftlicher Verfall der USA nicht erklären.

Im Bereich der öffentlichen Entwicklungshilfe nehmen die USA innerhalb der Gruppe der westlichen Länder sogar einen Platz auf den hintersten Rängen ein. Zudem unterlassen es die declinists regelmäßig, den Kosten des auswärtigen Engagements der USA deren dadurch erzielte Vorteile gegenüberzustellen.

Bezeichnenderweise sind in der amerikanischen Wissenschaft die Thesen Kennedys überwiegend kritisch abgehandelt worden und finden dort heute relativ wenige Anhänger. Als Beschreibung einer bestimmten politischen Befindlichkeit bleiben sie von größter Bedeutung, weil sie sehr exakt die in der breiten Öffentlichkeit der USA herrschenden – allerdings oft diffusen – Vorstellungen wiedergeben und um andere Komponenten ergänzt werden, zum Beispiel um Forderungen nach Handelsrestriktionen gegen die angeblich mogelnden Handelspartner. Dabei mag auch eine Rolle spielen, dass die Amerikaner – ebenso wenig wie andere Völker – nicht gegen die Versuchung gefeit sind, eigene Probleme *dem Ausland* zuzuschieben. Der *declinism* kommt diesem Bedürfnis vortrefflich entgegen.

Ausgesprochen gefährlich sind die Thesen des declinism wegen der sich darin ausdrückenden Verkennung der Natur auswärtiger Beziehungen. Nur so ist zu verstehen, dass in der Öffentlichkeit der für die äußere und internationale Politik betriebene Aufwand pauschal der Kostenseite zugeschlagen wird. Aus dem gleichen Grund neigt die amerikanische Öffentlichkeit dazu, die eigene Außenpolitik als Ausdruck einer primär moralischen Verpflichtung zu sehen.

Das ist auf Grundlage der genannten Prämisse sogar sinnvoll: Wenn außenpolitisches Handeln nicht Ergebnis eines interessenfunktionalen, das heißt egoistischen Kalküls ist, so bleibt nur, dieses Handeln als fürsorgliche Wahrnehmung fremder Interessen zu deuten. Die amerikanische Präsenz in Europa etwa wird so zur selbstlosen Hilfe des Starken für den Schwachen. Wie jeder Besucher der USA immer wieder feststellen kann, stößt demgegenüber der Versuch, Amerikanern nahe zu legen, dass sie mit dieser Präsenz sehr wohl ihren eigenen Interessen dienen, auf Grenzen.

Der Versuch, die Probleme der USA außenpolitisch zu erklären, geht aber nicht nur an den objektiven Gegebenheiten vorbei. Die USA können heute ebenso wenig wie irgendein anderes Land als *Insel der Seligen* bestehen. In einer global verflochtenen Welt mit schrumpfenden Distanzen, in der jeden alles angeht, sind auch die USA ein integraler Bestandteil der einen Wirtschaft.

Nichts beweist uns dies deutlicher, als das *doppelte Defizit* (Handels- und Haushaltsdefizit) der USA. Von daher relativiert sich die Bedrohlichkeit mancher Entwicklungen. Auch für die USA gilt das Wirtschaftsgesetz der komparativen Kosten. Wenn heute vieles anderswo billiger und besser hergestellt werden kann, mehrt dies auch den Wohlstand der USA – unter der Voraussetzung, dass die USA solche Waren mit eigenen Exporten – nicht mit Krediten – bezahlen. Der richtige Weg ist also eine verstärkte Hinwendung zum Weltmarkt, nicht seine Aussperrung.

Die Orientierung allein an ökonomischen Kriterien greift zu kurz (Kissinger 1996). So sind die USA nicht nur in militärischer Hinsicht unbestreitbar und auf überblickbare Zeit auch uneinholbar der erste Staat der Welt. Sie sind und bleiben – aller europäischen Zweifel in diesem Punkt zum Trotz – eine kulturproduzierende Kraft erster Klasse. Um auch die insoweit überragende Stellung der USA anzudeuten, mag es genügen, auf den einsamen Spitzenplatz der USA in der Sparte Film zu verweisen, ohne Zweifel das künstlerische Medium des 20. und 21. Jahrhunderts.

Diese wenigen Hinweise zeigen, dass auf absehbare Zeit – eine zugegebenermaßen ständig schrumpfende Größe – Amerika eine herausragender Platz gewiss bleibt. Schlimmstenfalls droht den USA eine Verringerung der Abstände zu den Konkurrenten, keinesfalls aber eine Überrundung.

Dies zu erkennen heißt nun aber nicht, die die USA bedrängenden Probleme abzustreiten. Es wird jedoch deutlich, dass jene Schwierigkeiten nicht mehr verlangen, als von jedem Staatswesen sozusagen routinemäßig Anpassungen an neue Entwicklungen verlangt werden. Müssten also die USA doch nur einmal mehr die amerikanischen Tugenden frei walten lassen, und alles wäre gerichtet? Gegen diese Annahme spricht, dass das Spezifische der gegenwärtigen Krisenerscheinungen gerade darin zu bestehen scheint, dass ihnen mit den traditionellen Problemlösungstechniken, die von der amerikanischen politischen Kultur bereitgestellt werden, nicht beizukommen ist.

Es liegt auf der Hand, dass gerade auf dem Felde der Sozialpolitik eine entscheidende Quelle von Schwierigkeiten ganz einfach die mangelnde Bereitschaft des amerikanischen Steuerzahlers ist, für diese Zwecke die notwendigen Geldmittel bereit zu stellen. Hier zeigt sich ein entscheidendes Problem. Historisch sind die USA das liberale Land schlechthin, geboren aus einer Steuerrebellion und von vornherein definiert durch das Bemühen, möglichst weite Teile des Lebens der Bürger staatsfrei zu halten. Dem liegt die Annahme zugrunde, der Bürger könne seine Probleme allemal besser bewältigen als der Staat, während Konservatismus und Sozialdemokratie, die beiden wichtigsten Strömungen in Europa, aus unterschiedlichen Gründen einen starken Staat benötigen.

Der Ruf nach staatlicher Intervention zur Lösung der drängenden wirtschaftlichen und sozialen Probleme ist allerdings auch in den USA in den vergangenen Jahren immer wieder laut geworden. So war das gescheiterte Regierungsprogramm Präsident Clintons, Gesundheitswesen, Sozialversicherung und Schul- und Berufsbildung zu reformieren, der direkte und bislang einzige Versuch, diese Problemfelder durch einen umfassenden Eingriff des Staates zu regeln. Konzeptionelle Grundlage war die Feststellung, dass eine qualitativ hochstehende schulische Ausbildung für jedermann der mit Abstand wichtigste Grundstein für eine erfolgreiche Wirtschaft ist. Auch Präsident George W. Bush versuchte sich an einer Reform des Bildungswesens, indem er steuerfinanzierte Gutscheine für den Besuch kostenpflichtiger Schulen ausgeben ließ.

Die Bereitschaft zur Unterstützung der entsprechend notwendigen staatlichen Eingriffe fehlt aber bislang in der amerikanischen Bevölkerung, und darin liegt auch der Grund für das vorläufige Scheitern dieser Vorhaben.

Die amerikanische Mehrheit im Kongress vertritt erneut die Ansicht, dass weniger staatliche Unterstützung für die sozial Schwachen deren Eigeninitiative stärken und sie aus der Armut herausführen könnte. Auf breiter Front werden deshalb ein Abbau der Sozialleistungen und eine Senkung der Steuern für die Durchschnittsbürger befürwortet. Der Nachweis, dass auf diese Weise tatsächlich die ärmeren Schichten aus der Notlage herausgeführt werden können, wurde bislang noch nicht erbracht.

Diese Erwartung dürfte insbesondere deshalb illusorisch sein, weil entsprechend notwendige Umschulungs- und Qualifizierungsprogramme ebenfalls nicht ins Bild einer staatsfreien Wirtschaftssphäre passen.

Ganz deutlich zeigt sich hier, dass Grundrechte nur als Abwehrrechte des Bürgers gegen den Staat verstanden werden. Im scharfen Gegensatz zum europäischen Verständnis fehlt in den USA die soziale Dimension der Grundrechte, deren Gewährleistung in Europa – sowohl nach dem Postulat der christlichen Soziallehre als auch gemäß sozialistischer und sozialdemokratischer Konzepte – als Aufgabe des Staates gesehen wird.

Wenn also die Grundlage des amerikanischen Selbstverständnisses, der Glaube an die Selbstheilungskräfte des von staatlicher Bevormundung befreiten Individuums, zur Bewältigung der gegenwärtigen gravierenden Probleme nicht tauglich ist, liegt es nahe, den Amerikanern die Zuhilfenahme auswärtiger, das heißt europäischer, Erfahrungen zu empfehlen.

Die Sozialausgaben haben bislang sichergestellt, dass ganz Europa sozialpolitische Konfliktverhältnisse wie in vielen Vororten der US-amerikanischen Großstädte erspart geblieben sind.

Es wäre naiv und unrealistisch, den Amerikanern eine simple Kopie europäischer Lösungsstrategien zu empfehlen, doch würde eine gegenseitige Befruchtung der gesellschaftlichen Lösungsstrategien in einer Welt zunehmender Interdependenz durchaus ins Bild passen und letztlich die sozialen Kosten auf beiden Seiten reduzieren. Auch Europa könnte im Gegenzug auf vielen Feldern, zum Beispiel bei der Mobilisierung wissenschaftlicher Spitzenleistungen, dem Universitätssystem und allgemein bei der Dynamik gesellschaftlicher Veränderungen Substanzielles von den USA lernen. Die Strukturierung dieses Austausches zu einer Lerngemeinschaft wäre also für beide Seiten lohnend.

Bei der Bewertung der transatlantischen Perspektiven drängt sich die Frage auf, ob Europa und die europäische Herkunftsgeschichte in den USA in Zukunft weiterhin die gleiche Rolle spielen werden wie heute (Weidenfeld 1996). Die Daten der amerikanischen Volkszählung haben ein eindrucksvolles Bild von den jüngsten demografischen Entwicklungen der USA gezeichnet. Heute stammen nur noch 20 % der Amerikaner aus Europa. 1970 betrug der Anteil der europäisch geborenen US-Bürger noch 62 %. Hingegen stieg der Anteil der in Asien geborenen US-Bürger von 1970 bis heute von neun auf mehr als 35 %. Im gleichen Zeitraum stieg der Anteil der Lateinamerikaner von 19 % auf mehr als 40 %. Den mit Abstand stärksten Anteil ausländisch geborener US-Bürger bilden jedoch die Zentralamerikaner (einschließlich Mexiko), die zwei Drittel der ausländischen Bevölkerung stellen. Annähernd 20 Mio. – einschließlich der bereits in den USA geborenen ausländischen Personen – geben an, zu Hause eine andere Sprache als Englisch zu sprechen, davon 10,7 Mio. Spanisch und 2,7 Mio. eine asiatische Sprache.

Kein Zweifel: Die USA sind ein dynamisches Einwanderungsland. Jährlich strömen etwa 400.000 Menschen als legale Immigranten in die USA. Dieser Trend wird anhalten. Dies verdeutlicht, dass der weitaus größte Teil der neuen Einwanderer nichteuropäischen Ursprungs ist. Ist also damit zu rechnen, dass die USA kulturell ein anderes Land werden? Droht Europa hinter dem amerikanischen Horizont zu versinken, weil die europäischen Herkunftsbindungen in die Minderheit geraten?

Auch wer die Lebensverhältnisse der USA mehr oder weniger vorbehaltlos akzeptiert, wird doch in aller Regel der *alten Heimat* gegenüber eine gewisse, vielleicht nur sentimentale, aber dennoch gelegentlich handlungsstiftende Anhänglichkeit bewahren. So steht zu erwarten, dass aus einer solchen, die eigene Herkunft einbeziehenden amerikanischen Identität der Wunsch geboren wird, die USA mögen sich in dem einen oder anderen Sinn außenpolitisch der Belange des eigenen Herkunftslandes annehmen. Hierfür gibt es in der amerikanischen Geschichte eindrucksvolle Beispiele. Das eindeutigste ist der außerordentliche Einfluss der jüdischen Bevölkerung, die seit dem Sechs-Tage-Krieg zuverlässig für ein enges Bündnis der USA mit Israel, sozusagen der *neuen alten Heimat,* gesorgt hat.

Ebenso augenfällig sind aber die Gegenbeispiele, vor allem die Amerikaner deutscher Herkunft. Sie sind die größte der ethnisch bestimmbaren Minoritäten, die trotz allem nie nennenswert auf die amerikanische Außenpolitik einwirken konnte.

Zweifelsohne ist der zunächst nur wirtschaftliche Aufstieg des ostasiatischen Raumes eine erstrangige weltpolitische Entwicklung, die Aufmerksamkeit von den USA und jedem anderen Staat mit weltweiten Interessen verlangt. Nur dadurch ist zu erklären, dass sich die USA den Entwicklungen dieser Region verstärkt zuwenden – und nicht etwa durch die fernöstliche Einwanderung.

Wer in die USA einwandert, tut dies der Attraktivität des Landes wegen, weil die USA, so wie sie sind, der gesellschaftlichen Wirklichkeit des Herkunftslandes gegenüber vorzugswürdig erscheinen. Natürlich schließt dies nicht aus, vor dem Hintergrund der im Ursprungsland gemachten Erfahrungen in der einen oder anderen Frage auf Veränderungen in den USA hinzuwirken.

Bemerkenswert ist nun allerdings, dass die gegenwärtigen ethnischen Verschiebungen der USA vor dem Hintergrund einer in Teilen außerordentlich leidenschaftlich geführten Debatte um einen vermeintlichen oder tatsächlichen

Eurozentrismus Amerikas stattfinden. Der objektiven Veränderung der Demografie scheint die entsprechende Korrektur der amerikanischen Identität mit frappierender Geschwindigkeit zu folgen.

Bei der Eurozentrismus-Diskussion geht es um den Vorwurf, dass das amerikanische Selbstverständnis allzu sehr auf europäische Leitbilder ausgerichtet sei, dass bei der historischen Interpretation immer nur der europäische Standpunkt eingenommen werde und die Leistungen der Amerikaner nichteuropäischer Herkunft beim Aufbau des Landes unterschlagen würden.

Folgerichtig geht die Eurozentrismus-Debatte mit einem breit angelegten historischen Revisionismus einher. Dessen erhebliche kulturpolitische Implikationen haben sich insbesondere im Kolumbusjahr gezeigt. Jahrhunderte lang wurde die mit Kolumbus eingeleitete Eroberung Amerikas durch Europa als Teil des sich mit gesetzmäßiger Mechanik vollstreckenden Weltfortschrittes zelebriert, mit der Konsequenz, dass die indianischen Ureinwohner einem sozialdarwinistisch inspirierten Unwerturteil als Verlierer der Geschichte zum Opfer fielen. Die Eurozentrismus-Debatte hat nun die Tür zu einer völlig entgegengesetzten Interpretation aufgestoßen.

Die präkolumbianische Kultur Amerikas wurde mit immer neuen Attributen paradiesischer Vollkommenheit versehen. Der Scheitelpunkt dieser Entwicklung ist mit Kirkpatrick Sales Untersuchung *Das verlorene Paradies* (Sale 1991) erreicht: Ganz ausdrücklich will der Autor den Begriff Paradies nicht nur als Metapher verstanden wissen, sondern als wörtlich gemeinte Beschreibung der von den europäischen Entdeckern angetroffenen indianischen Lebensverhältnisse. Für das am Ausgang des Mittelalters in eine tiefe Krise geratene Europa sei Amerika eine Chance zur Selbstheilung gewesen, die jedoch durch die von primitiver materieller Gier getriebenen Europäer zerstört worden sei, so Sale. Mit dieser Deutung vollzieht man die Wendung zum Rousseau'schen Edlen Wilden: Amerika wird zum größten Sündenfall des weißen Mannes. Gleichzeitig kehrt man in einer kreisförmigen Bewegung wieder zum gedanklichen Ausgangspunkt zurück: Die eine Ethnozentrik hat die andere, nun allerdings nichteuropäische, abgelöst.

Die praktischen Folgen haben sich zuallererst in der Bildungspolitik gezeigt. Wichtige amerikanische Universitäten, aber auch die in den einzelnen Bundesstaaten für die Erstellung der Lehrpläne zuständigen Stellen haben begonnen, den traditionellen Bildungskanon zu überprüfen. Europäische Geschichte und Literatur werden zugunsten der Beschäftigung mit Geschichte und Kultur der Länder des Südens verdrängt.

Aus der Sicht Europas geht es hier um nichts weniger als den Versuch, Amerikas europäische Wurzeln zu lösen, in jedem Fall zu schwächen. Und dennoch geht die Auffassung, diese Denkrichtung richte sich gegen Europa, an der Pointe der Entwicklung vorbei.

Um dies zu verdeutlichen, muss man die Eurozentrismus-Debatte in einem weiter gespannten historischen Kontext sehen. Der Patriotismus, der das amerikanische Gemeinwesen durch den harten Überlebenskampf gegen die englischen Kolonialherren im 18. Jahrhundert zum Erfolg und zur Unabhängigkeit trug, war ein Verfassungspatriotismus. Die Vereinigten Staaten wollten anders sein als das alte Europa.

Daneben steht die nicht weniger wichtige Tatsache, dass dasselbe Amerika sich gerade am Beginn seiner Staatswerdung kulturell durchaus als englisch verstand – und in der großen Mehrheit ja auch englisch war. Zwar waren die USA niemals ein Nationalstaat nach europäischem Muster. Dennoch gründete sich die US-amerikanische Identität – insofern durchaus mit den Staaten Europas vergleichbar – ganz wesentlich auch in dem Bewusstsein, einem durch objektive Merkmale wie Sprache, Herkunft, Religion und Lebensgewohnheiten definierten homogenen Volk anzugehören.

Die Identität der USA war somit bei ihrer Staatsgründung ambivalent angelegt. Tatsächlich verblasste der in der Revolution aufgestellte hohe normative Anspruch zunächst. Als in der ersten Hälfte des 19. Jahrhunderts große Einwanderungsströme aus anderen europäischen Ländern eintrafen, vor allem Iren und Deutsche, geschah dies nicht ohne erhebliche Widerstände gegen die vermeintlich nicht integrierbare, eben *unenglische* Herkunft jener Einwanderer.

Der andere mögliche Ansatz zur Identitätsbildung, also der Versuch, das Amerikanersein subjektiv und normativ durch gemeinsam getragene Wertüberzeugungen zu definieren, wurde über weite Strecken der amerikanischen Geschichte nur verhalten wahrgenommen. Die aus dem Geist jenes normativen Anspruchs geborene Befreiung der schwarzen Sklaven blieb nach dem Bürgerkrieg stecken: Die Schwarzen wurden bis zum Aufkommen der Bürgerrechtsbewegung in den 50er Jahren mit der Formel *separate but equal* abgefunden, die de facto *ungleich und getrennt* bedeutete, – auch dies Ausdruck des Versuches, ethnische Identität zu bewahren.

Zwei Entwicklungen führten die US-Amerikaner im Laufe des 20. Jahrhunderts schrittweise wieder weg von ihrer ethnischen Identität. Einerseits machte schon der Erste Weltkrieg eine Rückbesinnung auf die ursprünglich normativen Staatsgrundlagen notwendig: Wie sonst konnte man einen Krieg gegen die Deutschen rechtfertigen, die ja mittlerweile einen entscheidenden Anteil an der amerikanischen Bevölkerung stellten? Des Weiteren war es die Auseinandersetzung mit den großen totalitären Herausforderungen Nationalsozialismus und Kommunismus, die entscheidend die Ausarbeitung und Entfaltung eines Gegenkonzeptes beförderte.

Andererseits war vor Beginn des 20. Jahrhunderts eine neue Einwanderungswelle über die USA hereingebrochen – diesmal aus Italien, Österreich-Ungarn und Russland. Die bislang durch die Westeuropäer bestimmte ethnische Identität wurde zu einer europäischen erweitert. Und die den Menschenrechten innewohnende Universalisierungstendenz fand so ihre Entsprechung in der Universalisierung der ethnischen Zusammensetzung. Die massenhafte Einwanderung aus außereuropäischen Ländern ist so gesehen nur der logische Anschluss an diese Entwicklung. Die Vereinigten Staaten wurden nun wirklich *the nation of nations* und transzendierten damit jeden Ansatz ethnischer Identitätsbildung.

Neue normative Bezugssysteme der amerikanischen Gesellschaftsordnung erfassen auch die außenpolitischen Perspektiven: Für die USA geht es jetzt darum, die Gefahr eines kulturellen Partikularismus zu vermeiden. Der Anspruch, jeder Gruppe eine Darstellung der eigenen Leistungen und kulturellen Beiträge zu ermöglichen, liegt in der Logik einer auf konsequenter Anwendung der Menschenrechte ruhenden Gesellschaftsordnung. Das kann aber nur gelingen, wenn dabei der durch diese Menschenrechte definierte Rahmen als gemeinsamer Bezugspunkt gewahrt wird.

Andernfalls bleiben ohne die Möglichkeit der Vermittlung, ohne ein übergeordnetes, konfliktregulierendes Normensystem einander gegenüberstehende ethnische oder durch andere Faktoren wie Religion und Geschlecht definierte Gruppen. Es hätte sich nicht nur jede ethnische, sondern überhaupt jede Identität aufgelöst, und der Fortbestand der USA als geschlossenes Gemeinwesen wäre ernsthaft infrage gestellt.

Die Menschenrechte als normatives Bezugssystem sind nun aber ohne Zweifel europäischen Ursprungs. Die nichteuropäischen *Minderheiten* müssen also der Versuchung widerstehen, dieses Bezugssystem abzulehnen oder zu relativieren. Umgekehrt ist es den Vertretern des *mainstream,* also den auch im ethnischen Sinne europäisch geprägten Angehörigen der *Mehrheit,* aufgegeben, der weiteren kulturellen Universalisierung keinen Widerstand entgegen zu setzen.

Die USA sehen sich heute in vielen gesellschaftlichen Bereichen mit ernsten Krisenerscheinungen konfrontiert, die die amerikanische Selbstgewissheit, in allem beispielgebend für die Welt zu sein, wohl erstmals in ihrer Geschichte nachhaltig erschüttert. Viele lässt dies bereits das Ende *amerikanischer Ausgewähltheit* befürchten.

Die uns aus der Zeit des Ost-West-Konflikts vertraute transatlantische Gemeinschaft in ihrer alten Form existiert nicht mehr (Weidenfeld 1996). Die Sicherheitsgemeinschaft zwischen Amerika und Europa besteht zwar fort, doch ohne dass die Präsenz einer jederzeit bereiten, auf die Abwehr eines großen Angriffs ausgerichteten Verteidigungsorganisation notwendig wäre. Die politische Gemeinschaft über den Atlantik und die Gemeinsamkeit der Werte unter den westlichen Gesellschaften verbinden uns weiter, doch ohne äußere Herausforderung durch ein alternatives Wertesystem. Seit Beginn der 90er Jahre lebt die Allianz zwischen Europa und Amerika vom Kapital an Übereinstimmung und Vertrauen, das in vergangenen Jahrzehnten aufgebaut worden ist.

Die transatlantischen Kooperationsstrukturen der Nachkriegszeit können die zukünftigen Anforderungen der transatlantischen Politik nur unvollkommen bewältigen. Für die Zukunft ist eine Erneuerung der bestehenden Basis mithilfe einer neuen Gemeinschaftsbildung notwendig, die sich weniger auf die Erneuerung bestehender und weiterhin geteilter Werte, wohl aber auf die Rundumerneuerung der Strukturen und Institutionen der transatlantischen Kooperation bezieht.

Die künftige transatlantische Partnerschaft wird sich ausschließlich aus sich selbst heraus positiv begründen müssen. Keine politische Ideologie fordert mehr das Leitbild der pluralen Demokratie weltweit heraus. Die Ordnungspolitik des Westens steht somit vor der Chance einer aktiven Gestaltung der internationalen Beziehungen und nicht nur aufgrund von Bedrohungen von außen. Diese Chance ist zugleich Herausforderung und Risiko, denn sie setzt die Fähigkeit der pluralistischen Demokratien beiderseits des Atlantiks voraus, auch ohne Druck von außen zu handeln, Ressourcen einzusetzen und Bindungen und Verpflichtungen einzugehen.

Europa und Amerika bleiben aufeinander angewiesen – nicht mehr zur Abwehr einer Bedrohung von außen, sondern um die jeweils eigene Modernisierung von Gesellschaft und Wirtschaft und deren Anpassung an neu entstehende Situationen optimal zu gestalten.

Europa braucht die Partnerschaft mit Amerika nicht einfach zur Kompensation europäischer Defizite, zum Beispiel im Bereich der Sicherheitspolitik in ihrer erweiterten Definition. Vielmehr braucht Europa die Unterstützung durch den amerikanischen Partner bei der Neuordnung Europas nach den Regeln der europäischen Integration. Dies schließt den Aspekt der Sicherheitspolitik mit ein.

Europa ist verletzlicher und exponierter als die Vereinigten Staaten (Weidenfeld 2014). In seiner Nachbarschaft liegen Akteure und Konfliktlinien, die für die Zukunft des internationalen Systems entscheidend werden können: Russland, Osteuropa und die islamische Welt. Ohne aktive amerikanische Unterstützung riskiert Europa nicht nur Stagnation in der Vollendung des Einigungsprozesses, sondern schwebt auch in der Gefahr, von benachbarten Krisenherden in Mitleidenschaft gezogen zu werden. Ferner gilt, dass die Entwicklung und Bewahrung der Normen pluraler Demokratie und marktwirtschaftlicher Grundsätze im Prozess der Transformation der Staaten Mittel- und Osteuropas eine gemeinsame transatlantische Aufgabe sind.

Umgekehrt kann die Bedeutung Europas für die Vereinigten Staaten von Amerika nicht in der Sekundierung amerikanischer Weltpolitik bestehen. Langfristig wirksame amerikanische Weltpolitik braucht die Lastenteilung mit Europa als einer Weltmacht im Werden. Gemeinsam können die transatlantischen Partner, wenn sie in einer bestimmten Frage zu einer abgestimmten Linie finden, ein positives Steuerungspotenzial mobilisieren, das weltweit seinesgleichen sucht. Voraussetzung für verantwortlich koordiniertes, langfristiges Handeln ist allerdings die Teilung von Lasten und Verantwortung, die Partnerschaft unter Gleichen.

Ohne die Kooperations- und die Integrationsleistung der Europäer wird die Stabilisierung Russlands nicht gelingen. Amerika braucht die Ressourcen Europas ferner zur Stabilisierung des Mittelmeerraums, der Friedens- und Sicherheitsordnungen des Nahen Ostens und Afrikas, aber auch der Konfliktlagen Asiens und Lateinamerikas. Schließlich benötigt Amerika Europa in der Entwicklung von Antworten auf globale Herausforderungen, von Umwelt- und Migrationsfragen bis zu sozialen und ethnischen Konflikten. Nur gemeinsam mit Europa bringen die Vereinigten Staaten dazu die kritische Masse auf. Europa muss dabei stärker als bisher an der politischen Aushandlung von Lösungsmodellen beteiligt sein.

Die Nachkriegsgeschichte hat gezeigt: Im vollen Ausmaß geteilt werden die westlichen Freiheitswerte – global gesehen – letztlich nur von den Staaten der transatlantischen Partnerschaft. Verstärkt werden diese Bande durch gemeinsame Geschichte, Kultur- und Lebensweise. Basis für das Überleben dieses *westlichen Systems* ist auch eine im kommenden Jahrhundert global wettbewerbsfähige Wirtschaft, die den Menschen auf beiden Seiten des Atlantiks Arbeit und Wohlstand sichert. Ohne die transatlantische Partnerschaft besteht die Gefahr, dass Amerika und Europa wirtschaftlich und politisch gegeneinander ausgespielt werden. In welchen Bereichen brauchen wir also eine transatlantische Strukturreform, soll das europäisch-amerikanische Verhältnis auf eine positiv definierte, zukunftsorientierte, den Anforderungen des 21. Jahrhunderts gerecht werdende Basis gestellt werden?

Die transatlantischen Beziehungen sind ernsthaft auf den Prüfstand gestellt. Die Meldung, dass die amerikanischen Geheimdienste auch ihre besten Freunde flächendeckend überwacht und abgehört haben, erschüttert die Menschen. Und nicht einmal die politische Führung in den Staaten der Atlantischen Allianz wurde ausgenommen. Das Verhältnis Europas zu den USA – insbesondere die Beziehung Deutschlands zu Amerika – rutscht in eine tiefe Misstrauensfalle. So stellt man sich eine Maschinerie der Vertrauensvernichtung vor. Bilder vom Überwachungsstaat und von der digitalen Besatzungsmacht erfassen die Fantasie der Europäer. Das Ansehen der Weltmacht USA ist schwer beschädigt.

Natürlich gibt es in den USA – aber auch in den europäischen Geheimdienst-milieus – eine ganz andere Wahrnehmung des Vorgangs: Da hat eine Weltmacht klare Interessen, die sie realisieren will. Sie fühlt sich zudem seit dem 11. September 2001 bedroht von einem weltweiten Netzwerk des Terrorismus. Die Attacke führte zu einer Traumatisierung der Seele Amerikas. Die Verantwortung der Politik besteht darin, die Bürger zu schützen, ihnen Sicherheit zu bieten. Dazu bedarf es aller Informationen – des Diplomatischen Dienstes, der Wissenschaft, der Medien und natürlich auch der Geheimdienste. Die Geheimdienste haben lückenlos alles zu sammeln – und vielleicht hilft es ja, Schutz und Sicherheit zu gewährleisten.

Diese Differenzen der Wahrnehmungen prallen unwattiert aufeinander. Aus europäischer Sicht ist das Ansehen der Weltmacht schwer beschädigt. Es tauchen zusätzliche Zweifel auf: Die innenpolitischen Spannungen in Amerika haben dramatisch zugenommen. In der *Konsensgesellschaft* früherer Jahrzehnte dominieren nun mehr und mehr die Hassbeziehungen. In Abständen wird ein innenpolitisches Machtritual durchgeführt, das die Weltmacht immer am Rande der Zahlungsunfähigkeit inszeniert. Überschuldung, Staatskonkurs, Haushaltsblockade – solche Phänomene unterfüttern nicht das ökonomische Ansehen einer Weltmacht. Und dann wendet diese Weltmacht ihre Aufmerksamkeit geopolitisch verstärkt dem pazifischen Raum zu – was die europäischen Freunde weder erfreut noch motiviert. Für die USA ist das beruhigte Europa, das seine Teilung historisch überwunden hat, kein strategischer Magnet. Die Weltmacht blickt aus Washington auf die weltpolitische Arena in Asien. Seit dem Ende des Ost-West-Konflikts gibt es ja für die amerikanische Politik keine präzisen Feindbilder mehr. In einer multipolaren Weltarchitektur gilt es, sich gegen jede Bedrohung aus jeder Himmelsrichtung zu schützen.

Die ernste Frage, ob Deutschland und Europa nun Abschied von der Weltmacht USA nehmen werden, verlangt jedoch, jenseits aktueller Aufregungen, Irritationen und Erschütterungen, den Blick auf die historischen Fundamente und Entwicklungslinien der transatlantischen Beziehungen zu richten: Analysieren wir zunächst das Schlüsselstück der transatlantischen Beziehungen, Kontinuität und Wandel der deutsch-amerikanischen Beziehungen. Das deutsch-amerikanische Verhältnis entzieht sich einfachen Beschreibungsversuchen. Die Wirklichkeit ist vielschichtig und kompliziert. Entsprechend vielstimmig blieben durch die Jahrzehnte die Auffassungen zum Zustand und zur Zukunft der deutsch-amerikanischen Beziehungen. Da gibt es immer wieder Beispiele für die Dramatisierung der Lage, z. B. die Befürchtung des Wegdriftens der Deutschen aus der atlantischen Gemeinschaft, ebenso die düstere Vision einer Abwendung Amerikas von Europa. Es mangelt auch nicht an abgründigen Szenarien des Verfalls der

westlichen Welt. Daneben gibt es auch viele Versuche zur rhetorischen Harmonisierung, so als ob Interessenkonflikte und Meinungsverschiedenheiten in freund-
schaftlichen Beziehungen nicht vorkommen dürften. Eine Reihe von Paradoxien
grundieren Dauerthemen des transatlantischen Dialogs:

- Deutsche und Amerikaner sind verlässliche Freunde – und dennoch haben sie
  Schwierigkeiten, einander zu verstehen.
- Deutsche und Amerikaner leben in einer Sicherheitsgemeinschaft – und dennoch werden immer wieder Zweifel an der sicherheitspolitischen Zuverlässig-
  keit des Partners geäußert.
- Deutsche und Amerikaner sind ökonomisch eng miteinander verflochten – und
  dennoch werfen sich beide Seiten vor, eigenen Gewinn auf Kosten des Partners zu erwirtschaften.
- Die Europäer fordern die Amerikaner immer wieder auf, Führungskraft zu
  beweisen. Übernehmen aber die Amerikaner kraftvoll die Führung, dann
  äußern die Europäer sofort ihre Befürchtungen.
- Die Amerikaner fordern die Europäer auf, die Integration voranzutreiben und
  zu weltpolitischer Handlungsfähigkeit zu führen. Erreichen aber die Europäer Fortschritte, dann wird in Amerika sofort Skepsis laut, ob sich dies nicht
  gegen den atlantischen Partner wende.

Nur eine naive Betrachtung ließe erwarten, die deutsch-amerikanische Freundschaft und die europäisch-amerikanische Partnerschaft blieben von den weltpolitischen Umbrüchen unserer Epoche unberührt. Dabei ist der aktuelle Befund
der Partnerschaft klar: Das alte Pathos, das noch eine gewisse Zeit die Oberflä-
che der Partnerschaft in nostalgisch verklärter Weise geschönt hat, ist dahin. Die
emotionale Wärme ist deutlich reduziert. Das Misstrauen wächst. In der Tiefendimension der transatlantischen Beziehungen sind Erosionen unübersehbar. Außenpolitische Strategieverschiebungen, wachsendes Desinteresse, Auflösung der
personellen Netzwerke, Wechsel der Generationen – Deutschland, Europa und
Amerika erleben das Ende der langjährigen Selbstverständlichkeiten.
    Fünf Veränderungen in der internationalen Politik erscheinen für dieses Ver-
hältnis besonders relevant:

- Der internationale Terrorismus hat vor Jahren den Ost-West-Konflikt als strategische Hauptdeterminante der Weltpolitik abgelöst und damit tendenziell
  auch die alles überschattende Bedeutung der klassischen Sicherheitspolitik
  insgesamt. Gleichzeitig wächst die Zahl der Akteure in der internationalen
  Politik. Entsprechend steigt die Komplexität der Kooperations- und Konflikt-
  muster.

- Die mediale Globalisierung führt den dichtesten weltpolitischen Zusammenhang herbei, den die Menschheit bisher gekannt hat. Regionale Konflikte gewinnen dadurch ebenso an weltpolitischer Bedeutung wie die fundamentalistischen Bewegungen. Das weltweite Netz an Informationen und Medien führt zu neuen Formen der internationalen Auseinandersetzung. Der Kampf um Deutungshoheit hat eine neue Qualität der Schärfe und Tiefe erhalten.
- Die herkömmliche Vorstellung von nationaler Souveränität erweist sich zunehmend als ein idyllisch-naiver Gedanke von gestern. Der internationalisierten Struktur heutiger Probleme steht jedoch bisher keine adäquate politische Entscheidungsstruktur gegenüber. Der Verlust an politischer Entscheidungskapazität ist die zwangsläufige Konsequenz.
- In Europa wie in Amerika gilt es immer wieder neu, eine Antwort auf den Modernisierungsdruck zu finden. Europa reagierte mit der Vollendung der Wirtschafts- und Währungsunion und der Einführung einer gemeinsamen Währung. Die Außen- und Sicherheitspolitik hat jedoch diesen Modernisierungsschub bisher noch nicht erhalten. Insofern begegnen sich in diesem Feld die atlantischen Partner nicht auf Augenhöhe.
- Die Gewichte der einzelnen politischen Segmente verschieben sich. Mit der Reduzierung des amerikanischen Truppenkontingents in Europa hat die verteidigungspolitische Dimension dieser Verbindung an traditioneller Bedeutung verloren. Die Gewichtungen werden neu ausbalanciert.

Falls man der atlantischen Gemeinschaft Zukunft geben will, dann ist sie als Lerngemeinschaft zu konzipieren. Die zentrale Modernisierungsressource der westlichen Gesellschaft ist ihre Fähigkeit, zu lernen und zur raschen Anpassung ihrer Strukturen an neue Gegebenheiten. Um den Austausch von Lernerfahrungen möglichst effektiv zu gestalten, ist die Entwicklung neuer Kommunikationsstrukturen und Kooperationsformen nötig. Noch fehlen auf europäischer Seite wichtige institutionelle Voraussetzungen zu einer neuen Partnerschaft der Gleichen. Auch die amerikanische Politik hat über die Form und die Stärke ihrer Bindung an Europa noch nicht entschieden.

Fassen wir alles zusammen – das Grundsätzliche wie das Aktuelle –, dann lautet die Schlussfolgerung: Will man dem transatlantischen Verhältnis eine Zukunft geben, dann gilt es, sich dem Aufbau einer strategischen Vertrauenselite zu widmen – auf beiden Seiten des Atlantiks. Das ist allerdings ein kultureller Vorgang, der etliche Jahre in Anspruch nehmen wird. Es wäre wohl zu harmlos, nur von einem Stresstest der transatlantischen Beziehungen zu sprechen. Dazu ist die Lage zu dramatisch. Die kulturellen Verwundungen sind zu tief, seit man den Umfang des US-Abhörskandals zumindest erahnen kann.

Viele Jahrzehnte lang hat man zu beiden Seiten des Ozeans Gefühlslagen bester Freundschaft gepflegt. Man hat den Wertehimmel gemeinsamer Orientierung bewundert und verehrt – und gegen einen gemeinsamen Feind verteidigt. Und dann behandelt Amerika die Europäer und insbesondere die Deutschen, wie man es sonst nur mit bedrohlichen und verachteten Feinden macht.

Die Vereinigten Staaten hören ab, spionieren alles aus. Wer sich auskannte, hatte sich das schon denken können. Für den schlichten, atlantisch orientierten Bürger in Deutschland und Europa kommt diese Entdeckung aber als ein Schock.

Da gibt es professionell gesättigte Beruhigungshinweise: Natürlich dürfte eine geheimdienstaffine Subkultur ihre kenntnisreiche Routine in Analyse und Aufarbeitung ausspielen. Es möge sich doch niemand wundern, wenn die Bundeskanzlerin Angela Merkel von den amerikanischen Geheimdiensten ausspioniert werde. Das gehöre doch zum geradezu paranoiden Schutzbedürfnis einer von professionellem Terror bedrohten Nation. Und der frühere Bundeskanzler Helmut Kohl habe doch nicht ohne Grund wichtige Telefonate von zufällig ausfindig gemachten öffentlichen Telefonzellen aus geführt.

Alles schön und gut. Aber die ungeheure Irritation, ja Verwunderung einer politischen Kultur ist dadurch nicht zu heilen. Unter Freundschaft versteht man etwas anderes. Die Deutschen sehen im amerikanischen Verhalten eine merkwürdige Mischung von Arroganz und Paranoia. Sie wollen weder einen Überwachungsstaat noch eine digitale Besatzungsmacht. Konsequent arbeitet die Maschinerie der Vertrauensvernichtung. Die transatlantische Gemeinschaft ist in die Misstrauensfalle abgerutscht – auch wenn die politischen Profis versuchen, in Sachen atlantisches Freihandelsabkommen oder Sicherheitspolitik ihre Routine zur Geltung zu bringen. Mit Blick auf die politische Kultur ist die Frage unabweisbar: Stehen wir vor einem atlantischen Kulturbruch?

Derzeit, in dieser aufgewühlten Gestimmtheit, erscheint nun ein Buch über Amerika aus der Feder eines der anregendsten, nachdenklichsten und sensibelsten Politikwissenschaftler: Anton Pelinka, langjähriger Professor an der Universität Innsbruck, heute Professor an der Central European University in Budapest. Pelinka, der Autor etlicher markanter Sachbücher, setzt nun – mit großartigem zeitlichem Spürgefühl! – einen höchste Aufmerksamkeit heischenden Pflock: *Wir sind alle Amerikaner* (2013).

Nach subtiler, jahrzehntelanger Beobachtung hält er fest: Da gebe es immer wieder antiamerikanische Strömungen, Distanzierung von den USA, Aufwallungen des Misstrauens, überhebliche Besserwissereien. Aber Deutschland und Europa brauchten die USA nicht nur ökonomisch und sicherheitspolitisch, sondern vor allem als Bezugsordnung: „Europa bildet sich ein, von Amerika so verschieden zu sein. Aber in Wirklichkeit ist es Amerika sehr, sehr ähnlich" (Pelinka 2013, S. 7).

Die Weltmacht USA und ihre Stellung in der Welt ändert sich seit geraumer Zeit: Die wirtschaftliche Dominanz schwindet, die militärische Überlegenheit baut sich in haushaltspolitischen Engpässen deutlich ab. Weltpolitisch ist sie zunehmend auf den pazifischen Raum fokussiert, nicht mehr primär auf den inzwischen doch historisch beruhigten Kontinent Europa.

Amerika ist ein *defining other* Europas. Pelinka bringt es auf einen knappen Nenner:

> Dieses Europa, wie es sich im 21. Jahrhundert präsentiert, ist auch das Produkt amerikanischer Weltpolitik und insbesondere einer amerikanischen Präsenz in Europa. Und dieses Europa ist erst recht kulturell eng verflochten mit Amerika. Die New Yorker Metropolitan Opera und die Mailänder Scala beschäftigen dieselben Stars der Bühne und des Orchesters. Die Beatles und die Rolling Stones, Elvis Presley und andere wurden auf beiden Seiten des Atlantiks gleichermaßen enthusiastisch gefeiert. Filme made in Hollywood, die in den USA erfolgreich sind, sind es zumeist auch in Europa (Pelinka 2013, S. 112).

In diesem Kontext wird unübersehbar: Europa ist auch ein Produkt Amerikas, das zudem Amerika immer ähnlicher wird. Bei aller Lust am Unterschied: Die globalisierten Strukturen und Herausforderungen führen uns – mit Anton Pelinka gesagt – in das Laboratorium der einen, globalisierten Welt. So werden wir in seiner Schlussfolgerung eben alle Amerikaner. Den Kern dieser Entwicklung sieht Anton Pelinka im Prozess der Globalisierung der Demokratie. Er schreibt:

> Der Demokratie westlichen Zuschnitts ist mit dem Ende der kommunistischen Systeme jede systematische Alternative abhandengekommen. Und das ist auch ein Resultat der US-Politik und des US-Vorbilds. Nicht, dass dieses Vorbild fehlerlos wäre – auch nicht, dass es eins zu eins umgesetzt werden könnte. Japan, Deutschland und Italien haben nicht einen Präsidentialismus à la USA eingeführt, sondern – mit vielen Besonderheiten – einen Parlamentarismus à la Westminster. Der Modellcharakter der US-Demokratie zeigt sich nicht in den einzelnen Strukturen, sondern in den Merkmalen, die 1776 bzw. 1787 – in der Unabhängigkeitserklärung und der Verfassung – das Prinzipielle dieser Demokratie ausmachen: eine schriftliche, in breitem Konsens verabschiedete Verfassung; die Bindung an das Konzept universeller Menschenrechte; einen Pluralismus, der sich in Wahlen mit Wettbewerbscharakter ausdrückt; und eine rechtsstaatliche Selbstbindung der Politik, über die ein Höchstgericht wacht (Pelinka 2013, S. 142).

Diese beweisgesättigten Erkenntnisse Pelinkas haben wir jedoch zu verweben mit den aktuellen Grundierungen und Verwirrungen der atlantischen Beziehungen. Nur eine oberflächliche Betrachtung ließe erwarten, die deutsch-amerikanische Freundschaft und die europäisch-amerikanische Partnerschaft blieben von den weltpolitischen Umbrüchen unserer Epoche unberührt. Das alte Pathos, das noch eine gewisse Zeit die Politur der Partnerschaft in nostalgisch verklärter Weise geschönt hat, ist dahin. Die emotionale Wärme ist drastisch reduziert. Das Misstrauen wächst. In der Tiefendimension der transatlantischen Beziehungen sind Erosionen unübersehbar. Außenpolitische Strategieverschiebungen, wachsendes Desinteresse, Auflösung der personellen Netzwerke, Wechsel der Generationen: Deutschland, Europa und Amerika erleben das Ende der transatlantischen Selbstverständlichkeiten.

Literatur

Adams, W. P. (Hrsg.). (1990). *Die Vereinigten Staaten von Amerika*, 2 Bde. Frankfurt, New York: Campus.
Bierling, S. (2007). *Geschichte der amerikanischen Außenpolitik: Von 1917 bis zur Gegenwart*. München: Beck.
Bierling, S. (2010). Geschichte des Irakkriegs: Der Sturz Saddams und Amerikas Albtraum im Mittleren Osten. München: Beck.
Bierling, S. (2014). *Vormacht wider Willen: Deutsche Außenpolitik von der Wiedervereinigung bis zur Gegenwart*. München: Beck.
Bloom, A. (1988). *Der Niedergang des amerikanischen Geistes. Ein Plädoyer für die Erneuerung der westlichen Kultur*. Hamburg: Hoffmann und Campe.
Böttcher, W. (Hrsg.). (2014). *Klassiker des europäischen Denkens*. Baden-Baden: Nomos.
Brzeziński, Z. (1999). *Die einzige Weltmacht: Amerikas Strategie der Vorherrschaft*. Frankfurt: Fischer.
Cooney, J. H., Friedrich, W. U. & Kleinfeld, F. R. (Hrsg.). (1989). *Deutsch-amerikanische Beziehungen, Jahrbuch 1*. Frankfurt, New York: Campus.
Czempiel, E.-O. (1990). Strukturen und Herausforderungen der amerikanischen Weltpolitik nach 1945. In W. P. Adams, E.-O. Czempiel, B. Ostendorf, K. L. Shell, P. B. Spahn & M. Zöller (Hrsg.), *Die Vereinigten Staaten von Amerika. Gesellschaft. Außenpolitik. Kultur – Religion – Erziehung* (Bd. 2, S. 426–446). Frankfurt, New York: Campus.
Day, D. (1951). *Franklin D. Roosevelt. Links von der Mitte, Briefe – Reden – Konferenzen*. Frankfurt a.M.: Verlag der Frankfurter Hefte.
Dittgen, H. (2001). *Amerikanische Demokratie und Weltpolitik. Außenpolitik in den Vereinigten Staaten*. Paderborn: Schöningh.
Henke-Bockschatz, G. (Hrsg.). (2014). *Weltmacht USA: Kompaktwissen Geschichte*. Stuttgart: Reclam.
Ide, R. (2013). *Die amerikanische Außenpolitik zu Beginn des Kalten Krieges*. München: Grin.
Kamphausen, G. (1990). Ideengeschichtliche Ursprünge und Einflüsse. In W. P. Adams (Hrsg.), *Die Vereinigten Staaten von Amerika*, (Bd.1, S. 219–238). Frankfurt, New York: Campus.
Kennedy, P. (2000). *Aufstieg und Fall der großen Mächte*. Frankfurt: Fischer.
Kissinger, H. (1996). *Die Vernunft der Nationen. Über das Wesen der Außenpolitik*. München: Siedler.

Kissinger, H. (2014). *Weltordnung*. Gütersloh: Bertelsmann.

Kupchan, C. (2003). *Die europäische Herausforderung. Vom Ende der Vorherrschaft Amerikas*. Berlin: Rowohlt.

Lorenz, S. & Machill, M. (Hrsg.). (1999). *Transatlantik, Transfer von Politik, Wirtschaft und Kultur*. Wiesbaden: VS Verlag für Sozialwissenschaften.

Pelinka, A. (2013). *Wir sind alle Amerikaner. Der abgesagte Niedergang der USA*. Wien: Braumüller.

Puhle, H. J., Schreyer S. & Wilzewski J. (Hrsg.). (2004*). Supermacht im Wandel. Die USA von Clinton zu Bush*. Frankfurt: Campus.

Schwabe, K. (2007). *Weltmacht und Weltordnung. Amerikanische Außenpolitik von 1898 bis zur Gegenwart – Eine Jahrhundertgeschichte*. Paderborn: Schöningh.

Senghaus, D. (2012). *Weltordnung einer zerklüfteten Welt. Hat Frieden eine Zukunft?* Berlin: Suhrkamp.

Tooze, A. (2015). *Sintflut. Die Neuordnung der Welt 1916–1931*. München: Siedler.

Weidenfeld, W. (1996). *Kulturbruch mit Amerika? Das Ende der transatlantischen Selbstverständlichkeit*. Gütersloh: Bertelsmann.

Weidenfeld, W. (2005). *Rivalität der Partner. Die Zukunft der transatlantischen Beziehungen – Die Chance eines Neubeginns*. Gütersloh: Bertelsmann.

Weidenfeld, W. (2014). *Europa – eine Strategie*. München: Kösel.

Internationale Organisationen

Matthias Dembinski

1 Einleitung

Das Verhältnis der Vereinigten Staaten zu internationalen Organisationen und Institutionen wird von wissenschaftlichen Beobachtern übereinstimmend als ambivalent, paradox und widersprüchlich charakterisiert. Auf der einen Seite engagierten sich die USA und amerikanische zivilgesellschaftliche Organisationen in besonderer Weise zugunsten der Gründung und Stärkung internationaler Organisationen und amerikanische Regierungen drückten gleich drei Nachkriegsordnungen einen multilateralen Stempel auf. Auf der anderen Seite blieb das Verhältnis der USA zu internationalen Organisationen skeptisch und gestaltete sich zeitweise geradezu feindlich. Dem System kollektiver Sicherheit in Form des Völkerbundes, maßgeblich inspiriert von Präsident Woodrow Wilson, traten die USA gar nicht bei. Die Einrichtung der internationalen Handelsorganisation, die nach den Plänen Präsident Trumans zum Kernstück der Nachkriegsordnung im wirtschaftlichen Bereich werden sollte, lehnte der amerikanische Kongress ab. Und die von Präsident George H. Bush 1991 ausgerufene Neue Weltordnung geriet schon unter seinem Nachfolger in die Krise. Im Laufe der 1990er Jahren spitzte sich die Kritik an internationalen Organisationen sowie dem außenpolitischen Leitbild des Multilateralismus immer weiter zu und kulminierte während der ersten Amtszeit Präsident George W. Bushs mit der Kündigung eines zentralen Vertrages der

M. Dembinski (✉)
Leibniz- Institut Hessische Stiftung Frankfurt, Frankfurt, Deutschland
E-Mail: dembinski@hsfk.de

© Springer Fachmedien Wiesbaden GmbH 2017
T. Jäger (Hrsg.), *Die Außenpolitik der USA,* Studienbücher Außenpolitik und
Internationale Beziehungen, DOI 10.1007/978-3-531-93392-4_10

Rüstungskontrolle und der Kampfansage an andere multilaterale Abkommen. Erst während der Präsidentschaft Obamas entwickelten die USA wieder ein konstruktiveres Verhältnis zu internationalen Organisationen, auch wenn der scheidende Präsident eher von Partnerschaften als von Multilateralismus spricht.

Im Folgenden werden im ersten Schritt das ambivalente Verhältnis der USA zu internationalen Organisationen etwas eingehender beschrieben und im zweiten Schritt verschiedene Erklärungen des amerikanischen Verhaltens vorgestellt. Mögliche Erklärungen nehmen zum einen auf externe Faktoren und hier insbesondere die Machtposition der USA Bezug, zum anderen auf interne Faktoren wie den amerikanischen Exzeptionalismus, die Präferenzen von Wählern und Interessengruppen und die Struktur des politischen Systems. Erklärungen sind notwendigerweise kontrafaktisch, indem sie die Wirkung eines Faktors innerhalb eines Bündels möglicher erklärender Variablen mit der Frage zu isolieren versuchen, welche Beobachtungen man hätte machen müssen, wenn dieser Faktor nicht präsent gewesen wäre. Bei diesem Vorgang sind Vergleiche hilfreich, in unserem Falle zum einen der diachrone Vergleich, zum anderen der Vergleich mit den europäischen Demokratien. Letzterer ist interessant, weil die westeuropäischen Staaten und die Europäische Union das Ziel einer multilateralen Weltordnung auf ihre Fahnen geschrieben haben.[1]

2   Konturen eines schwierigen Verhältnisses

Bereits eine der ersten völkerrechtlichen Übereinkünfte, die sogenannte Drago/Porter Convention zum Verbot der damals verbreiteten Praxis, Vertragsschulden unter Androhung oder dem Einsatz militärischer Gewalt einzutreiben, ging zwar auf den argentinischen Außenminister Luis Maria Drago zurück, wurde aber vom US-amerikanischen Gesandten Horace Porter auf der zweiten Haager Friedenskonferenz 1907 eingebracht. Die Konvention schuf zwar einen allgemeinen Verhaltenskodex, zielte aber in der Tradition der Monroe-Doktrin auf die Einhegung der europäischen Mächte in der amerikanischen Hemisphäre. Ebenfalls in dieser Tradition hatten die USA schon 1889 den lateinamerikanischen Staaten die Einrichtung eines interamerikanischen Systems von Beziehungen einschließlich eines Schiedsgerichtshofs vorgeschlagen, dessen Funktionsweise sich von der des

---

[1]Beispielsweise bekennt sich die EU in ihrer Sicherheitsstrategie zu einem „wirksamen multilateralen System" und dem Ziel, „eine stärkere Weltgemeinschaft, gut funktionierende internationale Institutionen und eine geregelte Weltordnung zu schaffen" (Rat der EU 2003, S. 9).

europäischen Staatensystems deutlich unterscheiden sollte. Beides hinderte die USA allerdings nicht daran, vor dem Ersten Weltkrieg ihren ausgreifenden Interessen auf dem Subkontinent notfalls auch mittels militärischer Gewalt Nachdruck zu verleihen (Klepak 2003, S. 243).

Nach dem Ersten Weltkrieg wurden die USA – wenn auch eher widerstrebend – Teil einer globalen Staatengemeinschaft, die der amerikanische Präsident Woodrow Wilson prompt zu gestalten suchte. Das von ihm mit dem Völkerbund initiierte System kollektiver Sicherheit blieb zwar unvollständig, weil es das Recht zum Krieg lediglich einschränkte und den kolonialisierten Völkern das Versprechen auf Selbstbestimmung vorenthielt. Aber revolutionär war es mit dem Anspruch, dem Recht zum Durchbruch zu verhelfen, allemal. Allerdings fehlte dem außenpolitisch erfolgreichen Präsidenten die innenpolitische Unterstützung und es gelang Wilsons Gegenspieler, dem republikanischen Senator Henry Cabot Lodge, den Beitritt der USA zum Völkerbund zu hintertreiben. Bei der Ablehnung spielte auch die (faktisch falsche) Befürchtung eine Rolle, der Völkerbund könnte gegen den Willen des Kongresses den Einsatz amerikanischer Truppen in fernen Ländern erzwingen. Trotz der anschließend einsetzenden isolationistischen Phase hielten amerikanische Regierungen an der Idee einer Zivilisierung und Verrechtlichung der Staatenbeziehungen fest. 1928 griff der amerikanische Außenminister Billings Kellogg den Vorschlag seines französischen Kollegen Aristide Briand für ein bilaterales Abkommen auf und schlug ein internationales Kriegsverbot vor.

Nach der abermaligen Katastrophe des Zweiten Weltkrieges setzten sich die USA, diesmal unter Führung von Präsident Franklin D. Roosevelt und seiner Frau Eleanor, für ein internationales System von Recht und kollektiver Sicherheit ein. Mit den Vereinten Nationen und der starken Stellung der Großmächte als permanente Mitglieder des Sicherheitsrats, dem Gewaltverbot, dem Internationalen Gerichtshof als Nachfolger des Ständigen Internationalen Gerichtshofs und mit der Allgemeinen Erklärung der Menschenrechte 1948 ging dieses System weit über den Völkerbund hinaus. Insbesondere die Vereinten Nationen (VN) galten geradezu als *geistiges Kind* der USA. Zusätzlich schuf Washington regionale Systeme multilateraler Kooperation: In Europa die NATO, ergänzt um den Marshall-Plan und die Organisation für Europäische Wirtschaftliche Zusammenarbeit; in Lateinamerika den Rio-Pakt als kollektives Verteidigungsbündnis und die Organisation Amerikanischer Staaten (OAS). Amerikanische Außenpolitik, so verallgemeinerte der Politikwissenschaftler John Gerard Ruggie diese Initiativen, zeichne sich nicht nur durch eine besondere Kooperationsneigung aus. Die USA tendierten im Gegensatz zu anderen Großmächten im Verhältnis zu kleineren Staaten zu einem spezifischen, nämlich multilateralen Kooperationsstil.

Der Begriff Multilateralismus bezeichnet eine regelbasierte Form der Kooperation, die sich neben der Zahl der Beteiligten, nämlich drei oder mehr Staaten, durch zwei weitere Eigenschaften auszeichnet. Zum einen durch verallgemeinerte Verhaltensprinzipien, zum anderen durch die Einrichtung internationaler Institutionen und Organisationen.

In Bezug auf die amerikanische Führung innerhalb der NATO wurde diese These durch eine Reihe empirischer Arbeiten bestätigt. Die nordatlantische Allianz sei durch eine ergebnisoffene Konsultationsbereitschaft und einen erstaunlich großen Einfluss der kleineren Mitglieder auf die Führungsmacht geprägt. Im Verhältnis zu den Staaten in anderen Regionen zeigte sich dagegen ein anderes Bild. In Lateinamerika brach sich das Bekenntnis zu den eigenen Regeln der Menschenrechte, Demokratie und nationalen Selbstbestimmung immer wieder an der Praxis unilateraler militärischer Interventionen sowie der mehr oder weniger verdeckten Unterstützung militärischer Regime und Putsche wie dem in Chile 1973. Die 1969 verabschiedete und 1978 in Kraft getretene American Convention on Human Rights, für die sich Washington lange eingesetzt hatte, unterzeichneten die USA 1977 und tragen seitdem zur Finanzierung ihrer Organe bei, ratifizierten sie aber nie. Die USA kritisieren nicht die mangelnde Durchsetzungsfähigkeit der Konvention, sondern fürchten im Gegenteil, dass sie gerade aufgrund ihrer Mechanismen und Organe – der Menschenrechtskommission und dem Gerichtshof – Einfluss auf die gesellschaftlichen Verhältnisse in den USA nehmen könnte. Gegenüber den ost- und südostasiatischen Verbündeten begnügten sich die USA mit einem Kooperationsmuster, das multilateralen Prinzipien gar nicht entspricht und das viele Beobachter mit dem Bild der Nabe und Speichen *(hub and spoke)* charakterisieren.

Auch der globale Multilateralismus zeigte in dem Moment Krisensymptome, in dem die USA im Zuge der Entkolonialisierung ihre bis dahin verlässliche Mehrheit in der Generalversammlung und im Sicherheitsrat der VN verloren. In der Folge machten die USA erstmals 1970 von ihrem Vetorecht Gebrauch, während sie die bis dahin 103 sowjetischen Vetos stets als unberechtigte Blockade kritisiert hatten. Bis zum Ende des Ost-West-Konfliktes 1989 blockierten die USA weitere 66 Vorlagen, die meisten den Nahost-Konflikt betreffend, während die Sowjetunion in dieser Phase nur elf Mal von ihrem Vetorecht Gebrauch machte. In dieser Phase nahm die gesellschaftliche Kritik an der Weltorganisation deutlich zu. 1985 bescheinigten ihr mehr als die Hälfte der befragten Amerikaner, sie mache einen schlechten Job (Luck 1999, S. 265), und 1987 forderte der einflussreiche Kolumnist Charles Krauthammer erstmals den Austritt der USA aus der Weltorganisation (Krauthammer 1987, S. 18–23). Besonders ambivalent gestaltete sich das Verhältnis der USA zu einigen der UN-Sonderorganisationen.

Die USA hatten einen prägenden Einfluss auf die Gründung und Ausgestaltung der UN-Kulturorganisation (UNESCO) ausgeübt und traten 1948 als Gründungsmitglied bei. 1984 traten sie aus Protest aus, weil die UNESCO der palästinensischen Befreiungsorganisation PLO einen Beobachterstatus eingeräumt hatte. 2003 traten sie unter Präsident Bush wieder bei, nur um zehn Jahre später wiederum im Streit um die Rechte der palästinensischen Autonomiebehörde ihre Stimmrechte zu verlieren. Ähnlich verhielten sich die USA gegenüber der ILO (International Labour Organisation). 1970 drohten sie ihren Austritt an, weil ein sowjetischer Staatsbürger zum stellvertretenden Generalsekretär der Organisation gewählt worden war. 1977 verloren sie im Streit um den Beobachterstatus der PLO ihr Stimmrecht. Die gleiche Ambivalenz zeigt sich in Bezug auf die amerikanische Position gegenüber dem Prinzip der internationalen Gerichtsbarkeit. Einerseits waren und sind die USA einer der entschiedenen Befürworter des Internationalen Gerichtshofs. Andererseits widersetzten sie sich seinem Urteil, als dieses im Fall Nicaragua vs. USA 1986 amerikanischen Interessen entgegen lief und traten von der obligatorischen Gerichtsbarkeit zurück, der sie sich mit ihrem Beitritt unterworfen hatten.

Nach dem Ende des Ost-West-Konflikts kündigte Präsident Bush eine neue Weltordnung an, die sich in einer Stärkung der Vereinten Nationen und ihres friedenspolitischen Engagements niederschlagen sollte. Die Intervention zur Befreiung Kuwaits 1991 porträtierte er als Paradebeispiel des Prinzips kollektiver Sicherheit und die folgende Intervention in Somalia als Auftakt eines Programms zur Stärkung der Vereinten Nationen in der Rolle des Garanten von Frieden und internationaler Sicherheit. Sein Nachfolger Bill Clinton propagierte mit dem assertive multilateralism ein globales Regelwerk mit Zähnen. Angesichts der Enthüllung des geheimen irakischen Atomprogramms warb der für ein stärker sanktionsbewehrtes Nichtverbreitungsregime, das im Gegenzug fairer gestaltet werden und die Abrüstungsverpflichtung der kernwaffenbesitzenden Staaten ernster nehmen sollte. In diesem Zusammenhang legte er dem Kongress einen Vertrag zum Stopp aller Atomwaffentests vor. Er erweiterte die NATO und versprach zugleich eine europäische Friedensordnung ohne trennende Gräben und unter Einschluss Russlands, vereinbarte die Welthandelsorganisation, schloss die Verhandlungen über die Nordamerikanische Freihandelszone NAFTA ab und setzte sich für das Kyoto-Klimaprotokoll und die Schaffung des Internationalen Strafgerichtshofs ein.

Dieses Programm der globalen Führung durch multilaterale Institutionen und Organisationen geriet aber bereits während der ersten Amtszeit Clintons in die Krise. Mit der Presidential Decision Directive 25 vom Mai 1994 schränkte der Präsident de facto die amerikanische Beteiligung an UN-Friedensmissionen

massiv ein und entzog damit der Vision einer auf die Weltorganisation gestütz-
ten Friedensordnung die Grundlage. Die Ratifikation des umfassenden Teststopp-
vertrags lehnte der Kongress ab. Gleichzeitig kündigte er Widerstand gegen eine
Beteiligung der USA am Kyotoprotokoll und am Rom-Statut für einen Internationalen Strafgerichtshof an.

Mit dem Antritt der Regierung George W. Bushs erreichte die Kritik am Multilateralismus und an internationalen Organisationen einen Höhepunkt. Richard
Haass, der damalige Director of Policy Planning im Außenministerium, versprach
zwar noch einen *hard-headed multilateralism*. Die politischen Entscheidungen
der Regierung wiesen aber in eine andere Richtung. Den Raketenabwehr-Vertrag,
nach Ansicht Russlands und vieler Experten der Eckpfeiler der nuklearen Rüstungskontrolle, kündigte Präsident Bush ohne großes Federlesen. Die Unterschrift
seines Vorgängers unter das Rom-Statut zur Errichtung des Internationalen Strafgerichtshofs nahm er nicht nur zurück, sondern bekämpfte den Gerichtshof während seiner ersten Amtszeit entschieden. Und auch den Beitritt zur
Ottawa-Konvention über das Verbot von Anti-Personenminen und zum Kyotoprotokoll lehnte Bush ab (Fehl und Thimm 2008). Die Ernennung des Wortführers
der *Souveränisten*, John Bolton, zum UN-Botschafter signalisierte eine geradezu
abfällige Haltung gegenüber der Weltorganisation. Erst unter Präsident Obama
arrangierten sich die USA mit dem Haager Gericht, gestalten wieder aktiv die
multilateralen Klimaverhandlungen mit, brachten neue Verhandlungen über tief
greifende regionale Handelsabkommen (transatlantic trade and investment partnership TTIP; transpacific partnership TPP) auf den Weg und investierten in die
regionalen multilateralen Ordnungen in Europa und Lateinamerika. Dennoch
bleibt das Verhältnis der USA zu internationalen Organisationen ambivalent und
die Debatten deuten während des Wahlkampfes 2016 eine verbreitete Stimmung
gegen Freihandel und Immigration im Besonderen und Globalisierung im Allgemeinen an. Diese Ambivalenz und phasenweise feindliche Einstellung zu internationalen Organisationen steht freilich in einem auffälligen Kontrast zur
Entwicklung der Mitgliedschaft der USA in derartigen Entitäten. Die zeigte seit
1945 nur in eine Richtung: nämlich nach oben.[2]

---

[2]Ein Indikator hierfür ist, dass die amerikanische Regierung im Jahre 2010 Mitarbeiter in
über 130 Organisationen entsenden darf (vgl. U. S. Department of State 2010).

3 Erklärungen

Während der Befund eines ambivalenten Verhältnisses der USA zu internationalen Organisationen unbestritten ist, wird die Frage nach den Ursachen dieser Ambivalenz kontrovers diskutiert. Uneinigkeit herrscht sowohl über das relative Gewicht externer und interner Faktoren als auch über die kausalen Mechanismen und damit die Frage, wie und in welche Richtung diese Faktoren wirken.

3.1 Externe Faktoren

Auf externe Faktoren und genauer die herausgehobene Machtposition der USA beziehen sich Ansätze, die im politischen Realismus beheimatet sind. Allerdings weist die Machtposition der USA als erklärende Variable in unterschiedliche Richtungen. G. John Ikenberry formulierte in pointierter Weise eine erste Antwort auf die Frage, wie die USA ihre Machtfülle einsetzen bzw. einsetzen sollten. In Anlehnung an Theorien hegemonialer Stabilität argumentiert er, aus der Sicht machtpolitisch herausragender Staaten sei die Schaffung eines regelorientierten Systems vorteilhafter als eine auf reiner Machtausübung beruhende Herrschaft. Eine institutionalisierte Herrschaftsordnung sei zum einem effizienter, denn sie reflektiere die Interessen des führenden Staates. Sie berücksichtige aber ebenso die Anliegen der kleineren und könne daher mit deren Folgebereitschaft rechnen. Zum anderen würde ein solches System, gerade wenn es in Nachkriegssituationen und auf dem Höhepunkt der Macht des führenden Staates errichtet wurde, aufgrund der Trägheit internationaler Organisationen die dominante Position des führenden Staates verstetigen.

Die realistischen Gegenpositionen zu dem multilateralen Entwurf amerikanischer *grand strategy* sind vielstimmig. Aus Sicht struktureller Realisten sind internationale Institutionen und Organisationen Epiphänomene der Macht. Verringere sich die amerikanische Macht, würden auch die von den USA geschaffenen Institutionen erodieren. Ihr Rat an die Politik: die USA sollten einen wahrgenommenen Prozess der Erosion amerikanischer Macht akzeptieren. Die Strategie der Bush-Regierung, die zarte Pflanze europäischer Eigenständigkeit in Form der Europäischen Sicherheits- und Verteidigungspolitik mit Verweis auf die Priorität der NATO einzugrenzen, erschien aus ihrer Sicht ebenso falsch und in den Konsequenzen fatal, wie der Versuch, die Allianz auszuweiten oder der Versuch Obamas, Russland im Konflikt mit der Ukraine unter Verweis auf internationales Recht eine Zone besonderen Einflusses zu verwehren. Aus neo-konservativer Sicht sind Institutionen keine Epiphänomene, sondern binden auch ihre starken

Mitglieder. Genau deshalb erscheinen sie als problematisch. In der Abwägung zwischen der Einbindung anderer Staaten durch internationale Organisationen und der Selbstbindung der USA plädierten die Neo-Konservativen aufgrund ihrer Diagnose einer überragenden Machtposition für ein rein instrumentelles Verständnis internationaler Organisationen (Foot et al. 2003, S. 11).

Wie weit also erklärt der Faktor Macht die amerikanische Ambivalenz? Ein Beitrag von 1990 kam noch zum Ergebnis, die Verteilung internationaler Macht trage nicht zur Erklärung unserer Frage bei (Karns und Mingst 1990). Aus heutiger Sicht muss dieses Urteil zumindest dahin gehend relativiert werden, dass die empirischen Befunde der Schwankungen des amerikanischen Multilateralismus in den 1990er und 2000er Jahren zwar sicherlich nicht mit Veränderungen der realen amerikanischen Machtposition korreliert, aber durchaus mit der Wahrnehmung amerikanischer Stärke. Blickt man hingegen auf längere Zeiträume und materielle Indikatoren der Machtverteilung, drängt sich die Frage auf, wie ein variabler Faktor (die amerikanische Machtposition) einen konstanten Befund (das ambivalente Verhältnis zu internationalen Organisationen) erklären soll. Mit diesem Einwand richtet sich der Blick auf interne Faktoren.

3.2 Interne Faktoren

Interne Erklärungsfaktoren fallen in die Domäne des Liberalismus und sehen sich unmittelbar mit der Frage konfrontiert, warum sich die USA anders verhalten sollten als die europäischen Demokratien. Um dieses Puzzle zu erklären, verweisen Vertreter des liberalen Ansatzes mit der politischen Kultur, der Konstellation gesellschaftlicher Präferenzen und der Struktur des politischen Systems auf drei Merkmale, die die USA von westeuropäischen Demokratien unterscheiden und die zugleich kausale Mechanismen bezeichnen könnten, die das ambivalente Verhalten erklären.

Die Amerikaforschung machte früh auf Besonderheiten der amerikanischen politischen Kultur als Triebkraft ihrer Außenpolitik aufmerksam. Als politische Gemeinschaft, die sich in der neuen Welt in Abgrenzung zur verrotteten alten Welt selbst geschaffen hatte und von ihrem Auserwähltsein überzeugt war, entwickelte die USA ein Selbstverständnis des Exzeptionalismus, das allerdings zwei unterschiedliche Formen des Verhaltens zum Rest der Welt nahelegte. Auf der einen Seite einen ausgeprägten Missionsgedanken, der ein außenpolitisches Engagement mit dem Ziel der Transformation der Welt antreibt, damit diese dem amerikanischen Modell und seinen Werten ähnlicher werde. Mit dem Bekenntnis zu internationalen Organisationen, internationaler Gerichtsbarkeit und Menschenrechten externalisierten die USA ihre eigenen Werte und Organisationsprinzipien. Auf der anderen Seite eine ausgeprägte Sorge, die eigenen Werte könnten kontaminiert werden, wenn sich die USA in die Händel dieser Welt einmischten. Um diese Gefahr zu vermeiden, sollten die USA ihre inneren Verhältnisse perfektionieren, sodass sie als Vorbild leuchte, sich aber ansonsten aus den machtpolitischen Intrigen der Welt heraushalten. Gebhard Schweigler wies darauf hin, dass dieser liberalen Tradition mit ihren zwei Varianten stets eine realistische Tradition mit ebenfalls zwei Varianten entgegenstand. Nämlich politische Strömungen, die eine Bewahrung politischer und gesellschaftlicher Machtstrukturen zum Ziel haben und nach außen entweder auf ein xenophobisch gefärbtes Programm der Abgrenzung oder auf Machtpolitik setzen (Schweigler 1994).

Donald Trumps fremdenfeindlicher Chauvinismus findet also ebenso Wurzeln in der amerikanischen politischen Tradition wie Ted Cruz Militanz und Bernie Sanders Konzept eines (wirtschaftspolitischen) Disengagements bei gleichzeitiger Reform der gesellschaftlichen Verhältnisse. Vor allem aber finden sich deutliche Anzeichen dafür, dass die beiden erstgenannten Varianten des amerikanischen Exzeptionalismus ihr Verhältnis zu internationalen Organisationen prägen. Auf der einen Seite schlug sich der Missionsgedanke in den drei Nachkriegsordnungen nieder, welche die Welt nach dem amerikanischen Vorbild gestalten sollten. In dem Moment, in dem die internationalen Institutionen nicht mehr als Instrumente der USA wirkten, schlug der Missionsgedanke um in Sorge vor Kontaminierung. Diese Sorge wird insbesondere von sogenannten *new sovereigntists* wie John Bolton vorgetragen (Spiro 2000; Bolton 2007). Weil die amerikanische Verfassung und die darin niedergelegten demokratischen Verfahren der Selbstbestimmung des amerikanischen Gemeinwesens einen hohen moralischen Wert haben, und weil nach der Verfassung internationale Verträge und Beschlüsse internationaler Organisationen, denen die USA beigetreten sind, im Inneren der USA Bindungswirkung erzeugen, sind aus ihrer Perspektive nur die Formen internationaler Kooperation normativ vertretbar, die die Prinzipien demokratischer Selbstbestimmung nicht einschränken.[3] Besonders kritisch seien zwei Arten internationaler Abmachungen: zum einen Verträge, die unklar formuliert sind und sich in ihrer Bedeutung durch Völkergewohnheitsrecht oder Urteile amerikanischer Gerichte verändern könnten. Das Republican National Committee nennt in diesem Zusammenhang neben einer Reihe von Menschenrechtsabkommen auch den Arms Trade

---

[3]Zur Problematik der internen Bindungskraft unterschiedlicher internationaler Abkommen aus monistischer und dualistischer Sicht des internationalen Rechts vgl. Dorf (2016).

Treaty (Republican National Committee 2016). Zum anderen internationale Organisationen, die die Autonomie ihrer Mitglieder durch Mehrheitsentscheidungen oder die Delegation von Entscheidungskompetenz an internationale Bürokratien einschränken.

Zusammenfassend lassen sich die Ursachen der amerikanischen Ambivalenz in der politischen Kultur der USA und ihren verschiedenen Ausprägungen verorten. Allerdings ist es der Forschung bisher nicht gelungen, die vermuteten kausalen Zusammenhänge tatsächlich nachzuweisen. Zudem wäre zu fragen, inwieweit sich die USA in politisch-kultureller Hinsicht von den europäischen Demokratien deutlich unterscheiden. Zumindest Frankreich oder England ist ein Missionsgedanke keineswegs fremd und es gibt auch in Europa politische Traditionen und aktuelle Strömungen, die den Vorstellungen der *new sovereingntists* ähneln.

Ein zweiter interner Faktor betrifft die Konstellation von Interessen und Präferenzen. Sicherlich bestimmen in Demokratien die gesellschaftlichen Anforderungen in hohem Maße die Außenpolitik. Um diesen Faktor in einen kausalen Zusammenhang zu dem ambivalenten Verhältnis der USA gegenüber internationalen Organisationen zu bringen, wäre zu zeigen, dass diese Anforderungen ambivalent sind und stark schwanken, und dass sie sich deutlich von denen der europäischen Staaten unterscheiden. Die Evidenz spricht gegen beide Annahmen. Sicherlich geht die Globalisierung mit Verschiebungen der politischen Landschaft in den USA einher und die Kritik an der multilateralen Orientierung an beiden Enden des politischen Spektrums hat Zulauf. Während sich die linksliberale Kritik an der durch die Globalisierung induzierten Ungleichverteilung stößt, stellt die konservative Kritik Arbeitsplatzverluste durch Freihandel und die Zuwanderung an den Pranger. Dennoch sind die Einstellungen der amerikanischen Öffentlichkeit zum Prinzip des Multilateralismus oder zu den Vereinten Nationen eher konstant als stark schwankend. Auch unterscheiden sich weder das Bild der öffentlichen Meinung noch die Konstellation der organisierten Interessen in auffälliger Weise von der der europäischen Demokratien.

Deshalb richten viele Beiträge den Blick drittens darauf, wie gesellschaftliche Präferenzen vom politischen System aufgenommen und verarbeitet werden. In dieser Hinsicht sind deutliche Unterschiede zu den europäischen Demokratien zu notieren. Zum einen gelten die USA als schwacher Staat in dem Sinne, dass ihr politisches System offener für die Anliegen gesellschaftlicher Interessengruppen ist. Selbst partikulare Interessen können sich dann durchsetzen, wenn sie finanziell gut ausgestattet und organisiert sind. Die politischen Systeme europäischer Staaten gelten dagegen als vergleichsweise stärker abgeschottet gegen den Einfluss gesellschaftlicher Interessengruppen. Bereits diese Besonderheit des politischen Systems der USA mag manche Phänomene erklären wie etwa den großen

Einfluss der National Rifle Association bei den Verhandlungen über den Arms Trade Treaty. Hinzu kommt eine weitere Besonderheit: die Blockadeanfälligkeit des amerikanischen politischen Systems. Im Gegensatz zum präsidentiellen Regierungssystem der USA, bei dem sich Exekutive und Legislative als politisch eigenständige Gewalten gegenüber stehen, sind die große Mehrheit der westeuropäischen Staaten parlamentarische Demokratien. Zudem ist das Regierungssystem der USA nicht auf effiziente Entscheidungsfindung, sondern auf die Kontrolle von Macht angelegt. Selbst wenn öffentliche Meinung und organisierte Interessen ein multilaterales Engagement einfordern, könnten politische Entscheidungen dennoch aufgrund institutioneller Gegebenheiten wie dem System der *checks and balances* und der Schwäche der Parteien sowie prozeduraler Verfahren zum Schutz von Minderheiten wie dem bis heute im Senat gängigen Filibuster blockiert werden. Im Bereich der Außenpolitik liegen die Hürden besonders hoch. Hier verlangt die Ratifikation von Verträgen nach Artikel 2 der Verfassung die Zustimmung von zwei Dritteln der Senatoren. Zwar könnten Präsidenten internationale Abkommen in Form von legislativ-exekutiven Vereinbarungen abschließen. Diese entfalten eine ähnliche Bindungskraft wie traditionell abgeschlossene Verträge, benötigen aber formal nur die Zustimmung einer einfachen Mehrheit in beiden Kammern des Kongresses. Aufgrund des Filibusters ist auch für diese Verträge im Senat eine Mehrheit von drei Fünfteln (60 Senatoren) nötig. Präsidenten können, wie bei dem Iran-Abkommen geschehen, internationale Abkommen sogar in Form von sogenannten Executive Agreements abschließen, bei denen der Kongress gar nicht zustimmen muss. Allerdings erzeugen derartige Verträge eine geringere interne Bindungswirkung und könnten, wie die republikanische Kongressführung in einem Brief an die iranische Führung vom 9. März 2015 warnte, von nachfolgenden Präsidenten „with the stroke of a pen" widerrufen werden (United States Senate 2015).[4] Der Kongress beschränkt sich aber nicht nur auf die Kontrolle und Zustimmung bzw. Ablehnung präsidentieller Außenpolitik. Er begründet mit seinen verfassungsmäßigen Rechten die Praxis parlamentarischer (Neben-) Außenpolitik und trägt damit weiter zur Ambivalenz der amerikanischen Politik gegenüber internationalen Organisationen bei.

Sowohl die Blockadeneigung des politischen Systems als auch die Kakofonie amerikanischer Außenpolitik nahm nach dem Ende des Ost-West-Konflikts deutlich zu. Die Polarisierung der politischen Landschaft erschwert die Kompromisssuche und erhöht die Blockadeneigung des politischen Systems. Gleichzeitig gibt die Atomisierung des Kongresses zur Klage Anlass, mittlerweile sprächen

---

[4]Zur Blockadeanfälligkeit des amerikanischen politischen Systems als Ursache des amerikanischen Unilateralismus vgl. Thimm (2016).

535 Außenminister für die USA (Foot et al. 2003, S. 9). Ein Beispiel derartiger Parallelaußenpolitik waren die Attacken republikanischer Abgeordneter gegen das Atomabkommen mit dem Iran 2015. Noch irritierender ist ein anderes Beispiel. Im Sommer 2009 war der honduranische Präsident Zelaya gestürzt worden. Die regionalen Organisationen sprachen sich für die Verhängung von Sanktionen gegen die Putschisten und die Bildung einer Übergangsregierung unter Führung des gestürzten Präsidenten aus. Dieser Position schloss sich auch Präsident Obama an, der das unter seinem Vorgänger zerrüttete Verhältnis zu Lateinamerika reparieren wollte. In dieser Lage reiste Senator Jim DeMint (R-South Carolina) ohne Absprache mit der amerikanischen Regierung nach Honduras, stärkte dort den Putschisten den Rücken und verhinderten letztendlich eine Rückkehr Zelayas an die Macht (Heine und Weiffen 2015).

Die Blockadeneigung und Kakofonie des politischen Systems erklärt, warum es einer multilateral orientierten Exekutive in den USA schwerer fällt als in Europa, ihre politischen Vorstellungen durchzusetzen. Daneben weist der durchgängige legislative Widerstand gegen exekutive Vorstöße zur Gründung internationaler Organisationen auf einen weiteren Faktor hin. Wie oben erwähnt, schränkt die Mitgliedschaft in internationalen Organisationen – dies ist genau ihr Zweck – die autonomen Handlungsspielräume von Staaten ein, je nach dem institutionellen Design der Organisation möglicherweise auch in nicht exakt vorhersehbarer Weise. Die Mitgliedschaft in internationalen Organisationen hat aber in der Tendenz einen weiteren Effekt: Sie verschiebt die politischen Gewichte zwischen der Exekutive und der Legislative. Vertreter der Exekutive sind an den Entscheidungsprozessen internationaler Organisationen intensiv beteiligt. Sie verfügen über einen Informationsvorsprung und könnten die Verhandlungen auf internationaler Ebene so strukturieren, dass auf nationaler Ebene Ergebnisse entstehen, die durch strikt nationale Entscheidungsverfahren nicht zustande gekommen wären. Als Beispiel sei kurz ein Aspekt des bereits genannten Iran-Abkommens erwähnt. Als Executive Agreement hätte es eine im Vergleich mit Verträgen geringere interne Bindungskraft erzeugt. Die amerikanische Regierung stimmte aber im Sicherheitsrat der Resolution 2231 (20. Juli 2015) zu, die das Abkommen einschließlich des sogenannten Joint Comprehensive Plan of Action bestätigte, der unter anderem die Aufhebung der Sanktionen regelt. Weil UN-Mitgliedstaaten Resolutionen des Sicherheitsrats umsetzen müssen, gelang es auf diesem Wege, dem Executive Agreement eine ähnliche Bindungskraft wie einem Vertrag zu verleihen.

Wie bedeutsam dieser Mechanismus in der Praxis ist, lässt sich aus den oben erwähnten Gründen kaum abschätzen. Zumindest aber begründeten Abgeordnete ihre Widerstände gegen multilaterale Vorhaben mit der Sorge vor einem Verlust legislativer Gestaltungsrechte infolge des Zusammenspiels zwischen dem Präsidenten und internationalen Organisationen. Wie oben erwähnt begründeten Abgeordnete bereits die Ablehnung des Völkerbundes mit der Befürchtung, die Mitgliedschaft könnte das verfassungsmäßige Recht des Kongresses zur Erklärung von Kriegen einschränken. Bei der Aushandlung des NATO-Vertrages führten ähnliche Bedenken des Senats zu einer erstaunlich unverbindlichen Formulierung des Beistandsversprechens im Artikel 5. Und die legislativen Vorbehalte gegen die UN stützten sich auch auf das Argument, die Weltorganisation verletze die Budgethoheit des Kongresses.

Zusammenfassend trägt der Faktor institutionelle Struktur sowohl zur Erklärung der amerikanischen Vorbehalte gegen Multilateralismus als auch der beobachtbaren Unterschiede zwischen den USA und den westeuropäischen Demokratien bei. In den USA finden gesellschaftliche Vorbehalte gegen Multilateralismus problemlos Eingang in den Kongress und können von dort aus exekutive Vorstöße etwa zum Beitritt der USA zu internationalen Organisationen verhindern. Verantwortlich hierfür sind zum einen die Blockadeanfälligkeit des politischen Systems, zum anderen das legislative Eigeninteresse an der Bewahrung von Gestaltungsmacht. In Europa konnten sich ähnlich starke gesellschaftliche Vorbehalte bisher kaum im parlamentarischen Raum Gehör verschaffen, und dies, obwohl die legislative Gestaltungsmacht aufgrund der stärkeren Beteiligung an internationalen Abkommen und Organisationen im Allgemeinen und durch die europäische Integration im Besonderen in massiverer Weise bedroht ist als in den USA. Die offensichtliche Ursache der legislativen Zurückhaltung: In den europäischen Demokratien positionieren sich die Parlamente nicht als unabhängige Spieler gegen die Exekutiven. Der Widerstand gegen Multilateralismus und die europäische Integration im Besonderen wurde stattdessen in den außerparlamentarischen Bereich abgedrängt. Auf amerikanischer Seite betrifft eine Ausnahme von diesem Muster seit den 1990er Jahren die Außenwirtschaftspolitik. Hier sprachen sich die große Mehrheit der republikanischen Abgeordneten für Freihandel aus, während die demokratischen Abgeordneten nicht entschieden und geschlossen gegen die Initiativen ihrer Präsidenten Clinton und Obama opponierten. Daher sah sich eine wachsende Zahl von Globalisierungsverlierern nicht mehr repräsentiert und gaben ihrem Protest Ausdruck, indem sie die Kampagnen von Trump oder Sanders unterstützten.

4   Fazit

Dass die USA ein ambivalentes Verhalten zu internationalen Organisationen pflegen, gilt als unbestritten. Warum dies so ist, warum sich diese Ambivalenz auch über längere Zeiträume hinweg beobachten lässt und warum sich die USA in dieser Hinsicht von den europäischen Demokratien unterscheiden, ist dagegen weniger einfach zu erklären. Dabei mangelt es nicht an Erklärungsansätzen, sondern an überzeugenden Forschungsstrategien, um im Bündel potenzieller Ursachen die tatsächlich erklärenden Faktoren zu identifizieren und in ihrer relativen Bedeutung zu gewichten. Die Literatur hat sich mit diesem Problem arrangiert und weist bei der Erklärung des widersprüchlichen Verhältnisses der USA zu internationalen Organisationen auf ein nicht näher bestimmtes Zusammenspiel interner und externer Faktoren hin. Der diachrone Vergleich und der Vergleich mit den westeuropäischen Demokratien können dabei helfen, die Bedeutung einzelner Erklärungsfaktoren einzuordnen, entkräftet aber keine von ihnen (Patrick und Forman 2002).

Weil die amerikanische Ambivalenz gegenüber internationalen Organisationen offenbar multikausal verursacht ist, sollte sich Europa politisch darauf einstellen, dass die USA auch zukünftig ein unsicherer Kantonist bei der Verteidigung einer multilateralen Weltordnung bleibt.[5] Allerdings könnte die transatlantische Differenz in dieser Frage dennoch geringer werden, und zwar weil sich in Europa die Skepsis gegenüber multilateralen Ordnungen politisch Ausdruck verschafft. Bisher bestand ein Unterschied zwischen USA und Europa in der Art der Verarbeitung des politischen Widerstandes gegen Globalisierung und Multilateralisierung. Während in den USA der Kongress aufgrund seiner Eigeninteressen diesen Protest in der Regel aufgriff, wurde er von den politischen Systemen in Europa eher an die Ränder gedrängt. Dies gelingt in Europa immer weniger, und die europäischen Staaten werden sich darauf einstellen müssen, dass sich der Protest gegen Multilateralismus erfolgreich politisch organisiert.

---

[5]Zum europäischen Umgang mit dem amerikanischen Unilateralismus vgl. Fehl (2012).

Literatur

Bolton, J. (2007). *Surrender is Not an Option. Defending America at the United Nations and Abroad.* New York: Simon & Schuster.

Dorf, M. C. (2016). The Senator's Letter to Iran and Domestic Incorporation of International Law. *Political Science Quarterly 131*(1), 45–68.

Fehl, C. (2012). *Living With a Reluctant Hegemon. Explaining European Responses to US Unilateralism.* Oxford: Oxford University Press.

Fehl, C. & Thimm, J. (2008): Weltmacht und Weltordnung. Multilateralismus im transatlantischen Spannungsfeld. SWP Studie S. 6. Berlin: Stiftung Wissenschaft und Politik.

Foot, R., MacFarlane, S. N. & Mastanduno, M. (2003). Introduction. In R. Foot, S. N. MacFarlane & M. Mastanduno (Hrsg.), *US Hegemony and International Organizations* (S. 1–22). Oxford: Oxford University Press.

Heine, J. & Weiffen, B. (2015). *21th Century Democracy Promotion in the Americas.* London: Routledge.

Karns, M. P. & Mingst, K. E. (Hrsg.). (1990). *The United States and Multilateral Institutions. Patterns of Changing Instrumentality and Influence.* Boston: Unwin Hyman.

Klepak, H. (2003). Power Multiplied or Power Restrained? The United States and Multilateral Institutions in the Americas. In R. Foot, S. N. MacFarlane & M. Mastanduno (Hrsg.), *US Hegemony and International Organizations* (S. 239–264). Oxford: Oxford University Press.

Krauthammer, C. (1987, 24. Aug.). Why the United States Should Bail out of the UN. *The New Republic*, S. 18–23.

Luck, E. (1999). *Mixed Messages. American Politics and International Organization 1919–1999.* Washington D.C.: Brookings.

Patrick, S. & Forman, S. (Hrsg.). (2002). *Multilateralism and US Foreign Policy. Ambivalent Engagement.* Boulder: Lynne Rienner.

Rat der EU. (2003). Ein sicheres Europa in einer besseren Welt. Europäische Sicherheitsstrategie. http://www.consilium.europa.eu/uedocs/cmsUpload/031208ESSIIDE.pdf. Zugegriffen: 25. Juli 2016.

Republican National Committee. (2016). Republican Platform. America Resurgent. https://www.gop.com/platform/american-exceptionalism/. Zugegriffen: 25. Nov. 2016.

Ruggie, J. G. (Hrsg.). (1993). *Multilateralism Matters: The Theory and Practice of an Institutional Form.* New York. Chichester: Columbia University Press.

Sales, K. (1991). *Das verlorene Paradies – Christoph Kolumbus und die Folgen.* München: List.

Schweigler, G. (1994). "America First"? Die öffentliche Meinung und die amerikanische Außenpolitik. In M. Dembinski, P. Rudolf & J. Wilzewski (Hrsg.), *Amerikanische Weltpolitik nach dem Ost-West-Konflikt* (S. 23–68). Baden-Baden: Nomos.

Spiro, P. J. (2000). The New Sovereigntists. American Exceptionalism and its False Prophets. *Foreign Affairs, 79*(6), 9–15.

Thimm, J. (2016). *The United States and Multilateral Treaties. A Policy Puzzle.* Boulder: First Forum Press.

U. S. Department of State. (2010). List of International Organizations Approved for Detail and Transfer of Federal Employees. https://iocareers.state.gov/Main/Content/Page/approved-international-organizations. Zugegriffen: 25. Nov. 2016.

United States Senate. (2015, 9. März). An Open Letter to the Leaders of the Islamic Republic of Iran. https://assets.documentcloud.org/documents/1683798/the-letter-senate-republicans-addressed-to-the.pdf. Zugegriffen: 1. Aug. 2016.

Weiterführende Literatur

Foot, R., MacFarlane, S. N. & Mastanduno, M. (2003). *US hegemony and International Organizations*. Oxford: Oxford University Press. (Dieser 2003 bei Oxford University Press erschienene Herausgeberband fragt nach den Ursachen des widersprüchlichen Verhältnisses der USA zu internationalen Organisationen, benennt die wichtigen internen und externen Erklärungsfaktoren und vereint eine Reihe von hervorragenden Beiträgen, die auf ausgewählten funktionalen und geographischen Handlungsfeldern die Positionen der USA darstellen.)

Luck, E. (1999). *Mixed Messages. American Politics and International Organization 1919–1999*. Washington D.C.: Brookings. (Immer noch das Standardwerk über das Verhältnis der Vereinigten Staaten zu den Vereinten Nationen und dem Völkerbund. Luck stellt bei seinen Betrachtungen den amerikanischen Exzeptionalismus in den Vordergrund.)

Fehl, C. (2012). *Living with a Reluctant Hegemon. Explaining European Responses to US Unilateralism*. Oxford: Oxford University Press. (Dieser Beitrag schildert die Hintergründe des unilateralen Handelns der USA in ausgewählten Sachbereichen und analysiert die europäischen Reaktionen.)

Thimm, J. (2016). *The United States and Multilateral Treaties. A Policy Puzzle*. Boulder: First Forum Press. (Der Band beleuchtet die amerikanische Position zu Menschenrechts- und Rüstungskontrollabkommen und rückt die Blockadeanfälligkeit des amerikanischen politischen Systems als Erklärung für die ambivalente Politik ins Zentrum.)

Teil II
Politikfelder

Sicherheitspolitik

Patrick Keller

1 Grundlagen

Der Staat wurde erfunden, um die Sicherheit seiner Bürger zu gewährleisten – Sicherheit vor einander und Sicherheit vor anderen. Die innere Sicherheit, wie sie im Gewaltmonopol und der Hobbes'schen Idee des Leviathans zum Ausdruck kommt, ist in unserem Zusammenhang nicht interessant; umso bedeutender ist jedoch die Rolle des Staates beim Schutz vor äußeren Bedrohungen – sie zu erfüllen ist seine primäre Aufgabe.

Dabei ist „Sicherheit" mit einer Definition des Politikwissenschaftlers Richard Löwenthal als die „Freiheit der gesellschaftlichen Eigenentwicklung" (1971, S. 11) zu verstehen. Damit ist Sicherheitspolitik nicht nur auf die Sicherung des bloßen Überlebens beschränkt, sondern steht in einem engen Zusammenhang mit den politisch-systemischen und kulturellen Eigenarten der Gesellschaft.[1] Sicherheitspolitik dient daher nicht nur der Abwehr von Gefahren, sondern zielt auch auf die Gestaltung äußerer Einflüsse. Obwohl die Verteidigungspolitik also ihren Kern ausmacht, ist Sicherheitspolitik inzwischen als Querschnittsthema anerkannt, das vom Katastrophenschutz im Innern über internationale Wirtschafts- und Umweltpolitik bis zur Entwicklungszusammenarbeit viele Politikfelder verbindet.

---

[1]Ausführlich zu den Aufgaben und Bedingungen von Sicherheitspolitik: Böckenförde und Gareis (2009) und Williams (2012).

P. Keller (✉)
Konrad Adenauer Stiftung Berlin, Berlin, Deutschland
E-Mail: Patrick.Keller@kas.de

© Springer Fachmedien Wiesbaden GmbH 2017
T. Jäger (Hrsg.), *Die Außenpolitik der USA*, Studienbücher Außenpolitik und Internationale Beziehungen, DOI 10.1007/978-3-531-93392-4_11

Die weite Interpretation sicherheitspolitischer Aufgaben gilt für die USA in besonderem Maße. Denn zum einen hat die nationale Sicherheit in einem Staat, der seine Existenz einem Befreiungskrieg gegen Kolonialmächte verdankt, einen besonderen Status. Zum anderen sind die USA in ihrem Grundverständnis und spätestens seit den beiden Weltkriegen de facto der Garant der liberalen Weltordnung. Wenn die Prinzipien des Völkerrechts wie z. B. die Freiheit der Seewege seit 1945 verteidigt werden, geschieht dies in letzter Konsequenz durch die USA und insbesondere ihre Fähigkeit und Bereitschaft zum Einsatz überwältigender militärischer Mittel. Die Rolle der USA in der internationalen Politik ist daher im Kern eine sicherheitspolitische.

1.1 Drei Spannungen

Angelehnt an Christian Hackes „Antriebsfaktoren amerikanischer Außenpolitik" (2005, S. 64–72) lassen sich drei Spannungen beschreiben, die für die US-Sicherheitspolitik charakteristisch sind. Sie stellen Extrempositionen dar, zwischen denen sich die Politik stets neu einpendelt. Daraus ergibt sich ein Koordinatensystem amerikanischer Sicherheitspolitik.

1.1.1 Realismus – Idealismus

Die zwei traditionsreichsten Perspektiven auf die Internationalen Beziehungen sind in der amerikanischen Außenpolitik untrennbar miteinander verwoben. Auf die Sicherheitspolitik bezogen bedeutet dies, dass *realistische* und *idealistische* Elemente einerseits um Vorrang kämpfen, sich andererseits aber auch ergänzen und gegenseitig verstärken. Aus der *realistischen* Schule stammt die Überzeugung, dass nationale Interessen (vor allem das Überleben des eigenen Staates) die Politik bestimmen und zu ihrer Durchsetzung die Macht des Staates (vor allem in Form militärischer Fähigkeiten) gemehrt werden muss. Aus der *idealistischen* Schule stammt die Überzeugung, dass Interessen und Macht kein Selbstzweck sind, sondern der Förderung liberaler Werte – Freiheit, Menschenrechte, Demokratie – im Innern und in der Welt dienen sollen, was am besten durch internationale Kooperation zu erreichen ist.

Die Debatte unter Historikern, welche Perspektive wann mehr Prägekraft entfaltet hat, ist endlos. Sicher ist, dass die Unterscheidung zwischen nationalem Interesse und liberalen Ideen im Falle der ältesten modernen Demokratie nie sauber getroffen werden kann.

1.1.2 Isolationismus – Internationalismus

In der Sicherheitspolitik gilt wie auf dem Immobilienmarkt: Maßgeblich ist die Lage. Und die Lage der USA auf dem Globus ist vortrefflich. Geschützt von zwei Ozeanen und mit nur zwei (relativ schwachen bzw. friedfertigen) Nachbarstaaten müssen amerikanische Sicherheitspolitiker weit weniger existenzielle Sorgen haben als ihre europäischen Kollegen. Zudem begünstigen der riesige Binnenmarkt sowie der Reichtum an Bodenschätzen und fruchtbarem Land die Tendenz zur Autarkie. Isolationistische Abkehr vom Rest der Welt war daher immer ein plausibles Motiv in den strategischen Debatten der USA – nicht nur in der Frühphase, als der Staat ohnehin noch zu schwach war, um die Weltmächte herauszufordern, sondern auch in Phasen nach internationaler Überdehnung wie den missratenen Kriegen in Vietnam und Irak.

Andererseits waren die USA stets international orientiert. Der *melting pot* des amerikanischen Volkes hat Wurzeln in allen Erdteilen, der liberale Universalismus der Unabhängigkeitserklärung und der Verfassung trägt missionarische Züge, und die freie Marktwirtschaft schafft Handelsverflechtungen, die wiederum sicherheitspolitische Interessen erzeugen, z. B. an der Stabilität Europas und des Mittleren Ostens. Daher hat sich der Internationalismus als außenpolitischer Mainstream in den USA durchgesetzt.

Sicherheitspolitisch zeigt sich dies in der amerikanischen Bereitschaft, als Stabilisator der liberalen internationalen Ordnung zu agieren, die nicht zuletzt durch ein weltumspannendes Netz militärischer Stützpunkte aufrechterhalten wird. Solche Maßnahmen dienen der Durchsetzung amerikanischer Interessen, bringen aber erhebliche – nicht nur finanzielle – Kosten mit sich und begünstigen passive Nutznießer *(free-rider)*. Daher bleibt das richtige Verhältnis zwischen internationalem Engagement und kluger Selbstbeschränkung strittig; es ist eine Kernfrage amerikanischer Sicherheitspolitik.

1.1.3 Antikolonialismus – Antitotalitarismus

Auch in der Sicherheitspolitik kommt die Vorstellung des *American Exceptionalism* zum Tragen. In Abgrenzung von anderen großen Mächten der Geschichte wollen die USA kein Imperium sein und verstehen sich aufgrund ihrer Gründungserfahrung als antikolonial. Zugleich treiben ihre Interessen und ihr liberaler Werteuniversalismus die USA immer wieder in den Konflikt mit totalitären und ausgreifenden politischen Bewegungen wie dem Nationalsozialismus, Kommunismus und Islamismus. Diese Kämpfe erfordern nicht nur vielerlei taktische Arrangements mit illiberalen Partnern (und tragen den USA so den Vorwurf der

Heuchelei ein), sondern führen auch zu Machtkonstellationen, die von zumindest indirekter Dominanz über andere Staaten nicht zu unterscheiden sind. Diese widersprüchliche Dynamik innerhalb der liberal-internationalistischen Strömung der amerikanischen Sicherheitspolitik erzeugt politische Reibung im Inland und Misstrauen oder gar Antiamerikanismus im Ausland. Sie bleibt aber unter den Bedingungen amerikanischer Vormacht und gestaltender Sicherheitspolitik unausweichlich.

1.2   Nationale Interessen

Der Politikwissenschaftler Robert Art identifiziert sechs nationale Interessen, welche die Sicherheitspolitik der USA leiten (2003, S. 7 ff.). Es gibt viele solche Aufschlüsselungen amerikanischer Interessen, nicht zuletzt in den regelmäßigen Nationalen Sicherheitsstrategien der US-Präsidenten. Arts Aufstellung hat den besonderen Charme, dass sie unspezifische Allgemeinplätze (Frieden, Wohlstand etc.) vermeidet, aber zugleich überzeitlich ist – diese Interessen können im Wesentlichen für die USA des Jahres 1900 ebenso formuliert werden wie für die der Jahre 1950 oder 2017:

1. Verhinderung eines Angriffs auf das amerikanische *Homeland*[2]
2. Verhinderung von Kriegen zwischen eurasischen Großmächten und, sofern möglich, der intensiven Sicherheits- und Rüstungswettläufe, die solche Kriege wahrscheinlicher machen
3. Erhaltung des Zugangs zu einer preislich angemessenen und sicheren Versorgung mit Öl
4. Erhaltung einer offenen internationalen Wirtschaftsordnung
5. Unterstützung der Verbreitung der Demokratie und der Achtung der Menschenrechte in der Welt sowie die Verhinderung von Völker- oder Massenmord in Bürgerkriegen
6. Schutz der globalen Umwelt, besonders vor den Folgen der globalen Erwärmung und schwerem Klimawandel.

Bemerkenswert an dieser Aufstellung ist die klare Priorisierung. Nur das erste nationale Interesse bezeichnet Art als „vital", Interessen zwei und drei sind „sehr

---

[2]Mit dieser Formulierung weist Art zum amerikanischen Territorium gehörigen aber entlegenen Gebieten – wie z. B. Pearl Harbor – eine sekundäre Bedeutung zu.

wichtig", die übrigen „wichtig". Auch bildet die Liste die Mischung „realistischer" und „liberaler" Perspektiven ab, wobei den realistisch grundierten Interessen (eins und zwei) die größere Bedeutung zukommt (fünf und sechs sind liberal grundiert, drei und vier ambivalent). Implizit spiegelt die Liste daher auch die verschiedenen sicherheitspolitischen und diplomatischen Instrumente wie Militäreinsätze, Wirtschaftssanktionen oder Umweltgesetzgebung in ihrer Bedeutung wider. Nicht zuletzt wird deutlich, dass solche Interessendefinitionen immer der politischen Interpretation bedürfen: Was ist ein *angemessener* Preis für bedeutende Rohstoffe? Wann ist eine (Un-)Sicherheitsdynamik im eurasischen Raum so *intensiv*, dass sie ein Einschreiten erfordert? Und welche Maßnahmen sind konkret zu ergreifen, wenn überhaupt?

Es gibt keinen sicherheitspolitischen Masterplan, sondern nur die stetige Anpassung an veränderte Umstände auf Grundlage nationaler Interessen, die aus dem politisch-wirtschaftlichen System, der politischen Kultur und den geografischen Gegebenheiten eines Landes erwachsen.

2   Historischer Abriss

Vereinfacht lässt sich die Geschichte der amerikanischen Sicherheitspolitik als ein Wechselspiel zwischen Ausdehnung und (Selbst-)Beschränkung beschreiben. Beide Strategien dienen der Durchsetzung der oben beschriebenen Interessen; abhängig von der inneren Lage der USA, den äußeren Gegebenheiten und der ideologischen Orientierung des Präsidenten schlug das Pendel mal mehr in die eine, mal mehr in die andere Richtung aus. Im Folgenden wird diese Entwicklung sehr grob skizziert, um zum einen die heutige Sicherheitspolitik nachvollziehbar zu machen und zum anderen zu verdeutlichen, dass insgesamt die Ausdehnung gegenüber der (Selbst-)Beschränkung deutlich überwiegt.

2.1   Vom Manifest Destiny zur Supermacht

Nach dem Unabhängigkeitskrieg (1775–1783) richtete sich die US-Sicherheitspolitik zunächst auf die Konsolidierung des neuen Staates. Dazu gehörte das Ziel der Beherrschung des nordamerikanischen Kontinents, wie es später in der Idee des *Manifest Destiny* zum Ausdruck kam. Die Besiedlung des gesamten Landes – gegen die Interessen der Ureinwohner und der europäischen Kolonialmächte – war von ökonomischen, religiösen und sicherheitspolitischen Motiven getrieben und wurde mit allen Mitteln verfolgt. Die günstige Insellage der heutigen USA ist mit Blick auf die Ozeane naturgegeben, aber mit Blick auf die wenigen und schwachen Nachbarstaaten das Ergebnis sicherheitspolitischer Entscheidungen.

Jenseits des Kontinents konnten und wollten die jungen USA noch keine bedeutende Rolle spielen. Davon zeugen Standardformeln des amerikanischen Isolationismus wie George Washingtons Warnung vor Verstrickungen in ausländische Machtspiele und Allianzen *(foreign entanglements)* und John Quincy Adams' Erklärung, Amerika „does not go abroad in search of monsters to destroy" (1821, S. 32). Beide sahen Amerika als vorbildliche republikanische Gesellschaft, die den puritanischen Gründungsauftrag, Amerika solle eine leuchtende Stadt auf dem Hügel sein, durch ihr Beispiel erfüllte, nicht durch imperiale Feldzüge – für die es allerdings auch (noch) an machtpolitischen Grundlagen fehlte.

Diese Ambivalenz kennzeichnete auch die Monroe-Doktrin 1823. Darin erklärte Präsident James Monroe Nord- und Südamerika zum Einflussgebiet der USA und untersagte den europäischen Kolonialmächten weitere Einmischung. Im Gegenzug versprachen die USA, sich aus Europa herauszuhalten. Die Doktrin erwies sich weniger als Ausdruck einer prinzipiellen Selbstbeschränkung denn als Zwischenschritt zur amerikanischen Weltmachtrolle, wie sie 1898 im Spanisch-Amerikanischen Krieg um Kuba und während der Präsidentschaft Theodore Roosevelts (1901–1909) mit der Besatzung der Philippinen durch die USA endgültig beansprucht wurde.

Im Gegensatz zu den europäischen Kolonialmächten errichteten die USA kein auf direkte wirtschaftliche Ausbeutung gerichtetes Verhältnis zu anderen Staaten. Allerdings ging mit der Ausdehnung ihres Machtbereichs eine Ausdehnung kapitalistisch-liberaler Prinzipien einher, die den USA nutzte. Neben den wirtschaftlichen Erträgen bedeutete dies vor allem einen Zugewinn an Prestige im Sinne von Durchsetzungsfähigkeit auf internationaler Bühne – und damit einen Zugewinn an Sicherheit vor den europäischen Weltmächten. Dies erreichten die USA von Beginn an auch durch den Einsatz militärischer Mittel, wie etwa bei der Strafexpedition gegen die Barbaresken-Piraten im Amerikanisch-Tripolitanischen Krieg 1801–1805.

Ungeachtet der stetig steigenden Bevölkerungszahl und Wirtschaftsleistung wurden die USA erst durch die Selbstzerstörung Europas im Ersten Weltkrieg (1914–1918) zu einer führenden Weltmacht. Starke isolationistische Impulse vor allem im Kongress hielten die USA zunächst von einem Eingreifen ab, mussten aber schließlich einer komplexen Motivlage aus handels- und finanzpolitischen Interessen, herkunftsbedingten Loyalitäten und sicherheitspolitischer Sorge vor einer ganz Europa dominierenden Siegermacht Deutschland nachgeben. Den Ausschlag gab Präsident Woodrow Wilsons (1913–1921) Berufung auf die liberalen

Grundprinzipien Amerikas, wonach dieser Krieg geführt werde, um alle Kriege zu beenden und die Welt für die Demokratie sicher zu machen.

Sicherheitspolitisch bedeutete der Erste Weltkrieg für die USA in dreifacher Hinsicht einen Gezeitenwandel. *Erstens* waren die USA nun erstmals mächtig genug, der entscheidende Akteur in europäischen Konflikten zu sein. *Zweitens* bewies die rasante und massive Mobilmachung, dass die USA willens und in der Lage waren, diese Verantwortung militärisch wahrzunehmen. *Drittens* unterstrich Wilsons 14-Punkte-Plan zum Kriegsende, dass es dem Präsidenten mit seinen idealistischen Vorstellungen für die Weltpolitik ernst war – vom Ende der Geheimdiplomatie über die Stärkung des Freihandels und der Abrüstung bis zur Schaffung des Völkerbundes.

Gleichwohl war der isolationistische Impuls in der amerikanischen Politik stark genug, um Wilson den dauerhaften Triumph zu verwehren: Die USA zogen sich wieder aus Europa zurück, demobilisierten und beteiligten sich nicht am Völkerbund. Diese Zögerlichkeit begünstigte die Entwicklungen, die zum Zweiten Weltkrieg (1939–1945) führten, und brachte die USA in eine vergleichbare strategische und innenpolitische Situation wie vor dem Kriegseintritt 1917. Allerdings fiel es Präsident Franklin D. Roosevelt (1933–1945), der sich ähnlicher Argumentation bediente, schließlich leichter als Wilson, Amerika vom Kriegseintritt zu überzeugen, weil der Erfolg aus dem Ersten Weltkrieg noch präsent war und Nazideutschland, das faschistische Italien und das imperiale Japan ein klareres Feindbild abgaben als die verworrene Konstellation zuvor. Wie 1917 der deutsche U-Boot-Krieg gegen US-Handelsschiffe, so war 1941 der japanische Angriff auf den amerikanischen Stützpunkt Pearl Harbor der Auslöser für die Kriegserklärung – die direkte Aggression half, den isolationistischen Widerstand zu überwinden und von einem gerechten, notwendigen Krieg zu sprechen.

Der Erfolg der USA im Zweiten Weltkrieg bekräftigte die neue sicherheitspolitische Lage, die sich schon 25 Jahre zuvor abgezeichnet hatte. Jetzt blieben die USA – vor allem durch die Gründung der NATO – dauerhaft in Europa involviert, hielten von nun an eine erhebliche professionelle Streitkraft vor und drängten auf die Gründung der Vereinten Nationen, denen sie auch beitraten. Vor allem aber bedeutete der Ausgang des Krieges eine Neuordnung der Welt in eine amerikanische und eine sowjetische Einflusssphäre sowie eine neue Qualität der internationalen Sicherheitspolitik im Zeichen der Atombombe. Nationale Sicherheit war für die USA endgültig zu einer weltpolitischen, ja welthistorischen Frage geworden.

2.2   Die Etablierung des National Security State und der Kalte Krieg

Nach dem Tod Roosevelts übernahm Vizepräsident Harry Truman die Regierungsgeschäfte, verhandelte das Ende des Weltkrieges und verfügte die weitreichendste Neuorientierung in der Geschichte der amerikanischen Sicherheitspolitik. Die USA erkannten, dass sie durch den Kriegsausgang die Verantwortung für die Stabilität der liberalen Weltordnung vom britischen Empire übernommen hatten. Die größte Gefahr für die Sicherheit dieser Ordnung – und damit die amerikanischen Interessen – ging vom Kommunismus aus, insbesondere der europäischen Expansionspolitik der Sowjetunion unter Stalin, dem ehemaligen Verbündeten.

Die Konfrontation zwischen den USA und der Sowjetunion, der Kalte Krieg zwischen dem liberalen System im Westen und dem kommunistischen System im Osten, war durch die nukleare Dimension in besonderer Weise aufgeladen. Die zwei Atombomben auf Hiroshima und Nagasaki – welche die Regierung Truman mit der Notwendigkeit rechtfertigte, das imperiale Japan ohne übermäßige eigene Verluste zur Kapitulation zu zwingen – hatten eine unvergleichliche Zerstörungskraft demonstriert. Nachdem auch die Sowjetunion 1949 die Fähigkeit zum Nuklearkrieg erworben hatte, setzte ein Wettrüsten ein, das erstmals Konfliktparteien in die Lage versetzte, die Menschheit auszulöschen. Vor diesem Hintergrund erhielten strategisches Denken und internationale Sicherheitspolitik eine neue, existenzielle Bedeutung.

Truman verkündete daher bereits 1947 die Eindämmung *(containment)* des Sowjetkommunismus als neue strategische Leitlinie der US-Sicherheitspolitik. Dies war nicht nur militärisch gemeint, wie der Marshallplan zum wirtschaftlichen Aufbau der (west-)europäischen Demokratien verdeutlichte. Die Eindämmung zielte auf den Erhalt des territorialen Status quo ab. Damit entsprach sie einerseits der nuklearen Logik der gegenseitig garantierten Vernichtung *(mutual assured destruction* – MAD), welche jede Aggression hochriskant machte, und andererseits der bipolaren Logik, wonach schon kleine Machtzugewinne für eine Seite das System insgesamt aus dem Gleichgewicht bringen können.

Überdies schuf Truman eine Reihe von Instrumenten und Institutionen, um der neuen sicherheitspolitischen Aufgabe der USA gerecht zu werden. So gab er durch die Zusammenlegung von Kriegs- und Marineministerium und die Schaffung des Generalstabs *(joint chiefs)* dem Verteidigungsministerium seine heutige Gestalt, gründete den Auslandsgeheimdienst CIA und richtete im Weißen Haus den Nationalen Sicherheitsrat und den einflussreichen Posten des Nationalen Sicherheitsberaters des Präsidenten ein. Und auf internationaler Ebene führte sein Einsatz zur Gründung der UNO und der NATO.

Diese revolutionären Änderungen konnten in so kurzer Zeit durchgesetzt werden, weil der Kalte Krieg der amerikanischen Sicherheitspolitik gewissermaßen entgegenkam, indem er realistische und idealistische Positionen zusammenführte: Unabhängig davon, ob man ihn als rein machtpolitischen oder doch eher als ideologischen Konflikt ansah, war es notwendig, in ihm zu bestehen. Die Strategie der Eindämmung war daher mehrheitsfähig, auch weil sie die Mittelposition zwischen isolationistischem Nichtstun und gefährlicher Aggression (etwa im Sinne des gewaltsamen Zurückdrängens der sowjetischen Einflusssphäre, *roll-back*) beschrieb. Sie war internationalistisch, aber zugleich Ausdruck der Selbstbeschränkung – und flexibel genug, in verschiedenen Auslegungen bis zum Ende des Ost-West-Konflikts Grundlage der amerikanischen Sicherheitspolitik zu bleiben.

Die Eindämmungsstrategie bewährte sich zuerst in der Berlin-Krise 1949 und insbesondere in der Kuba-Krise 1962. Beide Fälle sind typisch für die amerikanische Entschlossenheit, sowjetischem Ausgreifen zu widerstehen und zugleich die unmittelbare militärische Eskalation zu vermeiden. Der Koreakrieg zeigte 1950–1953, welch hoher Preis für die Eskalation zu zahlen war: Dass sich General MacArthur nicht mit der Zurückschlagung des kommunistischen Nordens begnügte, führte zum Eingreifen Chinas, hohen Verlusten auf allen Seiten und schließlich einem Stillstand entlang der ursprünglichen Trennlinie.

Drei weitere Erkenntnisse lassen sich aus dem Krieg gewinnen, die für die weitere amerikanische Sicherheitspolitik von großer Bedeutung waren. *Erstens* bekräftigte Truman mit der Entlassung des bewunderten, aber eigenmächtigen MacArthur dauerhaft das Primat der Politik gegenüber dem Militär, der zivilen gegenüber der militärischen Führung. *Zweitens* begann mit Korea das Zeitalter der Stellvertreter-Kriege, in denen Nuklearmächte ihre Konflikte austrugen möglichst ohne ihre vitalen Interessen in direkter Konfrontation miteinander zu gefährden. *Drittens* nährte die Korea-Erfahrung Zweifel, ob die Eindämmungsstrategie nicht doch auf das NATO-Gebiet begrenzt werden müsse – Asien-Pazifik war für die USA womöglich nicht von solch geostrategischer Bedeutung, dass eigene Menschenleben und Ressourcen in komplizierten Regionalkonflikten zu opfern waren.

So gesehen war der amerikanische Krieg in Vietnam (1955–1975) ein schwerwiegender Irrläufer der Eindämmungsstrategie. Die USA verbündeten sich mit dem korrupten und illiberalen Südvietnam gegen die Aggression des kommunistischen Nordens. Die USA verstrickten sich schrittweise immer tiefer in den Konflikt, den sie für einen Krieg gegen die Ausbreitung des Weltkommunismus und zur Aufrechterhaltung ihrer Glaubwürdigkeit hielten, der aber aus vietnamesischer Perspektive ein antikolonialer Einigungskrieg war. Die Unfähigkeit der USA, ihre militärische Überlegenheit in politische Stabilität zu übersetzen, die schockierenden Verheerungen und Opferzahlen vor allem auf vietnamesischer Seite und der Aufstand der Gegenkultur in Amerika erzwangen schließlich den überstürzten Rückzug.[3] Der von Präsident Nixon (1969–1974) ausgehandelte Friedensvertrag konnte nicht darüber hinwegtäuschen, dass die Vereinigten Staaten mit der Vereinigung Vietnams unter kommunistischer Herrschaft erstmals einen Krieg verloren hatten.

Der militärische Misserfolg, die Watergate-Affäre und vielfältige soziale Unruhen stellten Amerikas Konsens über die Eindämmungspolitik infrage. Hinzu kam die wirtschaftliche Schwäche, vor allem in Folge der ersten Ölkrise 1973, welche die Verwundbarkeit der amerikanischen Rolle in der Welt unterstrich. Beschränkung der eigenen Ambitionen war die typische Reaktion: Die Entspannungspolitik *(détente)* suchte eine Verschnaufpause im Kalten Krieg. Rüstungsbegrenzungsabkommen zwischen den USA und der Sowjetunion sowie andere vertrauensbildende Maßnahmen zielten auf Deeskalation und Koexistenz. Dazu gehörte auch die Annäherung gegenüber Maos China, die zugleich eine Spaltung des kommunistischen Blocks vertiefen sollte. Zudem scheuten die USA fortan vor offenem militärischem Engagement in Stellvertreterkriegen im Globalen Süden zurück – mit dem Ergebnis, dass die Sowjetunion Staaten wie Angola und Mosambik in ihren Machtbereich eingliedern konnte.

Erst unter der Präsidentschaft Ronald Reagans (1981–1989) schlug das Pendel wieder in Richtung einer ausgreifenderen Sicherheitspolitik. Die USA unterstützten antikommunistische Kämpfer wie die Mudschaheddin in Afghanistan, verschärften die Rhetorik gegenüber der Sowjetunion und vervielfachten den Verteidigungshaushalt, vor allem für die Entwicklung des weltraumbasierten Raketenabwehrsystems SDI (Strategic Defense Initiative), das – wäre es Wirklichkeit geworden – die sowjetische Nuklearstreitmacht unterminiert hätte. Im Zusammenspiel mit dem wirtschaftlichen und moralischen Bankrott des kommunistischen Systems zwangen diese Maßnahmen den reformorientierten Generalsekretär Michail Gorbatschow schließlich zur Aufgabe im Kalten Krieg und zur Auflösung der Sowjetunion. Es bleibt Gorbatschows historisches Verdienst, dass dieser Niedergang ohne größeres Blutvergießen ablief.

So umstritten Reagans schuldenfinanzierte Sicherheitspolitik war (und blieb), hatte dieser triumphale Ausgang einen nachhaltigen Effekt auf die sicherheitspolitische Elite in Amerika. Die Mehrheit sah Vertreter des internationalistischen,

---

[3]Der Aktivismus der Kriegsgegner erhielt erheblichen Auftrieb durch die 1940 eingerichtete Wehrpflicht, die nach 1973 zugunsten einer Freiwilligenarmee aufgegeben wurde.

kampfbereiten und liberal-idealistischen National Security State wie Truman, Kennedy und Reagan in ihrer Haltung bestätigt. Zukünftige Präsidenten beriefen sich auf sie, nicht auf Vertreter realpolitischer Selbstbeschränkung wie Eisenhower, der schon 1961 vor dem Einfluss des „militärisch-industriellen Komplexes" auf die US-Sicherheitspolitik warnte, oder Nixon, dessen mit seinem Außenminister Henry Kissinger entwickelte Entspannungspolitik als taktische Notlösung oder gar verwerfliche Beschwichtigungspolitik diskreditiert wurde. Deswegen konnte, überspitzt gesagt, der Kalte Krieg sein Ende in der amerikanischen Sicherheitspolitik überdauern – auch wenn es zunächst nicht danach aussah.

2.3   Vom Ende der Geschichte zum erweiterten National Security State

Der Zusammenbruch der Sowjetunion war für die US-Sicherheitspolitik nicht nur ein großer Erfolg, sondern auch der Beginn einer Phase der Orientierungslosigkeit. Die moderne sicherheitspolitische Architektur der USA war mit dem Kalten Krieg entstanden und völlig auf ihn ausgerichtet. Ziele, Mittel und Strategien der amerikanischen Außenpolitik insgesamt wurden undeutlich, weil unklar war, worin nun die größten sicherheitspolitischen Gefahren bestanden.

Drei der am meisten diskutierten Einlassungen jener Zeit veranschaulichen, wie schwierig die Neuausrichtung der amerikanischen Sicherheitspolitik war – gerade weil jede von ihnen ein entscheidendes Element der neuen Situation erfasste und trotzdem widersprüchliche Schlüsse zog: Francis Fukuyama sah im Ende des Kalten Krieges den dauerhaften Triumph der liberalen Demokratie über konkurrierende Systeme; durch dieses „Ende der Geschichte" (Fukuyama 1989) würde die Sicherheitspolitik ihre existenzielle Dringlichkeit verlieren. Samuel Huntington hingegen warnte vor dem heraufziehenden „Kampf der Kulturen" (Huntington 1993), der viel blutiger und unübersichtlicher werden würde als die Blockkonfrontation. Und Charles Krauthammer rief angesichts der wirtschaftlichen und kulturellen Stärke der USA sowie ihrer unangefochtenen militärischen Vormachtstellung den „unipolaren Moment" (Krauthammer 1990) aus, der das Land dazu verpflichtete, gegen Störer der liberalen Ordnung vorzugehen.

Die amerikanische Sicherheitspolitik reagierte auf diese Situation nicht mit einer neuen Leitlinie wie es die Eindämmungsstrategie gewesen war. Stattdessen begann eine Zeit der reaktiven, situativen Sicherheitspolitik. So war der Golfkrieg 1991 eine Reaktion auf Iraks Annexion des Nachbarstaates Kuwait. Der Befreiungskrieg war der erste signifikante Kampfeinsatz amerikanischer Truppen seit

Vietnam. Damit die damaligen Fehler nicht wiederholt wurden, bestanden Generalität und Exekutive auf politische Unterstützung zu Hause, den Einsatz einer überwältigenden Übermacht sowie eine eindeutige Zielvorgabe *(exit strategy)*. Daher waren das UN-Mandat und die Unterstützung der USA durch die Sowjetunion von entscheidender Bedeutung. Der Erfolg trieb der amerikanischen Sicherheitspolitik ihr Vietnam-Trauma aus, aber zum Beginn einer neuen Ära dauerhafter internationaler Kooperation wurde er nicht – machtpolitische Differenzen zwischen den Großmächten blieben, vor allem im Zuge des Scheiterns der Demokratisierung und Liberalisierung Russlands.

Als zwischenstaatlicher, truppenintensiver Bodenkrieg erwies sich der Golfkrieg zudem als untypisch für das neue Zeitalter, in dem die amerikanische Sicherheitspolitik vor allem auf innerstaatliche Konflikte wie in Somalia und Haiti reagieren musste. Oft waren diese Konflikte ethnisch grundiert, wie in Ruanda und im zerfallenden Jugoslawien. Es gab keine klare Richtschnur, ob und wann die USA mit einer sogenannten humanitären Intervention militärisch in solche Konflikte eingriffen – Völkerrecht, Interesse und Moral wurden stets situativ ausgelegt.

So sprunghaft die US-Sicherheitspolitik der 1990er Jahre war, so schälten sich doch vier Trends hervor, die bis heute nachwirken. *Erstens* sah die sogenannte Staatengemeinschaft in sicherheitspolitischen Krisen die USA in der Verantwortung. Handelte die „unverzichtbare Nation" (Madeleine Albright, zit. n. Herbert 1998) nicht, griff niemand ein.

Zweitens reagierten die USA meist nur sehr zögerlich und risikoscheu auf Konflikte, die nicht unmittelbar ihr nationales Sicherheitsinteresse berührten (Bosnien, Kosovo) oder griffen überhaupt nicht militärisch ein. Im Nachhinein wird das – insbesondere im Falle des Völkermords in Ruanda – von den Verantwortlichen als Versagen bewertet. Inzwischen sieht das parteiübergreifende sicherheitspolitische Establishment humanitäre Interventionen, notfalls auch ohne UN-Mandat, als – unter Umständen – geboten an.

Drittens wurde Sicherheitspolitik im Zeitalter der Globalisierung diffuser. Sicherheit beschränkte sich endgültig nicht mehr auf Landesverteidigung, sondern schloss Risikomanagement und den Schutz fragiler Infrastrukturen und des globalen liberalen Systems (z. B. Freiheit der Seewege) ein. Die Regierung Clinton (1993–2001) proklamierte daher die *Erweiterung* als Nachfolgerin der *Eindämmung:* Die Gemeinschaft der marktwirtschaftlichen Demokratien sollte ausgeweitet, Störer sollten isoliert, neutralisiert, transformiert werden. Auch wenn die Strategie vor allem auf ökonomische und politische Mittel setzte, fand sie ihren deutlichsten Ausdruck in der umstrittenen Erweiterung der NATO, die von

1999 an in verschiedenen Runden vorangetrieben wurde und insbesondere russischen Widerstand hervorrief.

Viertens büßte Sicherheitspolitik für die USA aufgrund des Wegfalls des existenziellen Gegners Sowjetunion an Bedeutung ein. Die Eliten, die den Kalten Krieg geführt hatten, verloren an politischer Energie oder zogen sich zurück; nachrückende Eliten legten größeres Augenmerk auf innen- und wirtschaftspolitische Aufgaben. Damit einher ging eine Verringerung des amerikanischen Verteidigungsbudgets (Friedensdividende).

Mit den Terrorangriffen vom 11. September 2001 endete die Phase der Orientierungslosigkeit. Erstmals seit 1814 wurde das amerikanische Kernland Opfer eines kriegerischen Akts – verübt von einem nicht-staatlichen Akteur, dem Terrornetzwerk al-Qaida. 9/11 offenbarte so die dunkle Seite der Globalisierung und eine neue strategische Lage. Die amerikanische Sicherheitspolitik fokussierte sich fortan auf die Verhütung einer ähnlichen Tat; die größte Sorge galt einem Terroranschlag mit Massenvernichtungswaffen.

Die Regierung George W. Bush (2001–2009) reagierte auf 9/11 mit der weitreichendsten Modernisierung des nationalen Sicherheitsapparats seit Truman und erheblichen Erhöhungen des Verteidigungsbudgets. Das neu geschaffene Department of Homeland Security führte zahlreiche Behörden für Grenzschutz, Einwanderung, Zölle sowie den Secret Service zusammen. Der USA PATRIOT Act weitete die Befugnisse der Sicherheitsbehörden aus, insbesondere die Möglichkeiten zur Daten-Überwachung. Und radikale Auslegungen des Rechts erlaubten nun brutale Verhörmethoden und neue Regeln für den Umgang mit gefangenen Terrorverdächtigen.

Vor allem gab 9/11 Bush den Anlass für zwei Kriege, welche die Rolle der USA in der Welt verändern sollten. Der Krieg in Afghanistan diente der Absetzung des Taliban-Regimes und der Zerschlagung der von ihm tolerierten al-Qaida-Ausbildungslager. Er war durch einen UN-Beschluss legitimiert und wurde von einer breiten internationalen Koalition gestützt; schließlich übernahm sogar die NATO die Führungsverantwortung. Nicht so der Krieg im Irak zur Absetzung des Diktators Saddam Hussein, der palästinensischen Terrorismus gefördert und zahlreiche UN-Auflagen verletzt hatte und im Verdacht stand, seine illegalen Programme zur Herstellung von Massenvernichtungswaffen wiederaufgenommen zu haben. Aus Sicht der neokonservativen Berater Bushs sollte der Krieg auch dazu dienen, die demokratische Entwicklung im arabischen Raum zu fördern und so dem Terror langfristig die Unterstützung zu entziehen – es vermischten sich realistische und idealistische Motive.

Die unmittelbaren Kampagnen waren erfolgreich, aber insgesamt hatte sich die amerikanische Sicherheitspolitik übernommen. Das Ziel der politischen

Stabilität oder gar der liberalen Reform war zu hoch gesteckt, insbesondere angesichts des vergleichsweise geringen Einsatzes an militärischen, ökonomischen und diplomatischen Mitteln sowie der skandalös mangelhaften Planung für die Zeit nach dem Umsturz. Befeuert von den Interessen externer Akteure (Pakistan bzw. Iran) versanken Afghanistan und Irak in aufständischer Gewalt und Bürgerkrieg. Erst nach Jahren und zusätzlicher Kräftemobilisierung gelang den USA eine allmähliche und immer noch fragile Stabilisierung der Länder. Aufgrund ihrer Missachtung des Völkerrechts, manipulierter Beweise der Existenz irakischer Massenvernichtungswaffen und beschämender Folterskandale hatten die USA zu dem Zeitpunkt den guten Willen der Weltöffentlichkeit und selbst westlicher Verbündeter bereits weitgehend verloren. So haben die beiden Kriege und ihre unfähige Handhabung – in Verbindung mit der 2008 einsetzenden Finanz- und Wirtschaftskrise – die unipolare Position der Vereinigten Staaten tief erschüttert.

Allerdings darf bei aller Kritik an Bush nicht übersehen werden, dass seine Sicherheitspolitik in einer langen Traditionslinie stand. Präventive Kriegführung, Misshandlung Verdächtiger oder aggressive Demokratisierungs-Rhetorik waren z. B. auch Kennzeichen der Präsidentschaften John Q. Adams', Abraham Lincolns und Franklin D. Roosevelts. So gesehen ist es nicht verwunderlich, dass Bushs Nachfolger Barack Obama (2009–2017) zwar einige der Exzesse zurücknahm, aber ungeachtet seiner Wahlkampfversprechen eine ähnliche Sicherheitspolitik verfolgte wie Bush in seiner zweiten Amtszeit und den National Security State insgesamt bekräftigte: Das Department of Homeland Security blieb ebenso erhalten wie das umstrittene Gefängnis Guantanamo auf Kuba und fast alle Elemente des PATRIOT Act. Und gleichwohl Obama die amerikanische Militärpräsenz in Afghanistan weitgehend und im Irak ganz beendete, weitete er zugleich den Drohnenkrieg gegen mutmaßliche Terroristen ebenso aus wie die illegale Cybersabotage des iranischen Nuklearprogramms.

Was die Bereitschaft der USA betrifft, in sicherheitspolitischen Krisen international Führung zu übernehmen, schlug das Pendel unter Obama allerdings wieder in Richtung Selbstbeschränkung zurück. Bei der Umsetzung des UN-Beschlusses zum Schutz der libyschen Zivilbevölkerung vor dem Diktator Gaddafi 2011 hielten sich die USA so weit wie möglich hinter europäischen NATO-Partnern zurück, die Kriege in Syrien und der Ukraine wurden nicht mehr als beklagt. Auch auf anderen Feldern der Sicherheitspolitik verfolgte Obama den „strategischen Rückzug" (Stephens 2014), z. B. durch die Reduzierung der Pläne für einen europäischen Raketenabwehrschirm und die – zumindest perspektivisch massiven – Kürzungen im Verteidigungshaushalt *(sequestration)*. Da umstritten bleibt, ob diese Akzentverschiebung eine zwingende Reaktion auf die machtpolitische Schwächung der USA oder eine Folge der ideologischen Präferenzen des Präsidenten ist, bleibt unklar, inwieweit diese Haltung auch die Zukunft der amerikanischen Sicherheitspolitik bestimmen wird. Fest steht allerdings, dass die verminderte Präsenz Amerikas die sicherheitspolitische Lage weltweit zusätzlich destabilisiert und dass die hier skizzierten Spannungen und Trends die amerikanische Sicherheitspolitik weiter beschäftigen werden.

3   Bestehende Probleme

Gegenwärtig ist die internationale Sicherheitspolitik von vielfältigen Krisen und Konflikten gekennzeichnet: Kriege in der Ukraine und Syrien, Instabilität in Libyen, Irak, Afghanistan und in vielen anderen für die USA strategisch relevanten Staaten, massive Flüchtlingsbewegungen, Friktionen innerhalb der EU sowie zwischen China und praktisch all seinen Nachbarstaaten. Ohne auf diese Krisen im Einzelnen eingehen zu können, soll an dieser Stelle versucht werden, die wichtigsten tiefer liegenden Herausforderungen zu umreißen, die sich der amerikanischen Sicherheitspolitik stellen.

3.1   Diffusion der Bedrohungen

Die internationale Lage zu Beginn des 21. Jahrhunderts ist durch eine Vielfalt von Bedrohungen gekennzeichnet. Es bleibt umstritten, ob die Welt heute tatsächlich gefährlicher ist als sie es während des Kalten Krieges war oder ob die Ausweitung des Sicherheitsbegriffs („Versicherheitlichung"[4] anderer Politikfelder) zu einer überzogenen Bedrohungswahrnehmung geführt hat. Eindeutig ist aber, dass neben klassischen Bedrohungen wie zwischen- und innerstaatlichen Gewaltkonflikten neuartige Bedrohungen entstanden sind. So hat die voranschreitende Globalisierung Gefahren wie transnationalem Terrorismus, fragilen Staaten und der Weitergabe (Proliferation) von Massenvernichtungswaffen neue Bedeutung verschafft. Hinzu kommen Bedrohungen durch neue technische Entwicklungen, vor allem im Cyberspace, aber auch in der Automatisierung von Waffensystemen. Unter dieser Vielfalt von Bedrohungen die notwendige Priorisierung vorzunehmen, ist schwierig, weil die Analyse des Risikos (verstanden als Produkt aus

---

[4]Zu diesem Schlagwort aus der konstruktivistischen Schule siehe Buzan et al. (1997).

Eintrittswahrscheinlichkeit und Schadenshöhe) nicht eindeutig zu leisten ist. Für die USA bedeutet dies, in ihrer Sicherheitspolitik ein Höchstmaß an Effizienz und Flexibilität vorhalten zu müssen – allerdings unter Bedingungen knapper werdender Ressourcen. Wie diese Spannung aufzulösen ist, ist Gegenstand heftigen politischen Streits.

3.2   Diffusion der Macht

Mehr denn je ist heute unklar, mit welchen Mitteln eine bestimmte Bedrohung am besten zu neutralisieren ist. Das klassische Machtmittel der Sicherheitspolitik, militärische Gewalt, hat sich für die USA in den ersten Kriegen des 21. Jahrhunderts als wenig zielführend erwiesen: Die Taliban und Saddam Hussein konnten gestürzt werden, das wichtigere Ziel der politischen Stabilität blieb aber unerreicht, und die Bedrohung durch den internationalen Terrorismus hat nach 9/11 nicht abgenommen. Weitere Instrumente *harter Macht,* wie wirtschaftlicher Druck, sind oft ebenso wenig erfolgreich. *Soft power* allein – also die Fähigkeit, andere durch zivilisatorische Attraktivität auf die eigene Seite zu ziehen – genügt in den meisten Fällen allerdings auch nicht, um Bedrohungen auszuschalten.[5]

Für die USA bedeutet dies, dass nicht nur die richtige Mischung an Instrumenten zur Bewältigung gegenwärtiger Herausforderungen ungewiss ist, sondern schon die Instrumente selbst in Zweifel gezogen werden. Die Steuerungsfähigkeit internationaler Sicherheitspolitik nimmt ab. Denkbare Alternativen sind allerdings rar und richten sich vor allem auf verstärkte internationale Kooperation zur Durchsetzung bestehenden Völkerrechts gegenüber Friedensstörern. Die historische Erfahrung, selbst in jüngster Vergangenheit, zeigt aber, dass diese Kooperation oft Illusion bleibt, weil die einzelnen Staaten ihrem individuellen Interessenkalkül verhaftet sind. Und selbst wenn die Zusammenarbeit gelingt, bleibt die Ineffizienz der Mittel problematisch. Die Globalisierung führt zu einer Ermächtigung Einzelner und nicht-staatlicher Akteure, denen mit herkömmlichen sicherheitspolitischen Mitteln immer schwerer beizukommen ist. Zugleich bleibt der Staat aber der einzige (demokratisch) legitimierte Akteur zum Schutz der Sicherheit seiner Bevölkerung. Die amerikanische Sicherheitspolitik hat auf dieses Dilemma noch keine schlüssige Antwort gefunden.

---

[5]Die Unterscheidung zwischen *hard power* und *soft power* hat Joseph S. Nye, Jr. in verschiedenen Büchern entwickelt. Exemplarisch: Nye (2002).

3.3 Aufstieg der Anderen

Die ersten beiden Probleme werden aus amerikanischer Perspektive durch den machtpolitischen Aufstieg solcher Staaten verstärkt, die aufgrund anderer innerer Verfasstheit eine andere Vorstellung von legitimer internationaler Ordnung haben als die USA. Deswegen ist der zumindest relative Aufstieg Chinas, aber auch der anderer Schwellenländer, eine sicherheitspolitische Herausforderung. Bahnt sich trotz aller wirtschaftlichen Verflechtungen ein Ringen um Einflusssphären an, ein amerikanisch-sinischer Kalter Krieg? Üblicherweise führt rasanter machtpolitischer Aufstieg zu einem hegemonialen Krieg um die Vorherrschaft im Staatensystem – so wie in den beiden Weltkriegen, dem 30-Jährigen Krieg oder den Napoleonischen Kriegen. Kann so eine Entwicklung verhindert werden, indem China zum Teilhaber der westlich geprägten liberalen internationalen Ordnung wird, und wie ist das zu bewerkstelligen? Welche Mischung aus Einbindung und Eindämmung empfiehlt sich in diesem Zusammenhang für die amerikanische Militärstrategie, auch angesichts ihrer Bündnispflichten in Asien-Pazifik? Die amerikanische Sicherheitspolitik hat diese Fragen noch nicht endgültig beantwortet. Diese Zögerlichkeit ist Ausdruck der grundlegenden Unschlüssigkeit,

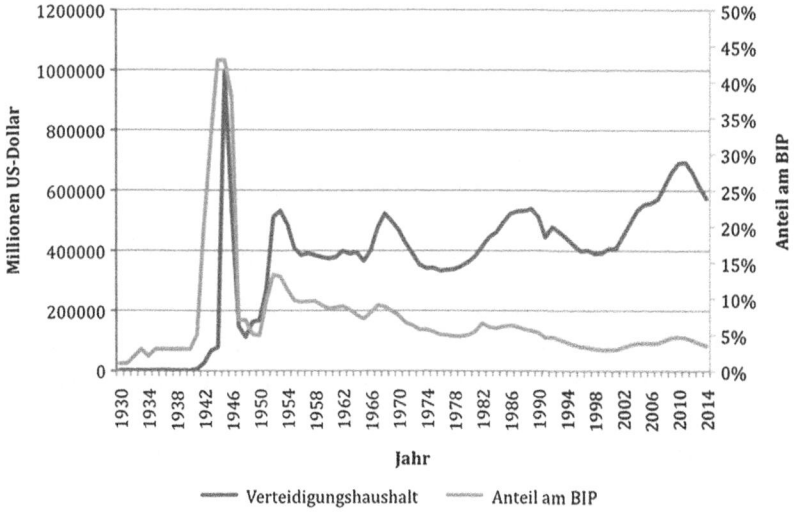

Abb. 1 Entwicklung des amerikanischen Verteidigungshaushalts (inflationsbereinigt). (Quelle: Eigene Darstellung. Daten aus CFR (2014), SIPRI (2016), Chantrill (2016) und OUSD(C) (2015))

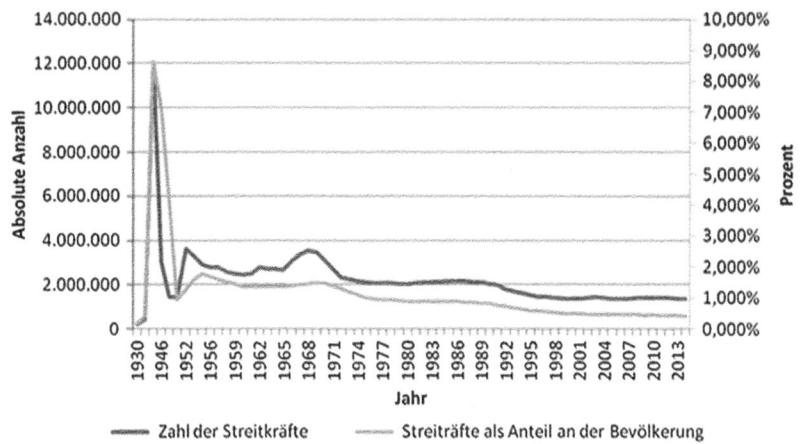

Abb. 2 Entwicklung der Zahl der amerikanischen Streitkräfte. (Quelle: Eigene Darstellung. Daten aus Defense Manpower Data Center, Office of the Secretary of Defense, U. S. Department of Defense und U. S. Census Bureau. Prozentangaben errechnet im Fünf-Jahres-Intervall (Ausnahme 2010–2014))

ob die amerikanische Sicherheitspolitik an der etablierten Rolle als wohlmeinender Hegemon festhalten oder die Entwicklung in Richtung eines bi- oder multipolaren Staatensystems durch Zugeständnisse gestalten und vorantreiben soll.[6]

3.4   Der neo-isolationistische Impuls

Präsident Obama hat auf diese Dilemmata mit einer Politik des strategischen Rückzugs reagiert. Die sicherheitspolitische, insbesondere militärische, Rolle der USA in der Welt wurde viel verhaltener ausgefüllt als unter seinen Vorgängern. Angesichts unpopulärer Kriege, angeschlagener Wirtschaft und gesellschaftlicher Spannungen eine nachvollziehbare, vielleicht sogar zwingende Entscheidung. Die langfristigen Einsparungen im Verteidigungshaushalt beschneiden allerdings auch den Handlungsspielraum zukünftiger Präsidenten – so werden Heer und Marine

---

[6]Entgegen der populären Annahme vom machtpolitischen Abstieg der USA lässt sich – gerade aufgrund der vielfältigen Schwächen der vermeintlich aufsteigenden Mächte – plausibel die These vom Fortbestand der amerikanischen Spitzenstellung in allen relevanten Machtkategorien vertreten. Beispielhaft dazu: Lieber (2012).

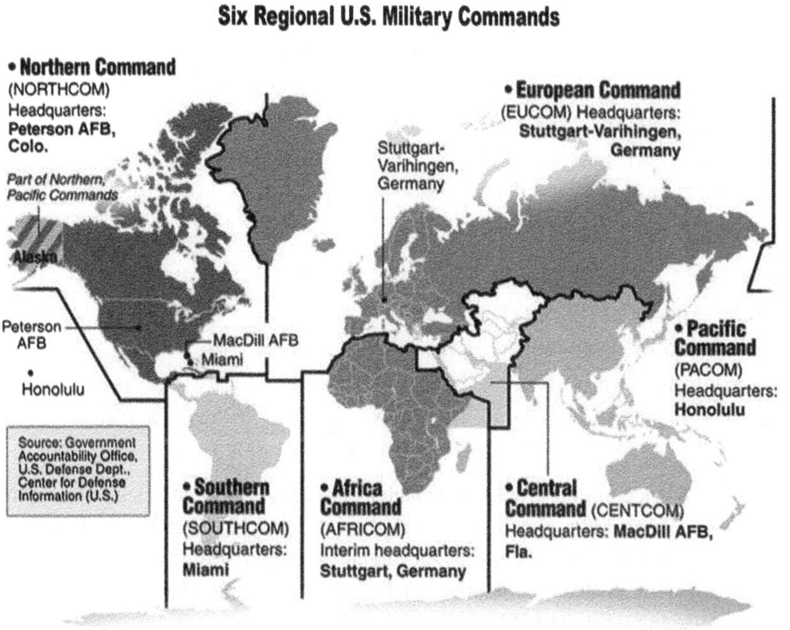

Six Regional U.S. Military Commands

- **Northern Command**
  (NORTHCOM)
  Headquarters:
  Peterson AFB,
  Colo.

  Part of Northern,
  Pacific Commands

  Alaska

- **European Command**
  (EUCOM) Headquarters:
  Stuttgart-Varihingen,
  Germany

  Stuttgart-
  Varihingen,
  Germany

Peterson
AFB

— MacDill AFB
  Miami

Honolulu

- **Pacific
  Command**
  (PACOM)
  Headquarters:
  Honolulu

Source: Government
Accountability Office,
U.S. Defense Dept.,
Center for Defense
Information (U.S.)

- **Southern
  Command**
  (SOUTHCOM)
  Headquarters:
  Miami

- **Africa
  Command**
  (AFRICOM)
  Interim headquarters:
  Stuttgart, Germany

- **Central
  Command** (CENTCOM)
  Headquarters: MacDill AFB,
  Fla.

Abb. 3 Einteilung der Strategic Commands. (Quelle: Government Accountability Office, U.S. Defense Dept. und Center for Defense Information (U.S.))

derzeit auf den kleinsten Bestand seit Beginn des Zweiten Weltkriegs zurückge-führt.[7] Die etablierte Militärdoktrin, wonach die US-Streitkräfte in der Lage sein müssen, zwei große Kriege parallel zu gewinnen, wurde unter Obama auf nur einen zu gewinnenden (und einen nicht zu verlierenden) Krieg gestutzt. Vielen Stimmen vom linken und rechten Rand des politischen Spektrums, die derzeit Auftrieb erfahren, geht sogar diese Art der Selbstbeschränkung noch nicht weit genug.

Andere sehen darin die Gefahr, dass amerikanische Zurückhaltung jene ermuntert, die eine antiliberale Agenda verfolgen – wie Russland in der Ukraine, China im Südchinesischen Meer oder der „Islamische Staat" und der Iran im Nahen Osten. Die (Handlungs-)Schwäche Amerikas führt in dieser Lesart zu

---

[7]Zu den Folgen der Einsparung siehe Heritage Foundation (2016). Andererseits übertrifft das US-Verteidigungsbudget immer noch das der sieben nächstgrößten Rüstungsnationen zusammengenommen: Stockholm International Peace Research Institute (2016).

Tab. 1 Zahl der amerikanischen Gefallenen. (Quelle: Eigene Darstellung. Daten aus Congressional Research Service und U.S. Army Military History Institute)

Krieg	Zahl gefallener Soldaten
Unabhängigkeitskrieg, 1775–1783	4435
Bürgerkrieg, 1861–1865	364.511
1. Weltkrieg, 1917–1918	116.516
2. Weltkrieg, 1941–1946	405.399
Korea-Krieg, 1950–1953	36.574
Vietnam-Krieg, 1964–1973	58.220
Afghanistan-Krieg, 2001–2014	2356
Irak-Krieg, 2003–2012	4489

mehr Blutvergießen und größerem Schaden für den weltweiten Frieden und amerikanische (Wirtschafts-)Interessen als Amerikas Entschlossenheit – selbst wenn diese, wie im Irak 2003, über das Ziel hinausschießen sollte. Auch über diesen Gegensatz wird in der amerikanischen Politik derzeit ein Machtkampf geführt, dessen Ausgang offen ist (Abb. 1, 2 und 3; Tab. 1).[8]

3.5   Stärke der NATO?

Die Allianz fungiert als der maßgebliche Stabilitätsanker Europas und leistet damit einen wesentlichen Beitrag zur Aufrechterhaltung der liberalen Ordnung weltweit. Darüber hinaus hat sie sich oft als einzige handlungsfähige internationale Institution zur Durchsetzung des Völkerrechts erwiesen, beispielsweise in der Folge der UN-Beschlüsse zu Afghanistan (2001) und Libyen (2011). Aus amerikanischer Perspektive ist die Effizienz der Organisation jedoch nicht nur durch die genannten grundsätzlichen sicherheitspolitischen Strukturprobleme gefährdet, sondern auch durch die Schwäche der europäischen Partner. Die Klage über eine unfaire Lastenteilung im Bündnis aufgrund zu geringer militärischer Fähigkeiten der Europäer ist zwar so alt wie die NATO selbst, aber heute mehr berechtigt denn je. Außerdem hat das Ende des Kalten Krieges die unmittelbare Plausibilität des Bündnisses auf beiden Seiten des Atlantiks verringert – auch

---

[8]Für die Recherche der Daten und die Erstellung der Grafiken danke ich Daniela Braun.

wenn die Kriege auf dem Balkan, in der Ukraine und in Syrien demonstriert haben, dass die Europäer allein nicht für die Sicherheit ihres eigenen Kontinents zu sorgen in der Lage sind. Zugleich besteht in Europa immer weniger Bereitschaft, amerikanische Einsätze jenseits des NATO-Gebietes zur Stabilisierung der internationalen Ordnung zu unterstützen. Diesen Fliehkräften entgegenzuwirken ist eine zentrale Zukunftsaufgabe insbesondere der europäischen, aber eben auch der amerikanischen Sicherheitspolitik.

Literatur

Adams, J. Q. (1821). *An Address, Delivered at the Request of the Committee of Arrrangement for Celebrating the Anniversary of Independence At the City of Washington on the Fourth of July 1821.* Cambridge: University Press.

Art, R. J. (2003). *A Grand Strategy for America.* Ithaca: Cornell University Press.

Böckenförde, S. & Gareis, S. B. (2009). *Deutsche Sicherheitspolitik. Herausforderungen, Akteure und Prozesse.* Leverkusen: Barbara Budrich.

Buzan, B., Waever, O. & De Wilde, J. (1997). *Security. A New Framework for Analysis.* London: Lynne Rienner.

Chantrill, C. (2016). Total Budgeted Government Spending. http://www.usgovernment-spending.com/. Zugegriffen: 22. Sep. 2016.

Council on Foreign Relations (CFR). (2014). Trends in U. S. Military Spending. http://www.cfr.org/defense-budget/trends-us-military-spending/p28855. Zugegriffen: 22. Sep. 2016

Fukuyama, F. (1989). The End of History? *The National Interest, 16,* 3–18.

Hacke, C. (2005). *Zur Weltmacht verdammt. Die amerikanische Außenpolitik von J. F. Kennedy bis G. W. Bush.* Berlin: Ullstein.

Herbert, B. (22. Februar 1998). In America; War Games. *New York Times.*

Heritage Foundation (2016). Index of U. S. Military Strength. http://index.heritage.org/military/2016/assessments/. Zugegriffen: 16. Sep. 2016.

Huntington, S. P. (1993). The Clash of Civilizations? *Foreign Affairs, 72*(3), 22–49.

Krauthammer, C. (1990). The Unipolar Moment. *Foreign Affairs, 70*(1), 23–33.

Lieber, R.-J. (2012). *Power and Willpower in the American Future: Why the United States is Not Destined to Decline.* Cambridge: Cambridge University Press.

Löwenthal, R. (1971). Freiheit der Eigenentwicklung. In R. Löwenthal & U. Scheuner (Hrsg.), *Außenpolitische Perspektiven des westdeutschen Staates: Das Ende des Provisoriums.* Schriften des Forschungsinstituts der Deutschen Gesellschaft für Auswärtige Politik, 30(1), München: Oldenbourg.

Nye, J. S. (2002). *The Paradox of American Power: Why the World's Only Superpower Can't Go it Alone.* Oxford: Oxford University Press.

Office of the Under Secretary of Defense (Comprtoller) (OUSD(C)). (2015). National Defense Budget Estimates for FY 2016. http://comptroller.defense.gov/Portals/45/Documents/defbudget/fy2016/FY16_Green_Book.pdf. Zugegriffen: 5. Dez. 2016.

Stephens, B. (2014). *America in Retreat. The New Isolationism and the Coming Global Disorder*. London: Sentinel.

Stockholm International Peace Research Institute (SIPRI). (2016). SIPRI Military Expenditure Database. https://www.sipri.org/databases/milex. Zugegriffen: 16. Nov. 2016.

Williams, P. D. (Hrsg.). (2012). *Security Studies. An Introduction*. London: Routledge.

Weiterführende Literatur

Bierling, S. (2007). *Geschichte der amerikanischen Außenpolitik. Von 1917 bis zur Gegenwart*. München: C.H. Beck.

Hacke, C. (2005). *Zur Weltmacht verdammt. Die amerikanische Außenpolitik von J. F. Kennedy bis G. W. Bush*. Berlin: Ullstein.

Schwabe, K. (2006). *Weltmacht und Weltordnung. Amerikanische Außenpolitik von 1898 bis zur Gegenwart. Eine Jahrhundertgeschichte*. Paderborn: Schöningh. (Überblicksdarstellungen der amerikanischen Sicherheitspolitik gibt es nur wenige; entweder handelt es sich um Gesamtdarstellungen amerikanischer Außenpolitik oder um Untersuchungen einzelner Problemstellungen oder Konflikte. Unter den deutschen Überblicksdarstellungen ragen aufgrund ihrer narrativen Struktur und ihrer Betonung der Sicherheitspolitik diese drei Titel heraus.)

Hook, S. W. & Spanier, J. (2015). *American foreign policy since World War II*. London: CQ Press. (Hierbei handelt es sich um die zugänglichste amerikanische Gesamtdarstellung.)

Sestanovich, S. (2014). *Maximalist. America in the world from Truman to Obama*. New York: Alfred A. Knopf. (Eine besonders überzeugende Darstellung des Pendelschlags zwischen ausgreifender und selbstbeschränkender Sicherheitspolitik bietet dieser Band.)

Kagan R. (2006). *Dangerous nation. America's place in the world from Its earliest days to the dawn of the twentieth century*. New York: Alfred A. Knopf. (Eine ungewöhnlich zwingende Interpretation des missionarischen Zugs der US-Sicherheitspolitik (bereits) zu Beginn der Republik).

Yergin, D. (1990). *Shattered peace. The origins of the Cold War*. London: Penguin. (Grundlegend für die Analyse des amerikanischen National Security State.)

Allison, G.-T., & Zelikow, P. (1999). *Essence of decision. Explaining the Cuban Missile Crisis*. London: Pearson. (Stilbildend für die Untersuchung der US-Entscheidungsprozesse in sicherheitspolitischen Krisen.)

Kissinger, H. A. (1957). *Nuclear weapons and foreign policy*. New York: Harper & Brothers.

Power, S. (2002). *A problem from hell. America and the age of genocide*. New York: Basic Books.

Ross, D. (2015). *Doomed to succeed. The U. S.-Israel relationship from Truman to Obama*. New York: Farrar Straus and Giroux.

Zarate J. C. (2013). *Treasury's War. The unleashing of a new Era of financial warfare*. New York: Public Affairs. (Bedeutende Teilaspekte der US-Sicherheitspolitik werden in beispielhafter Weise in diesen vier Bänden untersucht.)

Währungspolitik

Sascha Lohmann

1   Einleitung

Die US-amerikanische Währungspolitik umfasst zunächst die auf Preisstabilität und Beschäftigungswachstum gerichtete nationale Geldpolitik der Vereinigten Staaten. Aufgrund der dominanten Stellung des Dollars in der Weltwirtschaft zählt zur US-Währungspolitik weiterhin auch die internationale Dimension der nationalen Geldpolitik. Dieser Beitrag zeigt zunächst die strukturellen Voraussetzungen der US-Währungspolitik auf. Daran anschließend werden die wichtigsten Institutionen und Akteure vorgestellt. Wie die US-Regierung mit währungspolitischen Instrumenten außen- und sicherheitspolitische Interessen verfolgt, wird schließlich anhand des Fallbeispiels unilateraler Finanzsanktionen erläutert.[1]

2   Strukturelle Grundlagen

Eine Währung erfüllt für Volkswirtschaften drei klassische Kernfunktionen (Tab. 1): So dient diese als Zahlungsmittel, um den Handel von Gütern und Dienstleitungen ohne Tauschgeschäfte abwickeln zu können. Gleichzeitig fungiert eine Währung als Rechnungseinheit, um den Wert von Gütern und Dienstleistungen durch Preise bestimmen zu können. Schließlich ermöglicht eine

---

[1]Der Verfasser dankt Lisa Marie Gimsa, Peter Rudolf, Hanns Günther Hilpert sowie Laura von Daniels für wertvolle Anregungen und hilfreiche Kritik.

S. Lohmann (✉)
Stiftung Wissenschaft und Politik, Berlin, Deutschland
E-Mail: sascha.lohmann@swp-berlin.org

© Springer Fachmedien Wiesbaden GmbH 2017   203
T. Jäger (Hrsg.), *Die Außenpolitik der USA*, Studienbücher Außenpolitik und Internationale Beziehungen, DOI 10.1007/978-3-531-93392-4_12

Tab. 1 Rollen einer Währung. (Quelle: Basierend auf Cohen 1971)

Verwendung			
	Austauschmedium	Rechnungseinheit	Wertaufbewahrungsmedium
Privat	Abwicklungsmittel	Buchungsmittel	Investitions- und Sparmittel
Öffentlich	Interventionsmittel	Wechselkursanker	Reservemittel

Währung, Guthaben anzusparen und Investitionen zu tätigen. Daneben verweisen einige Darstellungen noch auf die Rolle als Schuldmaßstab, anhand dessen sich ausstehende Forderungen darstellen lassen. Werden nur die drei Kernfunktionen nach öffentlichem und privatem Gebrauch unterschieden, ergeben sich sechs verschiedene Rollen einer Währung (Cohen 1971).

Eine Währung zirkuliert als Bar- oder Buchgeld innerhalb eines bestimmten Gebietes. In Abwesenheit einer einheitlichen Weltwährung existieren gegenwärtig über 150 Währungen innerhalb nationaler oder supranationaler Währungszonen. Viele dieser nationalen Währungen lassen sich vollständig oder eingeschränkt in andere umtauschen (Konvertibilität). Deren Zusammenwirken bei grenzüberschreitenden Geschäften auf regionaler als auch auf globaler Ebene stellt die internationalen Währungsbeziehungen dar. Dabei können sich einzelne Währungen internationalisieren, indem sie über ihre eigene Währungszone hinaus auch in anderen Währungszonen in einer oder mehrerer ihrer sechs Rollen verwendet werden. Hierbei gilt: Je häufiger private Nutzer eine Währung grenzüberschreitend verwenden, desto eher folgen staatliche Akteure wie Regierungen und deren Notenbanken einem solchen Gebrauch.

In den internationalen Währungsbeziehungen lassen sich einzelne Währungen entlang der Häufigkeit ihrer Verwendung und deren regionaler Verbreitung pyramidenförmig anordnen (Cohen 1998, S. 114–118). Auf der untersten Stufe existiert eine Vielzahl neutraler Währungen, die wegen wirtschaftlicher Vorteile gegenüber Tauschgeschäften in einzelnen oder mehreren ihrer sechs Rollen benutzt werden. Eine Stufe darüber befinden sich verhandelte Währungen, deren Verwendung von der herausgebenden Regierung mit positiven Anreizen und negativen Sanktionen befördert wird. An der Spitze steht die Top- bzw. Leitwährung, die aufgrund ihrer wirtschaftlichen und politischen Attraktivität in allen sechs Rollen auf nationaler und internationaler Ebene gegenüber anderen Währungen bevorzugt wird. Die lange Zeit existierende Herrschaftswährung, die abhängigen Staaten von der herausgebenden Regierung gewaltsam aufgezwungen wurde, hat mit dem Ende des Kolonialismus an Relevanz verloren.

Für den Status einer Leitwährung sind drei Faktoren entscheidend: Vertrauen, Verfügbarkeit und Verbreitung (Cohen 2015). Jeder einzelne dieser Faktoren hängt von wirtschaftlichen Erwägungen auf der Nachfrageseite sowie politischer Einflussnahme auf der Angebotsseite ab. Zunächst muss eine Leitwährung hohes Vertrauen in ihre künftige Wertbeständigkeit genießen. Dieses Vertrauen gründet sich nicht ausschließlich auf deren tatsächlichen Geldwert, der sich in der Inflationsrate sowie dem Wechselkurs ausdrückt. Vielmehr gründet sich das Vertrauen in eine Leitwährung aus der makroökonomischen und politischen Stabilität der jeweiligen nationalen Volkswirtschaft, fehlenden Alternativen sowie der formellen und informellen Unterstützung von Verbündeten der herausgebenden Regierung. *Zweitens* muss eine Leitwährung eine hohe Liquidität aufweisen, also schnell und in ausreichender Menge verfügbar sein. Dafür sind Finanzmärkte unerlässlich, die für alle interessierte Marktteilnehmer offen stehen und über die gewünschte Kapitalmenge sowie über eine breite Palette an attraktiven Produkten und kostengünstigen Dienstleitungen verfügen. *Drittens* muss eine Leitwährung auf einem weitläufigen Transaktionsnetzwerk gründen, das etablierte und weithin akzeptierte *Clearing-* bzw. Verrechnungsstellen für eine effiziente Abwicklung von Zahlungen bereitstellt.

Der Status einer Leitwährung ist immer auch mit einer Pfadabhängigkeit verbunden. Aufgrund des von hohen Opportunitätskosten getragenen Beharrungsvermögens einer Leitwährung vollzieht sich ein Wechsel an der Spitze der Währungspyramide äußerst selten und wenn, dann über einen sehr langen Zeitraum. So zog sich die Ablösung des britischen Pfund Sterling durch den Dollar kurz nach dem Ende des Ersten Weltkrieges mehr als ein halbes Jahrhundert hin. Zwar hatte die US-amerikanische Volkswirtschaft, gemessen an den weltweiten Handelsströmen, die britische bereits während der 1870er Jahre überholt und galt ab diesem Zeitpunkt bereits als wichtigste nationale Volkswirtschaft der Welt. Doch da entwickelte Finanzmärkte sowie eine nationale Notenbank fehlten, konnte der Dollar zu diesem Zeitpunkt das Pfund Sterling als Leitwährung noch nicht ablösen. An der Schwelle zum 20. Jahrhundert wurden daher noch rund 60 % des Welthandels in der britischen Währung abgewickelt und deren Anteil an den weltweiten Währungsreserven betrug noch rund zwei Drittel. Der Dollar konnte das Pfund Sterling als Leitwährung zwischen 1914 und 1931 allmählich erst ablösen, nachdem die europäischen Verbündeten von US-Krediten, erst für Rüstungs- und anschließend für Wiederaufbauprojekte, im Zuge des Ersten Weltkriegs abhängig wurden. Angesichts der damals bestehenden US-Schutzzölle konnte die Regierung in London ihre kriegsbedingten Schulden nicht in Form wachstumsfördernder Exporte, sondern nur in Form von Direktzahlungen begleichen. Diese Verbindlichkeiten und die stetig wachsende Zinslast setzten die britische Wirtschaft stark unter Druck. Das Pfund Sterling stieg daraufhin endgültig zu einer verhandelten Währung ab und fungierte lediglich in den britischen Kolonien noch einige Zeit als Herrschaftswährung.

Bis zum Anfang des Zweiten Weltkriegs hatte die von demokratischen und republikanischen Administrationen betriebene Isolationspolitik eine stärkere Einbindung in die Weltwirtschaft vorerst noch verhindert. Mit dem Aufstieg der Vereinigten Staaten zur dominierenden Wirtschaftsmacht im Zuge des Zweiten Weltkrieges und dem 1944 in Bretton Woods geschaffenen Systems fester Wechselkurse konnte sich der Dollar als Leitwährung vollends etablieren. Das zwischen den Vereinigten Staaten und ihren westeuropäischen und japanischen Verbündeten etablierte Bretton Woods-System beruhte auf der Garantie, je eine Feinunze Gold gegen 35 US\$ bei der US-Notenbank eintauschen zu können. Durch die fortwährende Versorgung mit US-Kapital konnten sich die unter den Kriegsfolgen leidenden europäischen Volkswirtschaften in den 1950er Jahren erholen. Die ungebrochene Nachfrage nach Dollar sowie die hohen Ausgaben für die weltweiten militärischen Eingriffe zur Eindämmung der Sowjetunion führte in den 1960er Jahren jedoch dazu, dass der US-Goldbestand kaum mehr ausreichte, um die ausländischen Dollarreserven im Bedarfsfall in Gold eintauschen zu können. Die US-Regierung fand sich folglich in einem Dilemma wieder: um das schwindende Vertrauen in die Goldbindung des Dollars wieder zu festigen, hätte sie den Kapitalexport durch einen höheren Leitzins verringern müssen. Ein solches Vorgehen hätte wiederum zu einem weltweiten Liquiditätsengpass geführt und die US-Volkswirtschaft in ein Rezession rutschen lassen. Die in dieser Zeit geschaffenen Sonderziehungsrechte des Internationalen Währungsfonds (IWF) konnten sich nicht als alternative Liquiditätsquelle durchsetzen und stellten folglich auch keinen Ausweg aus diesem Dilemma dar.

Um der drohenden Vertrauenskrise zuvorzukommen, die sich angesichts der steigenden Ausgaben für den Krieg in Vietnam weiter zu verschärfen drohte, kündigte Präsident Richard Nixon am 15. August 1971 unter Ausrufung eines nationalen Notstands unter dem Trading with the Enemy Act aus dem Jahr 1917 die Goldbindung des Dollars im Alleingang auf. Daraufhin wertete der Dollar gegenüber dem Goldpreis um nahezu 10 % ab. Indem Nixon sein Land von den Kosten der Goldbindung befreite, konnte er die steigenden Kreditlasten verringern und die US-Exportwirtschaft stimulieren. Die Freigabe des Wechselkurses gefährdete den Status des Dollars als Leitwährung nicht nachhaltig, da die US-Zahlungsbilanz trotz der wachsenden Verschuldung und einer negativen Handelsbilanz weiterhin positiv ausfiel. Die Zahlungsbilanz enthält neben der Leistungsbilanz, die alle Einnahmen und Ausgaben aus Transaktionen von Gütern und Dienstleitungen zwischen In- und Ausländern berücksichtigt, auch die Kapitalbilanz, die den Zu- und Abfluss aller Finanzströme ausweist. Die Kapitalbilanz glich das seit Mitte der 1970er Jahren anfallende Defizit in der Leistungsbilanz deswegen aus, da es weiterhin an einer brauchbaren Alternative zum Dollar im internationalen Zahlungsverkehr fehlte und der Rückfluss der von Ausländern gehaltenen Dollarreserven in die Vereinigten Staaten nicht versiegte. Zudem erzwang die Nixon-Administration von ihren Verbündeten in Westeuropa und Japan durch die Aufwertung ihrer jeweiligen Währungen gegenüber dem Dollar eine aus ihrer Sicht gerechtere Lastenteilung für die gewährten Sicherheitsgarantien. Nachdem Japan und Westeuropa im Dezember 1971 unter dem Smithsonian-Abkommen von der mit dem Ende der Goldpreisbindung eingeführten Importabgabe befreit wurden, sicherten sie zu, den Dollar weiter als Wertaufbewahrungsmittel zu gebrauchen. Damit akzeptierten die Verbündeten, die Anpassungskosten beim Ausgleich des US-Zahlungsbilanzdefizites anteilig zu übernehmen.

Der Jom-Kippur-Krieg zwischen Israel und einer Allianz arabischer Staaten im Jahr 1973 sowie die daran anschließende Ölkrise untergruben zwar die weltweit unangefochtene Stellung der US-Volkswirtschaft im Handel von Gütern und Dienstleistungen. Zudem nahm das US-Leistungsbilanzdefizit in den 1980er Jahren weiter zu und die US-Regierung sah sich gezwungen, den Dollar nochmals abzuwerten. Dies geschah unter dem Plaza-Abkommen 1985 in enger Abstimmung mit den westeuropäischen und japanischen Verbündeten. Zwei Jahre später konnte der angepasste Dollarkurs dann unter dem Louvre-Abkommen stabilisiert werden. Da jedoch seit Mitte der 1980er Jahre die Real- und Finanzwirtschaft anfingen auseinanderzuklaffen, wurden Finanztransaktionen für das Soll und Haben der US-Leistungsbilanz wichtiger als das real erwirtschaftetet Bruttoinlandsprodukt (BIP). Vor diesem Hintergrund konnte sich der Dollar als Leitwährung trotz des schrumpfenden Anteils der US-Volkswirtschaft an der Weltwirtschaft behaupten.

Gegenwärtig nutzen private Wirtschaftsakteure überwiegend den Dollar, um Zahlungen abzuwickeln und zu buchen sowie um zu investieren und zu sparen. Über den privaten Gebrauch des Dollars in der Zahlungsabwicklung und -buchung bei Handelsgeschäften gibt es keine verlässlichen Daten, sondern nur Annäherungswerte (Goldman und Tille 2006). Dagegen zeigt sich die herausragende Stellung des Dollars im privaten Gebrauch eindeutig beim Handel verschiedener nationaler Währungen. Dabei werden zwei lokal begrenzte Währungen in der Regel zuvor jeweils in Dollar eingetauscht, da andernfalls mitunter hohe Transaktionskosten anfallen. Auf dem Devisenmarkt, wo verschiedene nationale Währungen gehandelt werden und der mit einem Umsatz von rund 1,9 Trio. US\$ im Jahr 2015 der größte Finanzmarkt ist, beträgt der Anteil des Dollars fast 90 % (Triannual Central Bank Survey 2013). Weiterhin beträgt der weltweite Anteil des Dollars an internationalen Handelsfinanzierungen rund 80 %, bei Schuldtiteln rund 50 % und im grenzüberschreitenden Zahlungsverkehr knapp über 40 % (International Chamber of Commerce 2015). Mehr als die Hälfte der weltweiten Exportgeschäfte wird in Dollar gebucht, allen voran im Energiehandel, der für die Weltwirtschaft von grundlegender Bedeutung ist. Der weltweite Marktanteil von US-Investmentbanken beträgt fast 50 % und ebenso wie Hedgefonds bilanzieren Banken weltweit überwiegend in Dollar. Als Wertaufbewahrungsmittel nimmt der Dollar ebenfalls eine herausgehobene Stellung ein, da dieser eine breite Risikostreuung bei Investitionen ermöglicht. Der internationale Anleihemarkt ist zu mehr als 50 % vom Dollar dominiert, darunter der Markt von US-Staatsanleihen im Wert von 8 Trio. US$ und einem täglichen Umsatz von 500 Mrd. US$. Rund die Hälfte der von Privatbanken gehaltenen liquiden Vermögenswerte einschließlich deren Eigenkapital wird in Dollar gehalten. Schließlich betreuen US-amerikanische Vermögensverwalter mehr als die Hälfte aller Vermögensanlagen. Die zentrale Stellung des US-Finanzmarktes in der Weltwirtschaft lässt sich daran ablesen, dass sich weltweite Kapitalflüsse im Takt mit den Kursschwankungen an der US-Börse bewegen.

Die dominante Stellung des Dollars zeigt sich zudem bei dessen Verwendung durch staatliche Akteure. Die meisten Eingriffe auf Finanzmärkten zur Stabilisierung des Geldwertes nationaler Währungen durch den An- oder Verkauf von Währungsreserven erfolgen in Dollar. Darüber hinaus erfüllt der Dollar eine Ankerfunktion für eine Reihe von Staaten, die den Wechselkurs ihrer Währung parallel zum Dollar halten oder unmittelbar anbinden. Gegenwärtig koppeln rund 40 Mitgliedsstaaten des IWF ihre Währungen teilweise oder ganz an den Dollar und etwas weniger als 30 Staaten an den Euro (International Monetary Fund 2014). Der wichtigste Maßstab für den Status einer Leitwährung ist deren öffentliche Verwendung als Wertaufbewahrungsmittel. Unter den weltweiten Währungsreserven beträgt der Anteil des Dollars, neben dem Bestand an Gold, gegenwärtig mit einem Wert von fast 5 Trio. US$ rund zwei Drittel (International Monetary Fund 2016)[2]. Wegen ihrer hohen Liquidität halten ausländische Zentralbanken mehr als 60 % der US-Staatsanleihen, darunter die Volksrepublik China und Japan als größte Gläubiger (United States Department of the Treasury 2016). Zusammengefasst nach privater und öffentlicher Verwendung umfasst die Dollar-Währungszone rund 60 % der Weltbevölkerung.

Die Vorteile einer Leitwährung zeigen sich *erstens* darin, dass weltweit agierende US-amerikanische Banken und Unternehmen von geringeren Transaktionskosten bei Geschäften in ihrer eigenen Währung profitieren. *Zweitens* lassen sich Gewinne aus dem Unterschied zwischen den Herstellungskosten einer

---

[2]Der Datensatz enthält für China leider nur eingeschränkte Daten.

Währung und ihrem tatsächlichen Geldwert generieren (Seigniorage). Da rund drei Viertel aller Dollarnoten außerhalb der Landesgrenzen zirkulieren und rund zwei Drittel aller US-Staatsanleihen im Ausland gehalten werden, erhält die US-Regierung faktisch zinsgünstigen Kredit. *Drittens* ermöglicht eine Leitwährung größere Unabhängigkeit, weil Zahlungsbilanzdefizite weder gänzlich vermieden noch ausgeglichen werden müssen. Dadurch können die politischen Entscheidungsträger in Administration und Kongress schmerzhafte Anpassungen vertagen und höhere Risiken eingehen, ohne dass die Finanzmärkte ein solches Verhalten im Gegenzug mit höheren Zinsen betrafen. Gleichzeitig hat eine wachsende Verschuldung kaum Auswirkungen auf den Geldwert, da diese in der eigenen Währung gebucht wird. Der Spitzenplatz in der Währungspyramide ist *viertens* überaus prestigeträchtig und birgt *fünftens* ein gesteigertes Machtpotenzial mit sich (Cohen 2015).

Die mit dem Status des Dollars als internationale Leitwährung einhergehenden Nachteile liegen in der beschränkten Möglichkeit einer Abwertung. Während ausländische Regierungen, die ihre Währungen an den Dollar teilweise oder ganz koppeln, frei über den Wechselkurs ihre Währung bestimmen können, gefährden Eingriffe in den Wechselkurs das Vertrauen in den Dollar und könnten zu Konflikten mit jenen staatlichen und privaten Gläubigern führen, deren Wertanlagen sich durch eine mögliche Abwertung verringern. Letztlich geht mit dem Status einer Leitwährung auch eine größere Verantwortung einher, in internationalen Finanzkrisen nicht nur die eigenen Interessen, sondern das Gesamtwohl der Dollar-Währungszone zu berücksichtigen.

3 Institutionen und Akteure

Ungeachtet der zentralen Stellung in den internationalen Währungsbeziehungen werden die Weichen für den Wert und die Verfügbarkeit des Dollars von der nationalen Geldpolitik der Vereinigten Staaten gestellt. Zur Geldpolitik zählen alle hauptsächlich auf die US-amerikanische Währungszone gerichteten Handlungen und Maßnahmen zur Beeinflussung des Dollarwertes. Die geschichtliche Entwicklung und institutionelle Verankerung der Geldpolitik ist das Ergebnis widerstreitender politischer Interessen und den dahinterstehenden Wertvorstellungen. Darunter ragt die weitverbreitete Skepsis gegenüber zentralstaatlichen Eingriffen in die Wirtschaft heraus, die die Gründung einer nationalen Notenbank lange Zeit verhindert hatte. Die schwere Finanzkrise infolge des spanisch-US-amerikanischen Krieges im Jahr 1898 sowie regelmäßig auftretenden Bankenpaniken, ausgelöst durch den massenhaften Abzug von Sparguthaben in sehr kurzer Zeit, die

einzelne Banken immer wieder in den Bankrott getrieben hatten, zwangen den
Kongress schließlich zum Handeln. Mit der Verabschiedung des Federal Reserve
Act im Jahr 1913 erzielten Demokraten und Republikaner einen Kompromiss, der
sowohl die Interessen privater und öffentlicher Akteure als auch jene der Bundesregierung und der Einzelstaaten berücksichtigte. Die US-Notenbank, die den Dollar (Federal Reserve Notes) fortan herausgab, erhielt in den nachfolgenden Jahren
erweiterte Befugnisse und beförderte die Internationalisierung des Dollars (Broz
1997). Im Zuge der Weltwirtschaftskrise wurde mit dem Banking Act von 1935
der Einfluss des Bundesstaats gegenüber den Einzelstaaten weiter gestärkt und
die Geldpolitik auf das volkswirtschaftliche Gesamtinteresse hin ausgerichtet. Als
Kreditgeber in letzter Instanz *(Bank der Banken)* erhielt die Notenbank ihre bis
heute zentrale Funktion der Geldmengensteuerung. Diese zielt zum einen darauf,
das Preisniveau stabil zu halten sowie darüber hinaus, nachhaltiges Wirtschaftswachstum und Beschäftigung der US-Volkswirtschaft zu ermöglichen.

Die Notenbank (Federal Reserve System) besteht aus 12 einzelnen Notenbanken (Reserve Banks), deren jeweilige Distrikte (Federal Reserve Districts) alle
50 Bundesstaaten abdecken. Den Kurs in der Geldpolitik bestimmt der Vorstand
(Board of Governors of the Federal Reserve System), dessen sieben Mitglieder
mit einer einmaligen Amtszeit von 14 Jahren vom Präsidenten ernannt und vom
Senat mit einfacher Mehrheit bestätigt werden. Die einzelnen Gouverneure müssen aus unterschiedlichen Distrikten kommen und die unterschiedlichen Interessen verschiedener Wirtschaftsbereiche gleichermaßen berücksichtigen. Der
Vorsitz wird vom Präsident alle vier Jahre bestimmt. Das Federal Open Market
Committee, bestehend aus den sieben Gouverneuren sowie fünf Präsidenten der
einzelnen Reserve Banks, entscheidet über die Höhe der Korridore, innerhalb
derer sich die Zinssätze (Federal Funds Rates) bewegen. Der wichtigste ist der
Leitzins, zu dem sich die Privatbanken ihr Geld von der Notenbank leihen und
jene Kredite vergeben, mit denen Investitionen getätigt werden können.

Die Geldpolitik kann durch höhere Leitzinsen eher restriktiv oder eher expan-
siv ausgestaltet werden. Das Für und Wider ergibt sich maßgeblich aus langfristigen Erwägungen über die Preisstabilität. Hierbei soll die Inflation kontrolliert
und ein Erlahmen oder Überhitzen der Wirtschaft verhindert werden. Ein hoher
Zinssatz verteuert Kredite und wirkt somit dämpfend auf die Konjunktur, da sich
die Geldmenge verringert. Niedrige Zinsen hingegen verbilligen Kredite und können so leichter Investitionen ermöglichen und schließlich Wirtschaftswachstum
ankurbeln. Generell wirkt sich eine Veränderung der Leitzinsen unterschiedlich
auf verschiedenen Märkten aus. Laut ihrem gesetzlichen Auftrag muss die Notenbank nur US-amerikanische Interessen berücksichtigen. Durch den Status des
Dollars als Leitwährung kann jedoch jede Zinssenkung oder -anhebung weltweite

Finanzströme binnen Sekunden umlenken. Die Entscheidungen der Notenbank entfalten daher unmittelbare Auswirkungen auf private Unternehmen und ausländische Regierungen, deren in Dollar gebuchte Kredite sich im Falle einer Zinserhöhung verteuern.

Die Notenbank ist unabhängig in ihren Entscheidungen und damit nicht weisungsgebunden gegenüber der Administration. Gleichwohl ist sie rechenschaftspflichtig gegenüber dem Kongress, der immer wieder versucht, Einfluss auf die Geldpolitik zu nehmen. Als während der Finanzkrise im Jahr 2007/2008 die Versorgung mit Geld knapp zu werden drohte, erweiterte die Notenbank ihre gesetzlichen Aufgaben und kaufte im großen Stil die auf dem freien Markt unveräußerlichen Wertpapiere und Kredite auf (quantitative Lockerung). Darüber hinaus versorgte sie andere ausländische Zentralbanken mit Geld, damit diese ihre Verbindlichkeiten angesichts der weltweiten Kreditklemme weiterhin bedienen konnten. Wegen dieser Erweiterung der ursprünglichen Aufgaben von Preisstabilität und nachhaltigem Beschäftigungswachstum wollen nun viele Abgeordnete im Kongress die Unabhängigkeit der Notenbank beschneiden. Und das obwohl der US-Staatshaushalt von der weltweiten Kapitalflucht in sichere US-Staatsanleihen im Zuge der Finanzkrise immens profitiert hat.

Während die Notenbank für die Ausgestaltung der nationalen Geldpolitik zuständig ist, teilt sie sich die Aufsicht über die Finanzmärkte mit anderen Regierungsbehörden auf nationaler und bundesstaatlicher Ebene. Die Federal Deposit Insurance Corporation wurde auf Grundlage des Banking Act von 1933 geschaffen und versichert Spareinlagen gegen Zahlungsausfälle. Sie führt zudem Aufsicht über kleinere Finanzinstitute, die nur in einzelnen Bundesstaaten aktiv sind. Die Muttergesellschaften größerer Banken werden wiederum von der Notenbank selbst beaufsichtigt. Die Security and Exchange Commission (SEC) wurde durch den Security Exchange Act von 1934 etabliert und überwacht den Aktienhandel von an der US-Börse notierten nationalen und internationalen Unternehmen.

Das Finanzministerium (Department of the Treasury) ist ein weiterer zentraler Akteur in der US-Währungspolitik. Dessen Bureau of Engraving and Printing druckt die Dollarnoten. Das unter dem National Currency Act aus dem Jahr 1863 eingerichtete und politisch besetzte Amt des Comptroller of the Currency verwaltet das nationale US-Bankensystem durch die Vergabe von Lizenzen für die Gründung und den Betrieb von Banken und überwacht deren Geschäfte. Unter dem Gold Reserve Act von 1934 ist das US-Finanzministerium weiterhin befugt, nach Stabilitätserwägungen hinsichtlich des Dollarkurses am Devisenmarkt einzugreifen. Zudem stellt es die Vertreter der Vereinigten Staaten im IWF und bei der Weltbank. Zwar ist das Amt des US-Finanzministers statuarisch kein Mitglied des 1947 unter dem National Security Act eingerichteten Nationalen Sicherheitsrates.

Bei wichtigen Entscheidungen über den Kurs und insbesondere der anschließenden Umsetzung der nationalen Sicherheitspolitik ist das US-Finanzministerium mittlerweile sowohl dem Außen- als auch dem Verteidigungsministerium gleichgestellt.

Verantwortlich für diesen Bedeutungszuwachs ist vor allem das Office of Foreign Assets Control (OFAC), das zu dem 2004 neu geschaffenen Office of Terrorism and Financial Intelligence gehört. Bei einem laufenden Budget von 30,9 Mio. US$ im Haushaltsjahr 2013 verwalten die rund 170 Mitarbeiter gegenwärtig die mehr als 30 mitunter sehr ausdifferenzierten Sanktionsprogramme, die entweder der Präsident per Dekret verfügt oder der Kongress per Gesetz angeordnet hat. Neben dem OFAC ist das Financial Crimes Enforcement Network (FinCEN) innerhalb des Finanzministeriums damit betraut, illegale Finanzmarktaktivitäten wie Geldwäsche unter dem seit seiner Verabschiedung im Jahr 1970 beträchtlich ausgeweiteten Bank Secrecy Act aufzudecken. Das FinCEN ist gleichzeitig die Financial Intelligence Unit (FIU) der Vereinigten Staaten. Die weltweit inzwischen mehr als 150 FIUs sammeln Informationen zur Verfolgung und für das Aufspüren illegaler Finanzflüsse und koordinieren ihre Zusammenarbeit im informellen Egmont-Netzwerk, das nach dem Ort des ersten Treffens 1995 im Egmont-Palast in Brüssel benannt ist.

4   Strategien

Mit der Herausgabe einer Leitwährung verfügt die US-Regierung zum einen über strukturelle Macht, die sich darin zeigt, Regeln und Normen auf den globalen Handels- und Finanzmärkten entscheidend prägen zu können (Strange 1988). Konkret ermöglicht die Dominanz des Dollar wirtschaftliche Flexibilität und damit größere politische Unabhängigkeit (Cohen 2015). Diese resultiert daraus, dass internationale Kreditgeber bereit sind, das US-amerikanische Leistungsbilanzdefizit zu tolerieren. Mit der nahezu unerschöpflichen Verfügbarkeit von günstigen Krediten kann die US-Regierung einen kostspieligen Einsatz des Militärs oder von Handelssanktionen vergleichsweise günstig refinanzieren. Neben Währungsmanipulation sowie dem Ausnutzen von Währungsabhängigkeiten (Kirshner 1997) kann das Machtpotenzial einer Leitwährung schließlich durch gezielte Finanzsanktionen nutzbar gemacht werden, die andere Akteure unmittelbar unter Druck setzen. Seit den 1970er Jahren setzt die US-Regierung die Dollardominanz vermehrt dazu ein, um grenzüberschreitend Organisierte Kriminalität, transnationalen Terrorismus sowie die Verbreitung von Massenvernichtungswaffen zu bekämpfen.

Dabei greift die US-Regierung auf die führende Rolle des Dollars als weltweit meistgenutztem Abwicklungsmittel von Leistungs- und Finanztransaktionen sowie als Wertaufbewahrungsmittel zurück. Insbesondere jene in Dollar abgewickelten Finanztransaktionen fungieren als unentbehrlicher Treibstoff wirtschaftlicher Austauschbeziehungen auf nationaler und internationaler Ebene, sei es in Form von Bargeld- oder Wechselgeschäften. Letztere werden in Form von Schecks, Kreditkarten oder als Überweisung vorgenommen und stellen die wichtigste Form heutiger Zahlungsabwicklungen dar. Die Zahlungsaufträge zwischen natürlichen oder juristischen Personen, Gruppen und Organisationen werden in der Regel von Banken ausgeführt. Sofern die jeweiligen Geschäftspartner über ein Konto bei derselben Bank verfügen, wird die Zahlung durch ein internes Buchungsverfahren vollzogen. Wird die Zahlung wie in den meisten Fällen über zwei unterschiedliche Banken abgewickelt, muss eine der beiden über ein Korrespondenz- oder Überleitungskonto (payable-through account) bei der jeweils anderen Bank verfügen.

Um internationale Zahlungen in Dollar abzuwickeln, müssen ausländische Banken über ein Korrespondenz- oder Überleitungskonto bei einer US-amerikanischen Bank verfügen. Während Finanztransaktionen zwischen US-Banken über das von der Notenbank getragene Kommunikations- und Abwicklungssystem (Fedwire) abgewickelt werden können, müssen jene von ausländischen Banken entweder über die Society for Worldwide Interbank Financial Telecommunications (SWIFT) oder das Clearing House Interbank Payments System (CHIPS) vorgenommen werden. Die in Brüssel ansässige und unter belgischem Recht operierende SWIFT verbindet mehr als 10.500 Finanzinstitute in über 200 Ländern. Als ausschließliches Kommunikationsnetzwerk, das selbst keine Zahlungsabwicklungen vornimmt, ermöglicht es durch die Vermittlung von Zahlungsanweisungen eine gemeinsame Sprache zwischen internationalen Finanzinstituten herzustellen. Da fast 90 % aller weltweit getätigten Finanztransaktionen in Dollar vorgenommen werden (Bank for International Settlements 2013), ist ein US-amerikanisches Korrespondenzkonto für international operierende Finanzinstitute überlebenswichtig. Ein solches stellen die unter CHIPS zusammengeschlossenen Finanzinstitute zur Kommunikation und Abwicklung internationaler Dollartransaktionen bereit. Außerhalb der Vereinigten Staaten existieren nur wenige alternative Möglichkeiten für Dollartransaktionen wie das Clearing House Automated Transfer System (CHATS) der britischen Bank HSBC.

Mit Finanzsanktionen unterbindet die US-Regierung in Dollar gebuchte und abgewickelte Finanztransaktionen und blockiert das Vermögen, Eigentum sowie die wirtschaftlichen Ressourcen derjenigen natürlichen und juristischen Personen,

Gruppen und Organisationen, die sie beschuldigt, aufgrund von bestimmten Aktivitäten oder Eigenschaften gegen US-Recht zu verstoßen. Das Spektrum der einzelnen Maßnahmen reicht vom Aufspüren und Nachverfolgen von Vermögen über das Sperren von Guthaben bis hin zu einem Ausschluss vom US-Finanzmarkt. So können weltweite Finanztransaktionen entweder an deren Ursprung unterbunden oder während ihrer Übermittlung eingeschränkt werden. Um die jeweilige Quelle auszutrocknen, müssen die vorhandenen Vermögenswerte zunächst einmal aufgedeckt werden. Beim Aufspüren von Vermögen gestürzter Regime oder terroristischer Vereinigungen arbeiten verschiedene US-Bundesbehörden wie das Finanzministerium und die Bundespolizei (FBI) eng zusammen. Soll hingegen bei der Übermittlung von Finanzströmen angesetzt werden, müssen die Verschleierung der Herkunft sowie die Einführung in und die Abwicklung über das weltweite Finanzsystem unterbunden werden.

Nach vorherrschender US-amerikanischer Auffassung fallen natürliche und juristische Personen, Gruppen und Organisationen unabhängig von ihrer jeweiligen Nationalität oder ihrem Aufenthaltsort unter die eigene Rechtsetzungsbefugnis, wenn sie den Dollar im weltweiten Zahlungsverkehr verwenden. Weitere völkerrechtliche Anknüpfungspraktiken zur Herstellung von US-Jurisdiktion können sich darüber hinaus auf eine Beschäftigung von US-Staatsbürgern, den Handel von Gütern und Dienstleitungen ab einem bestimmten US-Anteil, den Besitz durch ein US-Unternehmen oder auf Aktivitäten innerhalb des US-Staatsgebiets beziehen. Mit dem International Emergency Economic Powers Act (IEEPA) hat der Kongress im Jahr 1977 den Präsidenten mit weitläufigen und umfassenden Kompetenzen ausgestattet, unter Ausrufung eines nationalen Notstandes die Geschäftstätigkeit natürlicher und juristischer US-Personen in Friedenszeiten umfassend einzuschränken. Auf der vom OFAC geführten Specially Designated Nationals (SDN) and Blocked Persons List werden gegenwärtig rund 13.000 Einträge von Personen, Gruppen und Organisationen unter verschiedenen thematischen oder länderspezifischen Sanktionsregimen geführt, deren Guthaben und Vermögen unter US-Jurisdiktion eingefroren ist. Weiterhin ist es natürlichen und juristischen US-Personen unter Strafandrohung verboten, ohne vorherige Genehmigung durch das OFAC in Geschäftsbeziehungen mit den Gelisteten zu treten, wodurch diese vom US-Markt ausgeschlossen werden.

Nach den Anschlägen auf New York und Washington vom 11. September 2001 erhielt die US-Administration mit Verabschiedung des Uniting and Strengthening America by Providing Appropriate Tools Required to Intercept and Obstruct Terrorism (USA PARTIOT Act) durch den Kongress weitere Befugnisse, um ihre Finanzsanktionen im kurz zuvor ausgerufenen Krieg gegen den Terrorismus auszuweiten. Der USA PATRIOT Act erweiterte die Kompetenzen der US-Administration, Finanztransaktionen unter dem Bank Secrecy Act von 1970 durch striktere Veröffentlichungspflichten von Banken zu überwachen sowie deren Geschäfte mit anonymen Kunden unter dem Money Laundering Control Act von 1986 einzuschränken. Darüber hinaus besteht unter Absatz 311 nunmehr die Möglichkeit, ausländische Akteure per einfachem Verwaltungsakt vom US-Finanzsystem auszuschließen. Damit gründen unilaterale Finanzsanktionen nicht mehr nur auf Notstandsgesetzgebung unter dem IEEPA, sondern auch auf verwaltungsrechtlicher Regulierung des US-Finanzmarkts. Diese Entwicklung reiht sich ein in die Politisierung bislang nicht mit außen- und sicherheitspolitischen, sondern eher mit reinen administrativen Aufgaben betrauten Behörden. So ist beispielsweise die US-Börsenaufsicht (SEC) nicht mehr nur verpflichtet, die Transparenz auf dem US-Aktienmarkt sicherzustellen, sondern durch verschärfte Veröffentlichungspflichten das Verbot von Geschäften börsennotierter Unternehmen mit bestimmten gelisteten Personen, Gruppen und Organisationen zu überwachen. Die US-Regierung rechtfertigt diesen ausgreifenden Einsatz von Finanzsanktionen damit, das internationale Finanzsystem vor Missbrauch zu schützen und dessen Integrität zu wahren.

Zu den kontinuierlich verschärften Strafmaßnahmen bei Verstößen unter dem IEEPA zählen Geldbußen oder mehrjährige Freiheitsstrafen, gegen die kaum Rechtsmittel eingelegt werden können, da die meisten Sanktionsprogramme auf präsidialen Notstandsdekreten beruhen. Vor diesem Hintergrund einigen sich viele Unternehmen, denen Sanktionsverstöße zur Last gelegt werden, häufig außergerichtlich mit den beteiligten US-Behörden auf hohe Strafzahlungen. Darunter befanden sich eine Reihe europäischer Banken, unter anderem aus Deutschland, Frankreich, Italien, den Niederlanden, der Schweiz sowie dem Vereinigten Königreich. Zwischen 2004 und 2015 zahlten diese zusammen mehr als 10 Mrd. US$, um strafrechtlichen Folgen wegen begangenen Sanktionsverstößen zu entgehen. Der mit Abstand bislang höchste Betrag entfiel im Juli 2014 mit insgesamt 8,9 Mrd. US$ auf die französische Bank BNP Paribas. Neben solchen außergerichtlich ausgehandelten Bußgeldern kann das New York Department for Financial Services (DFSNY) auch einen (Teil-)Entzug der Bankenlizenz verfügen. In Bankenkreisen als Wall Street Äquivalent zur Todesstrafe gefürchtet, kann das DFSNY den betroffenen Finanzinstitutionen innerhalb eines festgelegten Zeitraums und auf bestimmte Geschäftsfelder und -orte gerichtet, untersagen, Finanztransaktionen in Dollar vorzunehmen. Aufgrund der Zusammenarbeit zwischen New York und dem US-Finanz- und Justizministerium bei der Durchsetzung von Finanzsanktionen fließt eine Teilsumme der Strafzahlungen in den Haushalt des Bundestaates ein.

Die Umsetzung von Finanzsanktionen im täglichen Geschäft wird vom US-Gesetzgeber zum großen Teil auf die Finanzinstitute abgewälzt, die daraufhin aus berechtigtem Eigeninteresse ihre interne Überwachung illegaler Geschäfte *(compliance)* massiv ausweiteten. Der hohe Aufwand bei der Befolgung und Einhaltung von US-Finanzsanktionen und die für drohende Strafzahlungen zu bildenden Rückstellungen verursachen dabei zusätzliche Kosten. Das Geschäft mit der Befolgung und Einhaltung von US-Finanzsanktionen ist inzwischen zu einem beachtlichen Wirtschaftszweig angewachsen, auf den speziell zugeschnittene Studiengänge vorbereiten. Ein zunehmendes Problem liegt darin, dass Finanzinstitute mitunter auch rechtlich unbedenkliche Geschäfte vermeiden, sei es aufgrund der immer komplexer werdenden Sanktionsarchitektur, dem mitunter weiten Interpretationsspielraum von US-Behörden bei der Auslegung bestimmter Schwellenwerte oder der Angst vor einem ramponierten Ruf. Während klassische Wirtschaftssanktionen in Form umfangreicher oder teilweiser Import- oder Exportbeschränkungen im Handel von Gütern und Dienstleistungen auf eine breite internationale Unterstützung angewiesen sind, um eine spürbare Wirkung zu entfalten, sind unilaterale Finanzsanktionen grundsätzlich auch ohne die Zusammenarbeit mit möglichen Sanktionsbrechern höchst wirkungsvoll. Denn aufgrund der Dollardominanz im internationalen Zahlungsverkehr und dem Mangel an Alternativen können diese durch die erhöhte Achtsamkeit internationaler Finanzinstitute von deren Kunden kaum umgangen werden.

5   Entwicklungen

Wie sich die US-Währungspolitik künftig entwickeln wird, hängt entscheidend davon ab, ob und wenn ja, wie lange sich der Dollar als Leitwährung in den internationalen Währungsbeziehungen behaupten kann. Die historische Erfahrung hat nämlich gezeigt, dass der Lebenszyklus einer Leitwährung durchaus begrenzt ist. So können die wirtschaftlichen Vorteile, die mit dem Status einer Leitwährung anfänglich verbunden sind, die herausgebende Regierung und deren Bevölkerung mit der Zeit dazu verleiten, bei wachsender Auslandsverschuldung über ihre Verhältnisse zu leben. Mit Blick auf einen drohenden Zahlungsausfall können sich die Vorteile auf längere Sicht in existenzgefährdende Nachteile verwandeln. Ein möglicher Abstieg des Dollars zu einer verhandelten Währung im Verlauf der nächsten Jahrzehnte könnte den gegenwärtig überaus weiten Spielraum der US-Außen- und Sicherheitspolitik empfindlich reduzieren, insbesondere bei kostspieligen Entscheidungen über Truppenstärke und -ausrüstung sowie den Umfang und die Intensität militärischer Eingriffe.

Genau wie bei der Internationalisierung muss der Abstieg einer Währung anhand ihrer unterschiedlichen Rollen in den internationalen Währungsbeziehungen betrachtet werden. Demnach hängt der Status des Dollars als Leitwährung weniger von dessen Verwendung bei der grenzüberschreitenden Abwicklung und Buchung von privaten Zahlungen ab, sondern vielmehr von dessen Gebrauch als Wertaufbewahrungsmittel und Investition. Mit Blick auf den öffentlichen Gebrauch wird der künftige Leitwährungsstatus des Dollars vor allem von den Entscheidungen ausländischer Regierungen und deren Zentralbanken bestimmt, ihre Währungsreserven weiter überwiegend in Dollar zu halten und diese nicht stärker zu diversifizieren. Die jeweiligen Entscheidungen über den privaten und öffentlichen Gebrauch des Dollars bei der Wertaufbewahrung und darüber hinaus werden maßgeblich von dem Vertrauen in die politische und wirtschaftliche Leistungsfähigkeit der Vereinigten Staaten beeinflusst.

Die größten Risiken für ein schwindendes Vertrauen in den Dollar liegen in dem gigantischen US-amerikanischen Schuldenberg. Ein wachsender Anteil des US-Haushalts musste in der Vergangenheit mit Krediten finanziert werden. Allein die Sozialversicherung betreffend (und ausschließlich auf Bundesebene) beträgt die Staatsverschuldung laut Haushaltsplanung für das Jahr 2017 rund 19,3 Bio. US$. Davon waren im Jahr 2015 fast 40 % Auslandsschulden, die sich auf rund 6 Bio. US$ beliefen (United States Department of the Treasury 2016). Der Saldo des US-Leistungsbilanzdefizites betrug nach Angaben des US-Wirtschaftsministeriums im dritten Quartal 2015 rund 124 Mrd. US$, also 2,7 % des BIPs. Vor der Finanzkrise im Jahr 2008 betrug dieses sogar fast 6 %. Die steigenden Importe angesichts rückläufiger Exporte lassen die Defizite in der US-Handelsbilanz mit vielen ausländischen Volkswirtschaften beständig anwachsen. Angesichts dieser wirtschaftlichen Herausforderungen können Inflationsängste entstehen und es könnte zunehmend Skepsis darüber herrschen, ob der Dollar nicht überbewertet sei.

Zusätzlich besteht ein Problem angesichts des angewachsenen ausländischen Dollar-Banksystems, das im Jahr 1970 lediglich rund 10 % und heute bereits rund die Hälfte des gesamten US-Bankensektors ausmacht. Hierbei vergeben ausländische Banken ihre Kredite an ausländische Unternehmen in Dollar. Die Unternehmen deponieren diese Gelder wiederum bei ihren jeweiligen Banken, die diese dann wieder weiter verleihen. Die größte Anhäufung solcher Kredite und Anleihen findet sich in Asien, wo die große Nachfrage nach Dollar von der wirtschaftlichen Entwicklung getrieben ist. Diese von der US-Notenbank kaum mehr zu kontrollierende Geldmenge kann sich schnell zu einer Gefahr für das weltweite Finanzsystem entwickeln und eine neue Finanzkrise auslösen, da viele derjenigen Länder, in die US-Kapital fließt, unterentwickelte und nur schwach regulierte Finanzmärkte aufweisen. Sofern deren Unternehmen sich mit günstigen Krediten in Dollar versorgt haben, ihren Umsatz jedoch in der jeweiligen Landeswährung erwirtschaften, können die Kreditlasten zu einer Bedrohung werden, sobald die jeweilige Landeswährung gegenüber dem Dollar an Wert verlieren sollte.

Schließlich droht der Aufstieg neuer Mächte das Vertrauen in den Dollar zu erodieren, da die bislang herausragende Stellung der US-Volkswirtschaft sich dadurch relativiert. Gemessen am Import und Export von Gütern und Dienstleistungen befindet sich die US-Volkswirtschaft fast gleichauf mit jener der Volksrepublik China. Neben der Produktivitätsrate fiel auch der US-Anteil an der weltweiten Warenproduktion, gemessen an Marktpreisen, von 36 % auf 22 %. Seit dem Jahr 2000 gingen die US-Exporte um fast ein Drittel zurück und im Jahr 2013 wurden sie erstmalig von den chinesischen übertroffen. Gleichwohl beträgt der Exportanteil am US-amerikanischen BIP nur circa 15 %. Zudem sanken die ausländischen US-Direktinvestitionen von rund 80 % nach 1945 auf heute rund 20 %. Darüber hinaus stellen die im Ausland gehaltenen und in Dollar gebuchten Währungsreserven eine strategische Verwundbarkeit dar. Nach der Drohung eines chinesischen Regierungsmitglieds, den Verkauf von gehaltenen US-Staatsanleihen als politisches Druckmittel einzusetzen, bezeichnete der damalige Vorsitzende des Gemeinsamen Generalstabes der US-Streitkräfte (Joint Chiefs of Staff) Mike Mullen die Abhängigkeit von ausländischen Kreditgebern als größte Gefahr für die nationale Sicherheit der Vereinigten Staaten. Dieser relative Niedergang der US-Volkswirtschaft ist gekoppelt an ein stark fragmentiertes politisches System, in dem die parteipolitische Polarisierung wichtige Entscheidungen blockiert und mitunter sogar Stillstand erzwingt.

Diesen Risiken stehen jedoch auch einige Chancen gegenüber, dass sich der Dollar auch weiterhin als unangefochtene Leitwährung behaupten kann. So sind die bestehenden US-Forderungen gegenüber ausländischen Schuldnern weitaus höher als die Staatsverschuldung auf Bundesebene. Diese konnte zudem durch Ausgabenkürzungen und Sparprogramme seit 2011 deutlich reduziert werden und ist mit etwas mehr als 100 % des BIP im internationalen Vergleich zwar immer noch sehr hoch, aber keinesfalls auf einer Spitzenposition. Weiterhin darf der Zustand der US-Volkswirtschaft nicht allein an der Wachstumsrate des BIP beurteilt werden, womit der hohe Umsatz und die sprudelnden Gewinne der im Ausland tätigen US-Unternehmen unberücksichtigt bleiben. Die Attraktivität des US-Finanzmarktes ist aufgrund der vielfältigen Anlagemöglichkeiten für ausländische Akteure auch weiterhin konkurrenzlos. Damit ist dieser auch auf längerfristige Sicht eine tragende Säule der Dollardominanz. Es ist auch keineswegs eine Zwangsläufigkeit, dass die ausländische Nachfrage nach Dollar zu einer immer höheren Kreditaufnahme und einem daraus resultierenden Anwachsen des US-Leistungsbilanzdefizits führen muss. So könnte die US-Regierung ihre Kreditaufnahme verstärkt kurzfristig vornehmen und einen Teil dieses Kapitals wiederum langfristig ins Ausland verleihen oder investieren. Ohnehin müssen die aufgenommenen Kredite nicht aus dem laufenden Haushalt zurückgezahlt werden, solange der Dollar als Leitwährung fungiert. Darüber hinaus ist der Finanzsektor mittlerweile für alle anderen Wirtschaftsbereiche wie dem Energie, Technologie-, oder Industriesektor von grundlegender Bedeutung. Neben der bestehenden Pfadabhängigkeit liegen die strukturellen Voraussetzungen der Dollardominanz in den langfristig angelegten Investitionen begründet, die in der wachsenden digitalen Wirtschaft und im Datenverkehr getätigt werden und die gegenüber dem Güterverkehr immer wichtiger werden. Bei softwarebasierten Dienstleistungen wie *cloud computing, e-commerce* sowie auf dem wachsenden Markt der sozialen Medien sind US-Unternehmen weltweit führend.

Trotz des rasanten Aufstiegs neuer Mächte in Europa und Asien bleiben deren Volkswirtschaften kurz- bis mittelfristig auf den Dollar angewiesen. Auch der von der Volksrepublik China vorangetriebene Aufbau alternativer Finanzinstitutionen wie der Asiatischen Infrastruktur-Investitionsbank oder der Neuen Entwicklungsbank der sogenannten BRIC-Staaten (Brasilien, Russland, Indien und China) sollte nicht darüber hinwegtäuschen, dass der Abstieg des Dollars zu einer verhandelten Währung nicht unmittelbar bevorsteht. Zwar wertete der IWF die chinesische Währung (Renminbi) im Dezember 2015 zu einer der nunmehr fünf Weltreservewährungen auf. Und auch dessen Anteil bei der Abwicklung und Buchung der chinesischen Leistungs- und Finanztransaktionen steigt kontinuierlich an. Absolut betrachtet beträgt der Anteil des Renminbi am chinesischen Welthandel jedoch weniger als 10 % und bei Zahlungsabwicklungen über SWIFT bisher lediglich rund 1 %. Ohnehin betreffen diese Aktivitäten nicht die für den Status einer Leitwährung entscheidende Rolle eines Wertaufbewahrungsmittels. Auch der Euro wird auf absehbare Zeit keine Alternative zum Dollar darstellen, da dessen Währungszone durch ihre supranationale Struktur strukturell geschwächt ist. So stehen die unterschiedlichen wirtschaftlichen Voraussetzungen in den einzelnen Mitgliedsstaaten sowie der Mangel an einer einheitlichen europäischen Fiskal, Steuer- und Wirtschaftspolitik dem Aufstieg zu einer ernsthaften Alternative zum Dollar bislang noch entgegen. Damit bleiben die Geländegewinne der möglichen Herausforderer des Dollars auf die Abwicklungs- und Buchungsrollen begrenzt. Bei Marktturbulenzen und Finanzkrisen ist der Dollar auch weiterhin das meistgesuchte Wertaufbewahrungsmittel.

Auch für jene Unternehmen, die sich vor unilateralen Finanzsanktionen als langem Arm der US-Regierung schützen wollen, darunter vor allem international agierende Banken, stellt der gerade erst begonnene Aufbau alternativer Zahlungssysteme wie dem China International Payment System (CIPS) oder die von der russischen Regierung angekündigte Alternative zu SWIFT kurzfristig keinen gangbaren Ausweg dar. Dennoch sind diese Versuche, die Dollardominanz zu umgehen, für die Vereinigten Staaten weit mehr als nur eine abstrakte Gefahr. Gleichzeitig sind die politischen und militärischen Allianzen mit wichtigen Verbündeten in Europa und Asien weitaus pflegeaufwendiger geworden. Im Vergleich zur Zeit des Kalten Krieges ist heutzutage eine breit angelegte Finanzdiplomatie vonseiten der US-Administration gefordert, um die Verbündeten kontinuierlich von einer Unterstützung des US-Dollars zu überzeugen. Ungeachtet dieser wachsenden Risiken bleibt in der Zusammenschau festzuhalten, dass auch eine Schwächung des Dollars in einzelnen Rollen nicht automatisch einem Verlust des Status als Leitwährung gleichkäme. Letztlich bestimmt das Handeln der politischen Verantwortlichen in Washington darüber, ob der Dollar auch in absehbarer Zeit die internationalen Währungsbeziehungen dominieren wird oder nicht (Eichengreen 2010).

Literatur

Bank for International Settlements. (2013). Triennial Central Bank Survey. Foreign Exchange Turnover in April 2013: Preliminary Global Results. http://www.bis.org/publ/rpfx13fx.pdf. Zugegriffen: 3. Nov. 2016.

Broz, J. L. (1997). *The International Origins of the Federal Reserve System.* Ithaca: Cornell University Press.

Cohen, B. J. (1971). *The Future of Sterling as an International Currency.* London: Macmillan.

Cohen, B. J. (1998). *The Geography of Money.* Ithaca: Cornell University Press.

Cohen, B. J. (2015). *Currency Power: Understanding Monetary Rivalry.* Princeton: Princeton University Press.

Eichengreen, B. J. (2010). *Exorbitant Privilege: The Rise and Fall of the Dollar and the Future of the International Monetary System.* New York: Oxford University Press.

Goldman, L. & Tille, C. (2006). *The International Role of the Dollar and Trade Balance Adjustment.* Washington D. C.: Group of Thirty.

International Chamber of Commerce. (2015). Rethinking Trade and Finance. An ICC Private Sector Development Perspective. file:///C:/Users/wmc498/Downloads/ICC%20Global%20Trade%20and%20Finance%20Survey%202015.pdf. Zugegriffen: 3. Nov. 2016.

International Monetary Fund. (2014). Annual Report on Exchange Arrangements and Exchange Restrictions. http://www.imf.org/external/pubs/nft/2014/areaers/ar2014.pdf. Zugegriffen: 3. Nov. 2016.

International Monetary Fund. (2016). Currency Composition of Official Foreign Exchange Reserves (COFER). http://data.imf.org/?sk=E6A5F467-C14B-4AA8-9F6D-5A09EC4E62A4. Zugegriffen: 3. Nov. 2016.

Kirshner, J. (1997). *Currency and Coercion: The Political Economy of International Monetary Power.* Princeton: Princeton University Press.

Strange, S. (1988). *States and Markets.* New York: Basil Blackwell.

United States Department of the Treasury. (2016). Major Foreign Holders of Treasury Securities. http://ticdata.treasury.gov/Publish/mfh.txt. Zugegriffen: 3. Nov. 2016.

Weiterführende Literatur

Broz, J. L. (1997). *The International Origins of the Federal Reserve System.* Ithaca: Cornell University Press. (In diesem Werk wird die Internationalisierung des Dollars als treibende Kraft bei der Gründung der US-Notenbank hervorgehoben und das dafür notwendige Zusammenwirken der Unterstützer einer solchen Politik auf Seiten von Wirtschaft und Politik herausgestellt.)

Cohen, B. J. (1971). *The Future of Sterling as an International Currency.* London: Macmillan. (In diesem Werk entwickelt der Autor die bis heute gebräuchliche Typologie der sechs verschiedenen Rollen einer Währung.)

Cohen, B. J. (2015). *Currency Power: Understanding Monetary Rivalry.* Princeton: Princeton University Press. (In dieser synthesehaften Zusammenschau seiner über 40 Jahre währenden Beschäftigung mit internationaler und US-amerikanischer Währungspolitik untersucht der Autor die Wechselbeziehung von Währung und Macht. Dabei zeichnet er ein eingehendes und verständliches Bild der grundlegenden Aspekte internationaler Währungsbeziehungen und deren dazugehöriger Machtdimension und -mechanismen.)

Eichengreen, B. J. (2010). *Exorbitant Privilege: The Rise and Fall of the Dollar and the Future of the International Monetary System.* New York: Oxford University Press. (Vor dem Hintergrund einer verständlich geschriebenen Darstellung über den Aufstieg des Dollars zur Leitwährung diskutiert der Autor das Szenario eines zukünftigen multipolaren Währungssystems, ausgehend von der weltweiten Finanzkrise 2007/2008.)

Kirshner, J. (1997). *Currency and Coercion: The Political Economy of International Monetary Power.* Princeton: Princeton University Press. (Ein Standardwerk zum strategischen Einsatz von Währungen, das neben dem Bereich von Finanzsanktionen auch die Manipulierung von Wechselkursen sowie das Ausnutzen von Währungsabhängigkeiten anhand detaillierter historischer Fallstudien untersucht.)

Strange, S. (1971). The Politics of International Currencies. World Politics *Bd. 23*, Nr. 2, S. 215–231.

Strange, S. (1971). *Sterling and British Policy.* Oxford: Oxford University Press. (In diesem Werk entwickelt die Autorin ein idealtypisches und hierarchisch gegliedertes Ordnungsschema von Währungen und erläutert die dafür maßgeblichen Eigenschaften und Machtverhältnisse.)

Strange, S. (1988). *States and Markets.* New York: Basil Blackwell. (In diesem Werk entwickelt die Autorin das Konzept von struktureller Macht, das seither in der Literatur prominente Verwendung erfährt.)

Handelspolitik

Andreas Falke

---

1 Einleitung

Die Außenhandelspolitik der USA lässt sich in vier Dimensionen analysieren:

a) der *innenpolitisch-institutionellen Dimension,* d. h. dem für die Handelspolitik einschlägigen Entscheidungssystem;
b) der *Dimension Marktöffnung/Marktabschottung,* d. h. dem Wunsch wirtschaftlicher Akteure, sich Marktchancen zu eröffnen bzw. Konkurrenz aus dem Ausland abzuwehren;
c) der *außenpolitischen Dimension,* d. h. dem Versuch der Exekutive, Handelspolitik als Instrument der geopolitischen Strategie der USA zu nutzen;
d) der *systemischen Dimension* in Bezug auf das Welthandelssystem, d. h. die Frage, welche Beiträge die USA zur Aufrechterhaltung des multilateralen WTO/GATT-Systems leistet.

Alle vier Dimensionen werden im Folgenden unter strukturellen und historischen Aspekten analysiert.

Wesentlich für die Handelspolitik ist, dass sie auf der Schnittstelle von Innen- und Außenpolitik angelegt ist und sehr viel stärker gesellschaftlichen Interessen (Unternehmen, Verbänden, Gewerkschaften, regionalen Interessenkonstellationen und zivilgesellschaftlichen Organisationen) Raum einräumt als dies in wirtschaftsfernen außen- und sicherheitspolitischen Entscheidungsprozessen der Fall ist. Dies bedeutet einen geringeren Entscheidungsspielraum für exekutive Akteure

---

A. Falke (✉)
Friedrich-Alexander-Universität Erlangen-Nürnberg, Nürnberg, Deutschland
E-Mail: Barbara.Haefner@wiso.uni-erlangen.de

© Springer Fachmedien Wiesbaden GmbH 2017
T. Jäger (Hrsg.), *Die Außenpolitik der USA,* Studienbücher Außenpolitik und Internationale Beziehungen, DOI 10.1007/978-3-531-93392-4_13

und eine stärkere Einbindung des Kongresses. Handelspolitik, die ein technisch komplexes Politikfeld ist, ist auch längst nicht mehr Domäne von Experten, sondern ist besonders seit dem nordamerikanischen Freihandelsabkommen NAFTA starker Politisierung und Parteienwettbewerb ausgesetzt (Greven 2015, S. 312–317). Trotz dieser starken innenpolitischen Determinierung haben die USA sich auch immer als Stütze für das Welthandelssystem verstanden: Der Multilateralismus des WTO/GATT-Systems im Sinne eines regelgeleiteten Handelssystems ist ohne das Engagement der USA nicht denkbar, doch suchen die USA auch Initiativen wie bilaterale oder regionenspezifische Freihandelsabkommen, wenn das multilaterale System ihren Bedürfnissen nicht entspricht und innenpolitische Klientele nur so zufrieden zu stellen sind.

2 Die institutionelle Dimension: Das innenpolitische Entscheidungssystem der Handelspolitik – Trade Promotion Authority und die Rolle des Kongresses

Nach der amerikanischen Verfassung (Art. I, Abschn. 8) fällt es in die Zuständigkeit des Kongresses, den Handel mit anderen Ländern zu regulieren. Für die Verhandlungen ist allerdings die Exekutive, das Amt des Handelsbeauftragen (United States Trade Representative – USTR) zuständig, das im Exekutivbüro des Präsidenten ihm direkt unterstellt ist. Der Kongress hatte jedoch schon in den 30er Jahren die Zollfestsetzung innerhalb gewisser Vorgaben an die Exekutive delegiert, damit diese in Verhandlungen zu reziproken Zollsenkungen in Handelsverträgen kommen konnte. Da es aber bei Handelsliberalisierung längst nicht mehr um den Abbau von Zollschranken geht, sondern um die Beseitigung von nicht-tarifären Hindernissen, die häufig in gesetzlichen Bestimmungen verankert sind, musste ein Verfahren gefunden werden, eine Gesetzesanpassung nach Maßgabe der Ergebnisse von Handelsliberalisierung vorzunehmen. Dies ist seit dem Trade Act of 1974 das sogenannte *Fast-track*-Verfahren, heute als Trade Promotion Authority (TPA) bezeichnet. Der Kern dieses Verfahrens bei der Umsetzung einer internationalen Handelsvereinbarung ist der Verzicht des Kongresses auf bestimmte verfahrensmäßige Rechte: Mit der Akzeptanz des Verfahrens erklärt er sich bereit, die Vorlage des Präsidenten beschleunigt innerhalb von strengen Fristen zu behandeln und auf Veränderungen oder Ergänzungen *(amendments)* und Verfahrensverschleppungen *(filibuster)* zu verzichten und sie in einer einfachen Abstimmung in beiden Häusern mit einfacher Mehrheit entweder zu akzeptieren oder abzulehnen *(up-or-down vote)*. Nur auf diese Weise kann die USA in internationalen Freihandelsverhandlungen gegenüber den Verhandlungspartnern als verlässlicher Ratifizierungspartner auftreten. *Fast-track* bzw. TPA ist somit Grundlage für glaubwürdige Verhandlungsführung (Janusch 2016, S. 10–14). Der Kongress sichert sich im Gegenzug einen gewissen Einfluss auf die Agenda-Setzung in der Handelspolitik.

TPA wird nicht auf Dauer, sondern auf Antrag des Präsidenten durch Gesetz nur für einen bestimmten Zeitraum gewährt. Zudem knüpft der Kongress an die Gewährung Bedingungen: Konsultations- und Notifikationspflichten, Einrichtung eines komplizierten Geflechtes von gesellschaftlichen Beratungsinstanzen von Unternehmen, Gewerkschaften und Umweltverbänden (Trade Advisory Committees) und schließlich Berichterstattungspflichten über die Auswirkungen von Freihandelsabkommen (Janusch 2016, S. 11; CRS 2015, S. 22). Schließlich legt der Kongress in einem TPA-Gesetz auch Verhandlungsziele für die Administration fest, sodass bei einem TPA-Gesetz durchaus von der Erteilung einer Verhandlungsvollmacht gesprochen werden kann. Der Umfang und die Präzisierung der Verhandlungsziele schwanken stark. Seit Ende der 90er Jahre haben vor allem die Demokraten darauf gedrängt, Sozial-, Umwelt- und Menschenrechtsstandards in Handelsabkommen zu verankern. Ansatzpunkt dafür war stets das TPA-Gesetz. Der Präsident und die Exekutive können zwar immer Verhandlungen mit anderen Ländern oder in der WTO führen, glaubhaft und mit Aussicht auf Erfolg kann das jedoch nur mit Gewährung von TPA geschehen. Nur dann sind Vereinbarungen innenpolitisch umsetzbar und ratifizierbar.

Aus diesen Gründen ist TPA viel mehr ein Mechanismus der Handelspolitik in einem System der strikten Gewaltenteilung. Es wird praktisch zum Gradmesser für die Legitimität und gesellschaftliche Akzeptanz von Handelsliberalisierung und zum Kristallisationspunkt der Auseinandersetzung um die Rolle der USA in einer globalisierten Weltwirtschaft. Parteipolitisch ist TPA äußerst umstritten und wird zur Scheidelinie zwischen Republikanern und Demokraten, wobei Republikaner in der Regel für Handelsliberalisierung eintreten, die Demokraten dagegen, besonders wenn sie sich gewerkschaftlichen Klientelen oder Umweltgruppen verpflichtet fühlen, sie ablehnen, bzw. ihr nur unter restriktiven Bedingungen zustimmen. Eine Sonderrolle haben dabei demokratische Präsidenten wie Bill Clinton und Barak Obama gespielt, die einerseits auf die Bedürfnisse der demokratischen Abgeordneten im Kongress und deren Wählerschaft Rücksicht nehmen müssen, andererseits übergeordnete Gesichtspunkte wie die Marktchancen amerikanischer Unternehmen auf den Weltmärkten und die geostrategischen Implikationen von Freihandelsabkommen mit strategisch wichtigen Partnern in ihr Kalkül einbeziehen müssen. Abstimmungen zur TPA sind deshalb seit der Clinton-Administration höchst kontrovers und im Ausgang knapp ausgefallen.

Bei der letzten Initiative zur Erneuerung der TPA im Juni 2015 gelang Präsident Obama die Erneuerung nach höchst kontroverser Debatte nur mithilfe republikanischer Abgeordneter und Senatoren. Ausschlaggebend waren der Sieg der Republikaner bei den Kongresswahlen 2014 und die Unterstützung der Vorlage durch die republikanische Parteiführung, insbesondere durch Speaker Paul Ryan. Das Repräsentantenhaus stimmte der Ermächtigung knapp mit 218:208 zu. Obama musste vor allem ein bestimmtes Quorum von Stimmen aus der eigenen Partei erreichen und setzte dabei auf schon ausgehandelten Bestimmungen im Transpacific-Partnership-Abkommen zu Umwelt- und Sozialstandards, die einen Ausgleich der unterschiedlichen sozial- und umweltpolitischen Niveaus in asiatischen Entwicklungsländern erreichen sollten. Die kurz darauf einsetzende Kampagne gegen Freihandelsabkommen im Wahlkampf 2016 der beiden Außenseiter Trump und Sanders, die auf große Resonanz bei weniger gebildeten und von Arbeitsplatzverlusten bedrohten Wählern stieß, zeigte, wie brüchig der Konsens in der Handelspolitik geworden ist. Selbst Hillary Clinton, die als Außenministerin TPP noch aktiv unterstützt hatte, wandte sich jetzt gegen die Freihandelspolitik Obamas (Falke 2016). Die politische Auseinandersetzung über die Trade Promotion Authority kann als Gradmesser für die Zustimmung oder Ablehnung zur Einbindung der USA in globale Strukturen und für die Bereitschaft dazu dienen, die dadurch erforderlich gewordenen Strukturveränderungen zu akzeptieren.

3 Dimension Marktöffnung/Marktabschottung: Öffnung von Märkten und Abwehr von Konkurrenz als Ziele der Handelspolitik

Wenn die Debatte über Handelspolitik als Symptom von der Auswirkung der Globalisierung auf die amerikanische Gesellschaft verstanden werden kann, so ist sie auch und vor allem ein Instrument, amerikanischen Firmen neue Marktchancen zu eröffnen, ihre Einbindung in globale Wertschöpfungsketten zu verbessern, aber auch Firmen vor ausländischer Konkurrenz zu schützen. Die USA haben offensive wie defensive Interessen. Zu den offensiven Interessen gehören heute die fortgeschrittenen amerikanischen Technologiekonzerne, die Pharmabranche und alle Sektoren, deren Wertschöpfung auf einem hohen Anteil von geistigen Eigentumsrechten beruht (Patente, Markenzeichen, Copyrights), sowie der Dienstleistungssektor. Die Landwirtschaft hat mit einigen Ausnahmen offensive Interessen – abhängig davon, wie wettbewerbsfähig sie in verschiedenen Sektoren ist. Auch kann sie die Handelspolitik immer zur Verteidigung ihres relativ hohen Subventionsniveaus in Anspruch nehmen. Zu den defensiven Sektoren gehören die traditionellen Industriezweige (Stahl, Metallverarbeitung, Maschinenbau, Automobile, Textilien und Bekleidung), die erhebliche Marktanteile an ausländische Anbieter verloren haben und die größten Arbeitsplatzverluste zu verzeichnen hatten.

Seit den ersten GATT-Runden bis zum Abschluss der Uruguay Runde hatten die offensiven Kräfte ein Übergewicht, was sich in einem massiven Zollabbau für Industrieprodukte niederschlug. Der amerikanische Durchschnittszollsatz für Industriegüter beläuft sich heute auf 3,3 %. Nur noch in einigen Bereichen wie Textilien (bis zu 40 %), Kleinlastwagen, Keramik und in der Landwirtschaft gibt es Spitzenzölle (Krist 2013, S. 97–100). Die USA waren der Haupttreiber, die Industriezölle zwischen den entwickelten Nationen zu senken. Da nach dem Meistbegünstigungsprinzip im WTO/GATT-System einmal gewährte Vorteile allen Mitgliedern zu gewähren sind, kommen die Zollsenkungen nicht nur den Handelspartnern aus Industrieländern zugute, sondern auch den Schwellenländern, was nicht unproblematisch ist für Sektoren, die arbeitsintensive Industriegüter herstellen. Außenzölle gewähren also wie in fast allen fortgeschrittenen Industriestaaten nur noch bedingt Schutz. Schutzinstrumente wie Anti-Dumping und Anti-Subventionsmaßnahmen stehen nur bedingt und unter Einhaltung bestimmter Bedingungen und prozeduraler Anforderungen zur Verfügung (Krist 2013, S. 44–46). Schutz gewähren können heute nur noch nicht-tarifäre Barrieren, insbesondere technische Standards und Normen.

Zu den exportstärksten Sektoren gehört die amerikanische Landwirtschaft, die 2014 die höchsten Ausfuhren und einen Überschuss von 43,3 Mrd. US$. zu verzeichnen hatte. Allerdings sind seitdem die Exporte aufgrund des starken Dollars, geringerer Nachfrage in China und den Schwellenländern und aufgrund der ausländischen Konkurrenz rückläufig und drohen 2016 auf 6,5 Mrd. US$ zu fallen, was den amerikanischen Farmsektor veranlasst, auf weitere Marktöffnung in Handelsverträgen wie TTP (Transpacific Partnership) und TTIP (Transatlantic Trade and Investment Partnership) zu drängen. Die USA exportieren durchschnittlich 20 % der Wertschöpfung im Farmsektor und leisten einen wichtigen Beitrag zur Handelsbilanz der USA (CRS 2016a).

Im Güterhandel weisen die USA ein chronisches Defizit aus, das durch Überschüsse in der Dienstleistungsbilanz nur geringfügig korrigiert wird. Mit den wichtigsten Handelspartnern weist die USA ein Defizit auf, wobei besonders das Defizit mit China zum Politikum geworden ist (Tab. 1, 2).

Die große Zahl von präferenziellen Freihandelsabkommen haben zu einer weiteren reziproken Marktöffnung geführt, aber auch amerikanischen Unternehmen die Möglichkeit eröffnet, geistige Eigentumsrechte in ausländischen Märkten besser zu schützen und ihre Dienstleistungen anzubieten. Auch gelang es ihnen, einen weitgehenden Investitionsschutz einschließlich für sie vorteilhafter Schlichtungsmechanismen durchzusetzen. In einer wissensbasierten Volkswirtschaft spielen in den fortgeschrittenen Technologiesektoren wie Pharmazie, Software

Tab. 1 Handels- und Leistungsbilanz der USA. (Quelle: Eigene Darstellung. Daten aus U. S. Department of Commerce, U. S. International Trade Commission und U. S. Bureau of Economic Analysis)

Year	Exports	Imports	Merchandise Balance	Exports of Goods and Services	Imports of Goods and Services	Balance on Primary and Secondary Income	Current Account Balance
2007	1.1162,7	1.953,7	−821,0	1.653,5	2.358,9	−13,3	−718,6
2008	1.300,1	2.100,1	−800,0	1.841,6	2.550,3	17,9	−690,8
2009	1.056,9	1.557,9	−501,0	1.583,1	1.966,8	−0,2	−384,0
2010	1.278,5	1.913,9	−635,4	1.853,6	2.348,3	52,7	−442,0
2011	1.482,5	2.208,0	−725,5	2.127,0	2.675,6	88,3	−460,4
2012	1.545,8	2.276,3	−730,5	2.216,5	2.754,1	87,1	−450,0
2013	1.578,4	2.268,4	−690,0	2.280,2	2.756,6	101,6	−376,8
2014	1.620,5	2.347,7	−727,2	2.849,2	2.851,5	118,8	−389,5
2015	1.504,6	2.241,7	−737,1	2.236,2	2.763,4	55,7	−484,1

Tab. 2 Die führenden USA Handelspartner im Güterhandel und die Handelsbilanz. (Quelle: Eigene Darstellung. Daten aus U. S. Department of Commerce, dargestellt nach Census Bureau)

Rank	Country	Total Trade	U. S. Exports	U. S. Imports	U. S. Balance
	World	598	1,505	2,241	−736
1	China	576	116	482	−365
2	Canada	531	280	295	−15
3	Mexico	194	236	295	−58
4	Japan	174	63	131	−69
5	Germany	115	50	124	−74
6	South Korea	114	44	72	−28
7	United Kingdom	78	56	58	−1.4
8	France	67	30	48	−18
9	Taiwan	66	26	41	−15
10	India	−	22	45	−23

und digitale Prozesstechnik geistige Eigentumsrechte eine immer größere Rolle. Wenn globale Wertschöpfungsketten in diesen Sektoren immer wichtiger werden, dann ist eine Strategie plausibel, internationale Wertschöpfungsketten durch entsprechende Standards in Freihandelsverträgen abzusichern.

Seit 1988 haben die USA 20 bilaterale bzw. regionale Freihandelsabkommen abgeschlossen, überwiegend mit kleineren Ländern von niedrigem Entwicklungsstand.[1] Hier musste die USA Marktzugang gewähren, der über den MFN-Standard in der WTO hinausging. Kritiker des Bilateralismus, besonders aufseiten der Gewerkschaften und globalisierungskritischer Forschungsinstitutionen bemängeln jedoch nicht nur die günstigen Marktzugangskonditionen, sondern auch, dass die erweiterten Bestimmungen über geistiges Eigentum (Patentschutz, Urheberrechte, Copyrights), Investitionen und Dienstleistungen die Schaffung von globalen Wertschöpfungsketten großer amerikanischen Konzerne und damit die Verlagerung von Arbeitsplätzen und Produktionsstrukturen ins Ausland begünstige. Die Freihandelspolitik kam in den letzten 25 Jahren überwiegend größeren forschungsstarken und innovativen multinationalen Konzernen zugute, während Industrien, die auf den Einsatz gering qualifizierter Arbeitskräfte beruhen (Textilien, Bekleidung, Leichtindustrie) und geringere Produktivität aufweisen, Verluste zu verzeichnen hatten und/oder ihre Produktion ins Ausland verlagerten. Allerdings sind nicht alle Arbeitsplatzverluste auf ausländische Konkurrenz zurückzuführen, sondern auch darauf, dass die einheimische Industrieproduktion durch Rationalisierung kapitalintensiver geworden ist. Auch ist die regionale Auswirkung der Freihandelspolitik sehr unterschiedlich, wobei Staaten im Westen und Südwesten der USA (Kalifornien, Washington, Texas) sowie New York und Illinois wesentlich mehr von Handelsliberalisierung profitiert haben als die klassischen Industriestaaten des mittleren Westens (Missouri, Ohio, Michigan) (CRS 2015, S. 16–17).

An dieser Grundsatzkritik konnte auch die Einbeziehung von Arbeits- und Sozialstandards wenig ändern. Im Kongress hatten die Demokraten 2007 nach Erringung der Mehrheit in beiden Häusern in Verhandlungen mit der Bush Administration durchgesetzt, dass in den anstehenden Verhandlungen mit Panama, Kolumbien und Peru eine Anhebung der Arbeits- und Sozialgesetze erreicht werden sollte und im Prinzip alle Kernnormen der Internationalen Arbeitsorganisation (nicht nur die, die die Handelspartner ratifiziert hatten) in Handelsverträgen zu beachten seien. Verletzungen dieser Normen sollten wie die Verletzung der engeren Marktzugangsbestimmungen sanktionsbewährt und dem normalen

---

[1]Die Ausnahmen sind Kanada, Australien und Südkorea. Siehe den Überblick bei Krist (2013, S. 15; CRS 2015, S. 26).

Streitschlichtungsverfahren unterworfen sein. Eine ähnliche Diskussion gab es bei der Frage der Berücksichtigung von Umweltstandards (Janusch 2016, S. 125–136). Die Bestrebungen Umwelt- und Sozialstandards in Handelsabkommen zu verankern, können nicht nur als Ausdruck eines sozial- und umweltreformerischen Transnationalismus verstanden werden, sondern als eine indirekte Kostensteigerung für Anbieter aus Entwicklungs- und Schwellenländern und damit als eine indirekte Form des Protektionismus. Aus diesem Grunde werden derartige Klauseln auch als Versuche der Angleichung der Konkurrenzbedingungen *(levelling the playing field)* verkauft.

Ein weiterer protektionistischer Schwerpunkt ist die Benachteiligung ausländischer Anbieter im öffentlichen Auftragswesen durch den Buy American Act von 1933, der bei Ausschreibungen den Angeboten inländischer Anbietern automatisch Preisvorteile einräumt und nur sehr lückenhaft durch Handelsverträge eingeschränkt werden kann. Noch gravierender ist der Protektionismus im öffentlichen Auftragswesen auf subnationaler Ebene. Hier blockieren Bundesstaaten und Kommunen durch die Unterstützung ihrer lokalen Abgeordneten in Washington eine breite Liberalisierung (CRS 2016b). Andere systematische Beschränkungen betreffen Transportdienstleistungen im maritimen Schiffsverkehr durch den Jones Act. Auch gilt das System der privaten amerikanischen Standardsetzung als für ausländische Anbieter schwer zugänglich und damit als protektionistisch.

Trotz verbliebener versteckter und gesetzlicher Handelsbarrieren muss der amerikanische Markt als relativ offen gelten. Auch sind aggressive unilaterale Marktöffnungsinitiativen, wie sie in den 80er Jahren vor allem gegenüber Japan und anderen asiatischen Ländern üblich waren, kaum noch zu registrieren. Marktöffnungsimpulse werden überwiegend in Initiativen zu Freihandelsabkommen wie TPP und TTIP kanalisiert. Problematisch bleibt die Behandlung der Folgen von Handelsliberalisierung, vor allem die Abfederung ihrer Kosten, die durch Arbeitsplatzverluste entstehen. Erforderlich wären hier erheblich höhere Investitionen in Humankapital, also Aus- und Weiterbildung von Arbeitskräften, die in importsensitiven Industrien ihren Arbeitsplatz verloren haben. Doch sind die Etatansätze der dafür infrage kommenden Programme wie der Trade Adjustment Assistance (TAA) von 2010 bis 2015 von 1,8 Mrd. US$ auf 450 Mio. US$ gefallen (CRS 2015, S. 29), da die Republikaner, die sie als strukturerhaltend kritisieren, nicht bereit sind, sie auf dem erforderlichen Niveau aufrecht zu erhalten. Sinnvoller mag unter diesen Umständen die Kopplung von Ausbildungs- und Qualifizierungsprogrammen an Exportschwerpunkte in Großstadträumen mit erheblichem Exportpotenzial sein. Arbeitsplätze in exportorientierten Industrien sind wesentlich besser bezahlt als die, die nur für lokale Märkte produzieren (Istrate et al. 2011).

4 Die außenpolitische Dimension: Die geopolitischen Grundlagen der Handelspolitik

Die Handelspolitik der USA hat immer schon außen- und geopolitischen Imperativen gehorcht. Zumindest haben die USA versucht, kommerzielle Motive und geopolitische Anforderungen auf einen Nenner zu bringen. Zu Zeiten des kalten Krieges sahen Präsidenten wie Truman und Eisenhower Handelspolitik als integralen Bestandteil der Außenpolitik an. Es galt die Sowjetunion einzudämmen und die westlichen Alliierten wirtschaftlich zu stärken, indem man die wirtschaftliche Liberalisierung im Nachkriegseuropa förderte und den eigenen Markt stärker gegenüber den Alliierten öffnete. Dieser Ansatz war auf der Grundlage amerikanischer ökonomischer Hegemonie möglich und stieß erst an seine Grenzen als die Europäische Gemeinschaft einen starken Agrarprotektionismus entwickelte und Japan sich als starker Konkurrent in der modernen hochtechnologischen Industrieproduktion erwies (Pollard und Wells 1984, S. 334–390). Wenn auch mit der wirtschaftlichen Erholung der Alliierten die Dominanz außenpolitischer Entscheidungsträger gegenüber dem handelspolitischen Entscheidungssystem abnahm und kommerzielle Motive die Oberhand gewannen, hat die amerikanische Handelspolitik die Anbindung an außen- und geopolitische Kalküle nie verloren.

Selbst NAFTA diente nicht nur der Schaffung eines großen nordamerikanischen Marktes, sondern sollte den Nachbarn Mexiko politisch stabilisieren und zu Demokratisierung und Modernisierung beitragen und letztlich auch den Einwanderungsdruck mindern. Das gleiche gilt für das Abkommen mit den Ländern Zentralamerikas und der Dominikanischen Republik. Einzelne Freihandelsabkommen wie das mit Israel (1989) sollte den wichtigsten Alliierten der USA im Nahen Osten stützen. Die Abkommen mit Jordanien, Oman, Bahrain oder Marokko folgten eher außenpolitischen Überlegungen als den Imperativen verbesserten Marktzuganges. Auch der Start der Doha-Entwicklungsrunde in der WTO im November 2001 war stark von den Ereignissen des 11. Septembers bestimmt. Die USA wollten ein Signal für vertrauensbildende Maßnahmen setzen und Entwicklungsländern in instabilen Regionen wie dem Nahen Osten neue Chancen eröffnen (Krist 2011, S. 138–41).

Auch die gegenwärtigen handelspolitischen Initiativen der Obama-Administration, TPP und TTIP, zeigen die geopolitische Untermauerung der Handelspolitik. Die pazifische Initiative unterstreicht den Pivot to Asia, die Gewichtsverlagerung nach Asien, die Südost- und Ostasien als die kritische Weltregion aus geostrategischer Sicht begreift (Dyer 2014, S. 249–275). Ziel war es, ein geostrategisches und handelspolitisches Gegengewicht zu China zu schaffen. Dazu bot sich die TPP an, ein Freihandelsabkommen, das sich, von Brunei,

Chile, Neuseeland und Singapur angestoßen, mit dem Beitritt der USA, Japans, Malaysias, Vietnams, Australiens, Perus, Mexikos und Kanadas zu einem Großabkommen *(Mega–regional)* entwickelte. Auf dessen Partner entfallen mehr als ein Drittel des globalen Handels, fast 37 % der globalen Wirtschaftsleistung und 40 % des amerikanischen Güterhandels (Hamilton 2014, S. 82). Auffällig ist die Nicht-Berücksichtigung Chinas, die zwar nicht auf einem expliziten Ausschluss beruht, aber doch auf dem stillschweigenden Konsens der beteiligten Länder, dass TPP ein Instrument zur Kontrolle potenzieller chinesischer Dominanz in Asien darstellt. Das im Oktober 2015 unterzeichnete Abkommen steht für das fortgesetzte Engagement der USA im asiatischen Raum und verbindet ökonomische mit sicherheitspolitischen Motiven. Die Schnelligkeit, mit der dieses Abkommen zustande gekommen ist, erklärt sich aus der angespannten Lage, die sich durch die territorialen Ansprüche Chinas im süd- und ostchinesischen Meer ergeben. Die Obama-Administration hat ihr handelspolitisches Engagement auch nicht nur mit engen ökonomischen Interessen umschrieben. Sie hat TPP darüber hinaus mit der Setzung eines regulatorischen Rahmens gleichgesetzt, der Normen des westlichen Wirtschaftssystems gegenüber China verankern soll. Dies stellte Präsident Obama ausdrücklich in der *State-of-the-Union*-Ansprache 2015 fest:

> But as we speak, China wants to write the rules for the world's fastest-growing region. That would put our workers and our businesses at a disadvantage. Why would we let that happen? We should write those rules. We should level the playing field. That's why I'm asking both parties to give me trade promotion authority to protect American workers, with strong new trade deals from Asia to Europe that aren't just free, but are also fair (Obama 2015).

Handelspolitik und die geopolitische Gewichtsverlagerung nach Asien werden synchronisiert. Wenn jedoch mit TTP westliche Kernnormen etabliert werden sollen (Sicherung von geistigen Eigentumsrechten, Investitionsschutz), dann bietet sich an, die EU in das Konzept einzubinden, was mit den Verhandlungen zur Ausarbeitung von TTIP geschehen ist. Ein umfassendes Freihandelsabkommen mit der EU ergänzt die transpazifische Initiative und verstärkt durch Normensetzung in den beiden fortgeschrittensten Wirtschaftsräumen das Gegengewicht zu China und implizit auch zu anderen Schwellenländern wie Brasilien und Indien, die von den USA als wenig kooperativ eingeschätzt werden. Die USA haben sich damit in eine zentrale Position gebracht, in der sie im Mittelpunkt des transatlantischen wie des pazifischen Wirtschaftsraumes stehen (Falke 2016).

Diese gegen die Schwellenländer gerichtete Strategie zeigt die Rolle geostrategischer Überlegungen bei handelspolitischen Entscheidungen: zumindest die Auswahl der Partner wird von geostrategischen Gesichtspunkten bestimmt.

TTP und TTIP sind die Antworten der USA auf den Aufstieg Chinas. Ob die Strategie aufgeht, ist eine Frage des Verhandlungsverlaufes. Mit dem Abschluss von TPP ist jedenfalls eine Seite der Gleichung aufgegangen. Man kann durchaus argumentieren, dass die USA unter der Obama-Administration mit TPP und TTIP einen in sich stimmigen geo-ökonomischen Entwurf vorgelegt haben. Dies gilt ungeachtet der Frage, ob sich dieser Entwurf innenpolitisch ratifizieren lässt. Allerdings stellt die Verfolgung von regionalen Großabkommen *(Mega-regionals)* die Frage, welche Rolle die USA noch der multilateralen Handelsordnung unter der WTO zuschreiben.

5 Die systemische Dimension: Die Haltung der USA zum multilateralen GATT/WTO System

Seit dem Beginn des GATT/WTO Systems bis zur Uruguay-Runde haben die USA zu den Haupttriebkräften zur Etablierung eines regelgeleiteten Welthandelssystems gehört. Die Stagnation der Doha-Entwicklungsrunde der WTO in der ersten Dekade des 21. Jahrhunderts und die große Zahl von Freihandelsabkommen, die die USA seit der Jahrtausendwende verfolgt haben, deuten darauf hin, dass die WTO nicht mehr im Mittelpunkt der handelspolitischen Strategie der USA steht. Die USA stimmten zwar 2001 der Doha-Entwicklungsrunde in der WTO zu, doch geschah die Zustimmung eher aus außenpolitischen Erwägungen, nämlich aus der Überlegung, nach den Terrorangriffen vom 11. September ein positives, Vertrauen schaffendes Signal für globale Kooperation zu setzen. Allerdings verfolgten die amerikanischen Vertreter die Verhandlungen nicht mit der gleichen Intensität wie frühere Verhandlungsrunden. Die Kräfteverhältnisse im Welthandelssystem hatten sich mit dem Aufstieg der Schwellenländer (besonders China, Indien und Brasilien) verschoben. Waren in früheren Runden die EU, die USA und mit Einschränkungen Japan die wichtigsten Protagonisten, stellte sich die Lage jetzt wesentlich komplizierter dar. In der Vergangenheit bis zur Uruguay-Runde war ein transatlantischer Konsens immer die Grundlage für einen Abschluss der Verhandlungsrunden. Das multilaterale Handelssystem wies eine transatlantische Zentrierung auf und diente überwiegend zur Bearbeitung der Konflikte zwischen der EU und den USA (Wolfe 2015, S. 20). Auf dieser Grundlage lässt sich im neuen Jahrtausend kein Abschluss mehr erreichen.

Wenn auch die Konflikte zwischen der EU und den USA (über Zugang zum Agrarmarkt oder Lebensmittelregulierung) nicht völlig in den Hintergrund getreten sind, werden sie jetzt von einer Konfliktlinie zwischen Schwellenländern (unter Einschluss einiger weniger entwickelter Länder) und den westlichen

OECD-Staaten überlagert. Vor allem der Aufstieg Chinas hat die Kräfteverhältnisse im Welthandelssystem verändert. Schwellenländer wie Brasilien fordern
auch im Namen ärmerer Staaten eine drastische Reduzierung der westlichen
Agrarsubventionen, ohne im Gegenzug bei Industriezöllen (so genannter *non-
agricultural market access* oder NAMA) den Industriestaaten entgegen zu kommen. Entwicklungs- und Schwellenländer bilden in der WTO unter der Führung
von China, Brasilien und Indien einen einflussreichen Block (WTO G-20)[2], der
auch die Interessen der am wenigsten entwickelten Länder zumindest rhetorisch
einbezieht (Wolfe 2015, S. 15–16; Beringer 2015, S. 149–211).

Allerdings verbergen sich hinter der Phalanx der G-20-Staaten grundlegende
Interessenkonflikte, die vor allem mit dem Aufstieg Chinas zur einem führenden Exportland von Industriegütern verbunden sind (Wolfe 2015, S. 21). Länder
wie Brasilien und Indien fürchten vor allem die chinesische Importkonkurrenz,
da Zollerleichterung in der WTO unter der Meistbegünstigungsklausel allen Mitgliedern zustehen, nicht nur den westlichen Industrieländern, selbst wenn sie ihre
Agrarsubventionen beschränken würden. Deshalb lehnen sie eine Absenkung der
Industriezölle, wie sie die USA fordern, ab. Diese war nur eine von vielen Blo-
ckadekonstellationen, die einen Abschluss der Doha-Runde unwahrscheinlich
erscheinen lässt bzw. schon zum Scheitern gebracht hat. Die neue Blockbildung
in der WTO steht der Konsensbildung entgegen. De facto ist die Doha-Runde
seit 2008 nicht mehr funktionsfähig (Wolfe 2015, S. 11). Andere Konfliktlinien
zwischen Schwellenländern und den USA betreffen den geistigen Eigentums-
schutz (Patente, Copyright) und das öffentliche Auftragswesen, sowie erleichterten Marktzugang für die am wenigsten entwickelten Länder. Schließlich war
auch der Anspruch der Doha-Runde, eine Entwicklungsrunde zu sein, für den
Abschluss hinderlich. Die Ansprüche konzentrierten sich ganz auf die USA und
die entwickelten Länder, während die großen Schwellenländer sich nicht als
Adressaten für eine Marktöffnung gegenüber den weniger entwickelten Ländern
verstanden (sogenannte Süd-Süd-Liberalisierung). Für die USA bestand während
der Verhandlungen ein Problem auch darin, dass sie angesichts eines schon niedrigen Zollniveaus mit den avisierten Zollsenkungen die letzte Hebelwirkung bei
zukünftigen Verhandlungen verlieren würden. Die in den Verhandlungen vorge-
sehene Zollsenkungsformel senkte zudem die wenigen verbliebenen Spitzenzölle,
die in den USA sensitive Produkte und Sektoren schützen (Wolfe 2015, S. 11).

---

[2]Diese G-20 Gruppierung in der WTO ist von der G-20 Gruppierung der Industriestaaten
und der führenden Schwellenländer zu unterscheiden.

China stellt eine besondere Herausforderung dar angesichts des hohen Handelsdefizits, der dominanten Rolle von Staatsbetrieben, die von versteckten Subventionen profitieren und aufgrund des Schutzes durch Zentral- und Provinzbehörden den Marktzugang für amerikanische Firmen erschweren. Zu Beginn der Doha-Runde wickelten die USA 12 % ihres Außenhandels mit China ab, 2011 über 20 % (Wolfe 2015, S. 11). Doch es hat sich erwiesen, dass die Doha-Runde kein geeignetes Forum ist, um den Aufstieg Chinas zu bewältigen und die Probleme zu bearbeiten, die mit dem Aufstieg Chinas für das Welthandelssystem und die USA verbunden sind. Die USA haben die Verhandlungen auch aus diesem Grund nur mit gebremstem Enthusiasmus geführt, wenn sie auch nicht alleine für das de facto Scheitern der Runde verantwortlich sind. Der amerikanische Handelsbeauftragte Michael Froman hat im November 2015 die Doha-Runde im Sinne einer umfassenden Runde unter einem *single undertaking,* in dem alle Dossiers behandelt werden und alle Länder einen Beitrag leisten müssen, für beendet erklärt und zur Suche nach Alternativen aufgerufen (Froman 2015, S. 9).

Für die USA bestehen gegenwärtig wenige Anreize, in Vorleistung für einen Abschluss zu gehen. Damit sind die USA – wie die EU – immer weniger in der Lage, einen Beitrag zur Bereitstellung systemisch relevanter öffentlicher Güter zur Aufrechterhaltung eines liberalen multilateralen Handelssystems zu leisten. Die Alternativen sind begrenzte sektorale Abkommen in der WTO wie das Abkommen über Handelserleichterungen (trade facilitation) oder Informationstechnologie, die entweder zwischen einer Gruppe von Bereitwilligen geschlossen werden, die Vorteile aber allen zugängig machen (Critical Mass Trade Agreements), oder solche, wo die Vorteile nur gegenseitig gewährt werden, die aber offen für Nicht-Teilnehmer sind *(plurilaterals)* (Schmieg und Rudloff 2016, S. 4–7).

Für die USA ist diese minimalistische Rolle der WTO gegenwärtig die beste Lösung, zumal mit den in Aussicht stehenden Freihandelsabkommen wie TPP und TTIP sich Alternativen für Marktöffnungen auftun. Dieser relativ passive Ansatz in der WTO fügt sich auch in die Strategie gegenüber China ein, da Konzessionen an China ohne erhebliche Gegenleistungen gegenwärtig kaum vorstellbar sind. Aus Sicht der USA ist die WTO in der ersten Dekade des neuen Jahrhunderts ein immer weniger attraktiver Schauplatz für die Verfolgung ihrer handelspolitischen Interessen geworden. Gleichwohl ist sie nicht völlig irrelevant geworden, da begrenzte Abkommen in der WTO immer noch die Unterstützung der USA finden. Eine umfassende Führungsrolle mit Agenda-setzender Wirkung haben die USA jedoch nicht mehr. Wahrscheinlich könnten sie diese erst wieder einnehmen, wenn sie einen Modus Operandi mit China finden.

6   Konturen der amerikanischen Handelspolitik im 21. Jahrhundert

Mit TPP und TTIP haben die USA Antworten auf die Stagnation in der WTO gefunden. Den Abschluss des pazifischen Abkommens kann die Obama-Administration durchaus als einen Erfolg verbuchen. Handelspolitik und Geostrategie sind gut aufeinander abgestimmt. TPP unterstützt die Gewichtsverlagerung nach Asien und signalisiert, dass die USA nicht gewillt sind, China im pazifischen Raum das Feld zu überlassen. Aus außenpolitischer Sicht signalisiert TTIP, dass Europa nicht abgeschrieben ist. Handelspolitisch eröffnen beide Abkommen der USA die Möglichkeit, sowohl im pazifischen wie im transatlantischen Raum Regeln für Wertschöpfungsketten zu beeinflussen. In Asien gewinnen die USA präferenziellen Marktzugang gegenüber den Europäern, in Europa gegenüber den Asiaten. Mit diesem Ansatz hat sich die amerikanische Handelspolitik als durchaus handlungsfähig profiliert. Der Obama-Administration ist es auch gelungen, Trade Promotion Authority zu erreichen, die die Ratifizierung der Abkommen theoretisch ermöglicht.

Marktöffnung haben die USA seit 2000 durch eine Vielzahl von Freihandelsabkommen erreicht, wobei die größten Gewinne sich erst mit der Realisierung der beiden Großabkommen erzielen lassen sollten. Für bedrängte Industrien wie die Stahlindustrie schöpfen die USA von Anti-Dumping- und Anti-Subventionsverfahren voll aus. Die USA waren 2015 der größte Nutzer dieser Verfahren weltweit. Allerdings reichen die Initiativen nicht aus, um gefährdeten Wirtschaftszweigen ausreichend Schutz zu gewähren. Die Architektur der amerikanischen Handelspolitik wird weniger WTO-zentrisch werden und sich stärker auf regionale Großabkommen konzentrieren, bei denen die Blockadepotenziale geringer sind. In der WTO dagegen werden selektive Themen abgehandelt, die nur noch marginale Fortschritte für das multilaterale System bringen. Allerdings ist dieser Umstand nicht nur amerikanischen Präferenzen zuzuschreiben, sondern Ausdruck der gewachsenen Heterogenität des WTO-Systems, die umfassende Lösungen nicht mehr zulässt.

Die Achillesferse der amerikanischen Handelspolitik bleibt der Mangel an innenpolitischer Zustimmung. An beiden Enden des politischen Spektrums gibt es massive Kritik an Handelsliberalisierung, die nach Meinung der Kritiker zu Arbeitsplatzverlusten im Industriebereich geführt hat bzw. den Handelspartnern sehr viel günstigere Konditionen eingeräumt hat. Die Aussagen und Positionen zur Handelspolitik von Donald Trump bei den Republikanern und Bernie Sanders bei den Demokraten im Präsidentschaftswahlkampf 2016 deuten auf eine protektionistische Kehrwende hin. Trump will hohe Zölle auf mexikanische

Autoimporte und Strafzölle auf alle chinesischen Importe verhängen. Sanders will alle Freihandelsabkommen zur Disposition stellen. Hauptzielscheibe ist das pazifische Abkommen TPP, weniger die transatlantische TTIP Initiative, da es sich bei der EU um einen Partner handelt, der nicht niedrige Umwelt- und Sozialstandards aufweist.

Selbst Hillary Clinton, die als Außenministerin die Handelspolitik der Obama-Administration mitgetragen und gestaltet hat, ist dem gegenüber nicht immun geblieben und lehnt mit TPP ein Abkommen ab, das sie selbst einmal als den Goldstandard unter Handelsabkommen bezeichnet hat (Stevens 2016). Bezeichnend ist ein Dialog zwischen Hillary Clinton und Bernie Sanders in einer Wahlkampfdebatte Anfang März 2016:

CLINTON: Imports are bad.
SANDERS: Imports are VERY bad!
CLINTON: I oppose trade deals like CAFTA and the TPP!
SANDERS: I WILL OPPOSE ALL TRADE DEALS UNTIL OUR SUN IMPLODES.
CLINTON: Exports are good!
SANDERS: I suppose in theory exports are okay, but they benefit large corporations and so I AM CONFLICTED!
CLINTON: Still, to sum up, trade is bad. Except for exports.
SANDERS: TRADE AND WALL STREET AND MILLIONAIRES AND BILLIONAIRES AND CORPORATIONS ARE BAD (Drezner 2016; Hervorhebungen im Original).

Der Wahlkampf hat den handelspolitischen Diskurs so weit in eine protektionistische Richtung getrieben, die eine Ratifizierung von Freihandelsabkommen wie TPP (und TTIP) unwahrscheinlich erscheinen lässt. Dabei werden die Kosten der Aufkündigung der Liberalisierungspolitik, nämlich Gegenmaßnahmen der Handelspartner und Marktanteilsverluste amerikanischer Anbieter sowie Verwerfungen bei komplexen Wertschöpfungsketten und letztlich Verluste für amerikanische Konsumenten gar nicht thematisiert. Auch scheint die Diagnose der Freihandelskritiker fehlerhaft zu sein: Nur 15 % der Arbeitsplatzverluste bei Industrieunternehmen seit 2000 lassen sich auf Importkonkurrenz zurückführen, die restlichen 85 % auf Rationalisierung und Automation. Es ist eine Illusion, dass Industriearbeitsplätze durch Protektionismus zurückkehren. Sinnvoller wären flankierende sozialpolitische Maßnahmen wie ein höherer Mindestlohn und einkommensbezogene Lohnsubventionen. Larry Summers, ehemaliger Finanzminister unter Clinton und Berater von Barack Obama, hat angeregt, dass die amerikanische Handelspolitik von Freihandelsabkommen zu Harmonisierungsabkommen übergehe, die nicht mehr die Begünstigung ausländischer Produzenten, sondern die

Harmonisierung von Arbeits-, Sozial- und Umweltstandards zum Ziel hätten (Wolf 2016; Summers 2016). Offen würde hier aber bleiben, welche Gegenleistung die USA den Schwellen- und Entwicklungsländern anbieten müssten, wenn sie sich auf höhere westliche Standards einließen.

Unter der starken Kritik an Handelsliberalisierung dürfte sich die Umsetzung der geostrategischen Ziele der Außenhandelspolitik Obamas als äußerst schwierig erweisen. Das Projekt nuancierter und austarierter geo-ökonomischer Gegenmachtbildung gegen China findet in der Wählerschaft wenig Rückhalt, die eher für einen kruden Protektionismus zu gewinnen ist. Dass einseitiger Protektionismus Gegenreaktionen der Handelspartner hervorrufen wird und damit zu einem Handelskrieg mit Eskalationspotenzial führen könnte, wird kaum thematisiert. Scheitert TPP, dann bricht auch ein zentraler Baustein der Gewichtsverlagerung nach Asien weg. Zwar dürften sich die aggressiven Vorschläge von Donald Trump kaum durchsetzen, da sie mit den Positionen der meisten Republikaner im Kongress und der großen Unternehmen kollidieren, doch dürfte Handelspolitik für geraume Zeit in einen Zustand der Stagnation verfallen und als Instrument der geopolitischen Strategie und der Marktöffnung nicht zur Verfügung stehen.

Literatur

Beringer, S. L. (2015). *Handelspolitik in einer multipolaren Welt. Der wirtschaftliche Aufstieg Brasiliens und die handelspolitischen Beziehungen zu den USA.* Wiesbaden: VS Verlag für Sozialwissenschaften.

Congressional Research Service (CRS). (2015). U. S. Trade Concepts, Performance, and Policy. Frequently Asked Questions. https://fas.org/sgp/crs/misc/RL33944.pdf. Zugegriffen: 2. Dez. 2016.

Congressional Research Service (CRS). (2016a). Agricultural Exports and 2014 Farm Bill Programs: Background and Current Issues. https://fas.org/sgp/crs/misc/R43696.pdf. Zugegriffen: 2. Dez. 2016.

Congressional Research Service (CRS). (2016b). The Buy American Act: Preferences for "Domestic" Supplies: In Brief. https://fas.org/sgp/crs/misc/R43140.pdf. Zugegriffen: 2. Dez. 2016.

Drezner, D. (2016, 7. März). Bernie Sanders's Two Big Lies About the Global Economy. Washington Post. https://www.washingtonpost.com/posteverything/wp/2016/03/07/bernie-sanderss-two-big-lies-about-the-global-economy/?hpid=hp_no-name_opinion-card-e%3Ahomepage%2Fstory. Zugegriffen: 28. Nov. 2016.

Dyer, G. (2014). *The Contest of the Century. The New Era of Competition With China.* London: Penguin.

Falke, A. (2016). Free Trade and Mega-Regionals. Obama und die Ausweitung des Freihandels mit Europa. In *Zeitschrift für Außen- und Sicherheitspolitik* (i.E.).

Froman, M. (2015, 16. Nov.). Doha Has Failed: We Need a New Type of Global Trade Deal. *Financial Times*.

Greven, T. (2015). Nordamerikanisches Freihandelsabkommen (NAFTA). In A. Grimmel & C. Jakobeit (Hrsg.), *Regionale Integration* (S. 303–322). Wiesbaden: Nomos.

Hamilton, D. (2014). America's Mega-Regional Trade Diplomacy. Comparing TTP and TTIP. *The International Spectator: Italian Journal of International Affairs 49*(1), 81–97.

Istrate, E., Rothwell, J. & Katz, B. (2011). *Export nation: How U. S. metros lead national export growth and boost competitiveness*. Washington D.C.: Brookings.

Janusch, H. (2016). *Bilaterale Verhandlungen der Vereinigten Staaten über Freihandelsabkommen. Von der Clinton-Ära bis zur Obama-Administration*. Wiesbaden: VS Verlag für Sozialwissenschaften.

Krist, W. (2013). *Globalization and America's Trade Agreements*. Washington D.C.: Wilson Center.

Obama, B. (2015). Remarks of the President in State of the Union Address 2015. https://www.whitehouse.gov/the-press-office/2015/01/20/remarks-president-state-union-address-january-20-2015. Zugegriffen: 28. Nov. 2016.

Pollard, R. A. & Wells Jr., S. F. (1984). The Era of American Economic Hegemony: 1945–1960. In W. Becker (Hrsg.), *Economics and World Power* (S. 334–390). New York: Columbia University Press.

Schmieg, E. & Rudolff, B. (2016). *Die Zukunft der WTO nach der Ministerkonferenz in Nairobi*. Berlin: SWP.

Stevens, P. (2016, 7. Apr.). US Politics is Closing the Door on Free Trade. *Financial Times, S. 9*.

Summers, L. (2016, 11. Apr.). Build Support for Global Trade from the Bottom up. *Financial Times, S. 9*.

Wolf, M. (2016, 25. Mai). How to Defeat Rightwing Populism. Financial Times. S. 7.

Wolfe, R. (2015). First Diagnose, Then Treat: What Ails the Doha Round. In *World Trade Review, 14*(1), 7–28.

Weiterführende Literatur

Beringer, S. L. (2015). *Handelspolitik in einer multipolaren Welt. Der wirtschaftliche Aufstieg Brasilien und handelspolitischen Beziehungen zu den USA*. Wiesbaden: VS Verlag für Sozialwissenschaften. (Umfassende Fallstudie zu den Herausforderungen, die der Aufstieg eines der BRIC-Staaten für die Handelspolitik der USA im 21. Jahrhundert bedeutet, auf Basis des „soft-balancing" Paradigmas.)

Congressional Research Service (CRS). (2015). US. Trade Concepts, Performance, and Policy. Frequently Asked Questions. Washington D.C. (Grundlegende Studie zu quantitativen, qualitativen und institutionellen Faktoren, die die amerikanische Handelspolitik gegenwärtig prägen und dabei ökonomische, rechtliche und politische Aspekte gleichermaßen berücksichtigt.)

Dyer, G. (2014). *The contest of the century. The new era of competition with China.* London: Penguin. (Analyse eines führenden Wirtschaftsjournalisten zur amerikanischen Strategie angesichts des Aufstieg Chinas, die geo-ökonomische mit geo-strategischen Aspekten verknüpft.)

Falke, A. (2016). Free trade and mega-regionals. Obama und die Ausweitung des Freihandels mit Europa. In *Zeitschrift für Außen- und Sicherheitspolitik* (i.E.). (Kompakte Analyse zu den Motiven der USA in der Verfolgung einer transatlantischen Freihandelszone, die das Projekt als Reaktion der USA auf die Veränderungen im Welthandelssystem interpretiert.)

Janusch, H. (2016). *Bilaterale Verhandlungen der Vereinigten Staaten über Freihandelsabkommen. Von der Clinton-Ära bis zur Obama-Administration.* Wiesbaden: VS Verlag für Sozialwissenschaften. (Akribische Analyse aller Freihandelsabkommen der USA seit der Clinton-Administration, die sowohl Verhandlungsverlauf, Verhandlungsdossiers und die Behandlung im Kongress einbezieht. Ein Schwerpunkt liegt auf der Einbettung von Sozial-, Arbeits-, Umwelt- und Menschenrechtsnormen in Freihandelsverträgen und den politischen Auseinandersetzungen, die damit verbunden sind.)

Krist, W. (2013). *Globalization and America's trade agreements.* Washington D.C.: Wilson Center. (Umfassende Analyse der amerikanischen Handelspolitik seit dem GATT-Regime der 50ziger Jahre, die die Entwicklung von Multilateralismus, Regionalismus und Bilateralismus kritisch diskutiert, die Akteursstruktur analysiert und traditionelle Themen der Marktöffnung wie des Protektionismus behandelt.)

Wolfe, R. (2015). First diagnose, then treat: What ails the Doha round. In *World Trade Review 14*(1), 7–28. (Hervorragende Analyse zu den Gründen des Scheiterns der Doha-Runde in der WTO, die eine Reihe von Hypothesen durchspielt, die von den Veränderungen der Verhandlungsdynamik durch den Aufstieg der Schwellenländer, einer veränderten Koalitionsdynamik, problematischer Dossierverknüpfung bis zu abnehmenden Interessen an umfassenden multilateralen Lösungen seitens der USA reicht.)

Energiepolitik

Stephan Liedtke

1   Einleitung

Die Außenpolitik der USA ist in doppelter Weise energiepolitisch geprägt. Zum einen müssen amerikanische Entscheidungsträger die energiepolitischen Folgen ihrer außenpolitischen Entscheidungen und die energiewirtschaftlichen Implikationen weltweiter Ereignisse in ihre Überlegungen miteinbeziehen. Zum anderen ist die amerikanische Vormachtstellung in erheblicher Weise von einer ausreichenden Versorgung mit Erdöl beeinflusst und begünstigt worden: Die USA haben die Versorgung mit Erdöl zum Erhalt und Ausbau ihrer internationalen Machtstellung genutzt und zugleich hat diese Machtstellung ihnen wiederum ermöglicht, Einfluss auf wichtige Ölförderregionen auszuüben (Stokes und Raphael 2010). Grundsätzlich kann man zwischen inneren und äußeren Faktoren unterscheiden, die die Bedeutung des Themas Energie für die amerikanische Außenpolitik beeinflussen. Zum einen werden energiepolitisch relevante außenpolitische Entscheidungen im Inneren der USA von einer Vielzahl von Akteuren mit unterschiedlichen energierelevanten Kompetenzen und Zuständigkeiten beeinflusst. Dazu gehören die amerikanische Exekutive, also der Präsident und mehrere Ministerien und Bundesbehörden, ebenso wie die beiden Kammern des Kongresses. Zum anderen bestimmen energierelevante äußere Faktoren maßgeblich die außenpolitischen Erwägungen der USA. Dazu gehören beispielsweise die Preisentwicklungen auf den globalen Energiemärkten, der Bau von Pipelines, der

S. Liedtke (✉)
Universität zu Köln, Köln, Deutschland
E-Mail: stephan.liedtke@uni-koeln.de

© Springer Fachmedien Wiesbaden GmbH 2017   241
T. Jäger (Hrsg.), *Die Außenpolitik der USA,* Studienbücher Außenpolitik und
Internationale Beziehungen, DOI 10.1007/978-3-531-93392-4_14

Klimawandel, innere Unruhen in wichtigen Energie fördernden Staaten oder die Sicherheit wichtiger Transportrouten, wie bspw. Meerengen, die durch politisch motivierte Unterbrechungen oder Piraterie gefährdet sein können. Dies gilt insbesondere für Öl: Da Öl in einem globalen Markt gehandelt wird, sind die ölpolitischen Interessen der USA ebenfalls global.

Die Bedeutung von Energie für die internationalen Interessen der USA wird besonders deutlich, wenn man einbezieht, dass die USA von den weltweit bekannten Erdölreserven noch 2014 lediglich 3 % besaßen, zugleich aber für 18 % des weltweiten Energieverbrauchs aufkamen (BP 2015, S. 40) und über Jahrzehnte hinweg der größte globale Energieverbraucher waren. Unweigerlich sind die USA also auf Energieimporte aus anderen Staaten angewiesen und haben ein Interesse daran, auf die sichere Produktion, den sicheren Transport und stabile Preise von Energiequellen Einfluss nehmen zu können. Energierelevante außenpolitische Debatten werden in den USA vor allem vor dem Hintergrund des enorm hohen Energieverbrauchs und der seit Jahrzehnten bestehenden, lange Zeit sehr hohen Abhängigkeit von importiertem Öl geprägt. Dabei speisten sich Sorgen um Energiesicherheit in jüngerer Vergangenheit weniger aus der konkreten Konfliktgefahr zwischen größeren Mächten, als aus der Möglichkeit von Konflikten in politisch fragilen, Erdöl fördernden Regionen wie dem Nahen Osten, die drastische Ölpreiserhöhungen zu Folge haben könnten und so mit geopolitischer Bedeutung aufgeladen werden könnten (Andrews-Speed et al. 2012, S. 46). Die Verbindung zwischen der Ölimportabhängigkeit und der nationalen Sicherheit der USA wird überparteilich als strategische Herausforderung wahrgenommen.

2   Energieverbrauch und -abhängigkeit

Seit 1950 ist der amerikanische Energieverbrauch insgesamt kontinuierlich gewachsen. Etwa vier Fünftel der in den USA verbrauchten Energie stammen aus den fossilen Energiequellen Erdöl, Erdgas und Kohle. Die wichtigste Energiequelle für die USA ist Erdöl, das in den letzten Jahrzehnten etwa 40 % des gesamten Energiebedarfs deckte. Vor allem für den Transportsektor und die amerikanische Industrie ist Erdöl enorm wichtig. Der Transportsektor in den USA ist fast ausschließlich auf Erdöl angewiesen, die amerikanische Industrie deckt immerhin zwei Fünftel ihres Energiebedarfs durch Öl. Angesichts schwindender amerikanischer Reserven erhöhten sich die Ölimporte des Landes seit den frühen 1970er Jahren rasant bis sie im Jahr 2006 mit einem Anteil von 60 % am amerikanischen Ölverbrauch ihren Höhepunkt erreichten (EIA 2016a). Seither hat sich der Anteil der Importe im Zuge neu entdeckter Reserven in den USA verringert.

Allerdings sind und werden die USA nicht unabhängig von internationalem Ölangebot und -nachfrage, denn sie bleiben in internationale Energiemärkte integriert und von Preisschwankungen betroffen. Sie haben daher – wie auch in den vergangenen Jahrzehnten – ein Interesse an stabilen Preisen sowie sicherer globaler Förderung und internationalem Transport.

Wie für jeden Staat, der sich in einer ähnlichen Lage befindet, ergeben sich für die USA aus der Abhängigkeit im Verbrauch von fossilen Brennstoffen und dem Import von Erdöl schwerwiegende Konsequenzen. Die Verbrauchsabhängigkeit von fossilen Energiequellen führt zu immensen Schädigungen der Umwelt und des weltweiten Klimas. Umweltkatastrophen wie der Untergang des Öltankers ExxonValdez vor Alaska 1989 und die Explosion der Ölbohrplattform Deepwater Horizon im Golf von Mexiko im Jahr 2010 haben die Umweltrisiken, die aus der Förderung von Erdöl erwachsen, der Weltöffentlichkeit deutlich gezeigt. Auch die Probleme des globalen Klimawandels erwachsen aus der Abhängigkeit von der Gewinnung und dem Verbrauch der fossilen Energiequellen Öl, Kohle und Gas. Der Klimawandel führt zudem wohl zu einem Multiplikator-Effekt verschiedener Probleme, denen bei der Gewährleistung künftiger Energiesicherheit Rechnung getragen werden muss (Brown und Sovacool 2011, S. 5). Zu den zu erwartenden mittel- bis langfristigen Folgen des Klimawandels gehören zunehmende Wetterextreme, das Schmelzen der Polkappen und der Anstieg des Meeresspiegels, Wasserknappheit und Dürreperioden, Überschwemmungen, die Ausbreitung von Krankheiten, landwirtschaftliche Probleme in betroffenen Gebieten, die Gefahr von Hungersnöten, und in letzter Konsequenz enorme Migrationsbewegungen (Parry et al. 2007, S. 8–18). All dies birgt Risiken und Gefahren für internationale Interessen der USA, denn auch die Förderung und der Transport von Öl können von Folgen des Klimawandels beeinträchtigt werden.

Die Ölimportabhängigkeit bringt für die USA erhebliche wirtschaftliche und geopolitische Folgen mit sich. Seit 1969 importierten die USA jedes Jahr mindestens 20 % ihres verbrauchten Erdöls, zwischen 1992 und 2013 nie weniger als 40 % (EIA 2016a). Die Kosten für Energieimporte tragen wesentlich zum amerikanischen Handelsbilanzdefizit bei und verstärken damit die amerikanische Schuldenlast. Die amerikanischen Bürger, die vielfach auf die Nutzung von Autos angewiesen sind, werden durch hohe Benzinpreise zudem in ihrer Kaufkraft geschwächt. Dies betrifft wiederum die konsumintensive Wirtschaft der USA und macht die Ölpreisentwicklung zum Gegenstand politischer Auseinandersetzung. Verknappungen im internationalen Angebot haben die amerikanische Wirtschaft immer wieder geschwächt und waren für die amerikanischen Bürger direkt spürbar. Hinzu kommt, dass sich die Machtverhältnisse auf dem globalen Ölmarkt in den vergangenen Jahrzehnten aus amerikanischer Sicht nahezu umgekehrt haben.

Vom Ende des Zweiten Weltkriegs bis in die 1970er Jahre hinein wurde die welt-weite Ölproduktion von sieben westlichen Ölgesellschaften, den sog. ‚Seven Sisters' bestimmt, von denen fünf Unternehmen amerikanisch waren[1]. Mittlerweile werden jedoch 75 % der weltweiten Reserven und 58 % der globalen Ölförderung durch staatseigene Unternehmen in den Öl fördernden Staaten kontrolliert (EIA 2016b), sodass die USA auch dadurch stärker als früher mit Unwägbarkeiten in der Versorgung konfrontiert sind. Aus der Importabhängigkeit und den daraus fol-genden finanziellen und wirtschaftlichen Konsequenzen ergeben sich eine dauer-hafte Unsicherheit über ihre Energieversorgung, eine erhebliche strategische Verwundbarkeit und wesentliche Einschränkungen für die außenpolitische Gestaltungsfreiheit der USA. Durch die Abhängigkeit von Ölimporten aus krisen-haften Regionen tragen die USA direkt zur Finanzierung von undemokratischen und instabilen Regierungen bei. Sie sind dadurch mit Staaten verwoben, die ihren ideellen Interessen zuwider laufen. Dies untergräbt aber nicht nur vielfach die außenpolitischen Zielsetzungen der USA, sondern birgt zudem die Gefahr der politischen Erpressbarkeit und erfordert wiederholt die Einflussnahme auf regio-nale Konflikte zur Sicherung der internationalen Ölversorgung.

Die wirtschaftlichen und die strategisch-geopolitischen Folgewirkungen für die USA sind im Falle der Ölimporte sowohl aufgrund der absoluten Import-menge als auch der Importherkunft und des sicheren Transports um ein Vielfa-ches höher als im Falle von Gas. 2015 bezogen die USA 31 % ihrer Ölimporte aus Mitgliedsstaaten der Organisation der Erdöl exportierenden Staaten (OPEC), 16 % stammten vom Persischen Golf. Die fünf Staaten aus denen die USA 2015 am meisten Erdöl importierten waren Kanada (40 %), Saudi-Arabien (11 %), Venezuela (9 %), Mexiko (8 %) und Kolumbien (4 %) (EIA 2016c). Lange Zeit war der Anteil des Persischen Golfs sehr viel höher und erst seit dem Entdecken neuer Ölvorkommen in der Provinz Alberta zu Beginn der 2000er Jahre erhöhte sich der Anteil Kanadas rasant. Die USA importieren sehr viel weniger Erdgas als Öl, 2015 waren es 10 % des insgesamt verbrauchten Erdgases. Allerdings ist die Importabhängigkeit von Gas nicht nur in der Relation von Importanteilen zum Gesamtverbrauch sehr viel geringer als die Ölimportabhängigkeit. Die ame-rikanischen Gasimporte kamen zu 97 % aus Kanada, sodass die direkte sicher-heitspolitische Folgewirkung für die USA deutlich geringer ist als aufgrund ihrer Ölimporte (EIA 2016d).

---

[1]Die Seven Sisters bestanden aus den Firmen Standard Oil of New Jersey, Royal Dutch Shell, Anglo Persian Oil Company, Standard Oil of New York, Standard Oil of California, Gulf Oil und Texaco.

Der Ölmarkt ist global integriert, d. h. die Förderung und Weiterverarbeitung von Rohöl, die Preisbildung und der Handel finden in weltweitem Maßstab statt. Die Nachfrageseite bilden die Staaten, die auf den Import von Erdöl zur Deckung des eigenen Bedarfs angewiesen sind. Die Angebotsseite des Ölmarktes wird durch die ungleiche geografische Verteilung der Ölvorkommen und die Förder- und Verarbeitungskapazitäten in ölreichen Staaten bestimmt. Die Preisbildung erfolgt global: Kommt es zu Angebotsverknappungen infolge von Unterbrechungen der internationalen Ölförderung oder des -transports so drohen bei unveränderter Nachfrage globale Preisanstiege. Ebenso werden alle Marktteilnehmer weltweit beeinflusst, wenn die Nachfrage in einem Teil der Erde aufgrund einer wirtschaftlichen Krise zurückgeht. Angesichts dieser Marktstruktur werden die USA auch durch steigende eigene Reserven und erhöhte Förderraten niemals ‚unabhängig' von Erdöl: Sie bleiben auf den Import von Erdöl angewiesen und eng mit den Angebots- und Nachfragemechanismen des internationalen Ölmarkts verwoben. Im Unterschied zum Ölmarkt erstrecken sich die globale Förderung und der Handel mit Gas auf mehrere regionale Märkte, die nicht in einem übergeordneten Weltmarkt integriert sind (Müller 2006, S. 14). Dies liegt daran, dass die Förderung und der Transport von Gas eine feste Pipelinestruktur zwischen Exporteur und Importeur voraussetzt, deren Errichtung aufwendig und kostenintensiv ist. Anstelle eines freien Wettbewerbs stehen daher langfristig wirksame Lieferbeziehungen zwischen Produzenten und Importeuren. Dies bedingt zudem eine viel stärkere „Regionalisierung des Weltmarktes" (Müller 2006, S. 14), der sich tatsächlich in ein Geflecht etablierter regionaler Lieferbeziehungen in Nordamerika, Europa und Ostasien unterteilt.

In Zukunft wird aller Voraussicht nach auch der weltweite Handel mit Gas erhebliche strukturelle Änderungen durchlaufen. Ähnlich wie bei der Förderung von Öl werden sich auch bei der Ausbeutung von Gasvorkommen durch das Versiegen alter und die Erschließung neuer Quellen globale Verschiebungen in Angebot und Nachfrage ergeben. Dies liegt zum einen daran, dass Erdgas aufgrund des im Vergleich zu Öl und Kohle niedrigen Ausstoßes von CO_2-Emissionen als *Substitutionsquelle* immer attraktiver wird. Um die Folgen des Klimawandels zu begrenzen wird der Anteil von Gas am Verbrauch großer Energiekonsumenten wahrscheinlich langfristig zunehmen. Dies gilt besonders für Schwellenländer, in denen der wirtschaftliche Aufstieg durch den massiven Verbrauch von Kohle begleitet wurde und in denen bereits jetzt Umweltschäden sichtbar werden. Der zweite Einflussfaktor liegt in technologischen Innovationen, die die Förderung und den Transport von Flüssiggas, dem sog. LNG-Gas (Liquified Natural Gas), attraktiv machen. Die Förderung von LNG ist vergleichsweise günstiger und der Transport wird sehr viel flexibler und einfacher zu gewährleisten sein als auf herkömmliche Art. Durch die Zunahme des Anteils von LNG am weltweiten Gashandel und der Schaffung einer dazugehörigen Produktions- und Transportinfrastruktur könnte in wenigen Jahrzehnten tatsächlich von einem globalen Gasmarkt die Rede sein. Die USA haben im Rahmen der sog. Shale-Revolution neben den Öl- auch ihre Gasreserven enorm erhöht und haben 2016 begonnen, Öl und Flüssiggas zu exportieren.

Nicht zuletzt aufgrund der verstärkten Sensibilität für die eigene Verwundbarkeit in der Folge der Terroranschläge vom 11. September 2001 sowie des sog. Krieges gegen den Terrorismus rückten die sicherheitspolitisch-strategischen Implikationen der Ölimportabhängigkeit in den Vordergrund des strategischen Diskurses über die amerikanische Außen- und Sicherheitspolitik. Das Zentrum der weltweiten Produktion wird auch künftig im Nahen Osten liegen und der Aufstieg anderer Mächte, die für ihre Entwicklung ebenfalls enorme Menge an Energieimporten beziehen werden müssen (v. a. China und Indien), kann die internationale Konkurrenz um Energieimporte verstärken. Mögliche Unterbrechungen der internationalen Transportrouten stellen eine zusätzliche Gefahr für die Energieversorgung der USA dar. Ob der Bau der Baku-Tiflis-Ceyhan Erdgas-Pipeline am Kaspischen Meer oder die Bekämpfung von Piraterie vor der ölreichen Küste Westafrikas – für die USA spielt das Interesse an sicheren Transportwegen eine wichtige Rolle in den Beziehungen zu vielen Staaten der Welt. Dies gilt besonders für die Sicherheit der wichtigen internationalen Seetransportwege von Erdöl. Dazu gehören vor allem die Straße von Hormus, die die Ölförderstätten des Persischen Golfs mit den Absatzmärkten in Asien, Europa und Nordamerika verbindet und auf der ein Fünftel des weltweit gehandelten Erdöls transportiert wird, die Straße von Malakka, dem kürzesten Seeweg zwischen dem Nahen Osten und den wachsenden asiatischen Märkten, der Suez Kanal in Ägypten, der Bab el-Mandeb zwischen dem Jemen, Eritrea und Dschibuti, der Bosporus, sowie der Panamakanal, der den Schiffsverkehr zwischen Atlantik und Pazifik ermöglicht. Angesichts der amerikanischen Machtposition und der Ölimportabhängigkeit der letzten Jahrzehnte haben unterschiedliche Regierungen der USA die Zielsetzungen sicherer Förderung, sicheren Transports und stabiler Preise in vielen Teilen der Welt zu fördern versucht.

3   Innere Faktoren: Institutionelles Gefüge und energierelevante Zuständigkeiten

Im institutionellen Gefüge der amerikanischen Außenpolitik sind energiepolitische Fragen in unterschiedliche Bereiche aufgeteilt. Die Ermittlung energiebezogener Außenpolitik ist im Hinblick auf einzelne außenpolitische Entscheidungen

einfacher möglich als auf wiederkehrende Handlungsmuster. Es lassen sich verschiedene energiepolitische Aspekte ermitteln, die die amerikanische Außenpolitik auf unterschiedliche Arten prägen. Die Verbindung von energie- und
außenpolitischen Entscheidungen erfolgt aus einem Zusammenspiel unterschiedlicher Kompetenzen auf exekutiver und legislativer Ebene.

3.1   Der amerikanische Präsident

Der amerikanische Präsident besitzt umfangreiche Kompetenzen in der Energiepolitik. Er ernennt die Leitung der Environmental Protection Agency (EPA),
der obersten Umweltschutzbehörde der USA, und die Ministerin oder den
Minister für Energie. Diese Richtungsentscheidungen haben auch außenpolitische Wirkungskraft, denn die Wahl und die daraus folgenden innenpolitischen
Schwerpunkte der amerikanischen Energiepolitik wirken sich auch auf das
außenpolitische Handeln einer Regierung aus. Vom Amtsantritt Barack Obamas
an bis 2011 existierte zudem der White House Council on Energy and Climate,
der energie- und klimapolitisch relevante Aspekte auch der Innen- und Außenpolitik im Weißen Haus institutionell verankerte. Angesichts mangelnder Finanzierung durch den Kongress wurde dieser Rat jedoch aufgelöst. Im National Security
Council, in dem wöchentlich Fragen der nationalen Sicherheit erörtert werden,
vertritt der nationale Sicherheitsberater auch energierelevante Sicherheitsbelange.
Die Befugnisse des Präsidenten, diplomatische Vereinbarungen mit anderen Staaten zu schließen und internationale Verträge und Abkommen mit anderen Staaten
auszuhandeln gelten auch für die Energiepolitik. So vereinbarte die Regierung
Obama 2014 mit der chinesischen Regierung die Reduzierung der Treibhausgase
und verstärkte bilaterale energiepolitische Zusammenarbeit, um dieses Ziel zu
erreichen. 2015 war die Regierung Obama maßgeblich am Zustandekommen des
Klimaabkommens von Paris beteiligt. Durch seine Kompetenz, durch Executive
Agreements internationale Verträge ohne Zustimmung des Senats abzuschließen,
wollte Obama das Abkommen für die USA ratifizieren, ohne auf eine Mehrheit
im Senat angewiesen zu sein. Ferner erfordern die Konstruktion, die Verbindung,
der Betrieb und die Instandhaltung einer Pipeline, die die USA mit einem anderen
Staat verbinden, die Zustimmung des amerikanischen Präsidenten. Als Befehlsha-
ber der amerikanischen Streitkräfte kann der Präsident zudem die finale Entscheidung über den Einsatz von Atomwaffen treffen, deren zerstörerische Wirkung auf
der Freisetzung von Energie basiert.

3.2   State Department

2011 wurde im State Department das Bureau of Energy Resources ins Leben geru-
fen, das die energiebezogenen diplomatischen Aktivitäten der amerikanischen
Außenpolitik bündeln und Energie- und Sicherheitspolitik stärker als zuvor verzah-
nen sollte. Es wird vom Special Envoy and Coordinator for International Energy
Affairs geleitet und hat drei wesentliche Aufgaben: *Erstens,* geopolitisch relevante
Energiefragen mit den wichtigsten Export- und Importstaaten diplomatisch zu
bearbeiten. *Zweitens,* die Förderung von Marktstrukturen zu unterstützen, die die
Nachhaltigkeit von einer transformativen Energiepolitik mit erhöhten Anteilen von
erneuerbaren Energien und gesteigerter Energieeffizienz stärken sollen. *Drittens,* den
Zugang zu bezahlbaren und nachhaltigen Energieformen für weltweit 1,3 Mrd. Menschen, die keine Energie beziehen können, zu erweitern. Das amerikanische Außenministerium prüft Anträge über Pipelines, die über die Außengrenze der USA in
das Land hinein verlaufen sollen und legt die Ergebnisse dem Präsidenten vor, dem
die finale Entscheidung obliegt. So wurde der Bau der Keystone XL-Pipeline von
Kanada an die amerikanische Golfküste nach Jahren der Planung und mehrfacher
Prüfung durch das State Department von Präsident Obama abgelehnt.

3.3   Department of Defense (DoD)

Das amerikanische Verteidigungsministerium ist mit einem Anteil von etwa vier
Fünftel der größte Energiekonsument in der amerikanischen Regierung insgesamt
und die Frage, ob und wie der hohe Energieverbrauch der Streitkräfte ihre Ein-
satzfähigkeit beeinflusst oder die USA verwundbar macht, ist seit langem Teil der
Debatten über die amerikanische Energiesicherheit. Energiepolitische Befugnisse
im engeren Sinn hat das DoD nicht inne. Durch die Stationierung amerikanischer
Truppen am Persischen Golf und die Patrouille internationaler Seewege trägt das
Pentagon aber zur Gewährleistung sicherer Förderbedingungen und dem sicheren
Transport von Erdöl bei.

3.4   Department of Commerce

Das Department of Commerce beeinflusst außenwirtschaftliche Fragen der amerikanischen Energiepolitik. Öl- und Gasausfuhren der USA wurden bis 2016 nur in
einzelnen Fällen genehmigt. Ausführende Behörde in der Erteilung von Exportlizenzen für Öl und Gas ist das Bureau of Industry and Security, eine untergeordnete

Behörde des Commerce Departments. Es prüft Anträge auf Exportlizenzen und steuert damit maßgeblich die Ölexportpolitik der USA.

3.5 Department of the Interior

Das amerikanische Innenministerium ist mit dem Schutz amerikanischer Ressourcen betraut. Es führt die Aufsicht über Ländereien, die innerhalb der USA zur Förderung von Öl und Gas genutzt werden könnten und kann dann eine außenpolitisch relevante Rolle spielen, wenn die Gesuche ausländischer Firmen nach Energieförderung in den USA zu prüfen sind.

3.6 Department of Energy

Dem Department of Energy obliegt die Verantwortung für die amerikanische Nuklearpolitik und für die Planung, den Bau und die Tests von Atomwaffen. Die Zuständigkeit im Falle eines militärischen Einsatzes obliegt hingegen dem United States Strategic Command und die Entscheidungsgewalt über einen solchen Einsatz liegt beim amerikanischen Präsidenten.

3.7 Environmental Protection Agency (EPA)

Die EPA ist eine Bundesbehörde, die mit der Implementierung energiepolitischer Entscheidungen auf Bundesebene betraut ist. Dies gilt sowohl für vom Kongress beschlossene Gesetze als auch für Exekutivverordnungen des Präsidenten, die keiner Zustimmung durch den Kongress bedürfen. Als wesentlicher energiepolitischer Akteur in den USA ist die EPA für die Umsetzung außenpolitisch beschlossener Energiemaßnahmen zuständig. Damit ist sie auch für die Fähigkeit der Regierung, auf internationaler Ebene glaubwürdig Zusagen machen zu können, wichtig.

3.8 Federal Energy Regulatory Commission (FERC)

Die FERC ist für die Planung und den Bau von Import- und Exportterminals von Flüssiggas verantwortlich. Angesichts des Beginns des amerikanischen LNG-Exports im Februar 2016 fällt ihr damit eine außenwirtschaftliche Rolle zu, die die Beziehungen der USA zu anderen Staaten beeinflussen kann.

3.9   Kongress

Mit dem Energy Policy and Conservation Act von 1975 initiierte der Kongress
das Verbot des Rohölexports, das bis Jahresende 2015 bis auf wenige Ausnahmen den Export von Erdöl und Erdgas aus den USA verbat. Durch das Budge-
trecht des Kongresses haben Senatoren und Abgeordnete im Repräsentantenhaus
die Möglichkeit, die Finanzierung der amerikanischen Regierungsbehörden zu
bestimmen und an politische Zugeständnisse zu knüpfen. Dies gilt für alle energierelevanten Bundesministerien wie auch die Environmental Protection Agency,
die als wichtiges energiepolitisches Instrument des Präsidenten eingesetzt werden
kann. Der Kongress nutzte seine Haushaltsmacht 2011 rigoros, als er die Finanzierung des erst 2009 geschaffenen White House Council on Energy and Climate
stoppte. Im Kongress befassen sich mehrere Ausschüsse und Unterausschüsse
mit außen- und energiepolitisch relevanten Fragen. Im Repräsentantenhaus ist
dies das House Committee on Energy and Commerce, im Senat das Committee
on Energy and Natural Resources. Zudem bestehen in beiden Kammern weitere
energiebezogene Unterausschüsse, von denen allerdings nur das Subcommittee
on Multilateral International Development, Multilateral Institutions and International Economic, Energy, and Environmental Policy in einem außenpolitischen
Ausschuss (des Senats) liegt. Anhörungen zu energierelevanten Aspekten amerikanischer Außenpolitik finden überdies in allen nach Weltregionen aufgeteilten
Unterausschüssen des Senate Committee on Foreign Relations oder des House
Committee on Foreign Affairs statt, sofern amerikanische Interessen dort betroffen sind.

4   Äußere Faktoren und außenpolitische Prioritäten

Angesichts ihres Interesses an der Sicherheit globaler Förderbedingungen, der
Sicherheit wichtiger Transportwege und der Stabilität internationaler Energie-
preise haben die USA eine Reihe außenpolitischer Strategien und Instrumente
entwickelt, um ihre Interessen zu wahren und Risiken zu minimieren. Zu den
Leitlinien der internationalen Energiepolitik gehören für die USA die Gewährleistung freier Handelswege und eines diversifizierten Marktangebots. Eine offizielle
nationale energieaußenpolitische Strategie der amerikanischen Regierung gibt es
nicht. In den nationalen Sicherheitsstrategien der USA wird das Ziel der Energiesicherheit dennoch immer wieder genannt. Eine Reihe äußerer Faktoren beeinflussen die Wahrnehmung amerikanischer Energiesicherheit und die Umsetzung
energieaußenpolitischer Interessen der USA. Der Begriff der Energiesicherheit ist

so mehrdeutig und facettenreich verwendbar wie nie zuvor: Je nach Perspektive und Motivation kann er gleichermaßen technologische, wirtschafts-, sicherheits-, umwelt- und klimapolitische Aspekte beinhalten. In den außenpolitischen Debatten in den USA wird Energiesicherheit weitgehend als ausreichende Energieversorgung zu bezahlbaren Preisen und möglichst geringen wirtschaftlichen Risiken verstanden. Dies erfordert den Schutz der gesamten Lieferkette, der Förderinfrastruktur und des Transports. Angesichts der gravierenden wirtschaftlichen Folgen von Ölpreisverwerfungen erfordert die Importabhängigkeit und die politische und ökonomische Machtposition der USA häufig ihre Beteiligung an internationalen Ereignissen, die die Ölversorgung betreffen.

Die Stabilität wichtiger Öl produzierender Regionen und die damit verbundene Fähigkeit der dortigen Staaten und dort aktiver Unternehmen ungehindert Erdöl und Erdgas zu fördern, zu transportieren und zu verarbeiten ist im elementaren Interesse der USA und aller anderen Energiekonsumenten. Dies beeinflusst die Beziehungen der USA zu vielen Staaten in der westlichen Hemisphäre, der Kaspischen Region und Afrika. Am deutlichsten wird dies aber im Hinblick auf den Mittleren Osten, wo 48 % der weltweiten Reserven lagern und der 31 % der Weltproduktion ausmacht (BP 2015, S. 6, 8). Die USA haben daher enge Beziehungen zu wichtigen Akteuren dort aufgebaut und wesentliche politische, militärische und ökonomische Ressourcen investiert. Im Jahr 1945 trafen der damalige amerikanische Präsident Franklin D. Roosevelt und der saudische König Abd al-Aziz ibn Saud an Bord des amerikanischen Kriegsschiffes USS Quincy im Suez-Kanal zusammen und vereinbarten eine strategische Zusammenarbeit, die die amerikanisch-saudischen Beziehungen seither geprägt hat. Saudi Arabien gehört gleichermaßen zu den Ländern mit den größten Erdölreserven der Welt und zu den größten Erdölförderern weltweit. Seine energiepolitische Bedeutung liegt aber vor allem darin begründet, dass es weit unter seiner möglichen Oberkapazität Erdöl fördert. Saudi-Arabien ist damit der weltweit einzige Staat, der in der Lage ist – durch den staatseigenen Konzern Saudi Aramco –, Ausfälle oder Unterbrechungen im weltweiten Angebot durch die Anhebung der eigenen Förderrate auszugleichen und Mengen- und Preiskrisen auf dem internationalen Ölmarkt zu verhindern und einzudämmen. Zwischen den USA und Saudi-Arabien besteht daher seit Jahrzehnten eine enge Partnerschaft, die seitens der USA im Wesentlichen auf enger sicherheitspolitischer Zusammenarbeit und militärischer Ausrüstung und seitens Saudi-Arabiens auf der Förderung seiner Erdölreserven für den internationalen Markt und der Erfüllung seiner Funktion als *Swing Producer* beruht. Die amerikanische Militärpräsenz am Golf ist wesentlich durch die wahrgenommene Notwendigkeit begründet, wichtige Ölförderstätten und Handelswege zu sichern. Dies gilt vor allem für die freie Passierbarkeit der Straße von Hormus, die den Persischen Golf mit dem Indischen Ozean verbindet und zwischen dem Iran und Oman entlang führt.

Seit 1980 wird die amerikanische Politik am Golf im Wesentlichen durch die sog. Carter-Doktrin geleitet. In Reaktion auf die Invasion der Sowjetunion in Afghanistan verkündete der damalige US-Präsident Jimmy Carter in seiner Rede zur Lage der Nation mit explizitem Verweis auf die strategische Bedeutung der dortigen Ölreserven und die Straße von Hormus, dass die USA jedwede Versuche externer Akteure, Kontrolle über die Golfregion zu gewinnen, als Angriff auf amerikanische Interessen werten und notfalls mit militärischer Gewalt zurückweisen würden. Kurz nach Carters Rede wurde die Rapid Deployment Joint Task Force eingerichtet, aus der 1983 das United States Central Command (CENTCOM) hervorging. CENTCOM ist eines von sechs Regionalkommandozentren der amerikanischen Streitkräfte und ist für die amerikanische Militärpräsenz in 20 Staaten in Nordafrika, dem Nahen und Mittleren Osten und Zentralasien sowie den Bab-el Mandeb, das Horn von Afrika und die Straße von Hormus verantwortlich.

Auch das komplizierte Verhältnis zwischen den USA und dem Iran ist von energiepolitischen Themen durchdrungen. Einerseits hat der Iran während des Konflikts um die Intentionen seines Atomprogramms mehrfach mit der Sperrung der Straße von Hormus und damit einer Unterbrechung des globalen Ölangebots gedroht. Andererseits richtete sich die amerikanische Sanktionspolitik gegenüber dem Iran wesentlich gegen den Energiesektor des Landes. Ziel war es dabei, die iranische Erdöl- und Erdgasindustrie von den weltweiten Energiemärkten zu isolieren und somit durch ausbleibende wirtschaftliche Einnahmen zu Verhandlungen und Zugeständnissen im Atomstreit zu bewegen.

Die wichtigste multilaterale Organisation für energierelevante Aspekte amerikanischer Außenpolitik ist die Internationale Energiebehörde (International Energy Agency, IEA), deren Gründungsmitglied die USA sind. Die IEA wurde 1974 gegründet, nachdem die Mitgliedsstaaten der OPEC ihre Ölausfuhren drosselten, um politischen Druck auf die Staaten auszuüben, die Israel im Jom Kippur-Krieg unterstützten. Die IEA hat die Aufgabe, als Forum für energiepolitische Kooperation zu dienen und die Koordination ihrer 29 Mitgliedsstaaten zu ermöglichen. Wie jedes IEA-Mitgliedsland unterhalten die USA eine strategische Erdölreserve. Diese Strategic Petroleum Reserve lässt sich als „Rückgrat der amerikanischen Ölmarktpolitik" (Liedtke 2011, S. 83) bezeichnen, da sie den USA strategischen Spielraum im Falle globaler Angebotsausfälle ermöglicht und ihre daraus erwachsende wirtschaftliche Verwundbarkeit senkt.

Neben den globalen Verschiebungen in Angebot und Nachfrage und den neuen Möglichkeiten der Förderung und des Transports von Energiequellen werden künftige globale energiepolitische Entwicklungen auch durch die Folgen und die Anpassung an den Klimawandel beeinflusst werden. Für die unmittelbar vom Klimawandel betroffenen Staaten – viele davon Entwicklungs- und Schwellenländer, aber auch die USA und andere Industrienationen -, die ihre künftige Energieversorgung sichern müssen, ergibt sich durch den Klimawandel die steigende Gefahr von Wetterextremen, Naturkatastrophen und somit ein Imperativ zur innenpolitischen Reform der Energieversorgung. Zudem wirkt der Klimawandel als „Beschleuniger bestehender Konflikte, indem er zusätzlichen Stress für Parteien erzeugt, die um Ressourcen konkurrieren" (Dröge 2011, S. 182). Der Klimawandel betrifft auch die strategische Konkurrenz um den Zugriff auf Energieressourcen, da er Interessen und Zielsetzungen politischer Akteure beeinflussen kann (Andrews-Speed et al. 2012, S. 45). Diese Wahrnehmung veranlasste 2007 elf pensionierte Generäle der amerikanischen Streitkräfte zur Verfassung eines Berichts, in dem sie die Folgen des Klimawandels für das amerikanische Militär und die amerikanische Sicherheitspolitik skizzierten. In ihren Ausführungen warnten sie vor weiterer politischer Destabilisierung ohnehin instabiler Regionen im Nahen Osten, Asien und Afrika. Aufgrund von Ressourcenknappheit, Epidemien und internationalen Wanderungsbewegungen seien globale Spannungen und Verteilungskämpfe zu erwarten, die die nationale Sicherheit der USA bedrohten (CNA 2007, S. 13–18).

Für die USA ergeben sich durch den Klimawandel dreierlei Folgen für die Außen- und Sicherheitspolitik. Zum Ersten geht mit dem Abschmelzen von Eismassen, wie bspw. in der Arktis, eine erhöhte Zugänglichkeit zu vermuteten Öl- und Gasreserven sowie bislang nicht passierbarer Routen für den Schiffsverkehr einher. Zum Zweiten müssen sie sich auf politische Instabilität in wichtigen Förderländern einstellen, die sich durch Verteilungskämpfe um Wasser, landwirtschaftliche Nutzflächen oder den Zugang zu Energiequellen ergeben. Durch den Klimawandel hervorgerufene Naturkatastrophen können, zum Dritten, erhebliche Schäden an der Produktions- und Förderinfrastruktur von Öl und Gas nach sich ziehen und die Versorgungssicherheit der USA somit gefährden. Die Effekte des Klimawandels sind dabei weder geografisch eingrenzbar, noch können sie durch den Einsatz einzelner Instrumente alleine bewältigt werden. Sie verlangen vielmehr nach einer ganzheitlichen, strategischen Antwort auf der Suche nach erhöhter Energiesicherheit. Nachdem die innenpolitische Debatte in den USA lange Zeit ein stärkeres klimapolitisches Engagement der USA auf internationaler Bühne verhindert hatte, änderte sich dies im Verlauf der Präsidentschaft Barack Obamas. Aus Obamas Sicht ist der Klimawandel eine „potentiell existenzielle Bedrohung der ganzen Welt" (Goldberg 2016, S. 77). So brachte er neben innenpolitischen Schritten zur Reform der amerikanischen Energiewirtschaft auch außenpolitisch klimapolitische Vereinbarungen mit Staaten wie Indien und China auf den Weg und unter maßgeblicher diplomatischer Mitwirkung seiner Regierung kam schließlich das Pariser Klimaabkommen von 2015 zustande.

5   Fazit

Die Bedeutung von Energie für die Außenpolitik eines Staates zu ermessen, ist stets kontextabhängig und niemals statisch. Zu unterschiedlich sind die geografische Lage, die eigenen Energiereserven, Wirtschaftsstruktur und Energieverbrauch und nicht zuletzt die außenpolitischen Fähigkeiten, die ein Staat zur Vertretung seiner Interessen einzusetzen vermag. Zudem werden unterschiedliche Energiequellen für verschiedene Zwecke genutzt und in unterschiedlichen Marktstrukturen gehandelt. Energie-bezogene Außenpolitik entstand in den USA in den letzten Jahrzehnten stets aus dem Blickwinkel eines auf Importe angewiesenen Staates und am Ausgangspunkt einer wahrgenommenen Verwundbarkeit. Die Abhängigkeit von importiertem Öl führte dazu, dass die USA ein erhebliches Interesse an stabilen Preisen, sicheren Produktionsbedingungen und Transportrouten in verschiedenen Regionen der Welt entwickelten. Insbesondere zu den Staaten am Persischen Golf entwickelten die USA – nach 1979 mit der Ausnahme des Irans – enge Partnerschaften, die sich vor allem durch enge sicherheitspolitische Zusammenarbeit ausdrückten. Die Beziehung zwischen den USA und Saudi-Arabien ist das Herz dieser Kooperation. Aber auch in anderen Regionen wie Westafrika, dem Kaspischen Meer und teilweise auch der westlichen Hemisphäre waren energiepolitische Erwägungen Teil außenpolitischen Handelns. Mit der Präsidentschaft Obamas könnte sich das energieaußenpolitische Kalkül dauerhaft geändert haben. *Erstens* verfügen die USA aufgrund der sog. Shale-Revolution nun selbst über erhebliche Öl- und Gasreserven, sodass ihre Verwundbarkeit aufgrund der Ölimportabhängigkeit gesunken ist und amerikanische Firmen nun beide Energiequellen exportieren können. *Zweitens* spielt die Bekämpfung des Klimawandels erst seit der Amtszeit Obamas eine wesentliche Rolle in der amerikanischen Energiepolitik, was mit dem amerikanischen Beitrag zum Gelingen des Pariser Klimaabkommens von 2015 auch außenpolitisch deutlich wurde. Die IEA bleibt das einzige wesentliche multilaterale Forum, in dem die USA im Rahmen ihrer Mitgliedschaft energiebezogene Außenpolitik betreiben. Eine Vielzahl von Akteuren mit unterschiedlichen energiebezogenen und außenpolitisch relevanten Kompetenzen übt in verschiedenen Aspekten Einfluss auf die energiebezogene Außenpolitik der USA aus. In der amerikanischen Exekutive kann man daher von einer institutionellen Ausdifferenzierung in der energiebezogenen Außenpolitik sprechen. Im Zusammenspiel mit dem Kongress, dessen Haushaltsrecht neben der Arbeit in energierelevanten Ausschüssen wesentlichen Einfluss auf den Handlungsspielraum der Regierung auszuüben vermag, wird deutlich, dass es weder eine einzige Form energiebezogener Außenpolitik der USA gibt, noch dauerhafte Entscheidungsstrukturen oder eindeutig festgelegte Akteure, die eine solche Politik entscheiden und ausführen.

Literatur

Andrews-Speed, P., Bleischwitz, R., Boersma, T., Johnson, C., Kemp, G. & Van Deever, S. D. (2012). *The Global Resource Nexus: The Struggles for Land, Energy, Food, Water and Minerals*. Washington D. C.: Transatlantic Academy.

BP. (2015). *BP Statistical Review of World Energy June 2015*. https://www.bp.com/content/dam/bp/pdf/energy-economics/statistical-review-2015/bp-statistical-review-of-world-energy-2015-full-report.pdf. Zugegriffen: 28. Nov. 2016.

Brown, M. A. & Sovacool, B. K. (2011). *Climate Change and Global Energy Security. Technology and Policy Options*. Cambridge: Massachusetts Institute Press.

Dröge, S. (2011). Der Klimawandel und seine Auswirkungen auf Ressourcen. In S. Mildner (Hrsg.), *Konfliktrisiko Rohstoffe?* (S. 173–183). Berlin: Stiftung Wissenschaft und Politik.

Goldberg, J. (2016). The Obama Doctrine. *The Atlantic, 316*(3), 70–90.

Liedtke, S. (2011). *Amerikas Energiepolitik im Wandel. Eine Analyse aus nationaler und internationaler Sicht*. Bonn: Bouvier Verlag.

Müller, F. (2006). Energie-Außenpolitik. Anforderungen veränderter Weltmarktkonstellationen an die internationale Politik. SWP-Studie S. 33. Berlin: Stiftung Wissenschaft und Politik.

Parry, M., Canziani, O., Palutikof, J., van der Linden, P. & Hanson, C. (Hrsg.). (2007). *Climate Change 2007: Impacts, Adaptation and Vulnerability. Contribution of Working Group II to the Fourth Assessment Report of the Intergovernmental Panel on Climate Change*. Cambridge: Cambridge University Press.

Stokes, D. & Raphael, S. (2010). *Global Energy Security and American Hegemony*. Baltimore: The John Hopkins University Press.

The CNA Corporation. (2007). *National Security and the Threat of Climate Change*. https://www.cna.org/cna_files/pdf/national%20security%20and%20the%20threat%20of%20climate%20change.pdf. Zugegriffen: 25. Nov. 2016.

U. S. Energy Information Administration. (2016a). Table 3.3a Petroleum Trade: Overview. http://www.eia.gov/beta/MER/?tbl=T03.03A#/?f=A&start=2006&end=2014&charted=10. Zugegriffen: 18. Nov. 2016.

U. S. Energy Information Administration. (2016b). Who are the Major Players Supplying the World Oil Market? http://www.eia.gov/energy_in_brief/article/world_oil_market. cfm. Zugegriffen: 3. Nov. 2016.

U. S. Energy Information Administration. (2016c). How Much Petroleum Does the United States Import and Export? http://www.eia.gov/tools/faqs/faq.cfm?id=727&t=6. Zugegriffen: 3. Nov. 2016.

U. S. Energy Information Administration. (2016d). U. S. Natural Gas Imports by Country. http://www.eia.gov/dnav/ng/ng_move_impc_s1_a.htm. Zugegriffen: 3. Nov. 2016.

Weiterführende Literatur

Bureau of Energy Resources im State Department: http://www.state.gov/e/enr/. (Hier werden energierelevante außenpolitische Aktivitäten, Programme und Ziele des amerikanischen Außenministeriums und diesbezügliche aktuelle Informationen gebündelt dargestellt).

Crane, K., Goldthau, A., Toman, M., Light, T., Johnson, S. E., Nader, A., Rabasa, A. & Dogo, H. (2009). (Imported oil and U. S. national security. Santa Monica: Rand Corporation. Eine umfangreiche Studie der RAND Corporation über die amerikanische Ölimportabhängigkeit, ihren außen und sicherheitspolitischen Kontext und ihre Folgen für die amerikanische Außenpolitik).

Deutch, J., Schlesinger, J. R. & Victor, D. (2006). National security consequences of U. S. Oil dependency. Independent Task Force Report No. 58. New York: Council on Foreign Relations. (Ein Bericht des Council on Foreign Relations über die amerikanische Ölimportabhängigkeit, ihre Folgen für die nationale Sicherheit der USA und Handlungsoptionen zur Erhöhung der amerikanischen Energiesicherheit).

Kalicki, J. H. & Goldwyn, D. L. (Hrsg.). (2005). Energy and security. Toward a new foreign policy strategy. Baltimore: The John Hopkins University Press. (Die erste Auflage dieses Sammelbands, in dem die weltweiten energiepolitischen Rahmenbedingungen und die Energierelevanz vieler Länder für die amerikanische Außenpolitik dargelegt und eine mangelnde Verzahnung amerikanischer Energie- und Außenpolitik konstatiert wird).

Kalicki, J. H. & Goldwyn, D. L. (Hrsg.). (2013): Energy and Security. Strategies for a World in Transition. Baltimore: The John Hopkins University Press. (Die zweite Auflage des Sammelbands, in dem die umfassenden globalen energiewirtschaftlichen und -politischen Entwicklungen seit 2005 analysiert und in Bezug zur amerikanischen Außenpolitik gestellt werden).

Stokes, D. & Raphael, S. (2010). Global Energy Security and American Hegemony. Baltimore: The John Hopkins University Press. (Eine umfangreiche Monografie, in der dargelegt wird, wie die amerikanische Erdölimportabhängigkeit die globale amerikanische Vormachtstellung insgesamt beeinflusst).

U. S. Energy Information Administration: www.eia.gov. (Die Homepage der U. S. Energy Information Administration, einer nachgeordneten Behörde des amerikanischen Energieministeriums, die für die Sammlung, Analyse und Aufbereitung energierelevanter Daten in den USA verantwortlich ist).

Teil III
Beziehungen

Die intraamerikanischen Beziehungen

Detlef Nolte

1 Von der *Western Hemisphere* zu den Amerikas

Interamerikanische oder intraamerikanische Beziehungen? Die Begriffswahl hängt von der Sichtweise auf den betrachteten Gegenstand ab. Während der Begriff der intraamerikanischen Beziehungen auf das Verbindende und die Verknüpfung zwischen den Staaten in Nord- und Südamerika abhebt, grenzt der Begriff interamerikanische Beziehungen die USA von den südlichen Nachbarn ab und rückt das Augenmerk auf die häufig konfliktreichen Beziehungen zwischen den USA und den lateinamerikanischen Staaten. Es gibt Argumente für beide Sichtweisen.

Im politischen Sprachgebrauch in den USA wird zur Benennung des geopolitischen Umfelds überwiegend der Begriff der *Western Hemisphere* verwendet. Die Beziehungen zu Kanada, Lateinamerika und der Karibik werden beispielsweise im US-amerikanischen Außenministerium im Bureau of Western Hemisphere Affairs gebündelt. Auch im Nationalen Sicherheitsrat (National Security Council) gibt es einen Senior Director for Western Hemisphere Affairs. Und im US-Kongress trägt sowohl im Abgeordnetenhaus als auch im Senat jeweils ein Unterausschuss den Begriff Western Hemisphere im Namen (siehe unten). Neuerdings wird allerdings sowohl im englischen als auch im spanischen Sprachgebrauch häufig der Begriff der Amerikas *(Americas; Américas)* benutzt – etwa im Hinblick auf die Gipfeltreffen der Amerikas (Summits of the Americas) oder die gescheiterte Freihandelszone der Amerikas (FTAA – Free Trade Area of the Americas), die auf eine

D. Nolte (✉)
GIGA German Institute of Global and Area Studies,
Neuer Jungfernstieg 21, 20354 Hamburg, Deutschland
E-Mail: detlef.nolte@giga-hamburg.de

© Springer Fachmedien Wiesbaden GmbH 2017
T. Jäger (Hrsg.), *Die Außenpolitik der USA*, Studienbücher Außenpolitik und
Internationale Beziehungen, DOI 10.1007/978-3-531-93392-4_15

Initiative von Präsident George H. W. Bush (Enterprise for the Americas) zurück-geht. Das Konzept der Amerikas knüpft in gewisser Weise an den bis ins 19. Jahr-hundert zurückreichenden Panamerikanismus an (Rinke 2012, S. 46–50; Weeks 2015, S. 64–65, 86–90). Neuerdings wird in den USA neben der Western Hemis-phere und den Amerikas von einigen Autoren und Politikern auch Nordamerika als eine eigenständige Region aufgeführt (siehe unten).

Die uneinheitliche Terminologie spiegelt sowohl die Widersprüchlichkeit der Beziehungen der USA zu den anderen Staaten in der Region als auch die Hete-rogenität Lateinamerikas und der Karibik wider. So gibt es Sonderbeziehun-gen zwischen den USA, Kanada und Mexiko, die durch das nordamerikanische Freihandelsabkommen NAFTA (North American Free Trade Agreement) einen gemeinsamen Wirtschaftsraum bilden. Eine Sonderrolle kommt auch Kuba zu, das durch die spannungsreichen Beziehungen der letzten 67 Jahre und den Ein-fluss der kubanischen Lobby in den USA mehr Teil der amerikanischen Innen- als der Außenpolitik ist. Zentralamerika und der Karibik kommt aufgrund der geo-grafischen Nähe, den ausgeprägten Macht-Asymmetrien, den Migrationsströmen in die USA und dem starken Handelsaustausch gleichfalls eine besondere Bedeu-tung zu. Demgegenüber besteht eine größere Distanz und auch Eigenständigkeit in den Beziehungen zwischen den USA und Südamerika.

Seit den 1990er Jahren hat sich Nordamerika als eigenständige Region ver-festigt. Im Report einer Taskforce des Council on Foreign Relations wird Nord-amerika als „continental base" (2014, S. 4) für die globale Politik der USA bezeichnet, was sich allerdings bisher noch nicht in einer kohärenten, systema-tischen und prioritären Politik der USA gegenüber den beiden Nachbarländern widerspiegelt. Robert A. Pastor, der ehemalige Berater im Nationalen Sicher-heitsrat (1997–1981) unter Präsident Carter, schreibt über die „nordamerika-nische Idee" und „die Vision einer kontinentalen Zukunft" (Pastor 2011), die durch NAFTA Gestalt angenommen habe. Denn die Volkswirtschaften der USA, Kanadas und Mexikos sind mittlerweile eng durch Wertschöpfungsket-ten multinationaler Unternehmen vernetzt. Dies gilt in besonderer Weise für die Automobilindustrie, aber auch für die Haushaltsgüterbranche, die Bekleidungs-industrie und die Stahl- und Eisenproduktion. Ein Viertel der US-Importe aus Kanada basiert auf der Wertschöpfung durch Vorprodukte, die zuvor aus den USA nach Kanada exportiert worden waren, im Fall Mexikos sind es sogar 40 % (Koopman et al. 2010, Appendix B). Und beide Länder gehören neben China zu den drei wichtigsten Handelspartnern der USA. Insgesamt gehen 48 % der Exporte der NAFTA-Mitgliedsländer in den NAFTA-Raum (2012). Der Bestand (stock) der grenzüberschreitenden Investitionen im NAFTA-Raum hat sich seit 1993 vervierfacht und lag 2012 bei 780 Mrd. US$, mehr als 60 % davon waren

Investitionen aus den USA (Council on Foreign Relations 2014, S. 329). Aber nicht nur beim Handelsaustausch und den Investitionen sind die Interessen der drei Länder eng verknüpft. Kanada und Mexiko sind die einzigen Länder, mit denen die USA eine – darüber hinaus lange (insgesamt 12.000 km) – Landgrenze teilen. Sie gehören damit zum erweiterten Sicherheitsperimeter der USA, und die USA sind in gewissen Bereichen (z. B. bei der Homeland Security) von der Kooperationsbereitschaft der beiden Nachbarländer abhängig, obwohl dies durch die Macht-Asymmetrien nur eine relative Abhängigkeit ist (Clarkson und Mildenberger 2011).

2 Intermestic-Politics und Hispanics

In der US-amerikanischen Lateinamerikapolitik gibt es eine enge Vernetzung von Innen- und Außenpolitik. Im wissenschaftlichen Sprachgebrauch hat sich dafür der Terminus *intermestic politics* (eine Kombination aus *international* und *domestic*) eingebürgert. Darunter sind verschiedene Entwicklungen zu verstehen: Außenpolitische Entscheidungen werden stark von innenpolitischen Machtkalkülen und Einflüssen bestimmt, und externe Akteure nehmen Einfluss auf die innenpolitischen Entscheidungsprozesse. So hat die mexikanische Regierung eine aktive Lobbypolitik in den USA zur Durchsetzung des NAFTA Vertrages betrieben. Die kolumbianische Regierung hat intensiv für die Unterstützung des Plan Colombia und die Aufnahme von Verhandlungen über ein Freihandelsabkommen geworben. Bei den Verhandlungen über derartige Freihandelsabkommen mit Lateinamerika bilden sich in der Regel Koalitionen von Lobbygruppen in den USA, deren Klientel Nachteile von einer Marktöffnung befürchten. In der Folge werden in die Abkommen häufig Umwelt- oder Arbeitsstandards aufgenommen, mit denen sich nachfolgend die lateinamerikanischen Partnerländer auseinandersetzen müssen.

Auf die Lateinamerikapolitik der USA nimmt je nach Themenbereich nicht nur der Präsident und sein Stab oder das Außenministerium Einfluss, sondern eine große Zahl von Akteuren. Je nach Materie sind auch andere Ministerien oder Behörden wie etwa das Verteidigungsministerium, das Justizministerium, das Landwirtschaftsministerium, die Homeland Security oder die Antidrogenbehörde involviert. Deren Politiken sind nicht immer abgestimmt oder synchronisiert. Viele Initiativen gehen auch vom Kongress aus, der mit Gesetzen wie z. B. in der Drogen-, Migrations- oder auch Menschenrechtspolitik den Handlungsspielraum des Präsidenten einschränkt oder diesen zu bestimmten außenpolitischen Handlungen verpflichtet (z. B. hinsichtlich der Verhängung von Sanktionen). So gingen

z. B. viele der Strafmaßnahmen gegen Kuba auf Initiativen von Abgeordneten oder Senatoren zurück; wie etwa der Cuban Liberty and Democratic Solidarity Act vom März 1996, der auch den Handlungsspielraum von Präsident Obama im Hinblick auf die Aufhebung des Wirtschaftsembargos gegenüber Kuba einschränkte.

Ein gutes Beispiel für die Vielzahl von Akteuren und den Einfluss von Lobbys in der US-Lateinamerikapolitik ist die Krise in Honduras nach dem Sturz von Präsident José Manuel Zelaya im Juni 2009. Zelaya war vom Militär mit Unterstützung des Kongresses und der Justiz abgesetzt und nach Costa Rica abgeschoben worden. Während sich die US-Regierung den von der Organisation Amerikanischer Staaten (OAS) verhängten Sanktionen anschloss, den Mitgliedern der neuen honduranischen Regierung die Visa entzog und eine Wiedereinsetzung Zelayas forderte, betrieben US-Senatoren ihre eigene Außenpolitik und setzten den Präsidenten unter Druck (siehe Tulchin 2016, S. 150–154). Schon im Vorfeld der Krise war die honduranische Handelskammer mittels eines Lobbyisten mit dem republikanischen Senator Jim DeMint in Kontakt getreten, um gegen Zelaya Stimmung zu machen. Dessen Pläne für eine Verfassungsreform (einschließlich der Wiederwahl des Präsidenten) und seine Annäherung an ALBA und den venezolanischen Präsidenten Chávez waren in der honduranischen Elite auf Widerstand gestoßen. Aus Protest gegen die Honduras-Politik von Präsident Obama blockierte DeMint im Senat die Ernennung des neuen Unterstaatssekretärs für die Westliche Hemisphäre und des designierten US-Botschafters in Brasilien. Der republikanische Senator flog während der Krise mit einer Militärmaschine in die honduranische Hauptstadt Tegucigalpa, um die neue Regierung zu unterstützen und gegen die Politik von Präsident Obama und der OAS Stellung zu beziehen.

Seit Januar 2013 ist DeMint Präsident der Heritage Foundation, ein führender konservativer Think Tank. Derartige Think Tanks, die über das gesamte politische Spektrum verteilt sind, gehören gleichfalls zu den wichtigen Einflussnehmern auf die US-Lateinamerikapolitik; zumal es zwischen Politik und Think Tanks je nach Wahlausgang einen Austausch von Personen gibt. Roger F. Noriega war z. B. Unterstaatssekretär für die Westliche Hemisphäre unter Präsident George W. Bush und kommentierte danach für das American Enterprise Institute die Entwicklungen in Lateinamerika. Weitere wichtige Think Tanks mit Lateinamerikabezug sind der Inter-American Dialogue und der Council on Hemispheric Affairs (COHA).

Der US-Kongress beschäftigt sich regelmäßig in Hearings mit Lateinamerika und der Karibik. Zwischen 2011 und 2015 gab es mehr als 100 derartige Anhörungen zu unterschiedlichen Themen (Tab. 1). Diese beinhalteten in den Jahren 2014 und 2015 u. a. den Drogenhandel und die Drogenkartelle, Menschenrechtsverletzungen

Tab. 1 Anhörungen zu Lateinamerika und der Karibik im US-Kongress (2011–2015). (Quelle: Eigene Darstellung. Daten aus Meyer 2016)

Jahr	Repräsentantenhaus	Senat	Kongress
2011	19	8	27
2012 (bis November)	15	4	19
2013	17	2	19
2014 (bis Juli)	13	4	17
2015	18	6	24

in Venezuela, Migration und Grenzsicherung, die Veränderungen in Kuba und die neue Kubapolitik, Iran und die Hisbollah in Lateinamerika, Chinas und Russlands wachsende Präsenz in der Region sowie den Friedensprozess in Kolumbien (siehe u. a. Sullivan 2016, S. 40–41). Die für Lateinamerika wichtigsten Unterausschüsse sind das House Committee on Foreign Affairs, das Subcommittee on the Western Hemisphere und das Senate Committee on Foreign Relations. Zuvor gab es im Senat ein Subcommittee on Western Hemisphere, Peace Corps and Global Narcotic Affairs, welches sich auch um illegalen Drogenhandel im Zusammenhang mit den lateinamerikanischen Staaten kümmerte. Weitere (Unter-)Ausschüsse mit starkem Lateinamerikabezug sind solche, die sich mit Menschenrechtsfragen, Handelsfragen, Terrorismus, Drogenhandel und Homeland Security beschäftigen.

Ein wichtiges innenpolitisches Thema mit direkter Relevanz für die Beziehungen mit Lateinamerika ist der Kampf gegen den Drogenhandel. Nach Angaben der Drug Enforcement Administration (DEA) wird das meiste in den USA konsumierte Kokain weiterhin in Kolumbien produziert; die Opiumproduktion in Mexiko, Kolumbien und Guatemala ist weitgehend für den US-Markt bestimmt. Mexiko ist überdies der größte ausländische Produzent von in den USA konsumiertem Marihuana, Methamphetamin und Heroin. Außerdem ist Mexiko das Hauptdurchgangsland für Kokain aus Südamerika. Schätzungen gehen davon aus, dass rund 80 % dieses Kokains zuvor durch mindestens ein weiteres zentralamerikanisches Transitland transportiert wurden.

Seit 1992 ist der Präsident verpflichtet, dem Kongress jährlich einen Bericht über die wichtigsten Länder der Drogenproduktion und die wichtigsten Drogentransitländer (die sogenannten *Drug Majors*) vorzulegen. Der Präsident muss zertifizieren, dass diese Länder substanzielle Anstrengungen unternommen haben, ihren internationalen Verpflichtungen im Kampf gegen den Drogenhandel nachzukommen. Andernfalls werden sie von bestimmten US-Unterstützungszahlungen ausgeschlossen (außer der Präsident hält diese im nationalen Interesse für notwendig).

Für das Haushaltsjahr 2015 befanden sich unter den 22 aufgelisteten Drug Majors 17 Staaten aus Lateinamerika und der Karibik: die Bahamas, Belize, Bolivien, Costa Rica, die Dominikanische Republik, Ecuador, El Salvador, Guatemala, Haiti, Honduras, Jamaika, Kolumbien, Mexiko, Nicaragua, Panama, Peru, und Venezuela. Bolivien und Venezuela wurden mangelnde Anstrengungen im Kampf gegen den Drogenhandel attestiert; gegen Venezuela wurden jedoch aus nationalem Interesse keine Sanktionen verhängt.

Im Kampf gegen den Drogenhandel haben die USA als Teil ihrer Außenpolitik verschiedene Initiativen in Lateinamerika eingeleitet. Mit dem Plan Colombia legte Präsident Andrés Pastrana 1999 eine militarisierte Drogenbekämpfungsstrategie vor, die von der Clinton-Administration maßgeblich mitentwickelt worden war. Darauf folgte die Colombia Strategic Development Initiative (CSDI). Weitere Initiativen waren die Mérida-Initiative von 2007 zur Bekämpfung des Drogenhandels in Mexiko und Zentralamerika, die Central American Regional Security Initiative (CARSI) von 2010 und die Caribbean Basin Security Iniative (CBSI). Im Zeitraum von 2011 bis 2014 entfielen im Durchschnitt ca. 30 % der Unterstützungszahlungen an Lateinamerika und die Karibik auf den Haushaltstitel für International Narcotics Control and Law Enforcement (INCLE) (Meyers 2016, S. 5). Seit einigen Jahren jedoch stößt die US-Anti-Drogenpolitik in Lateinamerika, das die Hauptlast der Drogenbekämpfung trägt, auf zunehmende Kritik. Kritisiert wird die Priorisierung von repressiven Maßnahmen, außerdem wird die Alternative einer teilweisen Legalisierung von Drogen in die Diskussion eingebracht.

Die enge Vernetzung zwischen Innen- und Außenpolitik in den USA (und in Lateinamerika) liegt auch an der Migration vieler Lateinamerikaner in die USA und deren finanzieller Rücküberweisungen *(remittances)* in ihre Heimatländer. Letztere sind für viele Staaten in Zentralamerika und der Karibik ein wichtiger Wirtschaftsfaktor. In den USA nimmt der Einfluss der *Hispanics* – so die offizielle Bezeichnung in den Statistiken für US-Amerikaner mit lateinamerikanischen Wurzeln – zu und erzeugt Widerstände. Lag der Anteil der Hispanics 1990 noch bei 9 % der Bevölkerung, so stieg er bis 2000 auf 13 % an. Im Jahr 2003 überholten die Hispanics die Afroamerikaner als größte ethnische Minderheit in den USA. Einwohner lateinamerikanischer Herkunft werden 2020 vermutlich bereits ein Fünftel der Gesamtbevölkerung der USA ausmachen (2014: 17,4 %). Aus einem anderen Blickwinkel betrachtet sind die USA mit 55 Mio. Hispanics (2014) das drittgrößte *lateinamerikanische* Land, nach Brasilien und Mexiko und noch vor Kolumbien und Argentinien. Projektionen bis 2060 gehen dann von einem Anteil von 28,6 % an der Bevölkerung aus (119 Mio. Hispanics). Rund 55 % der Hispanics entfallen auf die Bundesstaaten Kalifornien (15 Mio. – davon 4,9 Mio. in Los Angeles County), Texas (10,4 Mio.) und Florida (4,8 Mio. – davon 1,8 Mio. in

Miami-Dade County). 64 % der Hispanics haben mexikanische und 9,5 % puertoricanische Wurzeln (die Daten des United States Census Bureau; siehe insbes. Colby und Ortman 2015). Die meisten Hispanics leben in der ersten oder zweiten Generation legal in den USA. Daneben gibt es einen starken Zustrom illegaler Einwanderer. Dies führt zu politischen Reaktionen (z. B. im Wahlkampf) und bedroht die Beziehungen zu den Nachbarländern (etwa durch den Bau eines Grenzzauns zu Mexiko oder die zwangsweise Rückführung illegaler Einwanderer). Seit 2008 ist ein leichter Rückgang der in den USA lebenden illegalen Einwanderer zu verzeichnen. Für 2014 wurde ihre Zahl auf 11,3 Mio. geschätzt (davon die Hälfte Mexikaner) (Krogstad und Passel 2015). Seit 2014 scheint es wieder einen Anstieg der illegalen Einwanderung zu geben. Das Department of Homeland Security geht davon aus, dass acht von zehn illegalen Einwanderern aus Mexico und dem restlichen Lateinamerika kommen (Zeigler und Camarota 2015).

Starke Minderheiten lateinamerikanischer Herkunft können, soweit sie sich als Wähler registriert haben, die US-amerikanische Politik gegenüber ihren Herkunftsländern beeinflussen. Besonders effizient war in dieser Hinsicht die vor allem in Florida starke Lobby der Exil-Kubaner (Cuban American National Foundation), die für eine harte Haltung und Sanktionen gegenüber dem Castro-Regime eintrat. Möglicherweise haben sogar die Wähler kubanischer Herkunft in Florida 2000 die Präsidentschaftswahl für George W. Bush entschieden. Im Allgemeinen tendieren die Hispanics aber zur Demokratischen Partei. Die größere Bereitschaft, den Status illegaler Einwanderer zu legalisieren stellt dabei ein wichtiges Kriterium dar (Washington Post 2016). In den so genannten *swing states* können die Hispanics die Wahlen in die eine oder andere Richtung entscheiden. 2008 und 2012 konnte Barack Obama 67 % bzw. 71 % der Stimmen der *Latino Voters* auf sich ziehen, die damit entscheidend zu seinem Wahlsieg beitrugen (Lopez und Taylor 2012).

3 Strategische Interessen der USA

Zwischen 1946 und 2013 sind aus dem US-Haushalt insgesamt 160 Mrd. US$ (zu Preisen von 2013) nach Lateinamerika und die Karibik geflossen (Meyer 2016, S. 2). Auf dem Höhepunkt der Allianz für den Fortschritt (1964) lag die bilaterale US-Wirtschaftshilfe an Lateinamerika bei 5,2 Mrd. US$ (zu Preisen von 2011). Das entsprach 0,61 % des lateinamerikanischen BIP; 20 Jahre später (1985) lag der Anteil nur noch bei 0,18 % und bis 2011 war er auf 0,02 % zurückgegangen (Feinberg et al. 2015, S. 6). Darin spiegelt sich sowohl der Rückgang der US-Zahlungen als auch das wirtschaftliche Erstarken Lateinamerikas wider.

Jeder der letzten drei US-Präsidenten sah sich während seiner Amtszeit mit dem Vorwurf konfrontiert, sich zu wenig um Lateinamerika zu kümmern und die Interessen der USA in der Region zu vernachlässigen. Dies gilt auch für zwei Drittel der Amtszeit von Präsident Obama. Zugleich wurde von Kritikern in den in Washington angesiedelten Think Tanks meist das Risiko eines Einflussverlustes der USA heraufbeschworen. In der Tat scheint Lateinamerika nur dann größere Aufmerksamkeit auf sich zu ziehen, wenn es zu Krisen kommt. Normalerweise steht Lateinamerika im Schatten der Herausforderungen und Bedrohungsszenarien in anderen Weltregionen, und wird als naturgegebener Partner wahrgenommen.

Gleichwohl nannte Präsident Obama zum Ende seiner Amtszeit den wachsenden Einfluss der USA in Lateinamerika als ein Beispiel dafür, dass sein abwägender, nicht auf Drohungen basierender und stattdessen auf diplomatische Mittel zentrierter außenpolitischer Ansatz – die sogenannte Obama Doktrin (Goldberg 2016) – erfolgreich gewesen sei. Nach Obama gilt es, die Kerninteressen (und daraus resultierende Bedrohungen) der USA zu identifizieren, und sich nicht durch Nebensächlichkeiten wie die anti-amerikanischen Tiraden linker Regierungschefs in Lateinamerika ablenken zu lassen. Aber wo liegen die Kerninteressen der USA in Lateinamerika?

Die USA haben sicherheitspolitische und wirtschaftliche Interessen in Lateinamerika. Zu den sicherheitspolitischen Interessen gehört die Abwehr traditioneller Bedrohungen. Die USA sind bestrebt, dass sich keine ihr gegenüber feindliche (oder mit ihren Feinden kooperierende) Regierung in Lateinamerika etabliert. Die in der jüngeren Vergangenheit größte Bedrohung der USA stellte die militärische Kooperation zwischen Kuba und der Sowjetunion dar, die während der Kubakrise 1962 beinahe zu einer direkten militärischen Konfrontation zwischen den beiden Supermächten geführt hätte. Aber auch das Aufkommen linker Aufstandsbewegungen gegen rechte Diktaturen wurde während des Kalten Krieges als Bedrohung der nationalen Sicherheit wahrgenommen. In der Folge haben die USA offen oder verdeckt gegen linke Regierungen und Bewegungen agiert. Im Zweifel wurden rechte Diktaturen linken oder auch gemäßigten demokratischen Regierungen vorgezogen, falls diese aus der Sicht der USA eine ambivalente Haltung gegenüber der kommunistischen Bedrohung zeigten. Mit dem Ende des Kalten Krieges ist dieses Bedrohungsszenarium verschwunden und eine größere Toleranz auch gegenüber linksgerichteten Regierungen zu verzeichnen. Als neue sicherheitspolitische Bedrohung wird die wachsende Präsenz Chinas in Lateinamerika wahrgenommen, die allerdings in militärischen Szenarien bisher eine untergeordnete, aber nicht zu vernachlässigende Rolle spielt (Nolte 2013; Ellis 2015). Daneben haben nicht traditionelle Bedrohungen wie der internationale

Terrorismus, der Drogenhandel, die organisierte Kriminalität und die illegale Einwanderung in den Beziehungen mit Lateinamerika an Bedeutung gewonnen. Darüber hinaus haben die USA wirtschaftliche Interessen in Lateinamerika. Die Amerikas, d. h. Kanada, die Karibik, Mexiko und die übrigen lateinamerikanischen Staaten haben seit 2000 als Handelspartner an Bedeutung für die US-Wirtschaft gewonnen. Im Jahr 2013 ging fast ein Viertel der US-Exporte nach Lateinamerika und in die Karibik. Nimmt man Kanada dazu, entfallen 43 % US-Exporte auf die Amerikas und 34 % der Importe kamen aus der Region (siehe Tab. 2). Die Gesamthandelsstatistik mit Lateinamerika ist jedoch insofern verzerrt, als 70 % der Exporte und zwei Drittel der Importe allein auf Mexiko, dem Partner in der NAFTA entfallen. Aus lateinamerikanischer Perspektive sind die Exporte in die USA weniger stark auf Rohstoffe beschränkt, sondern weisen einen höheren Verarbeitungsgrad als die Exporte nach China und Europa auf. Dabei macht sich wieder der hohe Anteil Mexikos an den US-Importen und die

Tab. 2 US-Außenhandel mit unterschiedlichen Weltregionen (Anteil in %). (Quelle: ECLAC 2015, S. 19)

Region/Land	1980	1990	2000	2010	2013	1990–2013 (jährliches Wachstum)
Exporte						
Kanada	16,0	21,1	22,6	18,4	18,3	4,7
Lateinamerika und Karibik	17,1	13,3	21,6	22,4	24,9	8,2
Europa	28,7	26,6	21,6	19,4	17,0	3,7
Asien	19,6	24,5	21,9	23,7	22,7	5,2
– China	1,7	1,2	2,1	7,6	8,3	15,5
– Japan	9,4	12,4	8,4	5,0	4,4	0,7
Restliche Welt	18,5	14,4	12,2	16,2	10,0	6,0
Importe						
Kanada	16,6	18,1	18,5	14,2	14,5	5,6
Lateinamerika und Karibik	14,2	12,9	16,9	18,1	19,2	8,9
Europa	17,2	20,2	18,7	17,9	17,0	5,9
Asien	21,9	31,7	31,9	34,6	34,9	7,4
– China	0,5	3,1	8,6	19,3	19,8	17,1
– Japan	13,0	18,1	12,0	6,1	6,1	1,4
Restliche Welt	30,1	17,1	14,1	15,2	9,0	6,0

Einbindung des NAFTA-Landes in nordamerikanische Wertschöpfungsketten bemerkbar (Tab. 2).

Zur Sicherung ihrer wirtschaftlichen Interessen haben die USA neben dem NAFTA Vertrag Freihandelsabkommen mit folgenden lateinamerikanischen Ländern abgeschlossen (in der Klammer ist das Jahr des Inkrafttretens genannt): bilateral mit Chile (2004), Peru (2009), Kolumbien (2012) und Panama (2012), und multilateral (2009) mit der Dominikanischen Republik und den zentralamerikanischen Staaten Costa Rica, El Salvador, Guatemala und Nicaragua (Dominican Republic-Central America Free Trade Agreement [DR-CAFTA]). Dadurch haben die USA ein Netzwerk von Freihandelsabkommen mit Lateinamerika geschaffen, das teilweise die ursprünglich geplante gesamtamerikanische Freihandelszone ersetzt. Mit dem im April 2016 von 12 Staaten, darunter Kanada, die USA, Mexico, Peru und Chile, unterzeichneten Abkommen zur transpazifischen Partnerschaft (Trans-Pacific Partnership; TPP) sollte das Netzwerk in den pazifischen Raum erweitert werden.

4   Der gescheiterte Plan einer amerikanischen Freihandelszone

Die Idee einer gesamtamerikanischen Freihandelszone geht auf Präsident George H. W. Bush (1989–1993) und seine im Juni 1990 verkündete Enterprise for the Americas-Initiative zurück. In seine Amtszeit fallen auch die Verhandlungen über ein Freihandelsabkommen mit Kanada und Mexiko. Der Vertrag über die Schaffung einer nordamerikanischen Freihandelszone (North American Free Trade Agreement [NAFTA]) trat schließlich 1994 zu Beginn der Amtszeit von Bill Clinton (1993–2000) in Kraft und konsolidierte eine nordamerikanische Wirtschaftsregion. Gleichzeitig propagierte die US-amerikanische Regierung die Idee einer Freihandelszone (FTAA), die von Alaska bis Feuerland reichen sollte. Diese Idee war auch ein zentrales Thema auf dem ersten Gipfel der Amerikas in Miami 1994 (weitere folgten 1998 in Santiago de Chile und 2001 in Quebec), an dem alle Regierungschefs aus Lateinamerika (mit Ausnahme Kubas), der Karibik, der USA und Kanadas teilnahmen. Ursprünglich wurde die Idee von nahezu allen lateinamerikanischen Regierungen unterstützt. Für einen kurzen Zeitabschnitt vereinte der sogenannte *Washington Consensus* – benannt nach dem wirtschaftlichen Leitmodell der in Washington ansässigen Finanzorganisationen (IWF, Weltbank) und der US-amerikanischen Regierung – die Amerikas hinter dem gleichen (neo)liberalen Wirtschaftsmodell.

In der gleichen Periode wurde die Organisation Amerikanischer Staaten (OAS), die 1948 als eine der weltweit ältesten Regionalorganisationen gegründet worden war, modernisiert. Die lateinamerikanischen Staaten erhielten mehr Einfluss, und der aktiven Verteidigung von Demokratie und Menschenrechten (etwa über das interamerikanische Menschenrechtssystem) wurde mehr Bedeutung zugemessen. Die Demokratisierungsprozesse in Lateinamerika erleichterten die regionale Kooperation. Regionalorganisationen wurden zunehmend auch als Instrumente zur Verteidigung der Demokratie angesehen, indem sie Klauseln zum Schutz derselben und zu Sanktionen bei Verletzungen der verfassungsmäßigen Ordnung verabschiedeten (OAS Resolution 1080 von 1991). Nachdem Kanada 1990 beigetreten war, verwandelte sich die OAS zu einer allumfassenden Regionalorganisation der Amerikas. Es gab einen Grundkonsensus zwischen den USA und den meisten lateinamerikanischen Ländern im Hinblick auf demokratische Werte und Wirtschaftsliberalismus. Gleichzeitig muss aber auch angemerkt werden, dass Lateinamerika während der beiden Amtszeiten von Bill Clinton (1993–2001) keine hohe Priorität in der US-Außenpolitik hatte.

Der Traum der (neo)liberalen Amerikas unter wohlwollender Führung der USA dauerte jedoch weniger als eine Dekade und umfasste die zweite Hälfte der Amtszeit von Präsident George H. W. Bush (1989–1992) und die Amtszeit von Bill Clinton. Aufgrund des Widerstandes von Brasilien, das in einer kontinentalen Freihandelszone eine Bedrohung für seine wirtschaftlichen Interessen sah, aber auch aufgrund einer wenig flexiblen Position der USA bei den Verhandlungen kam das Amerikaprojekt nur langsam voran. Nach der Wahl linker Regierungen in mehreren lateinamerikanischen Ländern (dem Wahlsieg von Hugo Chávez in Venezuela 1999 kommt dabei besondere Bedeutung zu) verlor die Idee, mittels einer Freihandelszone die Amerikas zusammenzuschmieden, seit der Jahrtausendwende mehr und mehr an Anziehungskraft, was unter anderem der Verlauf der Amerikagipfel illustriert. Dabei markierte der vierte Präsidentengipfel 2005 in Mar del Plata/Argentinien einen Wendepunkt. Im Gegensatz zu den vorausgegangenen drei Gipfeltreffen wird in der Abschlusserklärung die Integration der Amerikas nicht mehr erwähnt. Der Gipfel war begleitet von Protestkundgebungen gegen Präsident Bush und von heftiger Kritik an den USA vonseiten des venezolanischen Präsidenten Hugo Chávez und des argentinischen Gastgebers Néstor Kirchner geprägt. Die beiden nächsten Gipfeltreffen in Port of Spain/Trinidad und Tobago (2009) und Cartagena/Kolumbien (2012) endeten ohne gemeinsame Erklärung. Dies kann als Zeichen für eine wachsende Kluft zwischen den USA und vielen lateinamerikanischen Regierungen gewertet werden.

5   Eine größere Eigenständigkeit Lateinamerikas und größere Distanz zu den USA

Im Präsidentschaftswahlkampf 2000 hatte der damalige Gouverneur von Texas, George W. Bush, noch plakativ sein besonderes Interesse an Lateinamerika bekundet und mit blumigen Worten die Vision eines Jahrhunderts der Amerikas umschrieben. Lateinamerikanische Politiker und Unternehmer hatten zunächst erwartungsvoll auf seinen Amtsantritt reagiert. Der erste Staatsbesuch nach seinem Amtsantritt führte Bush nach Mexiko, womit aus US-Sicht der *special relationship* mit diesem Land Ausdruck verliehen werden sollte. Die Chancen auf eine großzügige Regelung für die mexikanischen Migranten in den USA und eine größere Durchlässigkeit der Grenzen zwischen beiden Ländern schienen günstig zu sein. Dies änderte sich mit den Anschlägen vom 11. September 2001. Danach traten Fragen der Grenzsicherung, der Homeland Security und des Kampfs gegen den internationalen Terrorismus in den Beziehungen zu Mexiko und den übrigen lateinamerikanischen Ländern in den Vordergrund. Der zweite Irakkrieg (2003) ohne völkerrechtliches Mandat und das Gefangenenlager auf dem US-Stützpunkt Guantanamo in Kuba (wo des Terrors verdächtige Ausländer ohne rechtsstaatliches Verfahren inhaftiert sind) führten zu einer Entfremdung zwischen den USA und ihren südlichen Nachbarn. Die meisten lateinamerikanischen Regierungen unterstützten das amerikanische Vorgehen nicht. Chile und Mexiko als nichtständige Mitglieder im UN-Sicherheitsrat widerstanden dem Druck der Bush-Administration und stimmten der militärischen Intervention im Irak nicht zu. Nur kleinere Länder wie El Salvador, Honduras, Nicaragua und die Dominikanischen Republik sahen sich genötigt, die USA zu unterstützen und sogar Truppenkontingente zu entsenden.

Das nachlassende US-Engagement in Lateinamerika infolge des Terroranschlags vom 11. September 2001 und die tief greifenden Veränderungen in der Weltwirtschaft (Stichwort: Aufstieg Chinas) erweiterten den außenpolitischen Handlungsspielraum vieler lateinamerikanischer Staaten, indem sie ihnen die Möglichkeit eröffneten, die Beziehungen zu anderen internationalen Akteuren, wie etwa China und Russland, zu vertiefen und so ihre Außenbeziehungen zu diversifizieren (Domínguez und de Castro 2016). In den acht Jahren der Bush-Administration (2001–2008) haben die lateinamerikanischen Staaten zudem neue regionale und subregionale Organisationen geschaffen, von denen die USA ausgeschlossen blieben. Einige der Projekte richten sich sogar explizit gegen die Hegemonialmacht. So versteht sich beispielsweise die 2004 von Venezuela und Kuba gegründete Alianza Bolivariana para los Pueblos de Nuestra América (ALBA) als Gegenmodell zur gescheiterten gesamtamerikanischen

Freihandelszone. Auch auf bilateraler Ebene traten die lateinamerikanischen Staaten den USA selbstbewusster denn je entgegen. So hatten in vielen Staaten linksgerichtete Präsidenten die Regierungsverantwortung übernommen, die – politisch und ökonomisch durch die hohen Rohstoffpreise der vorangegangenen Jahre gestärkt – offen Kritik an der US-Politik übten. Markantestes Beispiel dieser Entwicklung ist Venezuela, das sich in den acht Jahren der Bush-Regierung von einem traditionellen Partner zum Hauptkontrahenten Washingtons in der Region wandelte. Während der venezolanische Präsident auf regionaler Ebene gemeinsam mit Fidel Castro die Achse Caracas-Havanna etablierte und so den von den USA sanktionierten Inselstaat Kuba zu seinem engsten außenpolitischen Partner machte, knüpfte er auf internationaler Ebene Bande mit Gegnern der USA wie dem Iran.

6 Neustart in den intraamerikanischen Beziehungen unter Präsident Obama

Nach den Irritationen der Bush-Präsidentschaft wurden mit der Wahl von Barack Obama (2009–2016) viele Hoffnungen verknüpft, oder wie es ein amerikanischer Politikwissenschaftler formulierte: „Instead oft the ugly American, Obama seemed like the good-looking American" (Tulchin 2016, S. 150). Im Vergleich zur Vorgängerregierung schlug die Regierung Obama von Anfang an einen grundlegend anderen Ton gegenüber den südlichen Nachbarstaaten an. So akzeptierte die Regierung Obama Lateinamerika als eigenständigeren und selbstbewussteren Partner und legte, wie von vielen politischen Beobachtern angemahnt, eine differenziertere Sichtweise auf Lateinamerika und dessen (außen-)politisch und wirtschaftlich höchst unterschiedliche Subregionen an den Tag. Auf dem Gipfel der Amerikas in Trinidad und Tobago (2009) bot Obama den lateinamerikanischen und karibischen Staaten eine Politik des gegenseitigen „Respekts und Zuhörens" sowie eine „Partnerschaft auf Augenhöhe" an. Vor diesem Hintergrund zeigten sich sogar die US-kritischen ALBA-Staaten um Präsident Hugo Chávez offen für eine Annäherung. Auf dem 7. Gipfel der Amerikas im April 2015 in Panama sagte Präsident Obama rückblickend:

Als ich meinen ersten Gipfel der Amerikas vor sechs Jahren besuchte, versprach ich ein neues Kapitel des Engagements in dieser Region aufzuschlagen. [...] Ich versprach eine neue Ära der Kooperation zwischen unseren Ländern einzuleiten, zwischen gleichberechtigten Partnern, basierend auf gemeinsamen Interessen und gegenseitigem Respekt. [...] Ich habe mein Versprechen gehalten (Obama 2015; Übersetzung D.N.).

Die letztendlich erfolgreiche Lateinamerikapolitik Obamas wurde auch durch die Schwächung möglicher Gegenspieler begünstigt. Nach dem Tod von Hugo Chávez (2013) verschwand ein ideologischer Widerpart von der politischen Bühne. Sein Nachfolger Nicolás Maduro ist nur schwacher Abklatsch seines Ziehvaters. Außerdem leidet Venezuela an Misswirtschaft und dem Verfall der Erdölpreise. Dadurch wird auch das Projekt einer alternativen Allianz ALBA infrage gestellt, das ohne den venezolanischen Petro-Dollar nicht lebensfähig ist. In Argentinien verloren die Peronisten im Dezember 2015 die Macht, die unter dem Präsidenten Nestor Kirchner (2003–2007) und der Präsidentin Christina Fernández de Kirchner (2007–2015) eine US-kritische Politik betrieben hatten. Und Brasilien, die selbstdeklarierte südamerikanische Führungsmacht und Gegenspieler der USA beim FTAA-Projekt, schlitterte während der Präsidentschaft von Dilma Rousseff in eine tiefe wirtschaftliche und politische Krise.

Zunächst fiel die Bilanz der Lateinamerikapolitik Obamas eher durchwachsen aus, zumindest während seiner ersten Präsidentschaft (Whitehead und Nolte 2012). Zwar nahm er, wie im Wahlkampf versprochen, gleich zu Anfang einen leichten Kurswechsel in der Kubapolitik vor. Dazu gehörte die Aufhebung aller Beschränkungen für Geldüberweisungen und Familienbesuche von Exil-Kubanern sowie eine Liberalisierung von Geschenksendungen nach Kuba. Zudem wurde der Weg für Maßnahmen zur Verbesserung der Telekommunikation zwischen den USA und Kuba frei gemacht. Demgegenüber verschlechterten sich die Beziehungen mit Brasilien, das sich von den USA nicht ausreichend als aufstrebende Regionalmacht gewürdigt sah. Bestrebungen der USA, in Kolumbien dauerhaft Militärstützpunkte einzurichten, stießen in Südamerika auf Befremdung. Auch in den Beziehungen mit Kuba gab es zunächst keine weiteren Fortschritte. So wurde Kuba 2012 aufgrund des Widerstands der USA und Kanadas erneut nicht zum Gipfel der Amerikas (in Cartagena/Kolumbien) eingeladen.

Vor dem nächsten Gipfel der Amerikas im April 2015 in Panama kam es dann jedoch im Dezember 2014 zu einem überraschenden Kurswechsel in der Kuba-Politik. Nach vorausgegangenen Geheimverhandlungen kündigte Präsident Obama eine Normalisierung der Beziehungen an. Die kubanische Regierung, die bisher von den Gipfeltreffen ausgeschlossen war, konnte am Gipfel in Panama teilnehmen, und Raúl Castro und Obama nutzten die Gelegenheit zu einem bilateralen Treffen. Im Juli 2015 nahmen beide Länder schließlich wieder diplomatische Beziehungen auf. John Kerry reiste zur Wiedereröffnung der Botschaft im August als erster U. S. Außenminister seit 1945 nach Havanna. Und im März 2016 stattete dann auch Präsident Obama Kuba einen Staatsbesuch ab. Eine Aufhebung des Wirtschaftsembargos steht noch aus. Hier sind dem Präsidenten durch geltende Gesetze weitgehend die Hände gebunden. Der Cuban Liberty and

Democratic Solidarity Act vom März 1996 macht für die Aufhebung des Embargos zur Voraussetzung, dass ein Regimewechsel in Kuba stattfindet und eine Regelung ausstehender Entschädigungszahlungen für nach der Revolution enteigneten US-Besitz auf der Insel gefunden wird. Allerdings gibt es auch Spielräume für den Präsidenten, die Vielzahl der bestehenden Sanktionsgesetze (Rennack und Sullivan 2015) in Teilen auszusetzen oder flexibel zu handhaben.

Der Kurswechsel in der Kuba-Politik entsprach einer Mischung aus Überzeugung und Einsicht der Notwendigkeit, da die meisten lateinamerikanischen Staats- und Regierungschefs auf dem Gipfel der Amerikas 2013 klar gemacht hatten, es werde keinen weiteren Gipfel ohne kubanische Beteiligung mehr geben. Aus Sicht der US-Regierung hatte sich auch die Kosten-Nutzen-Kalkulation eines Wandels in der Kuba-Politik verändert (LeoGrande 2015). Zwar stieß die Politik bei den meisten Republikanern im Kongress und Hardlinern unter den Exil-Kubanern weiterhin auf erbitterten Widerstand. Letztere hatten aber gegenüber gemäßigteren kubanischen Gruppen an Einfluss verloren, und auch in der Bevölkerung wurde die Öffnungspolitik von einer deutlichen Mehrheit unterstützt. Außerdem musste sich Obama in seiner zweiten Amtsperiode nicht mehr um seine Wiederwahl bemühen. Außenpolitisch hatte sich die Isolationspolitik gegenüber Kuba zudem in den Beziehungen zu Lateinamerika zunehmend zu einer Belastung entwickelt.

Am Ende der Amtszeit von Obama stehen die USA wirtschaftlich erstarkt lateinamerikanischen Volkswirtschaften gegenüber, die wieder schwächeln, nachdem die Boom-Phase hoher Rohstoffpreise vorbei ist. Auch die Attraktivität Chinas hat nachgelassen. Linke Regierungen wurden in Lateinamerika durch eher konservative Regierungen abgelöst, und die OAS scheint unter ihrem neuen Generalsekretär Luis Almagro wieder eine aktivere Rolle in Lateinamerika zu spielen. Mit der Wiederaufnahme der diplomatischen Beziehungen zu Kuba wurde ein wichtiger Störfaktor in den intraamerikanischen Beziehungen beseitigt. Obama hat seinen Nachfolgern ein geordnetes Erbe gegenüber Lateinamerika hinterlassen (Hersberg und LeoGrande 2016).

Anzumerken bleibt, dass trotz größerer Eigenständigkeit gegenüber den USA und zeitweiligen Friktionen in den intraamerikanischen Beziehungen nach den Umfragen des Latinobarometers eine positive Sicht der USA in Lateinamerika überwiegt. Im Zeitraum 2000 bis 2013 hatten im Durchschnitt zwischen 58 % und 74 % der Befragten ein positive Meinung. Besonders hoch waren die Vertrauenswerte zu Beginn der Präsidentschaft von George W. Bush und nach den Anschlägen des 11. September 2001 (2001: 73 %; 2002: 71 %) und zu Beginn der Präsidentschaft von Obama (2009: 74 %). Besonders niedrig waren sie am Ende der Präsidentschaft von George W. Bush (2008: 58 %). Dabei gibt es große

Schwankungen zwischen den lateinamerikanischen Ländern. Vergleicht man die Daten des Latinobarometers mit dem AmericaBarometer so sind die Vertrauenswerte in Zentralamerika und der Karibik im Durchschnitt höher als in Südamerika und in Mexico (Latinobarómetro 2014; Silliman 2014).

7   Fazit

Die intraamerikanischen Beziehungen werden ein wichtiger Bestandteil US-amerikanischer Außenpolitik bleiben, auch wenn sich die strategische Bedeutung der Amerikas nur selten in der Tagespolitik widerspiegelt. Lateinamerika und die Karibik (wie auch Kanada) sind für die USA von höchster sicherheitspolitischer Bedeutung. Das Fehlen einer Bedrohung durch feindselige Regierungen (mit einem echten Drohpotenzial) in den Regionen und das Fehlen von Allianzen mit Gegenspielern der USA in anderen Weltregionen halten den Vereinigten Staaten den Rücken für ihre globalen Ziele und Aktivitäten frei. Die USA sind mit Kanada und Mexiko wirtschaftlich verflochten und auch mit dem restlichen Lateinamerika und der Karibik bestehen enge Wirtschaftsbeziehungen. Gemeinsame Herausforderungen wie der Drogenhandel und die (illegale) Migration aus Lateinamerika und der Karibik in die USA werden fortbestehen. Der wachsende Anteil von Hispanics an der US-Bevölkerung schafft zusätzliche Bindungen innerhalb der Amerikas, die es im gleichen Ausmaß nicht mit anderen Weltregionen gibt.

Sah es zu Beginn des 21. Jahrhunderts zunächst danach aus, als würden die USA und Lateinamerika auseinanderdriften, spricht aktuell vieles für eine engere wirtschaftliche und möglicherweise auch politische Kooperation in der Zukunft. Dabei stellt die Normalisierung der Beziehungen zwischen den USA und Kuba einen wichtigen Baustein dar. China wird weiterhin ein wichtiger Wirtschaftspartner Lateinamerikas bleiben – wie auch Europa –, aber die Chinaeuphorie ist verflogen und für die meisten lateinamerikanischen und karibischen Volkswirtschaften sind die USA immer noch der wichtigste Handelspartner. Die Mehrzahl der lateinamerikanischen Staaten wird weiterhin eine Ausdifferenzierung ihrer Handelsbeziehungen anstreben, und es wird auch keine Rückkehr zur US-amerikanischen Hegemonie geben. Die große Herausforderung für die US-Außenpolitik besteht darin, dem größeren Anspruch auf Eigenständigkeit der lateinamerikanischen und karibischen Partner Rechnung zu tragen und eine Politik des intraamerikanischen Dialogs zu befördern. Präsident Barack Obama hat die richtigen Schritte in diese Richtung unternommen, es liegt an seinen Nachfolgern, diese Politik fortzuführen.

Literatur

Clarkson, S. & Mildenberger, M. (2011). *Dependent America? How Canada and Mexico Construct U. S. Power.* Toronto: University of Toronto Press.

Colby, S. L. & Ortman, J. M. (2015). Projections of the Size and Composition of the U. S. Population: 2014 to 2060. Current Population Reports No. 105. https://www.census. gov/content/dam/Census/library/publications/2015/demo/p25-1143.pdf. Zugegriffen: 5. Nov. 2016.

Council on Foreign Relations. (2014). North America. Time for a New Focus. Independent Task Force Report No. 71. file:///C:/Users/wmc498/Downloads/TFR71_North_Ame-rica.pdf. Zugegriffen: 5. Nov. 2016.

Domínguez, J.-I. & de Castro, R. (2016). *Contemporary U. S.-Latin American Relations: Cooperation or Conflict in the 21st Century?* New York: Routledge.

Economic Commission for Latin America and the Caribbean (ECLAC). (2015). *Areas for Cooperation in the Americas. Building Opportunities for Inclusive Development.* Santiago de Chile: United Nations.

Ellis, E. (2015). The Strategic Importance of the Western Hemisphere. Defining U. S. Interests in the Region. Testimony to the Subcommittee on the Western Hemisphere Foreign Affairs Committee U. S. House of Representatives. http://docs.house.gov/meetings/FA/FA07/20150203/102885/HHRG-114-FA07-TTF-EllisE-20150203.pdf. Zugegriffen: 28. Nov. 2016.

Feinberg, R., Miller, E. & Trinkunas, H. (2015). Better Than you Think. Reframing Inter-American Relations. Latin America Initiative. Foreign Policy at Brookings, Policy Brief. https://www.brookings.edu/wp-content/uploads/2016/06/Better-Than-You-Think-Reframing-InterAmerican-Relations.pdf. Zugegriffen: 28. Nov. 2016.

Goldberg, J. (2016). The Obama Doctrine. The Atlantic. http://www.theatlantic.com/magazine/archive/2016/04/the-obama-doctrine/471525/. Zugegriffen: 10. Dez. 2016.

Hershberg, E. & LeoGrande, W. M. (2016). *New Chapter in US-Cuba Relations. Social, Political, and Economic Implications.* New York: Palgrave Macmillan.

Koopman, R., Powers, W., Wang, Z. & Wei, S. J. (2010). Give Credit Where Credit is Due. Tracing Value Added in Global Production Chains. NBER Working Paper 16426. Cambridge: National Bureau of Economic Research.

Krogstad, J. M. & Passel, J. S. (2015, 19. Nov.). 5 Facts About Illegal Immigration in the U. S. http://www.pewresearch.org/fact-tank/2015/11/19/5-facts-about-illegal-immigration-in-the-u-s/. Zugegriffen: 10. Dez. 2016.

Latinobarómetro (2014). *Imagen de los países y las democracias.* Santiago de Chile: Corporación Latinobarómetro.

LeoGrande, W. M. (2015). Normalizing US-Cuba Relations. Escaping the Shackles of the Past. *International Affairs, 91*(3), 473–488.

Lopez, M. H. & Taylor, P. (2012). Latino Voters in the 2012 Election. Hispanic Trends. http://www.pewhispanic.org/2012/11/07/latino-voters-in-the-2012-election/. Zugegriffen: 10. Dez. 2016.

Meyer, P. J. (2016). U. S. Foreign Assistance to Latin America and the Caribbean. Recent Trends and FY2016 Appropriations. CRS Report No. R44113. https://fas.org/sgp/crs/row/R44113.pdf. Zugegriffen: 10. Dez. 2016.

Nolte, D. (2013). The Dragon in the Backyard. US Visions of China's Relations Toward Latin America. GIGA Focus International Edition English, 5. Hamburg: GIGA.

Obama, B. (2015). Remarks by President Obama at the First Plenary Session of the Summit of the Americas. https://www.whitehouse.gov/the-press-office/2015/04/11/remarks-president-obama-first-plenary-session-summit-americas. Zugegriffen: 10. Dez. 2016.

Pastor, R. (2011). *The North American Idea. A Vision of a Continental Future*. New York: Oxford University Press.

Rennack, D. E. & Sullivan, M. P. (2015). Cuba Sanctions. Legislative Restrictions Limiting the Normalization of Relations. CRS Report No. R43888. https://fas.org/sgp/crs/row/R43888.pdf. Zugegriffen: 10. Dez. 2016.

Rinke, S. (2012). *Lateinamerika und die USA*. Darmstadt: WBG.

Silliman, L. (2014). Bridging Inter-American Divides. Views of the U. S. Across the Americas. http://www.vanderbilt.edu/lapop/insights/IO905en.pdf. Zugegriffen: 28. Nov. 2016.

Sullivan, M. P. (2016). Cuba. Issues for the 114th Congress. CRS Report No. R43926. https://fas.org/sgp/crs/row/R43926.pdf. Zugegriffen: 10. Dez. 2016.

Tulchin, J. S. (2016). *Latin America in International Politics. Challenging US Hegemony*. Boulder: Lynne Rynner.

Washington Post/ Univison. (2016, 18. Feb.). National Survey of Hispanic Voters. https://assets.documentcloud.org/documents/2720933/2016-02-18-Hispanics-Trend-for-Release-7AM.pdf. Zugegriffen: 10. Sep. 2016.

Weeks, G. (2015). *U. S. and Latin American Relations*. Malden/ Oxford: Wiley Blackwell.

Whitehead, L. & Nolte, D. (2012). The Obama Administration and Latin America: A Disappointing First Term. GIGA Focus International Edition English, 6. Hamburg: GIGA.

Zeigler, K. & Camarota, S. A. (2015,). Immigrant Population Hits Record. 42.1 million in Second Quarter of 2015. Center for Immigration Studies. http://cis.org/Immigrant-Population-Hits-Record-Second-Quarter-2015. Zugegriffen: 10. Aug. 2016.

Die transpazifischen Beziehungen

Michael Paul

1 Einleitung

Das Interesse der USA am pazifischen Raum ist so alt wie ihre Außenpolitik, denn die Vereinigten Staaten waren nie nur eine atlantische, sondern immer auch eine pazifische Macht. William H. Seward, Senator und späterer Außenminister (1861–1869) forderte einmal sogar, den Pazifik zum *Mare Americanum* und Asien zur kommerziellen Domäne Amerikas zu machen. Anders als im Falle der historisch begründeten, engen Beziehungen zu Europa blieben die transpazifischen Beziehungen im 19. Jahrhundert jedoch auf einem niedrigen Entwicklungsniveau und konzentrierten sich auf den Handel und die Herrschaft über die Philippinen, die Madrid nach dem Spanisch-Amerikanischen Krieg 1898 an die Vereinigten Staaten abgetreten hatte (sie erhielten 1946 die Unabhängigkeit).

Der Zweite Weltkrieg bildete den entscheidenden Wendepunkt in der Pazifikpolitik, denn mit der Niederlage Japans, dem Bürgerkrieg in China und dem Rückzug europäischer Staaten von ihren einstigen Kolonien blieben die USA die einzige verbliebene Großmacht im Raum. Asien wurde zu einem Schauplatz des Kalten Krieges, in dem Washington bemüht war, den sino-sowjetischen Block einzudämmen. Als Schlüsselelement ihrer nationalen Sicherheitsstrategie haben die USA die atlantische Gegenküste durch die NATO und die pazifische Küste mit noch heute bestehenden bilateralen Abkommen gesichert, um so in bester realpolitischer Manier *(offshore balancer)* zu verhindern, dass eine andere Großmacht auf der einen oder anderen Seite von Eurasien die Herrschaft erlangen

M. Paul (✉)
Stiftung Wissenschaft und Politik, Berlin, Deutschland
E-Mail: Michael.Paul@swp-berlin.org

© Springer Fachmedien Wiesbaden GmbH 2017
T. Jäger (Hrsg.), *Die Außenpolitik der USA*, Studienbücher Außenpolitik und Internationale Beziehungen, DOI 10.1007/978-3-531-93392-4_16

kann. Der Ausbruch des Koreakriegs 1950 begründete den Anfang einer schnellen Aneinanderreihung von Allianzen, beginnend mit Japan (1951), den Philippinen (1951), Australien-Neuseeland-USA (ANZUS, 1951), Südkorea (1953), SEATO (Southeast Asia Treaty Organization, 1954) und China (1954).

Der wirtschaftliche und politische Aufstieg Chinas machte eine Neugewichtung amerikanischer Außen- und Sicherheitspolitik notwendig, die der Rückzug aus den langen Kriegen in Afghanistan und dem Irak ermöglicht hat. Dadurch konnte sich Washington stärker auf die asiatischen Wachstumszentren konzentrieren und damit auf Interessen, die zu verfolgen innenpolitisch geboten war. Die Außenpolitik der USA hat unter Präsident Barack Obama eine Schwerpunktverlagerung in den asiatisch-pazifischen Raum (Asia-Pacific Rebalance) erfahren. Zwar hat ihre Realisierung unter einer Kaskade von Krise, Konflikten und Kriegen gelitten, die seit 2014 die internationale Politik beeinflusst haben, aber sie wird aufgrund der gewachsenen Bedeutung Asiens die Pazifikpolitik der USA weiter kennzeichnen. Dabei bleiben die europäischen NATO-Mitglieder sowie Kanada sicherheitspolitisch die größte und stärkste Gruppe der US-Verbündeten in der Welt. Das amerikanische Engagement im Pazifik ist also keine Abkehr von bisherigen Verbündeten, sondern Ausdruck der Tatsache, dass die USA eine atlantische wie auch eine pazifische Nation sind. Nach Jahren der Vernachlässigung kehren die USA mittels der Schwerpunktverlagerung zurück in die asiatisch-pazifische Region, weil der pazifische Raum aus geopolitischen und geoökonomischen Gründen erheblich an Bedeutung gewonnen hat.

2 Akteure im asiatisch-pazifischen Raum und ihre Beziehungen zu den USA

Asien gilt zu Beginn des 21. Jahrhunderts wegen seines Wirtschaftswachstums und des steigenden Gewichts in der Weltwirtschaft als entscheidende Einflussgröße der internationalen Politik. Das hohe Wirtschaftswachstum und die große Bevölkerung begründen die These des langfristigen Aufstiegs Asiens und eines pazifischen Jahrhunderts, schließlich leben 60 % der Weltbevölkerung (4,4 Mrd.) in Asien, in dem China (1,4 Mrd.) vor Indien die größte Bevölkerung weltweit besitzt.

Maßgebliche Bedeutung hat der asiatisch-pazifische Raum, der vom indischen Subkontinent bis an die Westküste der USA reicht. In diesem Raum befinden sich acht der zehn größten Containerhäfen weltweit und auf seinen Seewegen werden mehr als die Hälfte der globalen Containerfracht, davon Waren nach den USA im Wert von 1200 Mrd. US$ verschifft. Als zweitgrößter Exportmarkt der

USA weist Asien den höchsten Anteil der US-Importe auf. Etwa zwei Drittel der weltweiten Ölproduktion werden über indopazifische Seewege transportiert und mehr als 15 Mio. Barrel Öl passieren täglich die Straße von Malakka als kritische Transitpassage. Eine weiter wachsende Nachfrage versprechen Prognosen, denen zufolge 2030 mehr als die Hälfte der globalen Mittelschicht in Asien leben wird. Schon heute befinden sich in diesem Raum aber auch einige der weltgrößten Streitkräfte und die Militärausgaben steigen. Die Chancen für wachsenden Wohlstand sind damit ebenso groß wie die Risiken durch zunehmende Konfliktpotenziale. Diese Entwicklung ist eng verknüpft mit der aufkommenden strategischen Rivalität zwischen Beijing und Washington in der Region und damit der Gefahr einer militärischen Eskalation territorialer Konflikte wie insbesondere im Südchinesischen Meer.

Die asiatisch-pazifischen Regionen beinhalten Südostasien (Brunei, Indonesien, Kambodscha, Laos, Malaysia, Myanmar, Philippinen, Singapur, Thailand, Vietnam) und Nordostasien (China, Japan, Korea, Taiwan) sowie Ozeanien mit Australien und Neuseeland. Als zentrale Akteure sind neben den USA die VR China, Japan, Korea und die Staaten der Association of Southeast Asian Nations (ASEAN) sowie Australien im Vordergrund dieser Betrachtung.

2.1 Die Volksrepublik China

China darf trotz seines beeindruckenden Wirtschaftswachstums nicht überschätzt werden. Obwohl sich die Lebenssituation auf dem Lande verbessert hat, steht die Volksrepublik in einigen Landesteilen noch auf dem Status eines Entwicklungslandes. US-Präsident Barack Obama meinte sogar, die USA habe gegenüber China einen Vorsprung von 100 Jahren hinsichtlich Lebensstandard und Industrieproduktion pro Einwohner. In den Jahrzehnten des Aufstiegs 1990–2010 herrschte außerdem eine ungewöhnlich günstige geopolitische Lage, weil zwei der wichtigsten Rivalen – nämlich Russland und Japan – erheblich geschwächt waren. Seit der völkerrechtswidrigen Annexion der Krim 2014 hat sich zwar Moskau politisch Beijing angenähert, mittlerweile verfolgt jedoch Tokio eine klassische Politik der Gegenmachtbildung, die zunehmend von anderen Staaten in der Region unterstützt wird.

Die Volksrepublik China ist seit der Öffnung des Landes durch Deng Xiaoping wirkungsvoll von den USA in ihrem Aufstieg unterstützt worden. So beklagte Bill Clinton als Präsidentschaftskandidat zwar die zahlreichen Opfer, welche die gewaltsame Niederschlagung der Demonstrationen am Platz des Himmlischen Friedens am 4. Juni 1989 gefordert hatte, und kündigte zu Beginn seiner

Präsidentschaft (1993–2001) eine neue Chinapolitik an, die Verbesserungen in der Menschenrechtspolitik veranlassen sollte. Aber Beijing ließ sich nicht unter Druck setzen und Clinton entkoppelte binnen eines Jahres die Frage der Menschenrechte von den Handelsbeziehungen. China wurde zum strategischen Partner erklärt und Clinton unterstützte am Ende – trotz schwerer Verwerfungen in der Taiwankrise 1995/1996 – die Aufnahme Chinas in die Welthandelsorganisation. Auch George W. Bush folgte während seiner Amtszeit (2001–2009) der konventionellen Logik und bezeichnete China einerseits als Wettbewerber, bemühte sich andererseits aber um bessere Handelsbeziehungen – mit dem idealistischen Argument, dass damit demokratische Entwicklungen befördert werden könnten. Nun zeichnet sich zum Ende der Obama-Präsidentschaft ein Umdenken ab: Langjährige Diplomaten und Chinaexperten in Washington befürworten eine Abkehr von der Politik des konstruktiven Engagements, die seit Präsident Richard Nixon mehr oder minder konsequent durch alle US-Präsidenten praktiziert wurde. Denn die Bemühungen zur Integration Chinas in die liberale Ordnung haben aus ihrer Sicht eine neue Bedrohung amerikanischer Interessen geschaffen und China befähigt, die globale Machtposition der USA herauszufordern.

Die wachsende Macht der Volksrepublik wird von einer zunehmenden Zahl möglicher Konflikte begleitet. Jahrzehntelang galt die Taiwan-Straße als der gefährlichste Brennpunkt in den amerikanisch-chinesischen Beziehungen und seit Ende des Koreakriegs (1950–1953) als das plausibelste Szenario eines militärischen Konflikts. Heute haben sich die Zahl möglicher Anlässe und Orte aufgrund der außenpolitischen Ambitionen Chinas vervielfacht. Neben dem sinojapanischen Inselstreit birgt das Südchinesische Meer ein reichhaltiges Konfliktpotenzial zwischen China und seinen Nachbarstaaten, aber auch mit den USA. Ein bewaffneter Konflikt oder gar ein Krieg würde Beijing mehr schaden als nutzen, aber Absichten können falsch oder fehlerhaft eingeschätzt werden und die Geschichte bietet eine reiche Auswahl an Beispielen, wie Fehleinschätzungen militärische Konflikte verursacht haben.

Als eines der fünf permanenten Mitglieder (P5) des Sicherheitsrates der Vereinten Nationen hat Beijing eine zentrale Rolle im internationalen Konfliktmanagement. Kaum ein größeres Problem der internationalen Politik kann ohne Zustimmung oder Mitarbeit der chinesischen Führung im multilateralen Rahmen angegangen werden. Als viertgrößte Nuklearwaffenmacht und führender Waffenexporteur ist darüber hinaus die Bereitschaft der Volksrepublik zur Zusammenarbeit in der globalen und regionalen Rüstungskontrolle unverzichtbar. Die herausragende Position der VR China wird noch verstärkt durch die neue Partnerschaft mit Russland; dies stellt eine historische Zäsur dar, deren geopolitische Folgen in ihrer Gänze noch nicht absehbar sind. PessimistInnen erkennen darin zwei revisionistische Mächte, die die Nachkriegsordnung des Zweiten Weltkrieges mit ihren Normen und Grenzen aus jeweils unterschiedlichen Gründen zu ändern bestrebt sind, sich aber als autoritäre Regierungen einig in der Bekämpfung der liberalen Weltordnung sind. OptimistInnen hoffen dagegen auf eine langfristig stabilisierende Rolle der VR China, die mehr globale Verantwortung zu übernehmen bereit ist, allerdings zu Bedingungen und in ausgewählten Bereichen, die dem eigenen Interesse entsprechen.

Wäre die VR China nur reich geworden, hätte sich außenpolitisch aber mit der Rolle einer prosperierenden Landmacht begnügt, wäre der Aufstieg des Landes weniger problematisch. Die Führung in Beijing nutzt aber ihre überragenden finanziellen Ressourcen dazu, weitergehende außenpolitische Ambitionen militärisch abzustützen. Als maritime Regionalmacht stellt sie zunehmend den territorialen Status quo im Westpazifik infrage und bedroht damit die nationalen Interessen asiatischer Nachbarstaaten. Infolge der Ansprüche Chinas droht nicht nur der sino-japanische Inselstreit zu eskalieren. Mittlerweile suchen selbst amerikakritische Länder wie Vietnam und Malaysia die Unterstützung der USA, weil Beijing zunehmend hegemoniale Ambitionen entfaltet. Auf Wunsch Manilas wird sogar die Präsenz amerikanischer Streitkräfte auf den Philippinen reaktiviert (dort befand sich bis 1992 das Hauptquartier der 7. US-Flotte, deren Schließung zu dem bis dahin größten Abzug von US-Streitkräften im Pazifik führte).

Die maritimen Streitigkeiten im Südchinesischen Meer sind ein wichtiges Merkmal, letztlich aber nur das Symptom einer sehr viel weiter reichenden Entwicklungstendenz, in der sich eine Machtprobe Chinas mit den USA abzeichnet. Die maritimen Ambitionen der Landmacht China bedrohen eine wesentliche Grundlage der Weltmachtrolle der USA, nämlich ihre Kontrolle indopazifischer Seewege, die von kritischer Bedeutung für den Welthandel sind und ihren Status als pazifische Schutzmacht begründen. Der ordnungspolitische Konflikt mit den USA überlagert dabei zunehmend den Regionalkonflikt Chinas mit den Anrainerstaaten im Südchinesischen Meer und in der Folge werden nicht nur in Washington und Tokio, sondern auch in Canberra und Hanoi wachsende Spannungen mit der Führung in Beijing registriert.

2.2 Japan

In den 1980er Jahren stellte sich aufgrund eines relativen Machtverlustes der USA schon einmal die Frage, ob ein asiatischer Staat – nämlich Japan – die neue Hegemonialmacht des beginnenden 21. Jahrhunderts werde. Der spätere US-Finanzminister Larry Summers meinte noch Ende 1989, dass Japan eine größere Bedrohung für die USA als die Sowjetunion sei – kurz darauf platzte die Finanz- und Immobilienblase in Tokio.

Heute lautet das Motto von Premierminister Shinzo Abe, dass Japan mehr Verantwortung für die eigene Sicherheit übernehmen müsse. Eine der ersten Amtshandlungen nach seiner Wahl im Dezember 2012 war daher eine Aufstockung des Verteidigungshaushalts, der seit 2003 kontinuierlich gesunken war. Nach Vorbild der USA wurde im Dezember 2013 ein nationaler Sicherheitsrat gegründet und eine nationale Sicherheitsstrategie mit dem programmatischen Titel Proactive Contribution to Peace erstellt. Darin wird unter anderem auf das wachsende Risiko maritimer Zwischenfälle hingewiesen und die Verwundbarkeit der Seewege zum Nahen Osten beschrieben, von deren Energieressourcen Japan abhängig ist. Die wachsenden militärischen Fähigkeiten Chinas werden ebenso genannt wie der kontinuierliche Zuwachs des chinesischen Militärbudgets. Beijing habe Aktionen unternommen, die als Versuche betrachtet werden könnten, den Status quo mit Gewalt zu verändern; speziell habe es Aktivitäten im See- und Luftraum um Japan ausgeweitet und intensiviert und sei dabei in die Küstengewässer und den Luftraum um die Senkaku-Inseln eingedrungen.

Die Haltung Tokios gegenüber Beijing bleibt also geprägt von Misstrauen, das durch die Streitigkeiten um die Senkaku-Inseln verschärft wurde, obwohl die wirtschaftlichen Verflechtungen der beiden fernöstlichen Mächte in der Vergangenheit immer enger geworden sind. Wesentliche Elemente japanischer Außen- und Sicherheitspolitik bleiben unverändert, so der Verzicht auf Nuklearwaffen oder der Umfang der Streitkräfte *(Japan Self-Defense Forces),* deren Aufbau 1954 begann. Sie umfassen etwa 250.000 SoldatInnen und zählen zu den am besten trainierten und am modernsten ausgerüsteten Streitkräften in Asien. Während Art und Umfang der Streitkräfte unverändert bleibt, sollen die bislang restriktiven Regeln ihres Einsatzes geändert und damit der Wechsel zu einer *proaktiven* Politik ermöglicht werden. Am 1. Juli 2014 beschloss die Regierung von Premier Abe, Artikel 9 der japanischen Verfassung neu zu interpretieren und damit die Befugnisse japanischer Streitkräfte auszuweiten. Künftig sollen sie sich nicht nur im Angriffsfall selbst verteidigen, sondern auch Alliierten zu Hilfe eilen dürfen. Dadurch können die japanischen Streitkräfte künftig gemeinsam mit anderen Staaten, etwa im Bündnis mit den USA, eingesetzt werden (allerdings nur, wenn vitale japanische Interessen oder das Leben von Japanern bedroht sind). Darüber hinaus soll sich das Land an friedenerhaltenden Einsätzen der Vereinten Nationen beteiligen können und es werden militärische Rettungseinsätze für japanische Bürger im Ausland genehmigt. Schließlich sieht eine Klausel vor, dass die bisher schon erlaubte Selbstverteidigung auch bei einem weniger eindeutigen Übergriff zulässig ist, denn hybride Konfliktszenarien werden auch in Südostasien immer häufiger befürchtet. Bisher musste für den Fall der Selbstverteidigung ein eindeutiger militärischer und aggressiver Akt gegen Japan vorliegen. Ein grundlegender Politikwechsel ist damit nicht verbunden. Schließlich hat die japanische Regierung schon in den letzten zwei Jahrzehnten ihr militärisches Engagement ausgeweitet, zum Beispiel mit dem Einsatz im Indischen Ozean zur Unterstützung des NATO-Einsatzes in Afghanistan. Ausschlaggebend waren die chinesische Aufrüstung und der amerikanische Wunsch, dass Japan mehr zur Allianz beiträgt, statt wie früher allein auf die Allianz mit den USA zu vertrauen.

Washington steht im Verhältnis zu Tokio vor einem Dilemma. Einerseits ist Japan in der pazifischen Region als Bündnispartner unverzichtbar, und für Abe ist wie für seine Vorgänger die Allianz mit der Schutzmacht USA von größter Bedeutung. Zugleich aber sorgt seine nationalistische Agenda und revisionistische Haltung zu Japans Kriegsvergangenheit für Spannungen nicht nur mit China, sondern auch mit Amerikas anderem wichtigen ostasiatischen Bündnispartner Südkorea. Seine Bestrebungen, das Pazifismusgebot aus der Verfassung zu streichen, die Armee aufzurüsten und auf der internationalen Bühne militärisch eine größere Rolle zu spielen, liegt durchaus im Interesse Amerikas, um so ein Gegengewicht zur militärischen Stärke Chinas im pazifischen Raum zu etablieren. Die nationalistische Rhetorik weckt in den asiatischen Nachbarländern aber Erinnerungen an das imperialistische Japan der 1930er Jahre, das die Pazifikregion in den Zweiten Weltkrieg führte. Angesichts der demokratischen und pazifistischen Bilanz der japanischen Politik seit der Kapitulation des Kaiserreichs 1945 ist es zwar überzogen, wenn China nun Japan unterstellt, es breche zu neuen militaristischen Abenteuern auf. Gleichwohl erhalten in dieser beiderseits durch nationalistisches Gedankengut aufgeheizten Situation die Senkaku/Diaoyu-Inseln einen hohen Symbolcharakter. Washington hat dabei mehrfach betont, dass sich der amerikanisch-japanische Sicherheitsvertrag von 1960 auch auf diese Inseln beziehe und Präsident Obama erklärte während seines Staatsbesuches im April 2014 als erster US-Präsident explizit, dass die Senkaku-Inseln von Artikel V des bilateralen Sicherheitsvertrages gedeckt seien.

2.3 Korea

Seit dem Waffenstillstandsabkommen vom 27. Juni 1953 ist die koreanische Halbinsel entlang des 38. Breitengrades durch eine entmilitarisierte Zone geteilt und bis heute konnten sich Nord- und Südkorea sowie die damaligen Kriegsteilnehmer USA und China nicht auf einen Vertrag über die Beendigung des Krieges oder einen Friedensvertrag einigen. Im Dezember 1991 unterzeichneten

Nord- und Südkorea einen Nichtangriffs- und Versöhnungspakt sowie eine Erklärung über die Denuklearisierung der Halbinsel. Entgegen dem mit der Internationalen Atomenergiebehörde geschlossenen Abkommen wurde den Inspektoren 1993–1994 aber mehrmals der Zutritt zu nuklearen Anlagen verweigert. Aus Pjöngjang hieß es, Sanktionen des Sicherheitsrates der Vereinten Nationen würden als „Kriegserklärung" verstanden und mit „entschiedenen Maßnahmen zur Selbstverteidigung" beantwortet. Gleichzeitig wurden die wiederaufgenommenen Nord-Süd-Gespräche abgebrochen, nachdem nordkoreanische Delegierte gedroht hatten, Seoul in ein „Flammenmeer" zu verwandeln.

Seit dem ersten nordkoreanischen Kernwaffentest am 8. Oktober 2006 hat der Sicherheitsrat der VN zwar mehrmals Sanktionen beschlossen, deren Wirkung ist aber umstritten und weitere Fortschritte konnten dadurch nicht verhindert werden. Im April 2009 startete Nordkorea eine Langstreckenrakete, angeblich um einen Satelliten ins All zu befördern, tatsächlich aber wohl, um die Trägertechnologie für Nuklearwaffen weiterzuentwickeln. Wenig später meldete Pjöngjang einen weiteren Atomtest. Der wachsende Druck auf die Regierung in Seoul, verstärkt durch Artillerieangriffe des Nordens auf eine südkoreanische Insel im Grenzgebiet, führte dazu, dass Washington seine auf Südkorea erweiterte nukleare Abschreckung in Form einer Art nuklearer Planungsgruppe institutionalisierte. Andernfalls wurde befürchtet, dass sich Seoul gezwungen sehen könnte, selbst Nuklearwaffen zu entwickeln. Nach einem weiteren Atomtest 2013 wurde im August 2015 berichtet, dass die Uranproduktion verstärkt worden sei und damit das Nuklearwaffenarsenal Nordkoreas vergrößert werden könnte. Im nächsten Jahr verbreitete Pjöngjang die spektakuläre Meldung, es habe sich bei dem mittlerweile vierten Atomtest am 6. Januar 2016 um eine Wasserstoffbombe gehandelt (was in Expertenkreise als unwahrscheinlich gilt). Propagandistisch unterstützt wird die atomare Weiterentwicklung durch Aussagen, man sei fähig zu einem nuklearen Krieg mit den USA. Nicht nur Washington, Tokio und Seoul äußerten sich besorgt, sondern auch Beijing zeigte sich extrem aufgebracht und verurteilte den Test.

Der Besitz von Nuklearwaffen gilt als die wichtigste Errungenschaft und als Garant für das Überleben des Regimes, was offenbar nicht nur eine wiederholte Verletzung bilateraler und internationaler Abkommen rechtfertigt, die von Pjöngjang unterzeichnet wurden, sondern auch eine schwere Belastung der Beziehungen zu China. Die politischen Auswirkungen nordkoreanischer Nuklearwaffen reichen damit weit über ihre militärische Bedeutung hinaus. Denn einerseits verstärkt dies den Druck auf Südkorea und unter Umständen sogar auf Japan, eigene Atomwaffen zu entwickeln. Pjöngjang kann dadurch außerdem Risiken eingehen, die in keinem Verhältnis zu seinen militärischen Fähigkeiten stehen, aber die Gefahr eines neuen Krieges auf der koreanischen Halbinsel schüren. Die fortschreitende Nuklearwaffentechnik birgt darüber hinaus das Risiko, dass Nordkorea nukleares Material und Technologie an andere Staaten oder sogar an terroristische Organisationen verkaufen könnte. Schließlich zählen diese zu den einzigen hochwertigen Gütern, durch die Devisen beschafft werden können. Die chinesische Führung hat eine zentrale Rolle zur Lösung des Konflikts, schließlich ist Beijing – allen Belastungen zum Trotze – immer noch die wichtigste Stütze des nordkoreanischen Regimes, das China schon mit seinem Eingreifen im Koreakrieg vor einer Niederlage bewahrt hat. Dies wurde bei dem Staatsbesuch des verstorbenen Regierungschefs Kim-Jong-il im August 2010 deutlich, bei dem sein Sohn Kim-Jong-un in Beijing als Nachfolger eingeführt wurde. Jeder Versuch einer Lösung des Konflikts muss daher die Beteiligung Chinas beinhalten, das einen Zusammenbruch des Regimes mit allen Mitteln zu vermeiden sucht, da dies schwerwiegende Folgen für China beinhalten könnte (von einer Massenflucht nach China bis hin zu einem Bündnis des wiedervereinigten Korea mit den USA). Schon die Regierung von George W. Bush akzeptierte die Tatsache, dass das Regime über Nuklearwaffen verfügt und entschied sich daher, den Schwerpunkt der Politik gegenüber Nordkorea auf die Nichtweiterverbreitung von Technologie oder spaltbarem Material zur Herstellung von Nuklearwaffen zu setzen. Auch hierzu bedarf es jedoch der kooperativen Mitwirkung durch Beijing, das nicht nur politischen Druck auf Pjöngjang ausüben kann, sondern speziell die dafür notwendigen Transportwege zu kontrollieren imstande ist.

Südkorea wird weiter bestrebt sein, einen Konflikt erst gar nicht eskalieren zu lassen, zumal auch ein konventioneller Krieg für Seoul verheerend wäre. Die südkoreanische Regierung versucht deshalb die Zusammenarbeit mit Beijing zu intensivieren, die aufgrund der Wirtschaftsbeziehungen bereits auf hohem Niveau stehen, seitdem China die USA als größten Handelspartner abgelöst haben. Die seit Februar 2013 amtierende Präsidentin Park Geun-hye sieht die friedliche Wiedervereinigung als einzigen Weg, um die nukleare Bedrohung durch Nordkorea zu lösen und benötigt dazu die Kooperation mit den Nachbarstaaten – auch diese Vision ist aber ohne China nicht zu realisieren.

2.4 Südostasien

In Südostasien leben über 600 Mio. Menschen, Hunderte unterschiedliche Ethnien und Kulturen sowie Angehörige aller Weltreligionen. Die Region ist zudem eine der wirtschaftlich am stärksten wachsenden der Welt, zusammen kommt sie auf ein Bruttosozialprodukt von 2,5 Bio. US$ und verfügt über mehr ausländische

Direktinvestitionen als China. Ein Viertel des Welthandels wird über wichtige Schifffahrtsrouten abgewickelt, die durch Südostasien verlaufen. Das historisch bedingte Misstrauen gegenüber China aufgrund der imperialen Einflüsse des Kaiserreichs und der Unterstützung kommunistischer Aufstände während des Kalten Krieges wich zu Beginn des 21. Jahrhunderts einem neuen Image Chinas als attraktivem Wirtschaftspartner. Aufgrund des Wirtschaftswachstums und der geografischen Nähe hat China die USA als größten externen Handelspartner überholt. Seit 2009 begann Beijing sein zunehmendes wirtschaftliches Gewicht auch auf politischer Ebene einzusetzen. Seitdem belasten die militärischen Aufrüstungen und die extensiven Territorialansprüche im südchinesischen Meer seitens China aber zunehmend die Beziehungen.

Symptomatisch für die Lage in der Region war der Ausgang des Außenministertreffens der ASEAN-Staaten in Phnom Penh im Juli 2012. Zum ersten Mal in der Geschichte dieser Organisation südostasiatischer Staaten gelang es nicht, sich am Ende des Treffens auf eine gemeinsame Erklärung zu einigen. Die Ursache dafür war der Dissens, ob der Streit zwischen China und Vietnam sowie zwischen China und den Philippinen über konkurrierende Gebietsansprüche im Südchinesischen Meer im Abschlusskommuniqué erwähnt werden dürften. Schon den Zwist nur anzusprechen wurde vom Gastgeber Kambodscha, das den Vorsitz der ASEAN-Gruppe innehatte, als nicht opportun angesehen, obwohl die ASEAN-Staaten und China im November 2002 eine diesbezügliche Erklärung für das Südchinesische Meer (Declaration on the Conduct of Parties in the South China Sea, DoC) verabschiedet hatten.

Indonesien gilt über Südostasien hinaus als Musterbeispiel für die erfolgreiche Demokratisierung einer islamisch geprägten Gesellschaft. Als größtes islamisches Land der Welt praktiziert die Mehrheit der 250 Mio. Indonesier einen moderaten, toleranten und friedlichen Islam. Andere Religionen sind weitgehend frei. Gleichzeitig gibt es eine kleine, gewalttätige Minderheit, die aus dem weltoffenen Inselstaat einen islamischen Staat machen möchte. Hunderte Indonesier sind nach Syrien gereist, um für den Islamischen Staat (IS) zu kämpfen. Die Behörden gehen hart gegen Terrorismus vor. Dennoch hat Indonesien im Januar 2016 eine Rückkehr des Terrorismus erlebt, der schon in den Jahren 2000–2009 zahllose Opfer gekostet hatte. Wiederholt griffen Islamisten westliche Einrichtungen in Jakarta an, so waren 2004 die australische Botschaft und 2016 das US-Unternehmen Starbucks Ziel der Anschläge in Jakarta. Aber offenbar gibt es auch im Süden der Philippinen IS-Anhänger und es besteht Sorge, dass sich die Ideologie der Terrormiliz im benachbarten Malaysia ausbreiten könnte, sodass der Terrorismus ein Problem auch in dieser Region bleiben könnte.

2.5   Australien

Der Aufstieg Chinas stellt eine fundamentale Herausforderung für das bisherige Mächteverhältnis im asiatisch-pazifischen Raum dar, der auch Australien unmittelbar betrifft. Nach dem Zweiten Weltkrieg war die „Anlehnung an die USA ohne Enthusiasmus" (Biedermann und Dieter 2012) erfolgt, sie ist aber auch ohne Alternative, zumal sich das Land am Rande der asiatisch-pazifischen Großregion als integraler Bestandteil der westlichen Sicherheitsgemeinschaft versteht. Dies spiegelt sich in der Bereitschaft zur Teilnahme an weit entfernten Militäroperationen des stärkeren Bündnispartners wider, so im Koreakrieg (1950–1953) und dem Vietnamkrieg (1964–1972) sowie in jüngster Zeit am Krieg im Irak und als Mitglied des ISAF-Einsatzes in Afghanistan. Grundlegend war das 1951 abgeschlossene ANZUS-Abkommen zwischen Australien, Neuseeland und den USA, das ähnlich dem Artikel 5 des Nordatlantikvertrags eine gegenseitige Beistandsverpflichtung enthält und die USA als neue Schutzmacht der ehemaligen britischen Kolonie etablierte. Ähnlich große Bedeutung wie die USA in der Sicherheitspolitik hat indessen China seit Ende der 1990er Jahre in wirtschaftlicher Hinsicht erzielt; es ist mittlerweile der wichtigste Handelspartner Australiens und die Direktinvestitionen haben ein hohes und weiter steigendes Niveau erreicht. Das daraus entstehende Problem illustriert die 2015 vereinbarte Nutzung des australischen Hafens von Darwin über einen 99-jährigen Pachtvertrag; damit erhält die Landbridge Group, die eng mit Partei und Armee Chinas verbunden ist, die vollständige operative Kontrolle des Hafens und des größten Teils des Hafengeländes – und dies nahe den seit 2014 in Darwin infolge der *Asia-Pacific Rebalance* stationierten US-Marines.

3   Fazit

Das vergangene Jahrhundert war maßgeblich durch die euro-atlantischen Beziehungen geprägt. Wird das 21. Jahrhundert ein pazifisches Zeitalter, in dem der asiatisch-pazifische Raum und das Südchinesische Meer die Rolle übernehmen, die einst Europa und das Mittelmeer spielten? Tatsächlich ist das amerikanische Engagement im Pazifik keine transatlantische Abkehr von bisherigen Verbündeten, sondern eine transpazifische Rückkehr, die den geopolitischen und geoökonomischen Erfordernissen entspricht. Wie sich das Verhältnis der USA zur Volksrepublik China entwickeln wird, ist die zentrale Frage des 21. Jahrhunderts.

Literatur

Biedermann, B. & Dieter, H. (2012). *Länderbericht Australien*. Bonn: Bundeszentrale für politische Bildung.

Weiterführende Literatur

Kaplan, R. D. (2014). *Asia's Cauldron. The South China Sea and the End of a Stable Pacific*. New York: Random House. (Exzellent geschriebener, faktenreicher Überblick aus realistischer Perspektive.)

Goldstein, J. (2015). *Meeting China Halfway. How to Defuse the Emerging US-China Rivalry*. Washington D.C.: Georgetown University Press.

Heiduk, F. (2012). Asien-Pazifik. In S. Koschut & M. S. Kutz (Hrsg.), *Die Außenpolitik der USA. Theorie, Prozess, Politikfelder, Regionen* (S. 243–252). Opladen: UTB.

Paul, M. (2015). *Die amerikanische Schwerpunktverlagerung nach Asien. Die militärische Dimension*. Berlin: Stiftung Wissenschaft und Politik.

Raine, S. & Le Mière, C. (Hrsg.). (2013). *Regional Disorder. The South China Sea Disputes*. London: International Institute for Strategic Studies.

Stanzel, V. (2016, 22. Jan.). Danger on the High Seas: The East Asian Security Challenge. European Council on Foreign Relations. http://www.ecfr.eu/page/-/Danger_on_the_High_Seas_An_East_Asian_Security_Challenge.pdf. Zugegriffen: 10. Aug. 2016. (Weitere zu empfehlende Werke und Aufsätze bezüglich der US-transpazifischen Beziehungen.)

Die transatlantischen Beziehungen

Stefan Fröhlich

1   Einleitung

Bereits gegen Ende der zweiten Amtszeit Obamas zeigte sich, dass die Spannungen und Differenzen im transatlantischen Verhältnis in der Vergangenheit keinesfalls allein auf die Politik der Bush-Administration zurückzuführen, sondern die logische Konsequenz der strukturellen Veränderungen der Weltpolitik seit dem Ende des Kalten Krieges sind. Der erwartete graduelle Wandel in Richtung Europa hat unter Obama zwar durchaus stattgefunden, offensichtlich aber weder mit dem erhofften Ergebnis eines insgesamt effizienteren transatlantischen Krisenmanagements noch im Sinne einer gefühlten ideellen Wiederannäherung der Partner auf beiden Seiten des Atlantiks. Die von Europäern zunächst geforderte und seit dem Antritt Obamas praktizierte größere Zurückhaltung in Bezug auf das globale Engagement der USA war vielmehr der Erkenntnis Washingtons über die Grenzen amerikanischer Macht(-projektion) in einer von China und der Nuklearmacht Russland mitbestimmten multipolaren Ordnung geschuldet und wird die Europäer unter dem neuen US-Präsidenten noch weit mehr vor ein doppeltes Führungsdilemma stellen. *Erstens* dürften in den USA unter dem Slogan „America first" künftig Fragen sozialer Ungleichheit, des Klimaschutzes und der Energiesicherheit, der inneren Sicherheit sowie notwendiger Investitionen in die Infrastruktur des Landes noch höher auf der politischen Agenda stehen als außen- und sicherheitspolitische Herausforderungen und somit Zweifel an der globalen

S. Fröhlich (✉)
Friedrich-Alexander-Universität Erlangen-Nürnberg, Erlangen, Deutschland
E-Mail: Stefan.froehlich@fau.de

© Springer Fachmedien Wiesbaden GmbH 2017   289
T. Jäger (Hrsg.), *Die Außenpolitik der USA,* Studienbücher Außenpolitik und
Internationale Beziehungen, DOI 10.1007/978-3-531-93392-4_17

amerikanischen Führungsbereitschaft nähren Die einzige Ausnahme stellt eine
abermalige unmittelbare Bedrohung der Gesellschaft durch den internationalen
Terrorismus dar, wie Trump unmissverständlich signalisiert hat. *Zweitens* ringen
die Europäer selbst mit dem durch die amerikanische Zurückhaltung entstandenen
Machtvakuum sowohl in der östlichen wie auch in der südlichen Nachbarschaft.
Weder ist Deutschland bisher willens, die ihm international zugeschriebene Rolle
des Hegemons auch außen- und sicherheitspolitisch vollständig anzunehmen,
noch sind derzeit Frankreich oder Großbritannien dazu ernsthaft in der Lage.

Für Europa macht es insofern mittlerweile auch nur bedingt einen fundamen-
talen Unterschied, wer in Washington regiert – gleichwohl sich im Wahlkampf-
jahr die Augen wie immer gespannt auf die andere Seite des Atlantiks richteten.
Die Tatsache, dass mit Donald Trump ein Kandidat gewählt wurde, der das Par-
teienestablishment völlig aufgemischt hat, zeigt, wie stark das Land insgesamt
mittlerweile polarisiert ist und die Neigung zu ideologischen Radikalpositionen
zugenommen hat (Thimm 2016). Dies gilt, nicht nur mit Blick auf Europa, insbesondere für das Lager der Republikaner, aber auch bei Demokraten scheint
die EU nicht mehr sonderlich hoch im Kurs zu stehen, wenn es um die Lösung
der globalen sicherheitspolitischen wie ökonomischen Fragen geht. Dies macht
nicht zuletzt der seit Jahren anhaltende Trend zu einem weiteren Truppenabbau in
Europa deutlich.

Einen spürbaren Unterschied, der aber zunächst einmal die eigene Bevölkerung betrifft, gibt es in Washington ohnehin in erster Linie in der Innenpolitik, wo
das konservative Programm der Republikaner doch deutlich andere Akzente setzt
als die demokratische Agenda unter Obama, dessen ambitionierte Reformpläne
in den vergangenen Jahren in weiten Teilen zunächst am deutlich gewachsenen
Machtanspruch des US-Kongresses gescheitert sind. Während Republikaner eher
auf Ausgabenkürzungen und gezielte Steuersenkungen setzen, um gleichzeitig
den Haushalt zu konsolidieren und die Nachfrage zu stimulieren, sind Demokraten zwar auch für Steuererleichterungen (vor allem für den Mittelstand) zur
Stimulierung der Wirtschaft, plädieren aber vor allem für Ausgabenprogramme,
mit denen man sich eher auf eine Marktwirtschaft nach europäischem Muster mit
stärkerer sozialer Absicherung zubewegt. Ungeachtet dieses derzeit tiefen Gra-
bens aber sind sich Republikaner wie Demokraten zumindest in ihrer Forderung
nach einer schuldenfinanzierten Lösung des europäischen Problems einig, auch
wenn die vor allem von Berlin geforderte Konsolidierungs- und Sparpolitik Republikanern politisch-ideologisch eigentlich weit nähersteht als den Demokraten.
Dies offenbart auch die unterschiedlichen makroökonomischen Vorstellungen zur
Lösung der globalen Wirtschafts- und Finanzkrise zwischen Washington und Teilen der EU.

In der Außenpolitik aber hat sich von Bush über Obama zu Trump das fortgesetzt, was sich bereits in der ersten Amtszeit Obamas abzeichnete: An eine Preisgabe der zentralen Grundparameter amerikanischer Außenpolitik denken weder Demokraten unter Obama noch Republikaner. Der ursprünglich heftig kritisierte *Krieg gegen den Terrorismus* durch die Bush-Administration wurde am Ende mit wenigen Einschränkungen auch unter Obama fortgesetzt. Auch unter Obamas Führung hielt das Land bis zuletzt an der Überzeugung der globalen Führungsrolle der USA fest – auch wenn die informelle Obama-Doktrin von „Führung aus zweiter Reihe" sprach. Ebenso bedeutet Trumps „America firts" keinesfalls eine Aufgabe des globalen Führungsanspruchs der USA. Daran ändert auch die Tatsache nichts, dass weder im Lager der Republikaner noch innerhalb der Demokratischen Partei derzeit eine allzu große Neigung zur Übernahme größerer globaler Verantwortung Amerikas herrscht, wie die aktuelle Krise in Syrien, ungeachtet des Militärschlags gegen das Assad-Regime nach dessen mutmaßlichen Einsatz von Chemiewaffen im April 2017, ebenfalls zeigt. Mit anderen Worten, Amerika hält (und wird es wohl auch unter Trump) unverändert am globalen Führungsanspruch fest – und untermauert diesen auch mit einem weit weniger von Sparvorgaben betroffenen Militärhaushalt, ist sich aber der eigenen Grenzen in einer zunehmend auch von anderen Akteuren mitbestimmten Weltordnung und angesichts seines in der eigenen Bevölkerung umstrittenen Krisenmanagements in jüngster Vergangenheit (Afghanistan und Irak) bewusst. Die vordergründige Kriegsmüdigkeit in der Bevölkerung, verstärkt auch durch die Erkenntnis, dass es keine schnellen Lösungen für die heutigen Krisen im Nahen und Mittleren Osten oder anderen Konfliktregionen dieser Welt gibt und die Ziele von Demokratisierung und „regime change" in weite Ferne gerückt sind, sondern dass die meisten einen langen Atem (heißt Präsenz vor Ort) durch die internationale Staatengemeinschaft erfordern, kann aber bei Bedrohung der eigenen Sicherheit jederzeit in Bereitschaft zu einem robusteren Engagement umschlagen.

Für Europa und den Rest der Welt lautet daher die zentrale Frage auch mit Blick auf die Trump-Administration, inwieweit diese ihre traditionelle Verantwortung als globale Ordnungsmacht im eigenen Sinne wahrnimmt. Es ist anzunehmen, dass die Unsicherheit bezüglich des globalen Engagements in den USA weiter anhalten wird und kaum prognostizierbar ist. An der grundsätzlich kritischeren Haltung in Bezug auf längerfristige Kriseneinsätze mit einer robusten Präsenz dürfte sich jedoch ebenso wenig ändern wie an der Tatsache, dass die meisten dieser Konflikte weder allein militärisch noch ohne die Einbindung der zentralen globalen wie jeweiligen regionalen Akteure zu lösen sind. Daraus sollte allerdings nicht geschlussfolgert werden, dass dies zwangsläufig eine Einschränkung der außenpolitischen Handlungsfähigkeit bedeuten muss.

Sicherlich aber deutet alles darauf hin, dass das Verhältnis zu Europa in Washington künftig wohl noch stärker an seinen konkreten Politikergebnissen gemessen wird. Zentral wird sein, eine gemeinsame Agenda mit den USA zu formulieren, die sich pragmatisch an der Kunst des politisch Möglichen orientiert. Dies allein entscheidet darüber, welchen Stellenwert Europa in den USA behält und wie berechtigt die These von der grundsätzlichen Orientierung *(pivoting)* Washingtons in Richtung Asien ist – trotz aller neuerlichen Hinwendungen *(rebalancing)* nach Europa aufgrund der russischen Bedrohung oder des verstärkten Engagements gegen den IS im Nahen und Mittleren Osten. Die USA werden unter Trump nicht notwendigerweise isolationistischer, aber eben gegenüber den Bündnispartnern doch fordernder hinsichtlich einer *gerechteren* Lastenteilung und mehr globalen Engagements der Europäer beim Konflikt- und Krisenmanagement. Für Europa bedeutet dies, den eigenen ordnungspolitischen Anspruch stärker auch ohne die zentrale Rolle der USA zu artikulieren, auch wenn dieser aufgrund der geringeren Machtressourcen (als Resultat des mangelnden politischen Willens) über die eigene Peripherie (Osteuropa, Mittelmeerraum, insbesondere Maghreb, sowie Balkan) bislang kaum hinausreicht. Ein verstärktes sicherheitspolitisches Engagement im pazifischen Raum ist kaum zu erwarten. Die Frage nach einer neuen sicherheits- und ordnungspolitischen Lastenteilung in der Großregion des Nahen und Mittleren Ostens wird sich künftig jedenfalls für Europa noch stärker stellen und Differenzen, vielleicht aber auch neue gemeinsame Schnittmengen befördern.

2   Grundprämissen für eine gemeinsame Agenda

Vor diesem Hintergrund hat die transatlantische Agenda von wenigstens drei Grundprämissen auszugehen:

Erstens, in vielen Punkten gibt es nicht unüberbrückbare, aber doch deutliche Differenzen, die auch mit unterschiedlichen Kultur- und Wertvorstellungen (zumindest aber unterschiedlichen Priorisierungen bestimmter Normen) zu tun haben (O'Neill 2015). An Amerikas Grundüberzeugung, wonach es aufgrund seines unverändert überragenden Machtpotenzials die globale Ordnung gestalten kann (und im Gegensatz zu China, Russland, anderen Schwellenländern sowie der EU auch will), wird sich auch künftig nur wenig ändern; inwieweit sich dieses Selbstverständnis auch in eine kraftvolle Führungsrolle übersetzt, bleibt hingegen abzuwarten. Das geopolitische Hauptinteresse gilt dabei neben China und dessen Aufstieg als regionale Vormacht im Pazifik unverändert dem Nahen und Mittleren Osten mit den Schwerpunkten Golfregion, dem Konflikt Indien-Pakistan und dem Nahostfriedensprozess; Russlands Wiedererstarken an seinen Rändern hingegen wird zunehmend als Problem Europas gesehen. Unabhängig davon wird Washington seine Verpflichtungen angesichts der prekären Haushaltslage sukzessive zurückfahren und ein selektiveres Krisenmanagement in Einklang mit seinen verringerten Mitteln bringen. Europas Rolle in der Welt bleibt eher regional begrenzt – im Gegensatz zum geoökonomischen Interesse, welches sich, wie im Falle der USA, gleichsam zunehmend in Richtung Asien verlagert. Allenfalls wird aus der viel beschworenen gemeinsamen liberalen Grundlage die Notwendigkeit vom Propagieren des Rechtsprimats und von Kooperation (auch mit Nichtdemokraten) abgeleitet.

Zweitens, zu der Machtasymmetrie und den unterschiedlichen Ordnungsvorstellungen kommt erschwerend hinzu, dass die amerikanische Parteienlandschaft und Gesellschaft heute polarisierter denn je ist. Dies hat erhebliche Konsequenzen für transatlantisches Handeln insbesondere in von europäischer Seite als vorrangig betrachteten Themenfeldern wie der inneren Sicherheit (NSA), Klima- und Energiesicherheitspolitik, Abrüstungs- bzw. Rüstungskontroll- oder der Handels- und Entwicklungshilfepolitik (TTIP). In allen Fragen ist ein wiedererstarkter und machtbewusster Kongress der eigentliche Adressat europäischer Politik und heute gilt, dass Europäer und gemäßigte Demokraten auf amerikanischer Seite sich bisweilen näherstehen als Demokraten und Republikaner.

Demgegenüber steht aus amerikanischer Sicht auch nach dem Lissaboner Vertrag eine mittlerweile auf 27 Mitglieder (nach dem Brexit) angewachsene EU, die unverändert weit von einer einheitlichen außenpolitischen Ausrichtung entfernt ist, Konsensentscheidungen oftmals als Ergebnis langwieriger Verhandlungsprozesse und eines kleinsten gemeinsamen Nenners erscheinen lässt und die Schnittmenge transatlantischer Interessen erheblich reduziert (Fröhlich 2012). Beklagt wird zudem Europas wachsende Skepsis gegenüber den Geschäftspraktiken führender amerikanischer Monopolisten im digitalen Bereich, sein allzu statischer Umgang mit der Eurokrise und die fehlende außenpolitische Führung, welche in Washington unter Obama zunehmend der Bundesrepublik Deutschland als Zentralmacht Europas zugesprochen wurde.

Drittens, Washington wird mehr denn je eine *gerechtere* Lastenteilung und mehr globales Engagement beim Konflikt- und Krisenmanagement fordern. Die USA werden aber angesichts der Notwendigkeit einer restriktiven Haushaltspolitik auch unter Trump erkennen, dass zur Aufrechterhaltung ihres Führungsanspruches nicht allein ihre Machtressourcen ausreichen, sondern die Unterstützung ihrer transatlantischen Partner notwendig ist. Dies gilt auch in Bezug auf die Einbindung Chinas, Russlands und anderer Schwellenländer in internationale Organisationen, welche Voraussetzung für die globale Anerkennung rechtsstaatlicher und völkerrechtlicher Grundprinzipien ist. Auch aus diesem Grund liegt die Lösung der Wirtschafts- und Finanzkrise im Euroraum im amerikanischen Interesse. Dies, sowie die weitere Erholung der US-Wirtschaft, sind die Voraussetzungen für das Angehen der oben genannten gemeinsamen Herausforderungen.

3   Die transatlantischen Wirtschaftsbeziehungen

Ein Blick auf die momentane politische Agenda der USA gibt nicht nur Aufschluss über die enormen ökonomischen Herausforderungen, vor denen das Land steht, sondern auch über die Größenordnung der amerikanischen Wirtschaft. Die USA werden in den kommenden Jahren gezwungen sein, das Augenmerk verstärkt auf die Daseinsvorsorge (Rentenversicherung) zu lenken und radikale Reformen vor allem im Innern durchzusetzen: Eine Teilprivatisierung der Rentenversicherung, die genauso wie die europäische von der demografischen Entwicklung bedroht wird, ist ebenso notwendig wie die Sanierung des US-Haushalts durch umfangreiche Kürzungen bzw. Streichungen von Ausgabenprogrammen oder aber Steuererhöhungen. Obwohl das Land nach wie vor hoch verschuldet ist, konnte sich der stark polarisierte Kongress bislang nicht auf einen nachhaltigen Weg aus der Schuldenkrise einigen. Die wechselseitige Blockade wiederum verhinderte die Verabschiedung wichtiger Projekte wie die Einwanderungsreform, ein Klimaschutzgesetz oder Investitionen in die Infrastruktur und hat Umverteilungen zugunsten der einkommensschwachen Teile der Bevölkerung, des Schulwesens, der beruflichen Bildung und der ärztlichen Versorgung zu Dauerbrennern auf der innenpolitischen Agenda werden lassen.

Der Handlungsspielraum für ehrgeizige Ausgabenprogramme ist somit nicht nur angesichts der massiven Verschuldung des Landes begrenzt. Und selbst wenn die US-Regierung gleichzeitig umfangreiche Kürzungen des Verteidigungsbudgets plante (das Gegenteil ist nach Trumps Ankündigung einer zehnprozentigen Erhöhung der Verteidigungsausgaben der Fall!), so machte dieses nach wie vor fast 50 % der weltweiten Verteidigungsausgaben und das Doppelte dessen, was die EU-Staaten für ihre Streitkräfte ausgeben, aus. Zwar wirkten die Einschnitte der letzten Jahre, gemessen an den Ausgaben zwischen 2002 und 2010, überdurchschnittlich groß, dennoch blieben die Zahlen für die absoluten Ausgaben für die Verteidigung im Vergleich zum Rest der Welt – auch zu den vermeintlichen und tatsächlichen Herausforderern des Landes – so hoch, dass sie jeder Administration zwar hinreichende globale Handlungsspielräume belässt, innenpolitische Reformvorhaben aber einschränkt (Overhaus 2015). Mit seinem Zahlungsbilanzdefizit hängt Amerika darüber hinaus schon seit längerem in hohem Maße von den Entscheidungen anderer ab, insbesondere von den Ländern in Asien, die in den vergangenen Jahren hohe Dollarguthaben erworben haben: China, Taiwan und Japan. Dennoch hat das Land in der Vergangenheit immer wieder bewiesen, dass seine Volkswirtschaft und Gesellschaft im Vergleich zu Europa und zu Japan bei Veränderungen der internationalen und auch der inneren sozialen Bedingungen in hohem Maße anpassungsfähig ist. Die Fähigkeit, das enorme ökonomische Potenzial nach den jeweiligen konjunkturellen Gegebenheiten zu nutzen, verschaffte der US-Wirtschaft bisher stets die Flexibilität, auch in wirtschaftlich schwierigen Zeiten mit einem Wirtschaftswachstum auf durchschnittlich hohem Niveau aufzuwarten. Im Übrigen beträgt der Anteil der US-Volkswirtschaft mit einem Volumen von knapp 14 Bio. US$ noch immer fast knapp 20 % des globalen kaufkraftbereinigten Bruttoinlandsproduktes – ein Wert, den in etwa die EU als Ganzes aufweist, aufgrund der nach wie vor fehlenden politischen Einigung aber nicht annähernd in ein vergleichbares globales Gewicht übersetzen kann (IMF 2016). Der Erfolg ist nicht zuletzt auch das Ergebnis einer weit flexibleren Wirtschaftspolitik als mithin in Europa vermutet, bestehend aus einem moderaten Keynesianismus, einer vergleichsweise undogmatischen Geldpolitik, geringerer Regulierung der Arbeitsmärkte und niedrigeren Steuersätzen. Selbst in der Krise gilt, dass nach wie vor fast ein Drittel der weltweiten Direktinvestitionen in die USA fließen, nicht zuletzt weil die Rahmenbedingungen dort in den Augen von Investoren noch immer als die weltweit günstigsten betrachtet werden und weil man seine Wirtschaft für anpassungsfähiger und innovativer als jede andere hält. Man kann daher auch in Zukunft davon ausgehen, dass Washington die Weltwirtschaft auch unter dem neuen Präsidenten weiterhin entscheidend prägen wird. Seine fragile Hegemonialposition besteht ja gerade darin, dass es zwar von Kapitalimporten abhängig ist, der Rest der Welt im Gegenzug aber darauf angewiesen ist, dass Amerika unverändert ausländisches Kapital anzieht und zu weltwirtschaftlicher Nachfrage verarbeitet. An dieser wechselseitigen Abhängigkeit wird auch Trump nicht vorbeikommen, auch wenn seine protektionistisch-merkantilistische Agenda anderes suggeriert.

Daran dürfte sich vorerst nicht allzu viel ändern. Der US-Dollar beherrscht – trotz Euro und wachsender Bedeutung des Yuan – nach wie vor den größten Währungsraum der Welt und profitiert von seiner traditionellen Rolle als Leitwährung, weil Finanzdisponenten ihr Kapital ungemindert in die USA verschieben, in der Erwartung, dass Kapital dort höher oder sicherer verzinst wird als im Euroraum. Auch wenn die US-Wirtschaft längst nicht mehr immun gegen Währungsschwankungen im globalen System ist und, gewichtet nach dem Handelsteil, selbst der Yuan bereits etwa ein Fünftel am Dollarkurs ausmacht, so werden noch immer drei Fünftel der Devisenreserven in Dollar angelegt (auf den Euro entfällt rund ein Viertel) (Dombret 2012). Diese Erwartung wird häufig bestätigt, weil die amerikanische Wirtschaft immer wieder zeigt, dass ihre Dynamik entsprechend hohe Renditen abwirft. Dies hat maßgeblich etwas mit der Tatsache zu tun, dass nirgendwo sonst Erfindungen und Innovationen so konsequent in marktfähige Produkte und Dienste umgesetzt werden wie in Amerika. Die Zukunftsorientierung von Politik, Unternehmen, Märkten und Börsen durch Investition in Schlüsseltechnologien (Kommunikationstechnik, Biotechnologie) und Entwicklung neuer Materialien ist der eigentliche Grund für Wachstum, Innovation, Produktivitätsfortschritt und den Abbau von Arbeitslosigkeit. Sie garantiert auch die enge Verzahnung von exzellenter Wissenschaft und Technik und der privaten Wirtschaft, wie sie gerade für die militärische Vorrangstellung der USA wesentlich ist. Schließlich stehen die USA durch die Methode des *Fracking* vor einer Energiewende, die das Land in die Lage versetzen könnte, nicht nur seinen Öl- und Erdgasbedarf für die nächsten 200 Jahre zu decken und vom größten Öl-Importeur der Welt schon bald zum Energie-Exporteur zu werden (mit möglicherweise erheblichen Konsequenzen für seine Präsenz als Ordnungsmacht im Nahen und Mittleren Osten), sondern auch jene massive Reindustrialisierung und wirtschaftliche Erholung einzuleiten, die Trump verheißt und die Washington auch bei der Bewältigung seiner massiven Haushaltsprobleme helfen dürfte (Houser 2011).

Selbst wenn also die globale Finanz- und Wirtschaftskrise für die USA und die EU gleichermaßen einschneidend war, so ist Amerika ungeachtet der eher schlechten Stimmungslage in der Gesellschaft am Ende rascher aus ihr gestärkt hervorgegangen, auch wenn das massive Problem der Einkommensunterschiede und sozialen Ungleichheit im Lande damit noch nicht gelöst wurde. Für Europa gilt das bedingt, was allerdings strukturelle Gründe hat, die in der unterschiedlichen wirtschaftlichen Ausgangslage der Mitgliedsländer liegen. Zwar erholt sich die Eurozone schneller als erwartet, sodass das Wachstum 2015 bei rund 1,5 % lag und 2016 sogar bei 1,7 %. Dabei profitiert zum einen vor allem die Exportwirtschaft vom schwachen Euro. Zum anderen wirkt sich der niedrige Ölpreis positiv aus, da er zu mehr Konsumausgaben führt. Schließlich tragen niedrige Zentralbankzinsen und eine bessere Kreditvergabe ebenfalls zum Plus bei. Abgesehen davon aber ist die Ausgangslage in den Ländern sehr disparat.

In einzelnen EU-Ländern hat die vermehrte Kreditaufnahme in der Vergangenheit zu einer hohen Inflation geführt, die nicht mehr über eine nationale Fiskalpolitik reguliert werden konnte, sodass dauerhafte Leistungsbilanzdefizite in hohe Staatsschulden mündeten – zusätzlich begünstigt durch die globale Finanzkrise seit 2007. Zwar haben erste Maßnahmen zur Eindämmung der Euro-Krise (EU-Rettungsschirme) Garantierahmen für Kredite an Länder wie Griechenland, Italien, Irland, Portugal und Spanien geschaffen. Die Hilfen für hoch verschuldete Euro-Länder sind aber nur möglich, wenn die Stabilität der Euro-Zone insgesamt in Gefahr ist, sodass die Krise zunehmend zur Bewährungsprobe für ganz Europa geworden ist.

Für die EU bleiben vor diesem Hintergrund und angesichts der Tatsache, dass die transatlantischen Märkte ungeachtet aller Differenzen enger verwoben sind als jede andere bilaterale Partnerschaft (der transatlantische Wirtschaftsraum generiert ein Wirtschaftsvolumen von rund 2,5 Bio. US$), die USA der wichtigste (Absatz-)Markt (Jarman 2015). Beide Seiten haben daher das gleiche Interesse an einem möglichst ungehinderten Handel, mit dem gegenseitigen Respekt vor den jeweiligen nationalen Besonderheiten und Beschränkungen. Zwar führt die Verflechtung beider Märkte dazu, dass externe Effekte des Wirtschaftsmodells der jeweils anderen Seite fallweise als wettbewerbsverzerrend, als Handelshemmnis oder gar als Angriff auf das eigene System empfunden werden können. Im Grunde aber gilt – bei aller Asymmetrie in der wirtschaftlichen Entwicklung beider Seiten – für den transatlantischen Handel nach wie vor zweierlei: *Erstens*, alle Handelsstreitigkeiten folgen auf beiden Seiten dem gleichen Muster innenpolitischer Logik; man preist Ideen des Freihandels, beschädigt ihn aber in der Praxis. *Zweitens*, in aller Regel lassen sich Kompromisse aushandeln und das Wechselspiel von Diskriminierung und Retorsionen endet zumeist damit, dass eine von beiden Seiten die globale Führungsrolle übernimmt und die andere Seit zum Einlenken bewegt. Insofern wird die militärische und sicherheitspolitische Dominanz der USA durch die politische und vor allem ökonomische Eingebundenheit in einen multilateralen Ordnungsrahmen relativiert, dem man sich allenfalls von Zeit zu Zeit entzieht und den man zur Durchsetzung eigener Interessen auch gegebenenfalls instrumentalisiert, in den man sich aber im Großen und Ganzen im Sinne eines flexiblen Multilateralismus integriert – und dies aus gutem Grund (Fröhlich 2002).

Die gegenseitige Verflechtung im transatlantischen Verhältnis, insbesondere bei den Handels- und Kapitalströmen, ist so ausgeprägt, dass es eine Alternative zu ihr praktisch kaum gibt. Globale Konzerne sind heute nach wie vor in ihrem Kern euroatlantische Unternehmen. Europa insgesamt, gerade nach der Erweiterung, und nicht etwa Asien ist größter Investor, Arbeitgeber und auch, abgesehen von Kanada, größter Handelspartner der USA – bei insgesamt relativ ausgeglichener Bilanz. Beide Seiten wickeln rund 45 % des Welthandels ab und sind für nahezu 80 % der weltweiten Auslandsinvestitionen verantwortlich. Die amerikanische Wirtschaft exportiert nach Berechnungen der WTO jährlich Waren im Wert von rund 240 Mrd. US$ und Dienstleistungen im Wert von knapp 170 Mrd. US$ in die Union, umgekehrt beträgt die Importquote rund 327 Mrd. US$ (Waren) bzw. 121 Mrd. US$ (Dienstleistungen). Die gegenseitigen Direktinvestitionen betragen zwischen 450 und 500 Mrd. US$ und entsprechen so einem Anteil von etwa 60 % (EU) bzw. 50 % (USA) am Gesamtumfang der jeweiligen ausländischen Direktinvestitionen. 25 % des globalen Exports und 30 % des Imports werden unverändert in diesem Raum generiert (Hamilton und Quinlan 2016). Allein diese Zahlen sprechen dafür, dass es auch künftig auf außenwirtschaftlicher Ebene im transatlantischen Verhältnis Ebenbürtigkeit und somit einen Zwang zu multilateralem und kooperativem Verhalten auf beiden Seiten geben wird. Europa und Amerika sind mit ihren jeweiligen Anteilen an der Weltproduktion und am Welthandel bzw. mit ihren vergleichbaren Bruttoinlandsprodukten neben China nach wie vor die entscheidenden Gestaltungsmächte der Weltwirtschaft. Und nach wie vor liegt in der wirtschaftlichen Leistungsfähigkeit Europas der Schlüssel für eine konstruktive Rolle im transatlantischen Verhältnis, die Washington wohl auch zukünftig zu einem flexiblen Multilateralismus zwingt.

Ob das unter Obama angestrebte, nunmehr aber vorerst auf Eis gelegte Freihandelsabkommen (TTIP) dazu einen Beitrag leisten kann, ist umstritten. Allerdings ist der bilaterale Nutzen eines solchen Abkommens zunächst erheblich, zumal es nicht wie von Kritikern immer wieder befürchtet um eine Harmonisierung von Standards geht, sondern um wechselseitige Anerkennung selbiger (also sogenannte Mutual Recognition Agreement [MRA]) bzw. den Austausch von Daten und Sicherheitsstandards im Rahmen von dafür eingerichteten Regulierungsagenturen. Hinzu kommt die geopolitische Wirkung eines solchen Abkommens in Richtung der Schwellenländer. Schätzungen gehen von einem jährlichen Wachstum des Bruttoinlandsprodukts von 0,5 % im Falle der EU und 1,5 % für die USA aus, sollte es zu dem geplanten umfassenden Freihandels- und Investitionsabkommen kommen. Die Kommission rechnet mit einer Zunahme der EU-Exporte um rund 2 % und im Fall der US-Ausfuhren von sogar 6 %, sollten auch nur die Hälfte der regulatorischen Differenzen beseitigt werden. Entsprechend lag der Fokus der Verhandlungen auf der Reduzierung von nichttarifären Handelshemmnissen wie Verwaltungs- und Rechtsvorschriften, der Liberalisierung von Dienstleistungen und öffentlichen Ausschreibungen. Da der Dienstleistungssektor im transatlantischen Handelsvolumen allein 60 % ausmacht, liegt hier insgesamt ein Kosteneinsparpotenzial von etwa 80 % (Hamilton 2014). Nur wenn es aber gelingt, in fast allen Wirtschaftsbereichen Normen, Auflagen und Verfahren möglichst aufeinander abzustimmen oder aber gegenseitig anzuerkennen, dürfte dies auch eine Signalwirkung für die Entwicklung globaler Regeln haben. Da jedoch der Sektor der stark subventionierten Landwirtschaft umstritten bleibt, sollten die Erwartungen im Falle einer Wiederaufnahme von Verhandlungen nicht zu hoch geschraubt werden. Man muss dann damit rechnen, dass es eher zu Einzelabsprachen denn zu einer umfassenden Lösung kommen wird (Eizenstat und Hamilton 2012).

4   Die außen- und sicherheitspolitischen Beziehungen

In der Außen- und Sicherheitspolitik hingegen wird der künftige Kurs Amerikas für die Europäer nicht nur unberechenbarer, sondern es wohl auch erforderlich machen, nicht nur eigene Strategien bezüglich des Krisenmanagements an der Peripherie, sondern auch im Umgang mit Washington selbst zu entwickeln. Erforderlich ist mehr Pragmatismus, der sich an dem Grundsatz orientiert, dass einerseits die USA auf absehbare Zeit weniger gewillt sein werden, die zentrale globale Ordnungsmacht zu bleiben, andererseits die meisten der globalen Herausforderungen nach wie vor besser gemeinsam als gegeneinander gelöst werden können (Le Gloannec 2014). Dies bedeutet auch, sich damit abzufinden, dass Washington zwar die Notwendigkeit erkennt, in bestimmten Fällen im multilateralen Rahmen zu handeln. Das gilt für die innere und die die *weiche* Sicherheit betreffenden Fragen – nicht zuletzt aus taktischen Gründen, da es nur so eine faire Lastenteilung im Bündnis einklagen kann und weil es die Öffentlichkeit mehrheitlich unverändert so wünscht. Ansonsten aber gilt für Fragen der äußeren Sicherheit unverändert die Prämisse, im Zweifelsfall und wenn es die eigene Sicherheit erfordert, unilateral oder stärker im Rahmen von Ad-hoc-Bündnissen zu handeln; der Konflikt in Syrien und die Diskussion um einen größeren militärischen Einsatz unter der Führung Washingtons ist das jüngste Beispiel hierfür. Insofern bestimmt Europas Gestaltungskraft in diesen Fragen mehr denn je den Grad des amerikanischen Unilateralismus.

Dabei wird sich Amerikas Führungsrolle in der Welt auch künftig aus seiner überragenden militärischen Überlegenheit speisen. Auch wenn die Grenzen dieser Dominanz Washington in den vergangenen Jahren schmerzlich vor Augen geführt wurden, sollte der Abschreckungs- wie der psychologische Effekt dieser Dominanz dennoch nicht unterschätzt werden. Zunächst gilt, dass kein anderes Land auch nur annähernd an die militärischen Fähigkeiten der USA heranreicht. Die amerikanischen Streitkräfte sind die mit weitem Abstand bestausgerüsteten und fähigsten in der Welt (Peace Research Institute 2015). Aufgrund der vollständigen Digitalisierung ihrer Führungsstrukturen und nicht zuletzt aufgrund von Ausbildungsstand, Training und Doktrin sind sie in der Lage, mit geringsten Reibungsverlusten die verschiedenen Teilstreitkräfte im Kampf zu bündeln und sowohl integrierte Operationen wie in Afghanistan oder im Irak durchzuführen, als theoretisch auch die Eskalationsdominanz in einem Großmächtekonflikt zu entwickeln. Kein anderes Land ist in der Lage, seine militärische Macht global einzusetzen. Mit einem weltumspannenden Netz an Militärbasen und ihrer auf

allen Weltmeeren präsenten Flugzeugträgerflotte können die USA ohne Zeitver-
lust rasch auf etwaige Krisen in der Welt reagieren und militärische Macht projizieren. Gestützt auf seine gewaltigen militärischen Ressourcen wird Washington
auch künftig in der Lage sein, die Machtverhältnisse vor allem im Nahen und
Mittleren Osten wie in der pazifischen Region zu bestimmen. Im Nahen Osten
vielleicht weniger aufgrund der angestrebten Energieunabhängigkeit zur unmittelbaren Sicherung der freien Ölzufuhr bzw. der geostrategisch relevanten Netzwerke und Transportwege, dafür aber zur Aufrechterhaltung des jeweiligen
regionalen Kräftegleichgewichts. Washington wird aber dabei versuchen, sich
erstens diesen Regionen mit seinen ordnungspolitischen Vorstellungen nicht
weiter als nötig aufzudrängen, und es wird *zweitens* alles unternehmen, um die
sich daraus ergebenden enormen finanziellen Belastungen für die USA zu senken. Das Instrument für diese Strategie sieht man bereits jetzt in beiden Großre-
gionen im Bemühen um eine regionale kollektive Sicherheitsarchitektur, in der
neben den Staaten der Region und den Europäern auch China, Indien und evtl.
Russland einen Teil der Kosten übernehmen und wenn möglich auch militärisch
präsent sein sollen. Mit anderen Worten, *Entamerikanisierung*, Einbindung aller
relevanten regionalen Akteure und Ertüchtigung *(enabling strategy)* der zentralen
strategischen Partner lauten die Mittel, mit denen Washington seine Militärpräsenz sukzessive auf ein Mindestmaß reduzieren und seine Akzeptanz als *wohlwollender Hegemon* wiederherstellen will. Sollte es allerdings erforderlich sein,
und sollte einer der zentralen Herausforderer (China, Russland) auf der Welt-
bühne das durch amerikanisches Zögern entstandene Machtvakuum über Gebühr
auszufüllen versuchen, könnte das rasch auch wieder das Ende der Obama-Doktrin (Führung aus zweiter Reihe) bedeuten; im Pazifik jedenfalls setzt Washington angesichts des zunehmend aggressiveren Auftretens Chinas deutliche Zeichen
der Rückkehr zur traditionellen Rolle des *offshore-balancers*. Und auch in der
Syrien-Krise, wo Russland durch sein militärisches Eingreifen an der Seite des
Regimes bemerkenswert schnell die strategische Ausgangslage zugunsten Assads
und der eigenen Rolle im Nahen Osten verändert hat, mehren sich nunmehr in
Washington die Anzeichen dafür, das Kräftegleichgewicht durch eine entschlosse-
nere militärische Reaktion (bei der nach Drängen der Opposition und Riads auch
ein Einsatz von Bodentruppen wahrscheinlicher wird) wieder zu korrigieren.

Weder die EU noch China, Japan oder Russland könnten die Voraussetzungen für eine solche globale ordnungspolitische Rolle derzeit ohne einen fun-
damentalen Prioritätenwechsel in der Außen- und Sicherheitspolitik schaffen;
vor allem Russland lässt vielmehr erkennen, dass es künftig nach seinen eigenen Regeln spielen wird. Ein solcher ist im Falle der EU bei allen Erfolgen der
GSVP aber auch künftig nicht zu erwarten. Insofern sind es auch längst nicht

mehr die Bemühungen der EU, das Machtgefälle durch den Ausbau nur annährend auszugleichen, die das transatlantische Verhältnis immer wieder belasten, sondern der zunehmende Relevanzverlust der NATO aus der Sicht Washingtons zugunsten einer flexiblen, auf funktionale ad-hoc-Koalitionen setzenden amerikanischen Weltpolitik. Das kollektive Verteidigungsbündnis hat sich spätestens seit dem 11. September zu einer *Sicherheitsorganisation* hin gewandelt, welche zwar enorme Anstrengungen unternommen hat, eine angemessene Antwort auf die neuen Herausforderungen zu finden, welche aber Schwierigkeiten hat, zum einen – wegen europäischer Widerstände – dem amerikanischen Anspruch auf ein global handelndes Bündnis gerecht zu werden, zum anderen – wegen amerikanischen Zögerns – die traditionelle Rolle einer vornehmlich auf das Bündnisgebiet begrenzten regionalen Schutzorganisation im Sinne Europas aufrechtzuerhalten.

Beide Seiten sind sich zwar einig, dass das Bündnis mit seinen Kooperations- und Partnerschaftsprogrammen und der Aufnahme neuer Mitglieder seit den Umbrüchen der Jahre 1989/1990 einen zentralen Beitrag zu Sicherheit und Stabilität im euro-atlantischen Raum geleistet hat und dass es das nach wie vor einzige Forum für transatlantische Kooperation im Sicherheitsbereich bildet. Beide Seiten stehen heute auch in einem intensiven Dialog in den Bereichen Terrorismusbekämpfung, Nichtverbreitung von Massenvernichtungswaffen und Zivilschutz und signalisieren damit ein Interesse an der gemeinsamen Bewältigung neuer Sicherheitsanforderungen. Schließlich leisten beide Organisationen (NATO und GSVP) mit ihren jeweiligen Fähigkeiten wichtige und komplementäre Beiträge zum Krisenmanagement über das gesamte Konfliktspektrum (von präventiven Einsätzen über humanitäre Operationen bis hin zu intensiver Kriegsführung und Post-Konflikt-Management). Dennoch läuft die Allianz seit Jahren zunehmend Gefahr, zu einer Art *Sicherheits- und Service-Agentur* zu geraten, welche den Bündnisfall nach Art. 5 zwar ausrufen kann, ohne dass dieser jedoch auf beiden Seiten des Atlantiks als eine Verpflichtung zum militärischen Beistand interpretiert werden muss (Rühle 2016).

Diese Sicht schien sich das Bündnis in der Vergangenheit zwar nach Meinung vor allem der Europäer leisten zu können. Russlands Annexion der Krim, sein verdeckter hybrider Krieg in der Ukraine und die nunmehr direkte Unterstützung Assads zeigen aber, dass die Allianz unmittelbar an zwei Fronten in einer Weise herausgefordert wird, die auch die Rückkehr zu eben diesem Bündnisfall für viele europäische NATO-Mitglieder wieder als realistische Option erscheinen lässt. Die mittel- und osteuropäischen Mitglieder verlangen deshalb den wirksamen Schutz ihrer Sicherheit vor der russischen Bedrohung durch eine Verstetigung der vorläufig eher improvisierten Militärpräsenz der NATO im Osten, wie sie mit dem Readiness Action Plan (RAP) eingeleitet wurde. Unterstützung fanden sie dabei in Washington, das nicht zuletzt vor diesem Hintergrund den Druck auf die europäischen Bündnispartner erhöht hat, der beim NATO-Gipfel in Wales eingegangenen Verpflichtung, ihre Verteidigungshaushalte auf die vom Bündnis geforderten 2 % des BIP zu erhöhen, bis spätestens 2024 nachzukommen. Da das Bündnis Moskau in der Grundakte von 1997 zugesichert hatte, auf dem Gebiet der osteuropäischen Mitglieder eigentlich keine großen Kampfverbände oder Nuklearwaffen zu stationieren, wird die NATO darauf angewiesen sein, im Ernstfall möglichst rasch Verstärkungskräfte nach Osteuropa verlegen zu können – ein logistisch wie personell (höherer Bereitschaftsgrad) sehr kostspieliges Unterfangen. Gleichzeitig wächst der Druck seitens der Südflanke des Bündnisses, der prekären sicherheitspolitischen Lage in Nordafrika und dem Nahen und Mittleren Osten durch eine Erhöhung ihrer Fähigkeit zum Krisenmanagement gerecht zu werden, nachdem der Kampf gegen den IS in Syrien und im Irak und die damit verbundene Flüchtlingskrise Europas hohe Verwundbarkeit gezeigt hat.

Auch wenn die NATO deswegen zunächst eine regionale Organisation bleibt, so können sich die europäischen Mitglieder nicht länger der Tatsache verschließen, dass ihre Sicherheit abhängig ist vom globalen Engagement des Bündnisses und seiner Zusammenarbeit mit anderen Akteuren. Auch in Brüssel teilt man daher mittlerweile die Einschätzung, dass die globalen Herausforderungen (Sicherung der Ressourcen, Kontrolle fundamentalistischer Bewegungen bzw. des Terrorismus, Demokratisierung, Proliferation, Stabilisierung von Regionalkonflikten) auch die Interessen der EU berühren. Und abgesehen davon, dass es bisweilen Differenzen gibt bzgl. der strategischen Mittel, mit denen diesen Herausforderungen begegnet werden soll, kennt die Union an, dass der Schwerpunkt ihres sicherheitspolitischen Interesses nicht nur auf dem eigenen Kontinent, sondern auch an der unmittelbaren Peripherie und darüber hinaus liegt.

Dies ist auch die logische Konsequenz aus einer Entwicklung im transatlantischen Verhältnis, wonach die EU heute nicht mehr zwingend davon ausgehen kann, dass Washington sich in jeder Krise an ihrer Peripherie engagiert. Das auf dem Brüsseler NATO-Gipfel von 1994 geborene Konzept der Combined Joint Task Forces (CJTF), das die Nutzung von Teilen der NATO-Streitkräfte und -Befehlsstrukturen durch die NATO und (damals) die WEU erleichtern sollte, symbolisiert eben diese Entwicklung. Dahinter stand die Absicht, den Europäern die Möglichkeit zu geben, Krisenmanagementaufgaben zu übernehmen und dafür Streitkräfte einzusetzen, die von der NATO *trennbar, aber nicht getrennt (separable but not separate)* waren. Endgültig umgesetzt wurde diese Idee mit den sogenannten Berlin-Plus-Vereinbarungen von 2003. Seither kann die EU bei der Durchführung ihrer Operationen auf kollektive NATO-Mittel und -Fähigkeiten zurückgreifen, während die NATO EU-geführte Operationen unterstützen kann, wenn sie selbst als Ganzes nicht militärisch tätig werden will.

Das Problem dieser Vereinbarung liegt allerdings in den ihr zugrunde liegenden Grundprinzipien für gemeinsame Einsätze: der formalen Gleichheit sowie der Beachtung der Entscheidungsautonomie und der Interessen beider Organisationen. Beide sind gehalten, ihre Interessen in wesentlichen Fragen im Konsens zu definieren, mithin mit Einstimmigkeit. Dies bedeutet, dass es sich die USA vorbehalten können – und auch wollen – wann sie der EU den vollen Zugang zu den knappen und teuren militärischen Mitteln der NATO, die vor allem amerikanische sind, gewähren. Über diese Hürde hilft auch die Tatsache nicht, dass sich seit dem EU-Beitritt von Rumänien und Bulgarien vier Fünftel der Mitgliedschaften in EU und NATO überlappen (21 der 28 NATO-Mitglieder gehören gleichzeitig der EU an) (Staak 2012). Solange sich beide Organisationen hinsichtlich der Methoden und Mittel/Fähigkeiten zum Erreichen ihrer Ziele nicht einig sind, solange vor allem die USA fürchten, dass der Berlin-Plus-Mechanismus langfristig zu einem allzu großen europäischen Einfluss im Bündnis ohne gleichzeitige gerechte Lastenteilung führen könnte, wird jede geplante EU-Aktion unter dem Damoklesschwert eines möglichen Vetos durch Washington stehen (Archick und Gallis 2004). Dieses Dilemma wird zusätzlich verstärkt durch Frankreichs traditionelles Pochen auf eine größere Unabhängigkeit der GSVP von der NATO bzw. den USA. Zwar stehen die USA einer unabhängigeren GSVP heute aufgeschlossener denn je in der Geschichte der transatlantischen Beziehungen gegenüber. Dennoch stößt die auch von Frankreich propagierte Komplementarität beider Organisationen im Rahmen ihrer strategischen Partnerschaft in der Praxis sehr rasch an ihre Grenzen. Sie impliziert, dass man sich in Europa entweder mit einer Abhängigkeit von der NATO in Teilbereichen abfindet – was dem vorherrschenden französischen Verständnis von Autonomie widerspricht, das keine Beschränkungen der europäischen Handlungsoptionen zulässt – oder sich die Fähigkeiten zu raschem Krisenmanagement zulegt. Da die EU letzteres mit ihrem Planziel 2010 längstens beschlossen hatte und da im Grunde auch die NATO auf eine solche Befähigung setzt, ist die logische Konsequenz aus diesen Bemühungen mittel- bis langfristig – bei allen Schwierigkeiten der EU in der Umsetzung – geradezu zwangsläufig ein gewisses Maß an Duplikation militärischer Fähigkeiten in den Schlüsselbereichen Logistik, strategische Aufklärung und Planung. Die Einrichtung eines EU-Operationszentrums und der Civilian Planning Conduct Capability sowie die Schaffung der sogenannten Gefechtsverbände weisen zumindest in diese Richtung.

5   Fazit

Die EU wird sich auch in Zukunft damit abfinden müssen, dass es von Zeit zu
Zeit aufgrund der unterschiedlichen Wahrnehmung von Sicherheitsbedrohungen
und der angemessenen Reaktion darauf zu Situationen kommen kann, in denen
die unverändert global ausgerichtete Politik der USA (im Gegensatz zur nach wie
vor überwiegend regional ausgerichteten europäischen Außenpolitik, mit Präfe-
renz für multilaterales Vorgehen und politisch-ökonomische Mittel) bisweilen ein
eher instrumentelles Verständnis von Multilateralismus entfaltet und die sicherheitspolitische Handlungsfreiheit leitende Maxime bleibt – auch auf die Gefahr
einer vorübergehenden Entfremdung gegenüber den Bündnispartnern hin. Allenfalls kann in solchen Momenten von einem realistischen Multilateralismus im
Sinne der engen Zusammenarbeit mit ausgewählten und gleichgesinnten Staaten
zur Umsetzung bestimmter Ziele die Rede sein, bei denen die Aufgabe die *flexiblen Koalitionen* bestimmt.

Auf die Unterstützung der Europäer wird Washington dabei aber auch künftig angewiesen sein – sie ist, bei allen Defiziten, die einzig verlässliche und ohne
Alternative. Insofern bedeutet die Hinwendung zum pazifischen Raum auch nicht
die Abkehr von Europa, wie der transatlantische Schulterschluss in der Ukraine-
Krise deutlich gezeigt hat.

Auch künftig wird es in dem einen oder anderen Fall Spannungen geben.
Das schwindende gegenseitige Vertrauen auf beiden Seiten des Atlantiks (NSA-
Skandal, TTIP, Monopolstellung der digitalen US-Riesen Google, Facebook etc.,
Finanz- und Wirtschaftskrise), insbesondere auf europäischer, trägt dazu maßgeblich bei. Dennoch sind die Schnittmengen für beide Seiten größer als in jedem
anderen bilateralen Verhältnis. Es sollte daher möglich sein, bisweilen auftretende
politische Differenzen zu akzeptieren, ohne gleich in die große Sprachlosigkeit
oder das *bashing* zu verfallen, wie dies während der Irak-Krise der Fall war. Die
beste Voraussetzung dafür liegt in der beiderseitigen Erkenntnis, dass die meisten
der heutigen globalen Herausforderungen einen langen strategischen Atem erfordern.

Literatur

Archick, K. & Gallis, P. (2004). NATO and the European Union. CRS Report No.
    RL32342. http://www.iwar.org.uk/news-archive/crs/31988.pdf. Zugegriffen: 05. Dez.
    2016.

Dombret, A. (2012). Der Dollar dürfte auf absehbare Zeit Reservewährung bleiben. *Internationale Politik: Länderporträt USA, 2/2012*, 18–24.

Eizenstat, S. & Hamilton, D. (2012). Time for a New Transatlantic Partnership. www. sfgate.com/opinion/article/Time-for-new-trans-Atlantic-partnership. Zugegriffen: 05. Aug. 2016.

Fröhlich, S. (2002). Zwischen Multilateralismus und Unilateralismus. Eine Konstante amerikanischer Außenpolitik. *Aus Politik und Zeitgeschichte, 25*, 23–30.

Fröhlich, S. (2012). *The New Geopolitics of Transatlantic Relations.* Baltimore: Johns Hopkins University Press.

Hamilton, D. (2014). TTIP's Geostrategic Implications. *Journal of Common Market Studies, 52*, 25–39.

Hamilton, D. & Quinlan, J. (Hrsg.). (2016). *The Transatlantic Economy 2015.* Washington D.C.: Center for Transatlantic Relations.

Houser, T. & Mohan, S. (2011). America's Energy Security Options. Policy Brief No. PB11-10. Washington D.C.: Peterson Institute for International Economics.

IMF. (2016). USA. Anteil am kaufkraftbereinigten globalen Bruttoinlandsprodukt (BIP) von 2006 bis 2016. http://de.statista.com/statistik/daten/studie/166810/umfrage/anteil-der-usa-am-globalen-bruttoinlandsprodukt-bip/. Zugegriffen: 05. Dez. 2016.

Jarman, H. (2015). Transatlantic Trade Policy. In L. Buonanno, K.-M. Henderson & N. Cuglesan (Hrsg.), *New and Changing Transatlantics* (S. 121–131). London: Routledge.

Kupferschmidt, F. (2006). Strategische Partnerschaft in der Bewährung. Die Zusammenarbeit von NATO und EU bei der Operation Althea. SWP-Studie S07. Berlin: Stiftung Wissenschaft und Politik.

Le Gloannec, A. M. (2014). Transworld – Redefining the Transatlantic Security Relationship. *Transworld Papers, 38.* Rom: Instituti Affari Internazionali.

Peace Research Institute. (2015). The U. S. Spends More on Defense Than the Next Seven Countries Combined. SIPRI Military Expenditure Database. https://www.sipri.org/research/armament-and-disarmament/arms-transfers-and-military-spending/military-expenditure. Zugegriffen: 05. Dez. 2016.

Rühle, M. (2016). Konventionell und nuklear. Die Rückkehr der Abschreckung ist unvermeidlich. *Internationale Politik, 1/2016*, 104–109.

Staak, M. (2012). *Einführung in die Internationale Politik.* München: Oldenbourg.

Thimm, J. (2016). Konzentrieren wir uns auf das Wesentliche. Im Umgang mit den USA müssen wir lernen, mit Unsicherheit zu leben. In V. Perthes (Hrsg.), *Ausblick 2016: Begriffe und Realitäten internationaler Politik.* SWP-Studien 2016/ S 00. Berlin: SWP.

O'Neill, M. (2015). The Cultural Dynamics of Transatlanticism. In L. Buonanno, N. Cuglesan & K. Henderson (Hrsg.), *The New and Changing Transatlanticism. Politics and Policy Perspectives.* London: Routledge.

Overhaus, M. (2015, 24. Juni). Das Ende der Obama-Doktrin. *Internationale Politik und Gesellschaft.* http://www.ipg-journal.de/rubriken/aussen-und-sicherheitspolitik/artikel/das-ende-der-obama-doktrin-975/. Zugegriffen: 24. Nov. 2015.

Die amerikanisch-deutschen Beziehungen

Katharina Berninger und Thomas Jäger

1 Einleitung

Geprägt sind die Beziehungen zwischen den USA und Deutschland von Asymmetrien, die den Handlungsspielraum der Regierungen mitbestimmen: Die kontinentale Lage der USA einerseits, die Einbindung Deutschlands in die europäische Staatenwelt andererseits. Die herausgehobene Bedeutung der USA in Weltwirtschaft und Weltpolitik und ihre ordnungssetzende Größe seit die industrielle Kraft des Landes entfesselt wurde. Die Einordnung Deutschlands in diese Gefüge, während gleichzeitig eigene Interessen verfolgt wurden. Die enorme kulturelle Anziehungskraft der USA, die weit stärker auf Deutschland wirkte, als die deutsche Kultur auf die USA. Es sind zwei ungleiche Staaten mit ungleichen Machtressourcen und häufig verschiedenen Interessenlagen – die sich jedoch in den letzten Jahrzehnten fest verbunden in der Staatengruppe des Westens befanden. Der Westen ordnet sich in den internationalen Beziehungen seit einigen Jahren neu. Die NATO wurde auf neue Herausforderungen ausgerichtet und ihre Zukunft ist umstritten (aber das war schon von Beginn an so). Die Verhandlungen um eine gemeinsame Freihandels- und Investitionszone, die zum TTIP-Vertrag führen sollten, blieben zumindest phasenweise schwer auf der Strecke liegen und es ist unklar, ob sie erfolgreich zu Ende geführt werden können. Die technologischen Innovationen wurden in beiden Staaten mit unterschiedlicher Schlagkraft

K. Berninger (✉) · T. Jäger
Universität zu Köln, Köln, Deutschland
E-Mail: katharina.berninger@uni-koeln.de

T. Jäger
E-Mail: thomas.jaeger@uni-koeln.de

© Springer Fachmedien Wiesbaden GmbH 2017   307
T. Jäger (Hrsg.), *Die Außenpolitik der USA,* Studienbücher Außenpolitik und
Internationale Beziehungen, DOI 10.1007/978-3-531-93392-4_18

genutzt, wie der NSA-Skandal verdeutlicht hat. Die wechselvolle Geschichte der Beziehungen zwischen den USA und Deutschland werden in den nächsten Jahren weitergehen; sie sind nicht an ihr Ende gekommen. Um diesen Weg besser einschätzen zu können, ist ein Blick zurück sinnvoll. Ob man aus der Geschichte lernen kann? Wer weiß. Sie zu kennen, erlaubt aber ein begründeteres Urteil über den weiteren Verlauf dieser wichtigen Staatenbeziehung.

Die deutsch-amerikanischen Beziehungen haben sich in den letzten Jahrzehnten außergewöhnlich vielschichtig gezeigt. Sie waren sowohl von Phasen der Feindschaft als auch von intensiver Freundschaft gekennzeichnet.

In den beiden Weltkriegen standen sich Deutschland und die USA mit ihren jeweiligen Verbündeten in militärischer Konfrontation gegenüber. Die Beteiligung der USA an diesen Kriegen und der ökonomische und militärische Aufstieg des Landes zur Weltmacht mit globalen Interessen beendeten die mit Gründung der USA angelegte amerikanische Isolationspolitik. Diese Politik, sich nicht in Allianzen verstricken zu lassen und nur die eigenen Interessen zu verfolgen, musste aufgegeben werden.

In der Folge entwickelten sich die USA mit rasanter Dynamik zur westlichen Hegemonialmacht im Ost-West-Konflikt. Die USA hatten sodann einen maßgeblichen Einfluss auf das Schicksal der deutschen Politik in der Nachkriegszeit des Zweiten Weltkriegs und insbesondere in den Sicherheitsfragen der 1950er und 1960er Jahre bestand eine umfassende Abhängigkeit Deutschlands von den USA und ihrer militärischen Handlungsfähigkeit.

Neben den internationalen Entwicklungen und besonders den Beziehungen zur Sowjetunion spielten auch die Charaktere der jeweiligen Regierungschefs und deren zwischenmenschliche Beziehungen im deutsch-amerikanischen Verhältnis eine bedeutende Rolle. Daher lassen sich in den deutsch-amerikanischen Beziehungen wesentliche Unterschiede anhand dessen ausmachen, welche Personen auf den jeweiligen Seiten als Amtsinhaber ihr Land vertraten.

Trotz einer Vielzahl an Auseinandersetzungen und Konflikten zählen die bilateralen Beziehungen zwischen den USA und Deutschland zu den wichtigsten Partnerschaften auf beiden Seiten. Auf der deutschen allerdings mehr als auf der amerikanischen: das Verhältnis war aufgrund der unterschiedlichen militärischen und wirtschaftlichen Fähigkeiten sowie der kulturellen Anziehungskraft stets asymmetrisch. Deutschland war immer stärker auf die USA ausgerichtet als die USA – abgesehen von den Phasen der Weltkriege – auf Deutschland.

2 Eine Chronologie der deutsch-amerikanischen Beziehungen

Die deutsch-amerikanischen Beziehungen haben ihren Ursprung im Friedens- und Handelsvertrag von 1785 und dem Beginn der diplomatischen Beziehungen zwischen den USA und Preußen im Jahr 1797 (Findling 1989). Mit der Gründung des Deutschen Kaiserreichs 1871 wurden die Beziehungen unter den bestehenden Bedingungen und ohne ernste Zwischenfälle fortgeführt. Im Zuge des uneingeschränkten U-Boot-Kriegs, den Deutschland während des Ersten Weltkriegs führte, wurden auch amerikanische Handels- und Passagierschiffe versenkt, was zunächst zu einem Abbruch der diplomatischen Beziehungen im Februar und letztendlich dem Kriegseintritt der bis dahin neutralen USA im April 1917 führte (Möckelmann 1967). Dieser Schritt markierte die erste Abweichung vom amerikanischen Isolationismus, der seit der *farewell address* des ersten amerikanischen Präsidenten, George Washington, von 1796 Teil der amerikanischen Außenpolitik war. Noch während des Ersten Weltkriegs formulierte Präsident Wilson einen 14-Punkte-Plan, der ein Waffenstillstandsabkommen herbeiführte und als Grundlage für die Friedensverhandlungen fungierte. Jedoch konnte Wilson seinen Plan, der dem amerikanischen Konzept des *peaceful change* folgte, in vielen Punkten nicht gegen die Vertreter der anderen beteiligten Länder durchsetzen.

Da der amerikanische Senat eine Ratifizierung des Versailler Vertrags und somit den Beitritt zum Völkerbund verweigerte, wurde 1921 mit dem Berliner Vertrag ein alternativer Friedensvertrag zwischen den USA und Deutschland geschlossen, der zwei Jahre später um den deutsch-amerikanischen Handelsvertrag erweitert wurde. Anders als im Vertrag von Versailles kamen den USA demnach keinerlei politische oder militärische Verantwortung zu. Mit diesem Separatfrieden kehrten die USA in gewissem Maße zu ihrer Politik des Isolationismus zurück.

Im Vergleich zu den anderen Siegermächten zeichnete sich die Haltung der USA gegenüber Deutschland durch ein größeres Maß an Flexibilität aus. So wurden beispielsweise 1924 im Rahmen des Dawes-Plans und 1929 im Rahmen des Young-Plans die Reparationszahlungen Deutschlands unter Berücksichtigung der Wirtschaftskraft des Deutschen Reiches geregelt, was unter anderem die Herabsetzung der Annuitätenhöhe und der vorzeitigen Räumung des Rheinlandes beinhaltete. Das Deutsche Reich entwickelte sich in der Folge zum bedeutendsten europäischen Importland für die amerikanische Wirtschaft.

Mit dem Börsencrash vom 24. Oktober 1929 und der daraus resultierenden Weltwirtschaftskrise kam die positive Entwicklung in den wirtschaftlichen Beziehungen allerdings wieder zum Erliegen. Mit Hitlers Machtergreifung verschlechterten sich die bilateralen Beziehungen zunehmend. Im Oktober 1934 kündigte

Deutschland zunächst den deutsch-amerikanischen Handelsvertrag und die USA zogen in Reaktion auf die Novemberpogrome im November 1938 ihren Botschafter aus Deutschland ab. Die diplomatischen Beziehungen blieben dennoch weiterhin bestehen.

Um ihre Neutralität trotz der Entwicklungen in Europa weiterhin zu wahren, wurde im amerikanischen Kongress ein Neutralitätsgesetz verabschiedet, das 1935 ein unparteiisches Waffenembargo und 1937 ein Kreditembargo gegenüber Krieg führenden Mächten verhängte. Nach dem Kriegsausbruch in Europa wurde das Neutralitätsgesetz 1939 insofern verändert, dass sowohl die amerikanische Neutralität als auch eine indirekte Unterstützung der Gegner Deutschlands ermöglicht wurden. So erlaubte es die *Cash-and-Carry*-Maßnahme, kriegsbeteiligte Nationen (vor allem Frankreich und Großbritannien) bei sofortiger Bezahlung und Transport auf nichtamerikanischen Schiffen zunächst mit nichtmilitärischen Handelsgütern und kurze Zeit später auch mit Waffen und Munition zu beliefern (Findling 1989). Im Laufe des Krieges geriet die amerikanische Regierung abermals verstärkt unter Druck, von ihrem isolationistischen Kurs abzuweichen. 1941 wurde das Neutralitätsgesetz zunächst dahingehend verändert, dass amerikanische Schiffe durch das Kriegsgebiet bis zu britischen Häfen verkehren durften. Wenig später erlaubte das Leih- und Pachtgesetz eine direkte Unterstützung in Form von militärischen Gütern für diejenigen Mächte, die für die amerikanische Sicherheit wichtig waren. Gegen Ende des Jahres brachen die USA alle diplomatischen Beziehungen zu Deutschland ab, bevor sie am 8. Dezember – als Reaktion auf den japanischen Angriff auf Pearl Harbour am Tag zuvor – in den Krieg eintraten. Drei Tage später erfolgte die Kriegserklärung Deutschlands gegen die USA.

Nachdem sie zuvor auf den pazifischen Raum konzentriert waren, legten die USA ab November 1942 ihren Fokus auf die Bekämpfung Deutschlands. Nach Invasionen in Nordafrika (Operation Torch) im November 1942 und in Sizilien (Operation Husky) im Juli 1943 verübten die alliierten Mächte mit der Landung britischer und amerikanischer Truppen in der Normandie (Operation Neptune) am 6. Juni 1944 einen Angriff gegen die deutsche Westfront, der den Beginn der Befreiung Westeuropas von der Naziherrschaft markierte.

Im Anschluss an die Kapitulation Deutschlands im Mai 1945 regelte die Direktive JCS 1067 die amerikanische Besetzungspolitik und weitere Nachkriegsmaßnahmen mit dem Ziel, Deutschland daran zu hindern, je wieder eine Bedrohung des Weltfriedens zu werden. Damit war die Phase der amerikanischen Vorherrschaft eingeläutet. Die deutsch-amerikanischen Beziehungen zu dieser Zeit waren von der Besatzung geprägt (Schissler 2000). 1947 wurde die strenge und restriktive Direktive JCS 1067 zunächst durch die Direktive JCS 1779 und letztendlich durch das European Recovery Program (auch bekannt als Marshallplan) abgelöst, das großzügige Wirtschaftshilfe in den westeuropäischen Ländern leistete, um die politische Stabilität Europas zu sichern.

Die „Hoffnungsrede", die US-Außenminister James F. Byrnes am 6. September 1946 in Stuttgart hielt, drückte die Neuorientierung der amerikanischen Deutschlandpolitik aus, welche sowohl eine wachsende Hilfs- und Verständigungsbereitschaft seitens der USA als auch eine teilweise Selbstständigkeit Deutschlands versprach. Hintergrund war die zunehmende Konfrontation der ehemaligen Verbündeten in der Anti-Hitler-Koalition USA und Sowjetunion. Der Kalte Krieg zog auf. Die USA wollten Westdeutschland als Verbündeten gegen die Weltmacht im Osten aufstellen.

Zwischen 1949 und 1955 entwickelte Deutschland sich zunehmend „vom besetzten Land zum gleichberechtigten Partner" (Kremp 2000, S. 448). Die (west-)deutsch-amerikanischen Beziehungen waren in ein komplexes politisches Umfeld eingebettet, das durch Nachkriegszeit, europäische Neuordnung und den Ost-West-Konflikt geprägt war. In den 1950er Jahren wurden die bilateralen Beziehungen zwischen den USA und der Bundesrepublik Deutschland auch auf akademischer und kultureller Ebene ausgebaut. Mit den Pariser Verträgen, die im Mai 1955 in Kraft traten, wurde das Besatzungsstatut Westdeutschlands aufgehoben und die Souveränität der Bundesrepublik Deutschland anerkannt. Die Alliierten sicherten sich jedoch weiterhin gewisse Vorbehaltsrechte, zum Beispiel bezüglich der deutschen Wiedervereinigung, des Status West-Berlins und der Stationierung alliierter Streitkräfte (Findling 1989). Im gleichen Jahr erfolgte auch der Beitritt Deutschlands zu der 1949 gegründeten NATO und der Westeuropäischen Union (WEU).

Auf diese Phase des Ausbaus und der Intensivierung der transatlantischen Beziehungen folgte eine Phase der Spannungen, die vor allem auf die Deutschlandpolitik des neuen Präsidenten John F. Kennedy zurückzuführen war, die mit der Außenpolitik der Bundesrepublik unter Konrad Adenauer kollidierte. Zum einen verschob sich der politische Fokus der USA aufgrund des andauernden Konflikts mit der Sowjetunion von Europa zusätzlich auch nach Asien, Afrika und Südamerika. Der Ost-West-Konflikt wurde global. Zum anderen nahmen die USA eine zunehmend zurückhaltende Haltung gegenüber der DDR und Ost-Berlin ein und erwarteten im Gegenzug das Gleiche von der Sowjetunion. Als Reaktion auf das erneuerte Ultimatum des sowjetischen Staatschefs Nikita Chruschtschow, in dem er forderte, die alliierten Besatzungsmächte aus West-Berlin abzuziehen und Berlin zu einer freien Stadt zu erklären, verkündete Präsident Kennedy im Juni

1961 die *Three Essentials* seiner Berlinpolitik: das Recht auf Anwesenheit alliierter Truppen in Berlin, den freien Zugang nach Berlin und die Freiheit der Bürger West-Berlins. Mit dem Bau der Berliner Mauer am 13. August 1961 sahen viele Deutsche und West-Berliner diese Essentials verletzt und erwarteten eine direkte Reaktion Seitens der USA. Zwar reiste Vizepräsident Lyndon B. Johnson unmittelbar nach dem Mauerbau – als Zeichen amerikanischer Solidarität – nach West-Berlin, um die Bevölkerung zu beruhigen, aber in der Bundesrepublik und in West-Berlin kam in der Bevölkerung sowie in der politischen Klasse verstärkt Kritik an den Amerikanern auf, da eine stärkere Unterstützung seitens der USA erhofft worden war (Daum 2003). Präsident Kennedy selbst besuchte West-Berlin erst zwei Jahre später im Rahmen seiner Europareise im Juni 1963, wo er seine historische Rede vor dem Rathaus in Schöneberg hielt. Der Besuch wurde seitens der deutschen Politik als „Besiegelung der Gleichberechtigung und ihres Anspruchs auf die Alleinvertretung Deutschlands" (Kremp 2000, S. 340) gewertet und versprach einen Neustart der von Misstrauen geprägten deutsch-amerikanischen Beziehungen. Mit der Entspannungspolitik, die zeitgleich zwischen den Großmächten eingeläutet wurde, rückte die deutsche Wiedervereinigung auf der Liste der amerikanischen Prioritäten jedoch sichtbar in den Hintergrund. Zwar betonten zu Beginn der Präsidentschaft Lyndon B. Johnsons und der Kanzlerschaft Ludwig Erhards beide Seiten die gemeinsamen Interessen einschließlich der weiterhin in Deutschland stationierten amerikanischen Kampftruppen als auch der Verpflichtung für die Wiedervereinigung. Jedoch waren die deutsch-amerikanischen Beziehungen ab 1965 vor allem durch Differenzen geprägt. Neben der Vernachlässigung der bilateralen Beziehungen seitens der USA, die sich zunehmend im Vietnamkrieg verstrickten, wurde das deutsch-amerikanische Verhältnis insbesondere durch die Dispute um die Multilateral Force (MLF) und die deutsche Beteiligung an den alliierten Stationierungskosten belastet. Während sich das amerikanische Interesse immer mehr von Deutschland abwendete, intensivierte sich in Deutschland die Konfrontation zwischen Atlantikern und Gaullisten und obwohl sich Deutschland immer mehr zu einem gleichberechtigten Partner entwickelte, „wiesen [die deutsch-amerikanischen Beziehungen] auch zunehmende Belastungen auf, die sich über ein breites Spektrum von militärisch-strategischen, ökonomisch-monetären und politischen Problemen erstreckten" (Hanrieder 1986, S. 99). Die Atlantiker betonten die Bedeutung der Beziehungen zu den USA für die Entwicklung in Deutschland; die Gaullisten forderten dagegen eine verstärkte Zuwendung zum europäischen Integrationsprozess, weil die USA auf Dauer nicht als zuverlässiger Partner eingeschätzt werden könnten. Die Außenpolitik der Bundesrepublik blieb auf Jahrzehnte davon geprägt, den Ausgleich zwischen den Beziehungen zu den USA und zu Frankreich zu finden, auch wenn der Konflikt nie mehr so drastisch aufbrach wie in den sechziger Jahren.

Seit Kriegsende hatte sich die wirtschaftliche Lage innerhalb Europas weitgehend stabilisiert und Westeuropa sich zu einem der bedeutendsten wirtschaftlichen Akteure auf internationaler Ebene entwickelt. Die Hegemonialmacht USA wurde nun aber zunehmend durch andere aufstrebende Wirtschaftsmächte, insbesondere Japan, gefordert. Die trilateralen Beziehungen zwischen den USA, Japan und der EG (als Vorläuferin der EU) ergänzten den Handlungsrahmen Ost-West-Konflikt um eine weitere Dimension.

In den 1970er Jahren waren die Beziehungen zwischen den USA und der Bundesrepublik in erster Linie durch auseinanderdriftende Interessen geprägt. Während die deutsche Politik sehr an einer Intensivierung der Beziehungen zwischen West-Europa und den USA interessiert war, lag der Fokus der Amerikaner – insbesondere zu Zeiten des Vietnamkriegs – verstärkt auf anderen Regionen und der Sicherung ihrer herausgehobenen weltwirtschaftlichen Stellung, die mit dem Zusammenbrechen des Goldstandards des Dollars erheblich eingeschränkt wurde.

In die Ost- und Deutschlandpolitik kam neue Bewegung, als Willy Brandt 1969 Bundeskanzler wurde. Während aus deutscher Sicht die Normalisierung der Beziehungen zur DDR, den Staaten Osteuropas und der Sowjetunion betrieben wurde, sorgte sich die amerikanische Außenpolitik (unnötig, wie sich zeigte) um die stabile Westorientierung der Bundesrepublik. Durch die Anerkennung des europäischen status quo und die Bereitschaft, die Wiedervereinigung dem Frieden in Europa unterzuordnen, erfolgte damit auch in Deutschland eine Anpassung an die amerikanische Entspannungspolitik, die bereits nach der Kuba-Krise eingesetzt hatte. Unter Präsident Gerald Ford und Bundeskanzler Helmut Schmidt entwickelten sich die bilateralen Beziehungen zwischen der Bundesrepublik und den USA verstärkt zu einer Politik auf relativer Augenhöhe, die durchaus durch die freundschaftliche und vertrauensvolle Beziehung der beiden Regierungschefs gekennzeichnet war. Unter Präsident Fords Nachfolger Jimmy Carter und Bundeskanzler Helmut Schmidt waren die bilateralen Beziehungen hingegen durch deren schwieriges Verhältnis geprägt, was sich im Interessenskonflikt im Vorfeld des NATO-Doppelbeschlusses[1] 1979 spiegelte. Während die deutsche Regierung beteuerte, in jeglicher Hinsicht ihr Wort gehalten zu haben – sei es der Boykott der Olympischen Spiele in Moskau oder bei der umstrittenen Neutronenbombe –, wurde die Verlässlichkeit der amerikanischen Außenpolitik unter Carter bemängelt.

---

[1]Der NATO-Doppelbeschluss sah vor, dass – falls die UdSSR sich nicht zu Abrüstungsverhandlungen bereit erklären würde – in Westeuropa weitere Cruise Missiles sowie Pershing II Raketen stationiert werden sollten, um dann auf Augenhöhe mit der Sowjetunion in Abrüstungsverhandlungen zu treten.

Anfang der 1980er Jahre hatte das deutsch-amerikanische Verhältnis einen Tiefpunkt erreicht. Die folgenden Jahre waren von bedeutenden politischen Führungswechseln auf beiden Seiten gekennzeichnet. Vor allem in den USA wurde nach den außenpolitischen Debakeln wie der Niederlage in Vietnam und der Geiselnahme in Teheran der Ruf nach einem politischen Richtungswechsel lauter. Um die transatlantischen Beziehungen wieder zu intensivieren und die Zusammenarbeit auf politischer, wirtschaftlicher, kultureller und gesellschaftlicher Ebene zu fördern, wurden 1981 in beiden Regierungen Koordinationsstellen für transatlantische Zusammenarbeit eingerichtet, die bis heute bestehen. Unter dem 1980 ins Amt des amerikanischen Präsidenten gewählten Ronald Reagan und dem 1982 gewählten deutschen Bundeskanzler Helmut Kohl trat tatsächlich eine Verbesserung der bis dato angespannten amerikanisch-deutschen Beziehungen ein. Bereits in seiner ersten Regierungserklärung vom 13. Oktober 1982 machte Kohl deutlich, welchen Stellenwert die Beziehung zwischen der Bundesrepublik und den USA für ihn einnahm, indem er das Nordatlantische Bündnis (NATO) und die Freundschaft und Partnerschaft mit den Vereinigten Staaten von Amerika als das „Fundament deutscher Außen- und Sicherheitspolitik" (1982, S. 16) bezeichnete. Als überzeugter Atlantiker (erst später wurde er gaullistischer) kündigte der Bundeskanzler in seiner Regierungserklärung eine „Politik der Erneuerung" (1982, S. 24) an, welche die deutsch-amerikanische Freundschaft stärken und stabilisieren sollte und trat nur kurze Zeit später seinen Antrittsbesuch in Washington an.

Insgesamt zeigte die Amerikapolitik Kohls eine große Ähnlichkeit zu der von Konrad Adenauer, die zwar eine gewisse Beharrlichkeit demonstrierte, aber auch durch Kompromissbereitschaft und Nachgiebigkeit gegenüber der Hegemonialmacht USA gekennzeichnet war. Innerhalb der westdeutschen Bevölkerung stieß diese Politik jedoch verstärkt auf Ablehnung, insbesondere in Bezug auf die Nachrüstung im Rahmen der Umsetzung des NATO-Doppelbeschlusses, an welcher Kohl stets festgehalten und zu welcher er den Amerikanern uneingeschränkte Unterstützung zugesichert hatte.

Auf der amerikanischen Seite lässt sich die Politik Ronald Reagans in zwei Amtsperioden unterscheiden: Während die erste Hälfte der 1980er Jahre eine Rückkehr zur Politik der Stärke und der Konfrontation der fünfziger und sechziger Jahre darstellte, zeichnete sich ab 1984/1985 ein deutlicher Wandel und eine Annäherung an die Sowjetunion ab. Diese erhöhte Kooperationsbereitschaft beeinflusste auch die Beziehungen zu den Verbündeten der USA in positiver Weise. Dennoch verlangten die USA von den europäischen Staatsführern Gefolgschaft, versäumten es jedoch im Gegenzug, in wichtigen Fragen die jeweiligen Vertreter zu konsultieren. Kohl, der Reagan zu Verhandlungen mit Gorbatschow ermutigt hatte, war zutiefst verärgert über dessen Verhalten und forcierte eine enge wirtschafts- und sicherheitspolitische Kooperation mit Frankreichs Präsident Mitterrand. Obwohl die Frage der Wiedervereinigung innerhalb der deutsch-amerikanischen Beziehungen über die Jahre hinweg fast völlig in den Hintergrund gerückt war, leistete Reagan im Sommer 1987 einen entscheidenden Beitrag auf dem Weg zur Deutschen Einheit. Vor dem Brandenburger Tor forderte er Michail Gorbatschow mit den Worten „Mr. Gorbachev, tear down this wall!" (Reagan 2004) zur Öffnung der Mauer auf. Weil es im Zuge der Entspannungspolitik zu einer Annäherung zwischen den USA und der Sowjetunion gekommen war, setzte man in der Bundesrepublik jedoch nicht so offensiv auf die Wiedervereinigung, sondern strebte einen friedlichen status quo und gar eine Annäherung an den Osten an. Die Aufforderung Reagans entsprach demnach nicht unbedingt den politischen Einstellungen in Westdeutschland.

Als zwei Jahre später tatsächlich die Mauer fiel, wurde die Wiedervereinigung von den USA vorbehaltlos unterstützt, während seitens der übrigen Siegermächte eher Skepsis gegenüber einem vereinten, wiedererstarkenden Deutschland herrschte. Im Rahmen der Verhandlungen zur deutschen Wiedervereinigung übernahmen die Vereinigten Staaten unter Präsident George H. W. Bush eine Vermittlerrolle und setzten sich für die Einbeziehung Deutschlands in Form des „Zwei-plus-Vier" Konzepts ein, welches vorsah, die außenpolitischen Aspekte der Deutschen Frage zwischen den beiden deutschen Staaten und den vier Siegermächten zu klären. Gleichzeitig stellten die USA aber auch klare Bedingungen an Deutschland, beispielsweise dessen Verbleib in der NATO und der Europäischen Gemeinschaft zur Gewährleistung der Europäischen Stabilität. Mit dem Vertrag über die abschließende Regelung in Bezug auf Deutschland, auch Zwei-Plus-Vier-Vertrag genannt, wurde am 12. September 1990 die endgültige innere und äußere Souveränität des vereinten Deutschlands wiederhergestellt. Die Wiedervereinigung stellt in dieser Hinsicht den „Glanzpunkt der deutsch-amerikanischen Beziehungen in den achtziger Jahren" dar (Bortefeld 1997, S. 256).

Das Verhältnis zwischen Deutschland und den USA in der NATO war maßgeblich von der Transformation der NATO in den 1990er Jahren geprägt. Nicht mehr die kollektive Verteidigung stand im Mittelpunkt der transatlantischen Sicherheitspolitik, sondern die Bewältigung sicherheitspolitischer Herausforderungen wie das internationale Krisen- und Konfliktmanagement (Glaser 2011). Während sich das gerade wiedervereinigte Deutschland den innenpolitischen Herausforderungen widmete, entstand in den USA eine neue Rollenerwartung, welche bereits 1990/1991 politische Loyalität und Unterstützung in der Kuwait-Krise und dem Zweiten Golfkrieg erwartete. Zwar wurden diese Erwartungen dahin gehend enttäuscht, dass Deutschland sich nicht an Kampfhandlungen beteiligte, die Bundesrepublik leistete jedoch logistische und finanzielle Unterstützung. Dennoch erntete diese Zurückhaltung Kritik aus den USA und wurde der Bundesregierung als zu große Zurückhaltung und gar Opportunismus ausgelegt. Der Alleingang der Kohl-Regierung bei der Anerkennung der früheren jugoslawischen Staaten im Dezember 1991 wurde wiederum mit Vorwürfen eines zu eigenmächtigen Vorgehens gerügt (Wirsching 2007). Ein nachhaltiger Schaden für die deutsch-amerikanischen Beziehungen entstand jedoch nicht, denn mit Bill Clintons Machtantritt 1992 wurde auch seitens der USA eine gewisse Rückbesinnung auf innenpolitische Herausforderungen in den USA eingeläutet (Borinski 1997; Hanrieder 1995).

Während der Clinton-Administration profitierten die bilateralen Beziehungen von der Fähigkeit Kohls, zu unterschiedlichen Persönlichkeiten enge Beziehungen aufzubauen und der Rat des Kanzlers wurde von Clinton in außenpolitischen Belangen sehr geschätzt (Fröhlich 2013). Mit der zweiten Amtszeit Clintons stellte sich ein stärkerer außenpolitischer Fokus ein, der wiederum mit einer gewissen Erwartungshaltung an Berlin verknüpft war. Die Bundesregierung kam diesen in den meisten Fällen nach und bestätigte den Amerikanern somit ihre Verlässlichkeit. Die einzigen wirklichen Spannungen der deutsch-amerikanischen Beziehungen während der Clinton-Administration resultierten aus der Entscheidung Deutschlands, den amerikanischen Sanktionen gegen den Iran, die 1995 verhängt wurden, um das Land daran zu hindern, Massenvernichtungswaffen zu erlangen, nicht sogleich zu folgen und die Handelsbeziehungen aufrecht zu erhalten. Dennoch sind die deutsch-amerikanischen Beziehungen der 1990er Jahre grundsätzlich als gut und stabil zu bezeichnen (Fröhlich 2013).

Mit den Terroranschlägen von 9/11 und dem anschließenden Strategiewandel der US-Außenpolitik in Form der im September 2002 veröffentlichten Nationalen Sicherheitsstrategie (NSS) unter Präsident George W. Bush sahen sich die deutsch-amerikanischen Beziehungen abermals vor eine Belastungsprobe gestellt. Der Irakkrieg wurde zum Wahlkampfthema in Deutschland und Gerhard Schröder verweigerte ein Engagement Deutschlands im Irak-Krieg und somit in einer zentralen politischen Frage „als erster Kanzler in der Geschichte der Bundesrepublik den Vereinigten Staaten von Amerika die Gefolgschaft" (Schnieders 2015, S. 21). Die darauffolgenden Monate waren von provokanten Äußerungen auf beiden Seiten gekennzeichnet: Die damalige SPD-Justizministerin Herta Däubler-Gmelin stellte beispielsweise Parallelen zwischen Präsident Bush mit Adolf

Hitler her[2] und deutsche Politiker wurden bei internationalen Veranstaltungen von ihren US-Kollegen regelrecht ignoriert. Bedingt durch diese Entwicklungen wurde Deutschland bald zu der Kategorie des alten, amerikafeindlichen Europas gezählt und verlor zunehmend an diplomatischem Einfluss auf die USA (Larres 2014). Obwohl den USA in Deutschland im Vergleich zu andern Ländern noch recht viel Sympathie entgegengebracht wurde, erlitt das Amerikabild in der deutschen Öffentlichkeit unter der Bush-Administration herbe und lang anhaltende Rückschläge, insbesondere in Reaktion auf die Absage der Vereinigten Staaten an das Kyotoprotokoll und die Maßnahmen im Rahmen des US-amerikanischen „Kriegs gegen den Terror"[3]. Seitens der US-Bevölkerung zeichnete sich ebenfalls eine Verschlechterung der öffentlichen Meinung gegenüber Deutschland ab. Das allgemein hohe Ansehen der Bundesrepublik stellte sich aber bereits nach wenigen Monaten wieder ein (Schneiders 2015). Nichtsdestotrotz befanden sich die deutsch-amerikanischen Beziehungen in einer Vertrauenskrise.

Die Belastungen im Verhältnis zwischen Washington und Berlin entspannten sich zwar ab 2005 mit dem Amtsantritt Angela Merkels, der die Bedeutung enger deutsch-amerikanischer Beziehungen durchaus bewusst war. Eine wirkliche Besserung trat jedoch erst 2008 mit dem Einzug Barack Obamas in das Weiße Haus ein. Deutschland entwickelte sich zu einem der zentralen EU-Staaten – zusammen mit Großbritannien und Frankreich – in den Beziehungen der USA zu Europa (Smith 2012). Durch die globale Finanz- und Wirtschaftskrise ab 2007 wurden die deutsch-amerikanischen Beziehungen wiederum vor neue Herausforderungen gestellt und das transatlantische Verhältnis blieb auf verschiedenen Ebenen angespannt. Nun spielten aber auch die G20 – zu denen auch China, Brasilien, Russland, Indien, Südafrika, die Türkei und Saudi-Arabien gehörten – eine wichtigere weltpolitische Rolle. Die Weltwirtschaft wurde nicht mehr von den westlichen Staaten dominiert.

Als mit der Veröffentlichung der NSA-Dokumente im Juni 2013 bekannt wurde, dass der US-amerikanische Geheimdienst mit einem gigantischen Spionageprogramm weltweit Staats- und Regierungschefs, aber auch die Zivilgesellschaft abgehört und überwacht hatte, wurde das öffentliche Bild der USA in Deutschland erneut erschüttert. Dieser immense Vertrauensbruch seitens der USA stellte aber auch eine erhebliche Belastung für die deutsch-amerikanischen Beziehungen dar. In ihrer Regierungserklärung vom 18. November 2013 verurteilte die

---

[2]Zitat: „Bush will von seinen innenpolitischen Schwierigkeiten ablenken. Das ist eine beliebte Methode. Das hat auch Hitler schon gemacht" (Schwäbisches Tagblatt 2002, zit. n. Spiegel 2002, 19. Sept.).

[3]Wie Folterskandale in Guantánamo und Abu Ghraib.

Bundeskanzlerin das amerikanische Vorgehen, betonte aber dennoch wie essenziell das transatlantische Verhältnis für Deutschland sei. Bereits im Februar 2014, mit dem Beginn des Russland-Ukraine-Konflikts, wurde die Bedeutung eines engen transatlantischen Zusammenhalts abermals deutlich. Da die US-Außenpolitik unter Präsident Obama durch eine gewisse Selektivität im weltpolitischen Engagement und einen stärkeren Fokus auf innenpolitische Herausforderungen gekennzeichnet war, wurde die Verhandlungsführung vor allem Deutschland überlassen (Bendiek und Kaim 2015). Während sich die USA vermehrt aus anderen Regionen zurück-zogen, strebten sie mit dem Pivot to Asia ein stärkeres Engagement in Asien an, was aus europäischer Sicht als eine Abkehr von Europa angesehen wurde (Kamp 2015, S. 2). Ungeachtet der Spannungen, denen die deutsch-amerikanischen Bezie-hungen in den letzten Jahren ausgesetzt waren, bekräftigten sowohl Bundeskanz-lerin Merkel als auch Präsident Obama im April 2016 das vertrauensvolle und freundschaftliche Verhältnis zwischen den beiden Regierungen (Bundesregierung 2016). Nichtsdestotrotz wird eine amerikanische Interessensverlagerung nach Asien die deutsch-amerikanischen Beziehungen, aber auch die außenpolitische Rolle Deutschlands und der EU zukünftig verändern. Welche EU-Politik Präsident Trump umsetzen und wie er die Beziehungen zu Deutschland ausgestalten möchte, ist nach den ersten Monaten seiner Präsidentschaft noch nicht sicher abzusehen.

3   Deutsch-Amerikanische Militärbeziehungen

Ähnlich wie die politischen Beziehungen zwischen den USA und Deutschland sind auch die militärischen Beziehungen von gemeinsamen Werten und gemein-samen sowie unterschiedlichen Interessen geprägt. Hinsichtlich seines früheren Besatzungsstatus kam Deutschland eine besondere militärpolitische Rolle in der US-Außenpolitik zu und auch heute ist die Militär- und Sicherheitspolitik als ein Kernstück der deutsch-amerikanischen Beziehungen anzusehen.

3.1   Vom Kalten Krieg bis zur Wiedervereinigung

Die ersten militärischen Kontakte zwischen den USA und Deutschland datieren bis in die Zeit des amerikanischen Unabhängigkeitskriegs zurück. Während hessische Leihsoldaten unter britischer Flagge kämpften, unterstützten Soldaten aus anderen deutschen Staaten die amerikanischen Kolonisten. Zu ihnen zählte auch der preu-ßische General von Steuben, der die amerikanischen Truppen nach preußischem Vorbild schulte und als militärischer Vertrauter George Washingtons fungierte.

Offizielle militärische Beziehungen gab es allerdings nicht und auch sonst gab es bis zum Eingreifen der USA in den Ersten Weltkrieg keinerlei militärische Berührungspunkte zwischen den beiden Staaten. Erst mit Ende des Zweiten Weltkriegs beteiligten sich die USA aktiv an den militärischen Entwicklungen in Europa und setzten sich zunächst für die Entmilitarisierung Deutschlands ein. Der tatsächliche Beginn der deutsch-amerikanischen Militärbeziehungen kann demnach an der Wiederbewaffnung Westdeutschlands und der Gründung der Bundeswehr 1955 festgemacht werden. Die Bundesrepublik, die im selben Jahr der NATO beitrat, wurde von den USA als strategischer Partner in der Verteidigung Westeuropas gegen die UdSSR angesehen. Als NATO-Bündnispartner verfolgten die USA und Deutschland gemeinsame Ziele und verpflichteten sich gemäß Artikel 5 des NATO-Vertrages dazu, im Falle eines Angriffs auf den anderen, Beistand zu leisten. Deutschland verfolgte unter Konrad Adenauer mit der Westintegration auch das Prinzip der erweiterten militärischen Abschreckung. Die Bundesrepublik konnte die Sowjetunion nicht abschrecken. Die Vereinigten Staaten waren deshalb der essenzielle Partner, denn um Abschreckung glaubhaft zu machen, mussten die nuklearen Arsenale der USA die konventionelle Überlegenheit des Warschauer Pakts ausgleichen (Friedrich 1984). Doch führten Verhandlungen über die in Deutschland stationierten US-Streitkräfte und Waffenarsenale häufig zu diplomatischen Auseinandersetzungen. So löste der Radford-Plan, der eine Reduzierung der konventionellen US-Streitkräfte bei einer Stärkung der nuklearen Arsenale vorsah, bilaterale Spannungen aus, da die Bundesregierung befürchtete, das eigene Territorium einer nuklearen Bedrohung auszusetzen (Knapp 1975). Ohne die amerikanischen Nuklearwaffen und deren militärische Unterstützung hätte die Bundesrepublik jedoch nicht über ausreichend militärische Kapazitäten verfügt, um der Sowjetunion und dem Ostblock gegenüber eine glaubwürdige Abschreckungspolitik zu vertreten (Friedrich 1984). Es blieb während des gesamten Ost-West-Konflikts bei diesem Paradox der gegenseitig gesicherten Zerstörung, dass die nukleare Abschreckung den Gedanken der eigenen Zerstörung einbezog.

Auch bei der Ausbildung der Streitkräfte wurden Grundlagen für enge Kooperationen zwischen den USA und Deutschland geschaffen. So wurden seit 1956 deutsche Soldaten bei der US Anti-Aircraft Artillery and Guided Missile School in Fort Bliss ausgebildet, bevor 1966 die Raketenschule der Luftwaffe von Aachen nach El Paso in den USA verlegt wurde. Auch an den Hochschulen der Bundeswehr in München und Hamburg bestehen enge Verbindungen zu den USA, welche einen regelmäßigen Offiziersaustausch beinhalten.

Seit Mitte der 1960er Jahre schlugen sich die unterschiedlichen Prioritäten der USA auch in ihrer militärischen Präsenz in Deutschland nieder. So wurden 1966 zunächst 15.000 US-Soldaten aus der Bundesrepublik abgezogen und dem

US-Senat schließlich 1969 und 1971 weitere Resolutionen zur Verringerung der US-Streitkräfte in Deutschland vorgelegt (Knapp 1975). Im Zuge der weltpolitischen Entwicklungen stimmte die Bundesregierung 1983 im Rahmen des NATO-Doppelbeschlusses der Stationierung von Pershing-II-Raketen auf westdeutschem Territorium zu, da die Sowjetunion nicht bereit war, ihre nuklearen Mittelstreckensysteme SS-20 zu reduzieren. Erst mit der Doppel-Null-Lösung von 1987, dem INF-Vertrag zwischen US-Präsident Ronald Reagan und dem sowjetischen Präsidenten Michail Gorbatschow, kam es zum Abbau aller nuklearen Mittelstreckenraketen in Europa.

Mit der deutschen Wiedervereinigung am 3. Oktober 1990 und dem Ende des Ost-West-Konflikts änderte sich die internationale Sicherheitslage schlagartig. Im Rahmen der Zwei-plus-Vier-Verhandlungen wurde der Abzug aller sowjetischen Streitkräfte aus Ostdeutschland bis 1994 festgelegt. Auch die US-Streitkräfte wurden innerhalb der ersten fünf Jahre nach der Wiedervereinigung drastisch reduziert. So wurden 88 % der US-amerikanischen Militärstützpunkte in Deutschland entweder geschlossen oder personell gekürzt, was einem Abzug von 150.000 Soldaten entsprach. Diese Maßnahme hatte auch spürbare Auswirkungen auf die deutsche Wirtschaft: 70.000 Arbeitsplätze gingen in diesem Zusammenhang verloren und mit dem Abzug der in Deutschland stationierten Soldaten schrumpfte die jährliche Nachfrage an deutschen Dienstleistungen und Produkten um über 3 Mrd. US$ (Cunningham und Klemmer 1995).

Trotz des erheblichen Abbaus der US-Militärpräsenz stellt Deutschland heute noch immer einen der größten Stationierungsorte US-amerikanischer Streitkräfte weltweit und den größten innerhalb Europas dar. Die einzigen militärischen Regionalkommandos der US-Armee außerhalb der USA, USEUCOM und USAFRICOM, sind in Stuttgart angesiedelt. Außerdem befindet sich in Deutschland das größte Militärhospital der USA außerhalb des eigenen Landes, welches auch als erste Station für im Einsatz verwundete US-Soldaten dient. Während des NATO-Gipfels in Wales (2014) verständigten sich Deutschland und die USA darauf im Rahmen der Transatlantic Capability Enhancement and Training Initiative (TACET), ihre Übungen und Ausbildungen in Ost-Europa gemeinsamen zu koordinieren. Beim NATO-Gipfel in Warschau (2016) schlossen sich neun weitere europäische Nationen der Initiative an. Im Gegenzug werden Soldaten der Bundeswehr in den USA in Einrichtungen der amerikanischen Streitkräfte ausgebildet. Im europäischen Hauptquartier der US-Armee, welches seinen Sitz in Wiesbaden hat, setzt die Heeresführung seit Herbst 2014 erstmals auf einen deutschen General für die Position des Stabschefs. Darüber hinaus besteht auch im wehrtechnischen Bereich eine enge Kooperation zwischen den beiden Ländern, welche sich sowohl durch eine deutsche Verbindungsstelle für Rüstungsangelegenheiten in den USA sowie einer Reihe von Verbindungsbeamten bei wichtigen amerikanischen Dienststellen auszeichnet.

3.2 Gemeinsame Auslandeinsätze

Ab 1990 beteiligte sich die Bundeswehr in militärischer Zusammenarbeit mit den USA an einer Reihe von Auslandseinsätzen, welche in Tab. 1 und 2 aufgeführt sind.

Wie alle bilateralen Beziehungen sind auch die deutsch-amerikanischen stark von den globalen Veränderungen und den damit einhergehenden Herausforderungen geprägt. Das historisch besondere Verhältnis zwischen den USA und Deutschland hat zum soliden Fundament der transatlantischen Zusammenarbeit beigetragen. Auch im Kontext größerer Krisen und Auseinandersetzungen, die

Tab. 1 Abgeschlossene Einsätze seit 1990. (Quelle: Eigene Darstellung. Daten aus www. einsatz.bundeswehr.de und www.un.org)

1991–1996	UNSCOM (United Nations Special Commission) im Irak
1992–1993	UNAMIC (United Nations Advance Mission in Cambodia) in Kambodscha
1992–1996	SHARP GUARD in Bosnien und Herzegowina
1993–1996	DENY FLIGTH in Bosnien und Herzegowina
1993–1994	UNSOM II (United Nations Operation in Somalia) in Somalia
1995	UNPROFOR (United Nations Protection Force) im ehem. Jugoslawien
1999	Operation Allied Force im Kosovo
2001–2010	OEF (Operation Enduring Freedom) in Afghanistan
2001–2014	ISAF (International Security Assistance Force) in Afghanistan
2003–2016	UNMIL (United Nations Mission in Liberia) in Liberia
2004–2008	UNMEE (United Nations Mission in Ethiopia and Eritrea) in Äthiopien und Eritrea
2004	ANMIS (African Union Mission in Sudan) im Sudan
2012–2016	AF TUR (Active Fence Turkey) in der Türkei

Tab. 2 Aktuelle Einsätze (Stand September 2016). (Quelle: Eigene Darstellung. Daten aus www.einsatz.bundeswehr.de und www.un.org)

Seit 1999	KFOR (Kosovo Force) im Kosovo
Seit 2011	UNMIS (United Nations Mission in the Republic of South Sudan) in der Republik Südsudan
Seit 2015	Resolute Support in Afghanistan
Seit 2015	Operation Inherent Resolve in Syrien und Irak

während des Ost-West-Konflikts, in der Vorgehensweise bei der Bekämpfung des internationalen Terrorismus und im Rahmen des NSA-Skandals zu erheblichen Spannungen zwischen den beiden Nationen geführt haben, zeichneten die deutsch-amerikanischen Beziehungen sich dennoch durch eine belastbare Stabilität aus.

Mit der zunehmenden Verantwortung, die Deutschland auf dem internationalen Parkett zugeschrieben wird und der gesteigerten Erwartungshaltung der USA an das deutsche Engagement bei Konflikten in der europäischen Nachbarschaft, hat das deutsch-amerikanische Verhältnis wiederum eine neue Dynamik angenommen, welche die Zukunft der transatlantischen Beziehungen nachhaltig beeinflussen wird.

Literatur

Bendiek, A. & Kaim, M. (2015). *Die neue europäische Sicherheitsstrategie: der transatlantische Faktor.* Berlin: SWP.

Borinski, P. (1997). Ausblick. Deutschland und die USA in den 1990er Jahren. In K. Larres, & T. Oppelland (Hrsg.), *Deutschland und die USA im 20. Jahrhundert. Geschichte der politischen Beziehungen* (S. 277–302). Darmstadt: Wissenschaftliche Buchgesellschaft.

Bortefeld H. (1997). Die Vereinigten Staaten und die deutsche Einheit. Amerikanische Sondierungen im Herbst 1989. In K. Larres, & T. Oppelland (Hrsg.), *Deutschland und die USA im 20. Jahrhundert. Geschichte der politischen Beziehungen* (S. 256–276). Darmstadt: Wissenschaftliche Buchgesellschaft.

Bundesregierung. (2016). Pressekonferenz von Bundeskanzlerin Angela Merkel und US-Präsident Barack Obama. https://www.bundesregierung.de/Content/DE/Mitschrift/Pressekonferenzen/2016/04/2016-04-25-pk-merkel-obama.html. Zugegriffen am 18. Dez. 2016.

Cunningham, K.-B. & Klemmer, A. (1995). *Restructuring the US Military Bases in Germany. Scope, Impacts, and Opportunities.* Bonn: Bonn International Center for Conversion.

Daum, A. W. (2003). *Kennedy in Berlin. Politik, Kultur und Emotionen im Kalten Krieg.* Paderborn: Schöningh.

Findling, J. E. (1989). *Dictionary of American Diplomatic History.* Santa Barbara, CA: Greenwood Press.

Friedrich, W. U. (1984). Bestimmungsfaktoren westdeutscher Außenpolitik und die aktuelle sicherheitspolitische Diskussion. *German Studies Review, 7*(1), S. 109.

Fröhlich, S. (2013). Die USA-Politik aus amerikanischer Perspektive in der Ära Kohl. *Historisch-Politische Mitteilungen, 14*(1), S. 263–272.

Glaser, K. (2011). Das vereinte Deutschland und die Transformation der Nato (1990–2008). *Schriften zur Internationalen Politik,* Hamburg: Verlag Dr. Kovac.

Hanrieder, W. F. (1986). Die deutsch-amerikanischen Beziehungen in den Nachkriegsjahrzehnten. In F. Trommle (Hrsg.), *Amerika und die Deutschen: Die Beziehungen im 20. Jahrhundert* (S. 85–110). Wiesbaden: Springer Fachmedien.

Hanrieder, W. F. (1995). *Deutschland, Europa, Amerika. Die Außenpolitik der Bundesrepublik Deutschland 1949–1994* (S. 375–380). Paderborn: Schöningh.

Kamp, K. H. (2015). Unter neuen Vorzeichen. Deutsch-amerikanische Sicherheitsbeziehungen. *Arbeitspapier Sicherheitspolitik*, 2. https://www.baks.bund.de/sites/baks010/files/arbeitspapier_sicherheitspolitik_2_2015.pdf. Zugegriffen: 25. Nov. 2016.

Knapp, M. (1975). Militärpolitische Beziehungen. In M. Knapp (Hrsg.), *Die deutsch-amerikanischen Beziehungen nach 1945*. Frankfurt a.M.: Campus.

Kohl, H. (1982). Koalition der Mitte. Für eine Politik der Erneuerung. Regierungserklärung des Bundeskanzlers am 13. Oktober 1982 vor dem Deutschen Bundestag in Bonn. Bonn: Bulletin des Presse- und Informationsamtes der Bundesregierung. https://www.lmz-bw.de/fileadmin/user_upload/Medienbildung_MCO/fileadmin/bibliothek/kohl_RE_1982/kohl_RE_1982.pdf. Zugegriffen: 10. Nov. 2016.

Kremp, W. (2000). Das deutsch-amerikanische Verhältnis im 20. Jahrhundert. In H. Wasser (Hrsg.), *USA* (S. 437–458). Wiesbaden: VS Verlag für Sozialwissenschaften.

Larres, K. (2004). Deutschland, Europa, die USA und der Krieg gegen Saddam Hussein. In M. Berg & P. Gassert (Hrsg.), *Deutschland und die USA in der Internationalen Geschichte des 20. Jahrhunderts* (S. 559–570) (Transatlantische Historische Studien, Bd. 19). Stuttgart: Franz Steiner Verlag.

Möckelmann, J. (1967). *Deutsch-amerikanische Beziehungen in der Krise*. Hamburger Studien zur neueren Geschichte, Bd. 6. Frankfurt a. M.: Europäische Verlag-Anstalt.

Reagan, R. W. (2004). Remarks at the Brandenburg Gate, West Berlin, June 12, 1987. In R. W. Reagan (Hrsg.), *Speaking My Mind: Selected Speeches* (S. 348–356). New York: Simon & Schuster Paperbacks.

Schissler, J. (2000). Amerikanische Außenpolitik im Zeichen der Supermacht. In H. Wasser (Hrsg.), *USA* (S. 385–414). Wiesbaden: VS Verlag für Sozialwissenschaften.

Schnieders, B. (2015). *Die deutsch-amerikanischen Beziehungen nach 9/11/01*. Wiesbaden: Springer VS.

Smith, M. (2012). European Responses to US Diplomacy. 'Special Relationships', Transatlantic Governance and World Order. In P. Sharp & G. Wiseman (Hrsg.), *American Diplomacy* (S. 65–83). Leiden: Brill.

Spiegel Online. (2002, 19. Sep.). Ärger Wegen Bush und Hitler. http://www.spiegel.de/politik/deutschland/justizministerin-daeubler-gmelin-aerger-wegen-bush-und-hitler-a-214663.html. Zugegriffen: 10. Nov. 2016.

Wirsching, A. (2007). Die Beziehungen zu den USA im Kontext der deutschen Außenpolitik 1982–1998. *Historisch-politische Mitteilungen. Archiv für christlich-demokratische Politik, 14*(1), 235–244.

The manufacturer's authorised representative in the EU is Springer
Nature Customer Service Centre GmbH, Europaplatz 3, 69115 Heidelberg,
Germany. If you have any concerns regarding our products, please
contact ProductSafety@springernature.com

Printed and bound by CPI Group (UK) Ltd, Croydon, CR0 4YY
24/04/2026
02096334-0002